글로벌 시대의

국가 브랜드 전략

글로벌 시대의

국가 브랜드 전략

지은이 **키스 디니** | 옮긴이 **김유경·이희복**

HU:iNE

Nation Branding 2nd edition (ISBN:9781138775848) by Keith Dinnie

머리말

국가브랜드에 대한 관심은 첫 신간이 출판된 이후 폭발적으로 늘어났다. 따라서, 지금은 개정판이 나올 적절한 시점이라고 생각된다. 국가브랜드 이슈에 대한 관심이 날로 늘어나면서 이미 정책입안자, 비즈니스맨, 학생, 학자들에게까지 확장되고 있다.

이 책은 각각의 특별한 관심과 목적으로 국가 브랜딩이라는 분야에 발을 들여놓을 많은 독자들에 도움이 될 것이다. 즉, 다음과 같은 이들이 이 책의 독자가 될 것이다.

- MBA와 석사들, 마케팅과 브랜딩, 국제 비즈니스, 공공 외교, 관광을 공부하는 대학생
- 전세계 정부와 정책 입안자들, 특히 경제부서와 수출 관련 업무자들, 관광 단체
- 자신들의 국가가 어떤 식으로 인식되고 있는지, 또한 그 명성을 강화하기 위해 어떤 노력을 기울이고 있는지를 알고 싶은 일반인

이 책은 다양한 분야에서 활동하고 있는 학자와 전문가들이 쓴 20개 이상의 논문을 모아서 국가 브랜딩에 대한 다각적인 관점을 제공하고 있다는 것이다. 이 논문들은 이 책의 근간을 구성하는 개념과 구성, 이론을 명확하게 밝혀주고 있다. 국가 사례연구에서는 프랑스, 일본, 남아프리카, 이집트, 브라질 등 다양한 나라의 국가 브랜딩 활동과 도전을 다루었다. 이 책의 주장은 국가 브랜딩 원리는 국가가 작든 크든, 잘 살든 못 살든, 선진국이든 신흥국이든 상관없이 성공적으로 적용될 수 있다는 것이다. 국가 사례연구는 이 점을 제시하기 위해 마련되었다.

많은 사람들이 다양한 방식으로 이 책이 세상에 나오는데 기여했다. 나는 여러분이 이 책을 읽어 가면서, 고무되고 성장하기를 바란다. 또한 이 책은 국가 브랜딩이라는 주제에 대한 마침표로서가 아니라, 토론과 행동의 출발점으로 작용하기 위해 구상되었음을 말씀드린다.

아무쪼록 즐거운 읽기가 되길 바란다!

키스 디니 런던

www.brandhorizons.com

글로벌 시대의

국가 브랜드 전략

목차

제 1 부
국가 브랜딩의 범위와 규모

제 1 장 국가 브랜딩의 타당성, 영역, 진화

제 2 장 국가 브랜드 정체성, 이미지, 포지셔닝

제 3 장 국가 브랜드 자산

제1장 국가 브랜딩의 타당성, 영역, 진화

Key Point

오늘날 국가들은 자국 내 무역, 투자, 관광의 중요성을 인식하면서 자국의 국가브랜드를 향상시키는 데 한층 노력을 기울이고 있다.

국가 정체성과 원산지에 대한 연구는 국가브랜드를 이해하는데 큰 도움을 준다.

국가나 그밖의 도시나 지역 등 장소를 브랜딩하는 것은 물리적인 제품이나 기업 브랜딩 보다 더욱 복잡하고 다차원적 노력을 요구한다. 아마도 수많은 이해관계자나 장소 브랜드와 연관된 무궁무진한 브랜드 접촉점들이 존재하기 때문이다.

개론

국가 브랜딩은 복잡한 현상이다. 이는 많은 학문영역에 걸쳐 반영되며 국가브랜드에 대한 이론과 실제를 담은 연구에서 나타난다.

국가 브랜딩에 관한 다수의 연구들은 마케팅, 브랜딩, 비즈니스 분야에서 이루어 져왔으나, 최근에는 문화사회학적 관점(Cormack, 2008)이나 미디어 연구 관점(Christensen, 2013), PR(Rasmussen & Merkelsen, 2012), 행정(Eshuis, Braun과 Klijn, 2013), 지정학적 관점(Hymans, 2010)으로 관심이 모이고 있다. 국가브랜드의 관심은 과거 단순한 브랜드 전략의 관점을 발 빠르게 넘어서고 있다. 이는 국가브랜드가 지나치게 실제나 현장의 관점이라는 지적이 이어지면서 다른 분야에 대한 관심이 더욱 커지게 된 것으로 알 수 있다.

학자들의 관심이 늘어나고 있다. 최근에는 국가 브랜딩이 현장에서 더욱 현저하게 나타나고 여러 나라에 걸쳐 국가 브랜드 발전을 위해 자원이 대거 투입되고 있다.

1장에서는 국가 브랜드전략이 한 국가에 가져다 줄 수 있는 가치와 관련해 국가 브랜딩의 당위성을 알아보고, 국가 브랜딩의 발전과 최근에 보이는 현상을 살펴본다.

또한 미국의 명성에 대한 전 대통령 바락 오바마의 영향력에 대해 예시하고 UAE(아랍 에미레이트)가 채택한 브랜드 아키텍쳐 전략에 대해 살펴본다.

학술적 관점에서 보면 데이빗 거트너(David Gertner) 국가 브랜드의 진화과정을 실제와 이론의 측면에서 살펴보는 한편 데베 이칼라팽(Thebe Ikalafeng)은 최근 떠오르는 글로벌 도전자로 알려진 아프리카 국가에 대해 보다 실재적인 관점에서 통찰력을 보여준다.

브랜드와 국가 브랜드 정의하기

국가를 브랜드 개념으로 살펴보기 전에 브랜드가 무엇인가에 대한 몇 가지 정의를 살펴 볼 필요가 있다. 이러한 정의는 보통 두 가지로 나뉜다. 하나는 브랜드의 비주얼적인 측면에 초점을 맞춘 것이고, 또 하나는 브랜드의 비주얼적인 측면을 넘어 브랜드의 본질을 꿰뚫으려는 보다 깊이 있는 정의다.

도일(Doyle, 1992)은 긍정적이고 성공적인 브랜드에 대해 간결한 정의를 내렸다. 즉, '성공적인 브랜드는 하나의 이름이고, 상징이며, 디자인 또는 복합체로, 지속적인 이점을 가지고 특정 조직의 '제품'을 세상에 알리는 것'이라고 정의한다. 맥레와 파킨슨, 쉬어만(Macra, Parkinson and Sheerman, 1995)은 브랜드에 대해 좀 더 풍성한 정의를 내렸다. 이 정의에 따르면, 브랜드는 생산자 시각보다는 소비자 측면을 강조하고 있다. 또한 이들은, 브랜드가 기능적인 면과 비기능적인 면에서, 브랜드와 관련된 특징과 부가가치가, 독특하게 조화된 복합체라고 정의한다.

한편, 린치와 드 세르나토니(Lynch and de Chernatony, 2004)도 비슷한 시각을 보여준다. 이들은 브랜드를 구매자와 판매자 사이에 독특하고 따뜻한 경험을 약속해주는 기능적이고 정서적인 가치로 정의하고 있다.

물론, 브랜드는 진공 상태에서 홀로 존재할 수 없다. 브랜드가 성공하기 위해서는 지금 이 시대를 아우르는 시대정신과 효율적으로 공존해야만 한다. 왜냐하면, 사회 속 대중 문화와 트렌드가 브랜드를 이끌고 이에 영향을 미치기 때문이다. 이 주제는 홀트(Holt, 2004)에 의해 설명되고 이론화되었다. 그는 '문화 브랜딩'을 국가브랜드에 적용 가능한 한 과정으로 본다.

또한 이를 환경과의 창조적인 상호작용으로 브랜드가 어떤 식으로 시대의 아이콘이 될 수 있는지 분석한다. 또한 이 과정은 국가에도 적용될 수 있다고 주장했다.

창의적이고 혁신적인 사고를 가진 그랜트(Grant, 2006)도 브랜드에 대해 비슷한 문화적 시각을 보여준다. 그는 브랜드가 '전략적 문화 사상의 집합체'라고 주장했다. 그의 말에 따르면 국가 브랜드는 그들의 국가 정체성이라는 토대 위에서 제품, 서비스, 기업이나 브랜드화 할 수 있는 이미지 등, 다른 종류의 브랜드보다 더 풍부하고 깊이 있는 문화자원을 갖게 된다. 이 문화자원과 관련된 내용들은 5장에서 다룬다.

브랜딩 작업은 기업이 자신들의 제품을 경쟁사와 차별화하는 과정으로 정의되었다(Jobber& Fahy, 2003). 나날이 글로벌화 되는 세계 경제 속에서, 자기 제품을 경쟁사 제품과 차별화시키는 문제는 국내외 소비자들을 놓고 경쟁하는 국가들에 있어 매우 중요한 일이 되었다.

켈러(Keller, 2012)는 전략적 브랜드 관리 과정에 디자인, 마케팅 프로그램 수행, 브랜드 이미지 구축과 평가, 관리 활동들이 포함된다고 설명하였다. 브랜드 자산에 대한 개념은 3장에서 상세히 설명한다.

드 셰르나토니와 맥도널드(McDonald)는 브랜딩의 역할을 설명하며 마케터들이 브랜딩 과정(투입으로서의 브랜딩)을 부추기는 동안 브랜드의 정신적 비전(산출로서의 브랜딩)을 만드는 이는 구매자와 사용자이며 원래 의도한 마케팅 목적과는 다를 수도 있음을 경고하고 있다. 이 점은 특히, 국가가 가지고 있는 기존의 고정관념이 소비자들의 마음속에 확고히 자리 잡아 쉽게 바뀌기 어려운 국가의 브랜딩과 관련 있다. 코틀러와 켈러(Kotler and Keller, 2011), 템포럴(Temporal, 2010)은 브랜드가 소비자의 마음속에 자리한 어떤 것이라는 사실을 이미 언급해 왔다. 브랜드 구축 과정은 수 년 동안의 장기 전략을 필요로 한다. 단기 전략으로는 작은 성과만을 얻을 수 있다(Aaker and Joachimsthaler, 2009). 따라서 국가 브랜드를 구축할 때, 국가는 이런 현실을 인정하고 효과가 곧 사라질 단기 광고 전략보다는 장기적 전략을 선택해야 한다.

브랜드 개념을 단순한 제품이 아닌 국가에 적용할 때, 순수한 마음과 존중의 자세로 그 일을 수행할 윤리적 의무가 있음을 깨달아야 하며 국가를 브랜드로 취급함에 있어서 어느 정도 한계가 있음을 인정해야 한다. 국가는 브랜드 관리자나 기업에 속하는 것이 아니다. 만약, 어느 것인가에 '속한다'면 그 국가의 전 국민에게 속한다고 할 수 있다. 국가 브랜딩과 관련된, 윤리적 문제는 7장에서 상세히 다룬다.

이 책에서 국가 브랜드는 국가에 문화적 차별성과 모든 목표공중에 당위성을 부여하는 독특하고 다면적인 요소들의 혼합체(*the unique, multidimensional blend of elements that provide the nation with culturally grounded differentiation and relevance for all of its target audiences*)로 정의된다. 이 정의는 5장에서 보듯 국가 정체성의 여러 차원들을 모두 종합할 필요성과 더불어 다면적 국가 브랜드가 갖는 여러 특성을 보여준다. 더욱이 제시된 국가 브랜드에 대한 정의는 브랜드가 마케팅 기능을 총체적으로 제어할 수 있는 결과보다는 소비자의 마음속에 자리하는 것이라는 주장으로 인식하고 있다. 따라서 이 정의는 인식상의 속성과 타겟 시장의 중요성을 인정하고 있다.

국가 브랜딩을 하는 이유는 무엇일까

브랜딩 기법을 국가에 적용하는 것은 비교적 새로운 현상이지만, 국가가 현재 국내외 시장에서 당면하고 있는 전 세계적 경쟁 상태로 비추어 보아 이 현상은 계속 늘어날 전망이다. 국가는 관광객 유치, 내부 투자 활성화, 수출 증대라는 중요한 세 가지 목표를 실현하기 위해 자신들의 국가를 브랜드화 하는데, 노력을 기울이고 있다. 많은 국가들의 앞선 목표는 인재 유치다. 따라서 국가들은 고급 교육을 받은 이들과 숙련된 노동 인력을 유치하기 위해 끊임없이 경쟁한다. 국가 브랜드전략의 많은 부분은 과거유산과 현재의 생활문화를 동시에 포용하는데 이는 소비자 인식 속에 과거 이미지가 현대사회의 생동감 있는 요소로부터 배제되지 않기 위함이다. 중부유럽이나 동유럽 등과 같은 과도기에 있는 국가들은 국가 브랜드에 관심을 가지면서 과도기 이전 보유하고 있는 전통적 경제나 정치제도부터 벗어나기 위한 노력을 하고 있다.

이런 목표 달성과정에서 세계무대에서의 효율적 경쟁을 추구하려 한다면, 보다 의식적이고 세심한 브랜딩 계획이 요구된다(Kotler and Gertner, 2002).

올린스(Olins, 1999) 역시, 같은 견해를 나타냈는데, 몇 년 내로 정체성 관리가 국가 브랜드에 기여하는 중요한 수단이 될 것이라 주장한다. 또, 브랜드화 되지 못한 국가는 경제적, 정치적 관심을 끌기 어려울 것이며, 이미지와 명성이 국가의 전략적 자산의 중심이 될 것이라고 말한다(Van Ham, 2001).

강력하고 긍정적인 국가 브랜드는 글로벌화 된 경제에서 분명한 경쟁력을 안겨줄 수 있다. 자신의 저서 '국가의 경쟁우위'(*The Competitive Advantage of Nations*)에서, 마이클 포터(Michael Porter, 1998)는 국가와 국가가 갖는 특성이 세계화 시대에서조차 가장 중요한 것으로 간주되고 있다고 강조한다.

> "내 이론은 국가의 차별성과 국가 특성의 차별화가 중요함을 강조하고 있다. 국제 경쟁력에 관한 현재의 많은 논쟁들은 전 세계적 동질화와 국가의 축소된 역할만을 강조하고 있다. 하지만 사실, 국가 간 차별화는 경쟁적으로 성공하는데 반드시 필요한 중요한 요소다."

경쟁력을 갖춰야 할 영역은 관광객과 투자자, 기업인, 제품과 서비스를 사용할 외국 소비자를 포함해 많은 분야에 걸쳐 있다. 국가 브랜딩은 또한, 한 국가에 대한 잘못된 인식을 바로 잡아 목표공중에게 호감 가는 국가로 재인식 시킬 수 있다. 예컨대, 에스토니아는 강한 국가 브랜드를 개발함으로써, FDI(외국인 직접 투자)를 유치하고, 스웨덴과 핀란드를 넘어서서, 국가 관광 기지를 확장하는 한편, 수출을 위한 유럽 시장 확대 등 중요한 목표들을 성취해 나가고 있다(Interbrand, 2008).

국가를 브랜드로 다루는 데 있어, 일부 중심 주제와 문제는, 표

표 1.1 국가를 브랜드로 다룰 때 발생하는 중요한 문제들

저자	주제와 이슈
앨더시-윌리암스 (Aldersey – Williams, 1998)	국가의 브랜딩 또는 재 브랜딩은 논쟁거리가 될 만한 고도의 정치적 행위다.
울프 올린스 (Wolff Olins, 2003)	전통적으로 브랜드는 제품과 기업에 관련되어 있지만 브랜딩 기법은 매스커뮤니케이션의 모든 영역에 적용될 수 있다. 예컨대, 정치 지도자들은 소속 정당이란 작은 우물에서 벗어나 국가 브랜드의 관리자가 되어야 한다.
오셔네시와 잭슨 (O'Shaughnessy and Jackson, 2000)	국가 이미지는 브랜드 이미지와 같이 한 단어로 함축해 말하기 힘들 만큼 아주 복잡하고 유동적이다. 즉, 국가 정체성의 다른 요소들은 다양한 경우에 국제무대에서 관심의 대상이 된다. 이는 현재의 정치 이벤트나 심지어 최근 영화나 뉴스, 방송에 의해 영향을 받는다.
길모어 (Gilmore, 2002)	국가 브랜드를 수립할 때 정직함이 무엇보다 중요하다. 즉, 이때 필요한 것은 거짓 약속보다 기존의 국가 문화의 가치를 확립하는 것이다.
미하일로비치 (Mihailovich, 2006)	아주 단순한 제목으로 국가 브랜딩에 접근하는 것은 역효과를 가져올 수 있다. 즉, 지속가능한 장기 고용과 성장, 번영 같은 이타적 목표는 모든 형태의 집단이나 친족 집단 등을 강조함으로써 달성할 수 있다.
앤홀트 (Anholt, 2007)	브랜딩이라는 용어는 다소 냉소적이고 오만해 보일 수 있다. 따라서 어느 정도는 정치인들이 이 용어를 드러내 놓고 사용하지 않는 것이 좋다.

1.1에 요약되어 있다.

신중한 브랜드 포지셔닝으로, 한 국가는 다른 국가의 우위에서는 경쟁력을 갖게 될 수 있으며(Anholt, 1998; Gilmore, 2002; Konecnik Ruzzier and de Chernatony, 2013; Yousaf, 2014), 국가의 새로운 이미지 구축은 신중한 브랜딩을 통해 성공할 수 있다. 또한, 이로써, 국가는 큰 잠재력을 가질 수 있는데, 특히 그 국가의 고정관념이 현실에 뒤떨어질 때 더 두드러진다. 하지만 이런 주장들 역

시, 논쟁의 여지가 많다. 이 경우, 국가 브랜딩의 필요성은 극대화된다.

브랜딩을 완성한 국가들이 누릴 수 있는 보다 큰 혜택은 의미 있는 차별성을 만들어내는 브랜딩 기술력을 소유할 수 있다는 것이다. 예를 들면, 관광 분야에 있어 대부분의 관광지들은 아름다운 경관, 깨끗한 해변, 훈훈한 정을 가진 지역민들 등 거의 비슷한 슬로건을 내세우고 있다. 따라서 관광지들은 그들만의 독자적인 특성들을 만들어내고, 다른 경쟁자들과의 차별성을 확립해 나가는 것이 그 어느 때보다도 절실하다(Morgan, Pritchard and Pigott, 2002). 이에 따른 좋은 결과가 꾸준히 나올 수 있게 하려면 이런 정책이 단기가 아닌 장기적 전략 위에 실시되어야 한다.

로지(Lodge, 2002)는 이와 관련해 한 가지 주의할 점을 제시하고 있다. 그는 보통 '댈라스 실험'이라 불리는 사례를 인용한다. 당시 뉴질랜드 시장 개발위원회로 불리던 한 단체는 댈라스 시를 뉴질랜드 행사와 판촉 광고, 무역박람회로 가득 채웠다. 이런 집중적인 마케팅 행사는 판매가 가파르게 상승하는 6개월 동안 계속되었다. 하지만, 그 실험적 행사가 끝난 1년 후 인지도와 판매량은 행사가 시작되기 이전 수준으로 되돌아갔다. 이런 식의 활동은 단순히 판촉행사로는 괜찮지만 장기적인 전략을 요구하는 브랜딩에는 적절하지 않다.

국가 브랜딩의 진화

국가 브랜딩의 진화는 표 1.1에서 살펴볼 수 있다. 여기서, 국가 정체성과 원산지를 학문적 관점에서 보자면, 시장의 동일화와 국가 정체성에 대한 자각이 늘어나는 현재의 글로벌화 된 세계 경제 속에서 이 둘은 영향을 주고받는다. 국가 정체성 안에서 발생한 논리와 원산지라는 테두리 안에서 나온 논리는 최근에 통합되었다. 이런 통합된 모습을 처음으로 보여준 것은 2002년 'Journal of brand management'가 발행한 국가 브랜딩 특별판이었다. 이전에 다른 출판물들이, 산발적으로 국가 브랜딩에 대한 기사를 다루었지만, 'Journal of brand management' 특별판이 최초로 그 주제를 집중해서 다루면서, 필립 코틀러와 데이비드 거트너(Philip Kotler and David Gertner, 2002), 니콜라스 파파도폴로스, 루이스 헤스롭(Nicolas Papadopoulos and Louise Heslop, 2002) 같은 세계적 학자들의 논문과 월리 올린스(Waly Olins, 2002), 피오나 길모어(Fiona Gilmore, 2002), 크리나 로지(Creenagh Lodge, 2002) 같이 유명한 컨설턴트들의 글을 게재했다. 하지만 그것은 2004년 11월 국가, 도시, 지역 브랜딩을 다룬 'Place Branding and Public Diplomacy'이란 제목의 새로운 저널에서 출시한 특별판 정도였다.

현재, 신흥 분야라 할 수 있는 국가 브랜딩 다룬 가장 중요한 초기 서적은 1993년 발행된 'Marketing Places: Attracting investment, Industry, and Tourism to Cities, states and Nations' (Kotler, Heider and Rein, 1993)이다. 비록 이 책이 명백한 브랜드 관

도표 1.1 국가 브랜딩의 진화

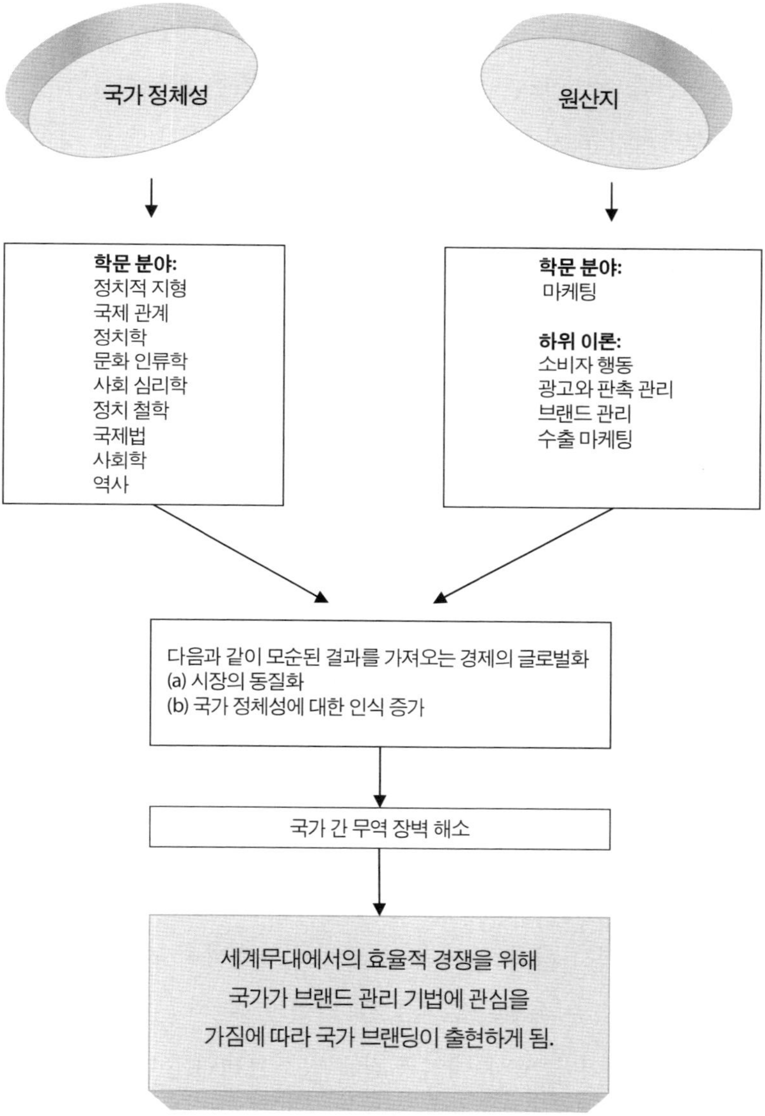

점을 가지고 문제들을 다루고 있다기보다는 광의적인 관점에서 경제, 마케팅을 서술하지만, 이 분야 많은 책들의 선행연구가 되는 것이 사실이다. 국가 브랜딩의 발전을 좀 더 폭넓은 역사적 관점에서 살펴보면 국가는 자신들의 상징과 통화, 국가, 명칭 등으로 자국을 항상 브랜드화 해왔기에 이는 관례라기보다는 국가 브랜딩이라는 새로운 용어일 뿐이라는 주장도 가능하다(Olins, 2002).

브랜딩 기법의 사용은 보편화되어 있다. 가장 기본적인 물질적 제품에서부터 다양한 성격의 국가에 이르기까지, 브랜딩은 꾸준히 적용 영역을 넓히고 있다. 기업 브랜딩이 국가 브랜딩에 가장 근접한 형태의 브랜딩이라는 것은 논쟁거리가 아니다. 기업 브랜딩과 국가 브랜딩 간의 차이점은 기업과 국가라는 총합체의 복잡하고 다면적인 특성과 기업과 국가가 인정해야 하는 복합 이해당사자 그룹에서 찾아 볼 수 있다.

발머와 그레이(Balmer and Gray, 2003)는 예컨대, 기업 브랜드가 고용, 투자 그리고 가장 중요하게는 소비자 행동을 포함한 여러 가지 목적을 가지고 있으며, 다양한 이해관계자들에게는 결정을 돕는 강력한 도구로서 기여하고 있다는 것을 조직이 점차 깨달아가고 있다고 지적한다. 따라서 브랜딩의 영역은 원래 단순한 제품에 적용하던 것에서 서비스, 기업, 단체와 국가로까지 확대되었다. 제품-국가 브랜드 연속체는 도표 1.2에 나와 있다.

국가 브랜딩이나, 도시, 지역과 같은 장소브랜딩은 기업이나 제품 브랜딩보다 훨씬 더 복잡다단하며 다차원적이다. 이는 관련된 이해관계자들이 더 많음은 물론이며 장소 브랜딩과 관련된 브랜드 접

도표 1.2 브랜딩 영역의 진화 : 제품-국가 브랜드 연속선

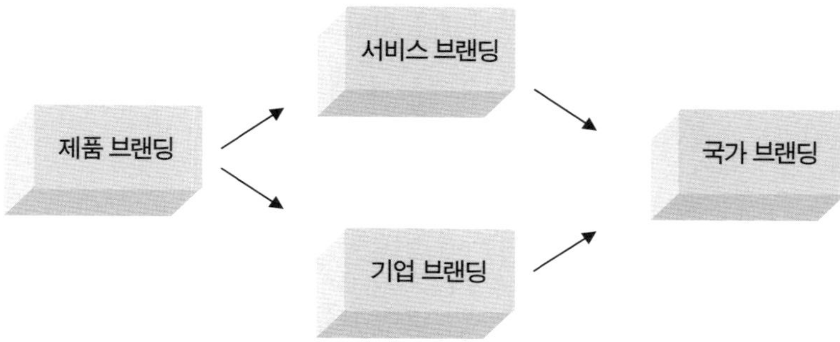

촉점이 무한대에 이르고 있기 때문이다. 그러나 많은 학자들의 주장에 따르면 장소마케팅과 그 밖의 주류마케팅 간의 차이는 오히려 지나치게 과장되게 언급되어왔으며 실제 장소 마케팅은 관련 학문분야에서 언급되어 온 것보다 주류 마케팅과 훨씬 유사점이 더 많다는 것이다.

국가 브랜드 이슈와 발의

국가는 저마다 직면해 있는 문제를 해결하기 위해 다른 전략을 채택해왔다. 더 많은 국가들이 타 국가와 차별화하고 경제적 활동 특히, 수출이나 내부 투자 및 관광 분야를 강화하기 위해 국가브랜드 전략을 수용해왔다.

독일, 대한민국, 뉴질랜드 스코틀랜드, 스페인과 같은 문화적, 지리적으로 다른 나라들은 국가 브랜드전략의 개발이 가치가 있다고 판단해 왔다. 이 장에서는 국가들이 브랜드전략을 전개하는 과정

에서 직면한 영향과 도전과제 등을 살펴본다. 대체로 1990년에서 2000년 사이에 국가 브랜드 과제를 회고해 보고자 한다. 보다 최신의 국가 브랜딩 사례들은 각 장에서 소개되고 있는 국가별 사례연구를 참고하기 바란다.

❧ 독일

자페와 네벤자흘(Jaffe and Nebenzahl, 2001)은 독일 방송사 ZDF가 1999년 국가 브랜드 개발을 위해 컨설턴트인 울프 올린스를 찾게 된 과정을 자세히 설명하고 있다. 이것이 비록 공식적인 캠페인은 아니었지만 독일을 위해 제안된 브랜드 전략은 독일 내에서 많은 사람들의 관심과 논쟁을 불러일으켰다. 이 캠페인의 주된 목적은 독일에 대한 소비자의 인식을 창의력이 부족한 '기계적으로 완벽한' 국가라는 고정관념에서 탈피시켜 역동적이고 흥미로운 국가로 전환하는 것이었다. 한편, 독일이 냉정하고 감정이 부족하다는 인식은 아우디 같은 독일기업 때문이기도 했다. 아우디의 유명한 슬로건 '기술을 통한 진보(Vorsprung durch Technik)'는 독일의 뛰어난 공업 기술력을 찬양하고 있으나, 따뜻함과 감성적인 면이 부족하다. 정체성 컨설턴트(Identity Consultant)인 울프 올린스의 웹사이트는 독일이라는 브랜드를 만들기 위해 취해진 접근법을 상세히 기술하고 있다. 그 접근법은 독일이 유럽 경제의 심장이지만 역사적인 이유로 부정적이며 적대적인 방식으로 인식되고 있다는 근거에서 출발했다. 울프 올린스는 독일 정부와 독일 브랜딩 문제에 관심을 가지는 기관에게 6단계의 시행안을 제시했다. (1) 수상이나 대통령의 통솔 아래 국가 브랜드 운영 위원회 설립 (2) 운영위원회에 대한 보고를 책임질 연구개발팀 구성 (3) 산업, 무역, 교육, 미디어, 문화, 예술 분야의 대표 인물과 더불어 모든 Lander 대표를 참여시킨 국가자문 과정 출범 (4) 다른 국가의 인식자료에 대한 연구를 벤치마킹하며 독일에 대한 인식 조사를 해외에 위탁 (5) 국가 브랜드가 어디에, 어떻게, 적절히 사용될 수 있는지에 대한 철저한 조사 시행 (6) 국가운영위원회에 의해 채택된 브랜드 선택권에 대한 이행 프로그램을 만들어 하원에 제출하여 승인을 받는다.

스코틀랜드

현재 세계의 많은 국가들이 국가 브랜딩 전략을 신중하게 선택하고 있다. 스코틀랜드에서는 1994년 스코틀랜드의 관광과 문화, 무역을 증진시키기 위한 스코틀랜드 브랜드 조직이 만들어졌다. 이 기구가 가진 최초의 신념은 다음과 같다.

> "더욱 더 많은 국가들이 국력 신장을 위해 노력함에 따라, 우리 스코틀랜드도 우리가 가진 훌륭한 장점이 옳바로 사용되도록 결집하고 취합해야만 한다. 유럽연합 창설과 세계 시장의 글로벌화가 가시화된 지금이 스코틀랜드가 자신의 정체성을 바로 세우고 스코틀랜드에 대한 인지도를 높일 시점이며 또한, 스코틀랜드 무역을 활성화시킬 마케팅 도구로서, 역사와 유산, 현재의 가치들을 잘 활용해야 할 때다."

스코틀랜드 브랜드 조직 설립을 부추긴 것은 스코틀랜드가 세계적으로 인정 받을 만한 분명한 브랜드 가치를 지니고 있다는 조사를 근거로 하고 있다. 그러나, 거기에는 스코틀랜드가 상업적 성과를 이끌어내기 위한 마케팅 노력에 있어서 그가 가진 능력만큼 효과적으로 이들 가치들을 이용한 적이 없다는 염려 또한 있었다. 하지만, 이런 걱정을 뒤로하고, 마침내 스코틀랜드 브랜드기구는 스코틀랜드의 분명한 브랜드 가치들을 세상에 알리기 위해 1994년 설립되었다.

이 기구는 스코틀랜드 비즈니스의 마케팅 노력을 결집함으로써 국내외 시장 양쪽에서 스코틀랜드의 우수성을 알리는데 한 목소리를 내는 것을 목표로 했다. 스코틀랜드 브랜드 조직의 의장, 닉 쿠엔스버그(Nick Kuenssberg: Sunday Herald, 2003)는 스코틀랜드를 방문할 만한 곳, 유학할 만한 곳, 투자할 만한 곳, 지식을 얻을 만한 곳으로 전세계에 알리는 일을 포함해 이 기구의 몇 가지 목표를 설정했다. 이것은 스코틀랜드 행정부(Scottish Executive, 2001)가 문서에서 말한 '현명하고 성공적인 스코틀랜드'라는 슬로건을 반영한 것이다. 이 슬로건은 국내외 기업들의 세계화 계획에 부응해 스코틀랜드를 세계적 수준의 비즈니스 장소로 알릴 필요성을 강조한 것이다.

이 같은 목표를 달성하기 위해 스코틀랜드 브랜드는 '스코틀랜드적인 것'이라는 브랜드 자산에 대한 대규모의 세계적 연구를 수행했다. 이 연구를 통해 스코틀랜드를 포함해 영국, 프랑스, 독일, 스페인, 일본, 미국 같은 주요 수출 시장에서의 여론 조사와 기존 자료에 대한 대대적인 재검토가 이루어졌다. 그 연구 결과는 스코틀랜드의 경쟁력을 향상시키고, 스코틀랜드 제품과 서비스, 시설을 널리 알리며, 스코틀랜드가 장기적이고 꾸준한 경쟁적 우위를 획득하기 위한 노력의 토대로 사용되었다. 2002-2004에 이르는 기간 동안, 한 이벤트/광고 계획이 마련되었는데, 이를 계획한 사람들은, 이것이 창조적이고, 효율적이며, 목표가 뚜렷한 캠페인의 연속 행사로 야심 차고 광범위한 영역을 포괄하고 있다고 설명했다. 이 이벤트와 광고 행사는 모두, 위에 언급된 스코틀랜드 브랜드 자산 연구를 통해 이끌어낸 정신, 일관성, 성실, 창의 같은 핵심 가치들을 알리고 육성한다는 공동의 주제를 가지고 있었다.

스코틀랜드 브랜드의 2002-2004년 이벤트/광고 계획은 안팎으로 주목을 받게 되었다. 스코틀랜드 내에서 이 조직은 기존의 주요 행사와 성 앤드루 축일, 번스 기념일, 지역 축일 같이 달력에 나오는 경축일과 더불어 골프와 럭비, 축구 행사 같은 스포츠 행사를 활용하는 방안에 초점을 맞추었다. 또한, 정보 교환을 위한, 월례 네트워킹 행사와 더불어, 연례 스코틀랜드 브랜드 총회와 시상식 만찬을 마련했다. 스코틀랜드 브랜드가 계획한 행사 가운데, 대외적으로 가장 내세울만한 행사는 미국 시카고에서 열린 '타탄 위크' 행사였다. 이 행사에는 관광 행사와 국제 패션 경연 폐막식, 정부 측 행사, 타탄 무도회 등이 포함되었다.

시카고 행사와 더불어 스미소니언 협회와 연구소 참여로 스코틀랜드에 관한 3개월 연속 강연과 스코틀랜드 민속제전이 워싱턴 D.C에 마련되었다. 이런 행사들 대부분이 타탄, 킬트, 백파이프 같은 낡은 이미지에 의존하고 있다는 비판에도 불구하고 세계에서 가장 큰 돈벌이 시장인 미국 내에서, 스코틀랜드의 위상을 올려주었다는 점에는 의심의 여지가 없다.

스코틀랜드 브랜드 조직이 개발한, 스코틀랜드 브랜드 정체성의 시각적 측면은, '스코틀랜드 마크'로 알려진 로고가 잘 보여주고 있다. 이 로고는 스코틀랜드 제품을 독특한 방식으로 알리고 보증할 뿐 아니라, 제품의 품질 또한 장담한다는 스코틀랜드의 확고한 상징으로서 개발되었다. 비록, 이런 시각적 정체성의 구축이 단순히 피상적이고 장식적인 것으로 돌려질 수 있으나, 이 같은 활동에 따르는 연구와 디자인 과정은, 기업 브랜딩이나 커뮤니케이션과 관련된 전략을 세우는데 도움이 될 수 있다(Baker and Balmer, 1997). '스코틀랜드 마크'는 식품, 음료, 섬유, 호텔같이 전통적인 것에서부터, 전기, 소프트웨어, 금융 서비스, 운송같이 좀 더 현대적인 제품/서비스에 이르기까지, 광범위한 분야에 걸쳐 생산된 스코틀랜드 제품들에서 찾아볼 수 있다. 영국 소프트웨어 분야의 한 연구 보고서에 따르면 품질 보증서는 소프트웨어 제품에 대한 신뢰와 가치를 부여함으로써 사용자들에게 도움을 준다(Jobber et al, 1989). 스코틀랜드 브랜드가 만든 로고 역시, 스코틀랜드에서 만들어진 제품과 서비스를 구매하는 소비자들에게 똑같은 신뢰와 가치를 제공하기 위해 고안되었다.

그러나 역설적으로 최근 금융 서비스 브랜딩에 있어 스코틀랜드적인 것을 드러내놓고 사용하는 일이 점점 줄어드는 경향이 있다. 2003년 리브랜딩 작업의 일환으로 애비 내셔널은 그 이름을 '애비'

로 줄임과 동시에 새로운 사업을 위해 스코티시 뮤추얼과 스코티시 프로비던트라는 두 개의 유명 스코틀랜드 회사를 폐쇄했다. 이후, 이 두 회사의 제품들은 애비 브랜드를 달게 된다. 스코티시 애미커블과 스코티시 에퀴터블이라는 두 회사 역시, 지난 십 년 간 자취를 감춘 주요 스코틀랜드 브랜드들이다(Flanagan, 2003). 합병과 인수로 인한 어쩔 수 없는 전략적 요구 때문에 스코틀랜드의 금융 서비스 분야는 마케팅의 발판으로 원산지 사용을 배제하는 방침을 세웠던 것이다.

스코틀랜드 브랜드의 목적은 전세계 스코틀랜드 제품과 서비스에 참된 가치를 부여하기 위해 강력하고 긍정적인 스코틀랜드의 가치와 이미지를 건설함으로써 스코틀랜드 마크가 단번에 알아볼 수 있는 심볼이 될 수 있도록 하는 것이었다. 2003년, 스코틀랜드 브랜드 조직은 공공 분야에서 민간 분야로 이전되었다. 이렇게나마 이 조직은 계속 존재해야 했다. 공적인 보조금이 끊기고, 어쩔 수 없이 회원 기부금으로 버텨내야 하는 상황에서 이 기구가 스코틀랜드 마크를 계속 사용하고 싶어 하는 기업들을 위해 이제까지의 품질 기준을 유지할 수 있었는지 살펴보는 것은 흥미롭다. 만약, 단기간의 기부금을 늘일 요량으로 품질 기준치를 낮춘다면, 저질의 제품과 서비스, 저질 브랜드들이 자신들의 제품과 한데 뒤섞이는 것을 원하지 않는 현재의 회원들이 탈퇴함으로써 스코틀랜드 마크의 가치는 하락되었다.

2003년, 2004년에 발생한 사건들은 스코틀랜드 브랜드기구의 소멸을 초래했다. 2004년 3월 28일 금요일, 스코틀랜드 브랜드 조직의장, 닉 쿠엔스버그는 특별 총회에서, 기구 위원회는 기구의 운영을 축소키로 결정했다고 전했다(Sunday Herald, 2004). 쿠엔스버그는 이 수순이 스코틀랜드 발전을 위한 장치를 만들기 위해 스코틀랜드 행정 당국의 관점에서 취해졌다고 설명했다. 스코틀랜드 브랜드 위원회는 국가를 알리는데 있어 이런 중복된 노력이 바로 그 스코틀랜드 브랜드 조직의 존립을 위태롭게 한다고 느껴 기구의 운영을 축소하기 위한 투표를 실시하였다. 이후, 국가 브랜드 구축을 위한 통일성 있는 접근법이 연속적으로 출현하였으며 이는 지난 2, 3년 동안에 더욱 분명해졌다.

뉴질랜드

코퍼레이트 엣지 컨설턴시의 회장인 로지는 뉴질랜드를 위한 브랜드 제작과 전략 수립에 관여했다. 그녀는 이 일을 내부 투자와 문화, 교육, 관광, 제품 수출을 포함한 경제 전반에 걸쳐 구매할 이유를 집약하고, 경쟁력 있는 포지셔닝을 찾아내는 것으로 규정한다. 브랜드 제작과 전략을 수행하기 위한 절차로 다음과 같은 단계의 과정을 밟아 나갔다. 첫 단계는 자료와 의견을 취합해 이 국가가 어떻게 해야 세계를 향해 자신들의 제품을 사가도록 가장 잘 설득할 수 있는지에 대한 가설을 만드는 것이다. 이에 따라 마련된 자료를 통해 경쟁력 있는 여론과 정부 단체와 수출 산업 단체가 실시한 시장 조사 연구로 확인된 브랜드 자산, 실제와 잠재적 '혜택'을 말해주는 사례들, 수출, 관광, 내부 투자, 교육에 대한 수행 자료와 목표, 전략을 연속적으로 세우고, 채택하거나 파기할 내부 문제에 있어 영향을 줄 사람들에 대한 정보를 파악할 수 있었다.

영국 소비자들이 뉴질랜드에 대해 가지는 인식은 부정적이지만, 프랑스와 독일 소비자들은, 뉴질랜드에 대해 긍정적인 인식을 가지고 있었다. 영국 소비자들은 뉴질랜드를 본래 영국 근교의 방갈로 정도로 생각하려는 경향이 있었다. 반면에, 프랑스인과 독일인, 뉴질랜드의 훌륭한 와인과 멋진 자연 경관, 매력적인 마오리 문화를 잘 알고 있었다. 뉴질랜드를 방갈로 지역 정도로 아는 영국인들의 인식을 바꾸기 위해서는 철저한 계획을 마련해, 뉴질랜드가 장엄한 경관을 지닌 남부 알프스로서 희귀한 새와 식물, 활화산, 이국적 과일을 가지고 있는 생산의 원천, 이국적 여행지라는 이미지로 드라마틱하게 변모할 수 있게끔 노력해야 했다. 로지는 또한, 뉴질랜드 국가 브랜딩 전략을 성공시킨 주요소는 미래 구매자의 구미를 당기게 할 만큼, 뉴질랜드 사람들에게도 강력하게 와닿은 것이었다고 말한다. 다시 말해 이 성공 요소는 바로 그 뉴질랜드에서 국가 브랜딩 프로젝트가 시작되어 관심을 받으며 추진되었다는 것과 권한과 책임이 있는 사람들에 의해 일이 진행되었다는 것, 이 프로젝트를 이끌고 평가하는데 사용될 명확한 경제적 목표를 가지고 있는 사람들과 목표와 목적에 있어 단합된 사람들 프로젝트가 시작되기 전에 이를 위한 자금을 후원한 사람들이 있었다.

한국

한국은 2002년 FIFA 월드컵 공동 개최지로서 큰 주목을 받게 되었다. 앤홀트(Anholt, 2003)는 한국이 월드컵 공동 개최지로서 생긴 유명세를 잘 이용했다고 전한다. 그는 한국의 무역, 산업, 에너지부서가, 한국 브랜드 제품들을 전 세계에 알리기 위해(이런 식으로 수출 증대를 꾀함), 어떤 식으로 야심 찬 계획들을 준비했는지 설명한다. 이 과정에서 다섯 유형의 전략이 한국 정부에 의해 가동되었다. 즉, 한국 브랜드 이름 세계화, 기업 브랜드 관리 강화, 전자 브랜드 마케팅 보강, 브랜드 마케팅을 위한 인프라 확장, 해외에 국가 이미지 제고 등이 그들이다. 이러한 전략적 목표들을 이루기 위해, 통일성 있는 접근 방법이 채택되었다. 한국 정부는 1000억 원을 조성해 수출업자들이 제품 디자인을 향상시킬 수 있게 도울 것이며, 전국 10개 도시에 '산업 디자인 개발 센터'를 열어, 중소기업들이, 한국 브랜드의 인지도와 가치 고양을 위해, 제품 디자인을 향상시킬 수 있게끔 하겠다고 발표했다.

앤홀트에 따르면 장기적 관점에서의 가장 큰 비전은 브랜드관리, 캐릭터 디자인, 산업 포장 분야에서, 매년 500명의 전문 인력을 훈련시킬 '브랜드 아카데미'를 열어 국가의 브랜드 인프라를 구축하려는 한국 정부의 계획이었다. 국가 브랜딩과 관련한 이런 식의 국내 교육은 다른 국가들의 노력과 비교되는 것으로서 특별한 경우라고 말할 수 있다.

한국의 국가브랜드 구축은 민간정부의 출현과 함께 본격화되었으며, 2002년에서 2008년 정부를 거치면서 국가이미지개발 및 관리를 국가홍보의 관점에서 강화해왔다. 2016년 이후에는 관광한국의 측면을 부각하여 국가브랜드의 가치제고에 힘을 기울여왔다. 이 부분에 대해 제9장에서 자세히 살펴보도록 하자(역자주).

스페인

스페인은 국가 브랜딩에 성공한 예로 꼽힌다. 프레스톤(Preston, 1999)은 스페인이 실제로 존재하는 것을 바탕으로 하여 브랜드 구축을 계속해 나가고 있으며 스페인의 브랜딩 노력은 다양한 활동을 통합하고 흡수하며 포용해 나가고 있기 때문에 현대적인 모습으로 성공한 국가 브랜딩의 가장 좋은 예라고 말한다. 스페인의 브랜딩 노력은 다양하지만 일관성 있고, 서로 연계되어 있으며, 상호보완적 체제를 구성하고 계획하는 하나의 도표 같은 정체성 목표 아래서 이루어지고 있다. 과거의 부정적인 모습을 떨쳐버리고, 활기차고 현대적인 민주 국가로서의 스페인을 다시 알리는 일은, 길모어(Gilmore, 2002)에 의해 국가 브랜딩의 좋은 예로 거론되고 있다. 길모어는 한 국가 브랜드의 핵심은 국민의 정신을 담는 것이라고 설명하며 그것이 어떻게 네 가지 중요 요소인 주요 트렌드, 타겟 그룹, 경쟁자, 핵심 능력을 고려한 후, 브랜드 포지셔닝으로 발전될 수 있는지를 설명한다. 길모어에 따르면 이런 숙고에서 나온 브랜드는 다양한 그룹을 대상으로 한 하위 브랜드 출시를 도울 수 있을 정도로 풍부해야 하며, 국가가 실제로 제공할 수 있는 것과 관련하여, 구체화되어야 한다.

길모어는 또, 특별한 사람들과 그들의 예외적인 사례들이 국가 브랜드를 재활성화 시키며 사람과 사람은 사회적 관계를 맺고 있기에 그런 사례들이 전 세계 대중들에게 더욱 현실감 있는 것으로 다가온다고 말한다. 케냐의 장거리 주자와 루마니아의 체육 전문가들, 쿠바의 음악가들, 또는 과거 스코틀랜드의 탐험가들이 국가 브랜드 전략에 공헌할 수 있는 특별한 부류의 사람들이다. 이 문제는 국가 브랜드 대사 차원에서 더 다루어질 것이다(9장 참조).

영국

1990년대 말에 시작된 영국의 브랜딩 또는 재브랜딩은 지금까지 보여진 것 가운데, 가장 논쟁거리가 많은 국가 브랜딩 활동일 것이다. 데모스 공공 정책 연구소가 발표한 보고서, 'BritainTM: 우리의 정체성 개혁'(Leonard, 1997)이 영국 재브랜딩의 근간을 형성했는데, 이는 새로운 토니 블레어 총리 지휘하의 차기 노동당 정부에 의해 시작되었다. 비록, 창조적인 산업과 꾸준한 경제 성장을 바탕으로 성공을 거두고 있었지만, 세계적으로 보아 영국은 여전히 시대에 뒤쳐진 국가로 비춰진다는 큰 문제점을 안고 있었기에, 정체성에 대한 개혁이 시급한 것으로 여겨졌다. 영국 문화원(British Council)에 따르면, 영국 사업가들은 영국과 연관된 부정적인 인상을 꺼려해, 그들의 국가 정체성을 명백하게 마케팅 하는 것을 경계하였다. 즉, 영국의 사업가들은 편협하고, 구식이며, 변화를 거부하는 사람들로 간주되고 싶지 않았던 것이다.

이런 문제에 대한 해결책으로 영국의 이미지 현대화가 신 노동당 정부에 의해 구상되었다. 'Cool Britannia'가 'Rule Britannia'를 대신했다. 그러나, 1990년대 말 시도된 영국 리브랜딩에, 'Cool Britannia' 꼬리표를 붙인 것은 정부가 아니라 미디어였다는 것은 특기할 만하다.

그러나 영국 브랜딩 작업은 시작부터 엄청난 반대에 부딪쳤다. 국가가 수퍼마켓에 놓인 일개 제품이 아니고서야, 국가 정체성만큼이나 복잡한 것을 재브랜딩 한다는 것이 가능하기는 할까, 할 필요가 있을까에 대한 우려의 목소리가 높았다. 이를 비판하는 이들은 또한, 영국이라는 '이상 사회'를 지탱하고 있는 신화, 추억, 제례 등을 지워버리는 것이 그렇게 쉽지만은 않을 거라고 주장했다. '이상 사회'로서의 국가 개념은 국가 정체성을 다룬 글에 잘 나와 있다(5장 참조).

영국 재브랜딩 작업은 영연방제국과 다른 지역에서의 국가 브랜딩 작업에 참여한 이들에게 좋은 본보기로 비춰질 수 있다. 미디어조차 거의 발작적인 적의를 드러냈기에 이 작업은 어떤 추진력을 갖추기도 전에 사멸했다. 국가 브랜딩 전략이 갖는 잠재적 이점이 타겟 대중에게 효과적으로 전달되지 못했던 것이다. 이것은 국가 브랜드의 모든 이해 당사자들을 충분히 통합시키지 못한 것과 전통과 역사를 희생시켜 현대적이며 첨단적으로 추구하려는 면이 지나치게 부각되었던 탓이다.

장소 마케팅, 장소 브랜딩, 국가 브랜딩 : 실제에서 이론까지

David Gertner, Ph.D. Professor of Marketing,
Lubin School of Business, Pace University, New York.

장소 마케팅과 장소 브랜딩은 최근에 나온 개념이 아니다. 지난 수세기 동안 국가는 자국 국민으로 하여금 소위 "신세계(New World)"와 같은 머나먼 땅으로 이주하도록 설득하기 위해 정치적, 종교적 자유, 경제적 기회 또 다른 유혹거리를 제공했다. 많은 정치 인사들은 국가를 재포지셔닝 또는 리브랜드를 시도해 왔다. 그러나 이 같은 실제 응용의 사례는 오래되었으나, 국가 장소 마케팅, 장소 브랜딩이나, 국가 브랜딩에 대한 이론적 관심은 아주 최근의 일이다.

장소 마케팅과 장소 브랜딩은 주로 현실적인 문제로만 다루어져 왔으나, 처음에는 학문적 이론이나 조사 분야에서 느리게 발전되었다. 장소 마케팅, 장소 브랜딩과 국가 브랜딩에 대한 대부분의 초기 연구는 거의 관광분야에 한정되었다. 조사에 따르면 1980년대 초기이후 출간된 마케팅과 관광 관련 논문들은 약 3000여 개에 달한다(Gertner, 2011a, 2011b). 이들 연구는 "목적지 브랜딩(Destination branding)"라는 이름으로 불리기 시작했다. 특히 1980년대와 1990년대 학자들이 보다 긴밀하게 연구한 또 다른 분야는 수입품이나 해외상품에 대한 태도에 관한 장소나 원산지(C-O-O 또는 COO 효과, 제조상표효과)의 영향에 대한 연구였다. 예측컨대, 지난 30년 동안 저널이나 컨퍼런스 자료집에 나타난 논문만 해도 1,000여 개가 넘을 것으로 추산된다. 이들 논문을 보면 대다수가 단순 방법론을 사용했으며 특정 원산지 제품에 대한 소비자 태도에 대해 기술하고 있다. 때로는 이들은 다른 원산지의 동일한 제품에 대한 태도와 비교되기도 했다. 어떤 원산지 연구에서 학자들은 종속변수로서 자민족중심주의, 민족적 고정관념이나 민족적 반감, 제품평가에 대한 원산지 영향을 상정하고 이들의 역할에 대해 조사해왔다.

그러나 1990년대 초기에 들어서면서 장소 마케팅이나 장소 브랜딩이라는 용어를 사용한 논문 출간이 발 빠른 성장세를 보여 왔다. ABI/INFORM Globaldp eogks 검색에서 2,860여 개가 넘는 비즈니스 출간물을 통틀어 1990년과 2013년 사이에 출간된 논문 중 장소 마케팅이나 장소 브랜드를 언급한 논문은 793개에 이르렀다. 이들 논문은 100여 개의 저널 또는 일반 간행물에 걸쳐 두루 관찰되었다. 이들중 고작 47개 논문만이 1990년과 2000년 사이에 출판되었다. 그러나 2000년 이후 이 분야는 빠른 속도로 늘어나면서 융성기에 접어든 듯했다. 2001년과 2010년 사이에이 분야의 논문 수는 452개로 급증했고 그런 뒤 2011에서 2013년에는 294개의 새로운 논문이 장소 마케팅이나 장소 브랜딩을 언급하면서 ABI/INFORM 데이터베이스에서 관찰되었다. 이 분야의 연구 수가 급속히 성장하기는 했어도 이들 대다수의 논문들이 이용한 방법론은 주로 정성적이거나 기술적 방식을 유지하고 있었다. 대부분이 사례연구였고 이속에는 특정 장소에 국한된 상황을 기술하고 있다. 여러 연구를 보면 에세이는 사설조의 개인의견을 표명하는 정도였고 일화나 비사에 대한 서술에 의존하고 있었다. 열렬한 독자들이 많았으나, 많은 연구들은 이론을 구축하는 노력으로까지 진전시키지 못했다. 지리적으로 아주 작은 먼 나라에서부터 강대국에 이르기까지 연구가 진행되기는 했으나 결과를 다른 연구와 비교하기조차 어려웠다. 장소마케팅이나 장소브랜딩 연구에 나타난 또 다른 중요한 요소를 보면, 아주 많은 토픽과 이슈를 담고 있으며, 다양한 학문적 영역에서 관찰되었고, 무수한 용어들을 생산해 냈다는 점이다. 이 때문에 이들 영역에 사용된 용어들을 분리하거나 통합하는데 있어서 큰 어려움이 제기되어 왔다. 나아가 이론적 배경을 제기하는 논문도 아주 적고, 연구목적을 제대로 명시하거나, 변인을 정의하거나 심지어는 실증 가능한 모델을 제기하거나, 고급통계방법을 적용하는 사례마저 찾아보기가 힘들다.

요컨대, 장소 마케팅, 장소 브랜딩, 국가 브랜딩은 의심할 나위 없이 중요한 실무영역임에는 틀림이 없다. 이 때문에 실무자나 학자들은 이 분야에서 엄청난 조사연구를 수행해왔다. 여러 다른 영역에서 중요한 간행물이 날로 늘어났으며, 이 속에서 학자들이 관련 주제에 대해 자유롭게 쟁론할 수 있도록 지면을 할애해 주었다.

최근의 많은 연구에서도 장소 마케팅, 장소 브랜딩과 국가 브랜드에 이르기까지 탄탄한 이론 기반을 잘 구축할 수 있도록 시도해 왔다. 이처럼 국가브랜딩은 점차 실제에서 이론으로 가는 기반을 서서히 개척해 나가고 있다.

실무적 관점

신 아프리카의 브랜딩; 떠오르는 글로벌 도전자

Thebe Ikalafenf,
Founder/Chairman of Brand Africa,
Brand Leadership Group and Chairman of Brand Finance Africa

1963년 5월 25일, 32개 국가가 이디오피아의 수도 아디스 아바바에 모였다. 이디오피아는 세계 어느 국가에 의해서도 – 물론 잠시 이태리에 점령당한 적은 있으나 - 식민지화되지 않은 유일한 나라다. 이들 모임은 유일한 아젠다는 아프리카 국가의 단결과 단일화를 촉진하며 아프리카 국민의 더 나은 민생을 위해 협력 조정하는 한편 아프리카의 주권을 수호하고 식민주의를 근절하자는 것이었다.

50년이 흐른 뒤 아프리카는 2013년 5월 25일 2063년 새로운 비전 "평화와 번영"을 주창하며 이디오피아에 다시 모였다. 이제 완전히 해방된 아프리카였다. 2002년 7월 9일 남아프리카 더반 – 상징적으로 아프리카 국가 중 마지막 식민지 - 에서 지난날 OAU가 AU(African Union)로 리브랜드 되는 뜻깊은 날이었다.

아프리카는 이제 54개 다양한 국가를 가진 대륙이며, 10억이 넘는 인구로(UN 경제 사회문제, 2013) 증가했고 2050년에는 20억을 성장목표로 계획했다.

또한 경제는 2014년에서 2019년간 연 7.7 %로 총 50%의 증가를 목표로 했으며 이는 선진국 경제증가율의 두 배에 해당한다(Deloitte, 2014). 도시화 또한 2050년도까지 62% 성장을 계획하고 중간계층 소비자들의 지출규모가 2020년까지 도합 1천억 달러를 넘도록 목표를 세웠다(Mckinsey, 2012). 지난 2002년까지 16차례의 격렬한 전쟁을 치뤘거나 자주 쿠데타가 일어났던 대륙, 아프리카는 현재 민주적 방식으로 선출된 정부는 전체 약 2/3로 - 이는 1991년 고작 8개 국가에 비하면 훨씬 많은 수이다. - 비교적 평화롭다. 이것이 신 아프리카 브랜드이다.

인구밀도가 높은 이 대륙은 더 이상 동일하지 않다. 개발 수준에 따라 54개 국가로 나뉘어있으며 인프라, 불평등, 가난과 관련된 다양한 도전들이 도사리고 있는 곳이다. 이들 나라 가운데, 12개 나라는 아프리카 대륙 총 2.2조 달러의 경제규모에 80% 이상을 차지한다. 이들 나라는 나이지리아(58억 달러), 남아프리카(3500억 달러), 이집트(2700억 달러), 알제리아(2110억 달러), 앙골라(1210억 달러), 모로코(1050억 달러), 수단(480억 달러), 튀니지아(470억 달러), 가나(550억 달러), 리비아(55억 달러), 이디오피아(480억 달러), 케냐(440억 달러) 등이다.

그러나 아프리카 전체 교역량의 10% 내지 13%가 아프리카 국가 간에 이루어지고 있다. 이는 북미교역량의 40%가 다른 북미국가 간에 이루어지고 있고 서유럽국가의 63%가 동일 공동체간에 이루어지고 있는 현실과 비교하면 턱없이 작은 규모이다. 따라서 아프리카 연합은 대륙 국가간 교역을 자극시키고 글로벌 무역의존도, 공산품 가격을 낮추며 날로 상승일로에 있는 내부 자신감을 활용하기 위하여 지역경제 공동체(REC: Regional Economic Communities)를 건설하였다. 그리 놀랄 것도 없이 이들 경제공동체 내 선도 국가들은 브랜드 파이낸스의 아프리칸 국가 브랜드 순위 목록에서도 단연 상위권 브랜드에 속한다(Brand Finance, 2014). – 이들 상위권 국가들은 남미가 1위 (2700억 달러), 나이지리아 2위

(110억 달러), 이집트 3위(700억 달러), 알제리 4위(520억 달러), 이디오피아 8위(140억 달러), 탄자니아 9위(130억 달러), 우간다 10위(100억 달러) 등이다.

기업가들과 무역이 날로 늘어나고 비즈니스 활동이 점점 용이해 짐에 따라 아프리카산 브랜드에 대한 자신감이 더욱 촉진되었다. 가장 존경받고 가치 있는 브랜드(The most admired and valuable brand)의 단지 23%에 머물러 있고 또한 아프리카 최고 브랜드조사에 의하면 100대 아프리카 브랜드 가운데 1% 만이 아프리카산을 대표하는데 그치다 보니 비 아프리카 브랜드가 여전히 대륙을 지배하고 있다(Brand Africa, 2014). 아프리카산 브랜드는 주로 통신, 음식, 미디어와 유통 분야에서 특히 두각을 나타내고 있다. 아프리카 경제가 성장하고 아프리카인들이 유복해지고 자국 브랜드의 생산 역량이 커지게 됨에 따라 토종 브랜드 또는 비 아프리카산 브랜드의 수요 가운데 아프리칸 정신을 토대로 자란 브랜드는 점차 성공가도를 걷게 되었다.

따라서 아프리카의 모든 국가들은 이제 자국 국가 브랜드에 주목하게 되었다. 남미, 케냐, 보츠와나, 가나, 나이지리아 등은 투자, 관광, 무역과 수출 및 국가 정체성을 촉진시키기 위해 강력하면서도 조정과 화합의 책임을 담당케 될 국가 브랜드를 생산하도록 경쟁력 있는 국가브랜드 전담 기구를 만들었다.

그러나 이제 54개 국가 중 대다수는 관광, 교역기구를 이용하여 해외 직접투자(FDI), 관광, 무역 수출을 촉진하기 위한 제대로 된 국가 브랜드를 성장시키고 있다. 새롭게 등장하는 부유한 계층의 아프리카 엘리트와 시민사회 또한 새로운 기업가정신과 자신들의 국가 브랜드를 촉진하자는 계획에 동참함으로써 아프리카의 중흥에 기여하자는 도전적 제안을 받아들였다. 예를 들면, 수단 텔레콤의 억만장자 모 이브라힘은 이브라힘 협치 지표를 만들어 아프리카 협치의 품질을 평가했으며, 나이지리아의 토니 오엘루멜루 재단은 아프리카의 막강한 1000여 개의 신흥기업으로 구성된 범 아프리카 비즈니스기구를 세우기 위해 아프리카 자본주의 연구원을 설립하기도 하였다. – 예컨대, 남아프리카의 MTN, 나이지리아의 단고테, 나스퍼스(남미의 Naspers 지부), DS TV, 토고의 에코뱅크, 케냐텔레콤과 보다포네의 합작회사인 사파리콤 등이 그들이다. 특히 사파리 콤의 M-Pesa는 모바일 자금이체에 있어 세계적 표준을 자랑한다. 대다수의 이들 비즈니스와 브랜드들은 아프리카 100대 브랜드나 아프리카의 최고 브랜드 순위와 아프리칸 챌린저 상위 40 브랜드 순위에서도 핵심권에 포진되어있다. 이들은 세계 경제권에서도 급속한 신장세를 보이고 있다(보슨톤컨설팅, 2010). 한편으로는 인프라 부족이나, 가난, 불평등, 젊은 층의 실업률에 허덕이나, 여전히 무한한 경제 기회를 갖고 있는 이들에게 아프리카는 현실적으로 유일한 새로운 글로벌 기회까지 제공하고 있다. 이 같은 기회를 현실화하기 위하여, 아프리카의 성장은 아프리카인의 손으로 이루어져야 할 것이다. 그러나 54개 국가는 여전히 다양한 도전과 기회에 직면해 있으면서 아프리카에서 비즈니스와 개발이라는 이중목적을 한꺼번에 달성해야 한다, 브랜드 아프리카(Brand Africa)와 같은 시민사회 발의기구는 아프리카에 대한 긍정적 이미지를 창조하거나, 독자적 정체성을 향유케 하는 한편 아프리카의 경쟁력을 고양시키기 위한 세대 간 운동 역할을 위해 설치되었다. 또한 그 밖의 여러 기구들 또한 아프리카를 지속가능한 발전으로 이끄는 아프리카 연합(African Union)과 같이 범 아프리카 정부기구를 보완하는 촉매적 비영리기구의 역할을 하고 있다.

통신 분야, 인터넷 연결성, 국내외 여행이 개선되고, 비즈니스 활동이나 아프리카와 아프리카인을 글로벌과 로컬 간 연결 사업이 쉬워짐에 따라, 아프리카를 위한 아프리카인에 의한 새로운 아프리카를 브랜드화하려는 자신감이 일고 있다. 이들 역시 지역현장으로 소통되나 글로벌 스탠다드를 따르고 있으며 따라서 세계시장에 도전할 준비와 가능성에 한껏 고무되어 있다.

참고문헌

Accenture (2011). "The Dynamic African Consumer Market : Exploring Growth Opportunities in Sub-sahran Africa.

Boston Consulting Group (2010) " The African Challengers, www.bcg.nl/documents/file 44610.pdf.

Brand Africa (2014). www.brandafrica.org/Rankings.aspx

Brand Finance (2014). "Brand Financ Naiuon Brands 2014 : www.brandfinance.com/images/upload/brand_finance_nation_brands_reports_2014_final_edition.pdf.

Deloitte (2014). "The Deloitte Consumer Review – Africa : A 21stCentruryView.

McKinsey (2012). " The rise of the African Consumer : A Report from MacKinsey' sAfrica Consumer Insights Center.

United Nations Department Of Economic & Social Affairs (2013). "Wordl Population Prsopect : The 2102 Revision – Highlights and Advance' s Tables ,United Nations, New York.

☑ 사례

브랜드 오바마 – 미국 아이콘의 흥망과 미국브랜드에 대한 효과

낸시 스노우(Nancy Snow),
캘리포니아주립대학 풀러턴, 명예 교수

국가 브랜드와 공공외교 분야에서 일하고 있는 우리들 다수는 21세기 들어 세계에서 그 공신력이 실추되고 있는 미국 브랜드로 인해 개탄하고 있다. 미국 브랜드의 힘이 점차 소실되고 있다는 증거는 많다. 모두가 전쟁광으로 지칭하는 조지 W. 부시 대통령, Abu Ghraib(이라크의 아부그라입 감옥으로 사담후세인 당시 정치적 정적를 투옥하던 곳, 미군은 후세인 몰락 후 이 감옥을 고문과 모욕을 준 곳으로 국제적인 악명을 받게 된 곳으로 알려짐 - 역자주), Axis of Evil(악의 축, 부시 미국 대통령이 북한과 이라크, 이란을 악의 축으로 표현함 – 역자주), Shock & Awe(충격과 공포, 911 테러 이후 전개된 백악관의 음모고발을 담은 미국영화 – 역자주), Hurricane Catrina(2005년 8월 말, 미국 남동부를 강타한 초대형 허리케인으로 2,580여 명이 사망함. 특히 뉴올리언스 지역의 80% 이상이 해수에 잠김)이 이들 증거와 관련이 있다. 세계는 지상 최고의 국가에게 일어났던 일련의 사태에 대해 의아해했다. 이와 때를 같이하여 일리노이 출신 젊은 상원의원이 출현하여 채 몇 달이 못되어 미국브랜드의 이미지를 쇄신하기 위해 미디어와 국민의 정신 공간에 발을 내디뎠다. 바락 오바마가 바로 미국의 이미지와 평판을 고양시키기 위해 방법론을 제시하는 탁월한 모델이 되었던 것이다. 그것은 순전히 당파적이 아니었다. 미국인들은 이제 설사 검증을 거치지 않았더라도 새로운 것을 원했다. 그것은 그리 중요하지 않았다. 911 이후 8년간은 오히려 그 두 배나 되는 것 같았다. 결국 오바마는 경쟁자인 존 매케인과 침체된 국가경제를 놓고 겨루면서도 그의 등장 타이밍은 완벽했다.

바락 오바마는 차기 지도자로 꼽혔던 힐러리 클린턴을 압도했다. 오히려, 경선토론에서 자신이 민망할 정도로 '충분히 호감이 가는' 여자로 호칭했던 적수를 설득하여 최적의 국무장관 후보로 지목하였고, 결국, 그녀를 오바마 행정부의 가장 인기 있는 각료로 만들어 대통령을 빛나게 했다.

오바마 브랜드를 오랫동안 유지할 수 있었던 것은 한편에는 창작 스토리와 또 한편에는 새로운 미디어였다. 오바마의 성공은 시기적으로도 당시 페이스북, 트위터, 유튜브 등의 SNS의 도약과 맞아 떨어졌다. 이 회사들은 부시 시대에 설립되었으나, 그 기술은 2004년 선거 당시에 새로운 브랜드로 각광을 받게 되었다. 2008년은 인터넷에서도 2.008 버전의 새로운 해였다. 오바마의 뿌리, 메시지, 아이콘은 이 같은 디지털 정치시대를 맞아 무르익었다.

가난한 소년에서 중산층으로 부상한 소년의 이야기를 담은 19세기 작가 호라시오 알저(Horatio Alger)의 소설은 곧 미국 브랜드의 창작 스토리를 담고 있었으며 이는 마치 애플의 창작공간이 스티브 잡스의 가족 창고에서 발현된 것과 같은 맥락이다. 오바마의 얘기는 웹 2.0 시대의 최전성기였다. 하와이 혼혈소년의 소박한 배경을 보더라도 그는 하바드 법대 교수를 거쳐, 지역 지도자, 작가 상원의원에 이르고 있다. 결국, 그가 혜성처럼 오른 정상은 궁극적으로 미국의 브랜드였다. 미국의 우상이 West Wing(미국대통령 집무실이 있는 백악관 서관을 지칭함 - 역자주)을 만나는 것이었다. 2008년에는 클린턴처럼 워싱턴에서 온 정책지도자가 잠시 나타나 미국의 우상(American idol)이 되었다가 금방 잊혀지는 그런 정치적 양상이 있었다. 그러나 창작 스토리만으로는 충분치 않았다. 소비자와 같이 유권자들 역시 브랜드를 믿을 만한 이유가 필요했다. 오바마의 경우를 보면, 그의 신념은 나이키의 'Just Do it'과 같은 단순한 이유가 있었다. 오바마의 "변화"와 보조 메시지인 "당신과 우리가 믿는 변화"는 반대파를 되돌리기에 충분했다. "그는 부시나 그의 계승자, 맥케인이 아닙니다." 정도만으로도 충분했다.

오바마 후보는 많은 이들의 가슴과 마음을 움직인 마케팅 드림팀이었다. 2008년 10월 전국 광고인협회의 수장들 역시 오바마를 Adevertising Age가 발표하는 올해의 마케터(marketer of the year)로 뽑았다. 당시 2위가 애플이었다. 2013년 전 세계 1위 브랜드가 대통령 후보에 이어 2위로 지목되었다고 상상해 보라. 그러나 단지 어떤 대통령 후보가 아니다. 곧 버락 선전물과 다를 바 없다. 워싱턴 D.C 취임식 직전에는 각종 미디어에는 온통 오바마 브랜드 선전으로 도배를 이루었다. 워싱턴 다운타운에 있는 멋진 유니언 역을 걷노라면, 백악관처럼 생긴 스웨덴소유 이케아 매장들 – 이름하여 2009년 판 "변화를 수용하라" 광고 캠페인의 추가판 - 을 마주하게 되었다. 버락의 이름은 도처에 있었다. 마치 누구의 저항도 없이 내달리는 버락의 모습을 연상하게 되었다.

버락 오바마는 세계에서 가장 유명한 미국 광고의 아이콘인 "말보로 맨" 이후 등장한 최고의 정치마케팅 수단이었다.

수평선 캠페인 로고 위의 떠오르는 해를 상징하는 'O' 위대한 낙서로 불리는 (Shepard Fairey) 포스터는 그의 정치여정을 담은 나이키의 스우쉬 북-엔드였다. 힐러리 클린턴은 그의 맥북에 대항하는 마이크로소프트 PC였고, 존 매케인은 전기차 프리우스 오바마에 대항하는 험머(Hummer)였다. 하와이 태생이 캘리포니아 수재가 된 것이다. 캘리포니아의 영부인 마리아 슈리버는 오바마에 대해 이런 말을 남겼다. 자신은 오프라 윈프리와 캐로린 케네디와 더불어 캘리포니아에서 오바마를 지지했다. 생각하면 할수록 잘했다는 생각이다. 버락 오바마가 한 주라면 그것은 바로 캘리포니아다. 다양하고, 개방적이고 스마트하고 독립적이면 혁신적이면, 영감이 탁월한 꿈을 꾸는 자요. 지도자다. 근접성은 유사함을 낳는다. 맥, 구글, 지금의 오바마, 모두가 캘리포니아 주의 심볼이었다.

오바마 대통령의 2기 중반쯤 브랜드 오바마는 그의 핵심 추종세력 사이에서 지지기반을 잃게 되었다. 한때 대통령을 3명 가운데 하나 꼴로 지지하던 젊은 층의 미국인들로부터 외면을 당하면서 과거의 매력적인 그가 아니었다. 2014년 젊은 층에 의한 지지율이 40%를 간신히 상회했다. 같은 해 4월 1일 미국의 전설적인 야구선수 데이비드 오티즈(David Ortiz)가 삼성 모바일 광고를 하면서 자신의 트윗에 대통령을 모델로 올려놓게 되었다. 물론 백악관은 대통령이 자신의 간접광고로 이용되는 것을 못마땅하게 여겼다. 그러나 이 백악관은 간접광고를 자신들의 뒷마당으로 한정하지 않았다. 다른 상징적인 글로벌 브랜드와 마찬가지로 문제는 간접광고의 관련성이 잘 유지될 수 있느냐에 있었다.

버락 오바마는 한때 우리 모두가 믿을 수 있는 변화로 세계인의 상상과 생각을 사로잡았다. 한때 변화에 대한 희망이었던 것이 이제는 기껏해야 일상적인 사업정도로 발전하는데 그쳤고 설상가상으로 신뢰와 존경까지 서서히 몰락하게 되었다. 다른 글로벌 브랜드(Snowden, Putin, Assad)들은 브랜드 아메리카의 CEO들과 경쟁하고 있었다. Between Two Ferns (미국 코미디언 잭 갤리퍼내키스가 웹사이트 funny or die.com에 진행하는 막장 토크쇼지만 사실 다 게스트들과 모의하고 찍은 것이다. 의자 양옆에 양치류 식물을 놓고 진행하기 때문에 저런 제목이 붙었다. 역자주)로 불리는 방송 프로그램에서 오바마 케어를 홍보해야 했던 오바마는 그의 대통령직이 곧 포도나무 가지에서 시들어가는 것을 보게 될 것이다. 마찬가지로 브랜드 USA의 세계적인 인식에 대한 다양한 치명적 결과들 또한 목도하게 될지 모른다. 한 국가에서 한 단면에 해당되는 문제는 하락세를 겪게 될 때 이는 한 국가의 공신력의 실추와 직결됨을 알아야 한다. 단번에 위력을 발휘하는 마법의 총탄이론은 훌륭한 국가 브랜드 육성에는 해당되지 않는다.

그러나 서서히 꾸준하게 예측 가능한 모양새를 띄면서 형성된다. 미국은 전 세계에 자유운동을 고무시킨 역사를 가지고 있는 두 상징 독립선언부터 자유의 여신상에 이르기까지 자신의 국가를 브랜딩한 원조 국가인 셈이다. 그러나 문제는 이랬던 미국이 더 이상 세계를 야망의 아이콘으로 존재하지 않는다는 점이다. 어떻게 오바마 시대 이후로 그 이미지와 평판을 업데이트할 수 있을까? 우선 첫째로 미국에게는 다른 나라가 당했던 영향으로부터 고난을 겪지 않아도 된다. 예컨대, 관광객들이나 투자자들에게 외면당하는 등의 문제이다. 미국은 늘 그랬듯이 선과 악을 위해 세계인속의 마음속에 존재한다.

핵심은 미국이 좋은 사고와 행동은 늘 악한 것보다 더 빛나게 만든다는 것이다. 미국이 가지고 있는 오래된 평판의 문제는 허리우드 영화에 늘 배어있는 폭력국가로서의 이미지가 고질화되어 있다. 전세계의 어느 시장에서도 총을 쏘거나 죽이는 행위에 대해 따로 번역할 필요조차 없다. 그렇다

미국은 총기문화의 나라이나 무작위적인 폭력행위는 드물다. 공공서비스나 국제인권옹호 등의 형태로 행해지는 정치 참여율은 비교적 높은 편이며 특히 후자는 국제지역의 분쟁 또는 재난 이후 더욱 두드러지게 나타난다. 미국은 심사숙고형이라기보다 행동을 우선하는 사람들로 구성된 국가이다.

이런 점이 비폭력적 대응을 동원해야 할 때는 매우 긍정적 특징이라고 할 수 있다. 그러나 압도적인 폭력으로 이를 다스리려고 할 경우에는 오히려 세계인의 눈에는 부정적일 수 있다. 21세기 들어 하드 파워의 영향은 단지 911 테러 이후 미국에서뿐 아니라, 전 세계에 걸쳐 나타나고 있다. 세계인은 늘 그렇듯이 이 같은 경향에 이미 싫증을 내고 있다. 단순히 호기심에 끌리지 않고 세계가 더욱 긍정적인 방향으로 움직이고 있다고 믿는 것은 여전히 시민대사(citizen ambassadors : 건전한 시민들로 구성된 이른바 홍보대사 - 역자주)들이 있기 때문이다.

☑ 사례

아랍에미레이트 (UAE) – 국가 브랜드의 아키텍쳐 전략

Melodena Balakrishnan,
Associate Professor, Faculty of Businee and Management,
University of Wollonggong in Dubai.

국가 브랜드의 아키텍쳐 전략은 복잡하다. 이는 국가 브랜드를 명시적으로 표현하기가 어렵기 때문이다. 과연 국가 브랜드란 국가에 내재되어 있거나 촉진된 가치들의 총합으로 봐야 하는가 아니면 상징적이든 기능적인 측면을 대표하는 것으로 봐야 하는가, 또는 다양한 목표공중의 인식이나 구성요소들의 총합으로 봐야 하는가. 목표공중이란 너무 광범위하거나 다양해서 단순한 전략으로 확보하기란 어렵다. 한 국가의 평화와 번영을 위해서는 단순히 시민들뿐 아니라, 주민과 관광객, 투자자, 기업인, 정부, 미디어와 비영리기구 등 모두로부터의 지지가 요구되기 마련이다.

국가브랜드가 복잡한 것은 수많은 이해당사자들이 자신의 기득권을 가진 브랜드를 공식적이거나 비공식적으로 대표한다는 사실과 이미지에 대한 인식은 결코 통제될 수 없다는 사실에 기인한다.

UAE는 7개 에미레이트 연합이다. 아부다비(수도), 두바이, 라스 알카이마, 샤르자, 아지만, 음알 쿠웨인, 후자이라 등이 그들이다. 에미레이트 연합의 인구는 약 85만 정도이며 이들 중 84%는 국외 거주자들이다. 1971년에 독립한 이 신생국의 항공기산업, 관광, 무역 분야에서 2012년 방문객들이 1000만 가량에 이르렀고(이 나라 총인구수 보다 많다.) 그해, 두바이 공항을 경유한 방문객만 6600만이었으며 123개 항공사를 유치하고 284개의 목적지로 연계하는 등 개가를 올린 바 있다(Dubai 공항, 2014).

아랍 에미레이트 항공의 전략적 위치를 보면 반경 4-8시간 내에 40억 명이 넘는 소비자에게 접근할 수 있으며 세계 최대의 소비자 가전 시장이 되었다. 이 지역의 사치품 시장의 50%를 점하는데 기여하고 있다. 또한 세계 최대의 면세점을 보유하고 있고 세계에 가장 국제적인 소매시장의 하나를 형성하고 있다. UAE는 국내적으로 분명 세계화를 누리고 있으나, 글로벌 지역에서도 로컬 브랜드로서의 목소리를 내고 있다.

미묘하게도, UAE 브랜드의 원산지는 세계인들에게 단순히 중동이나 아랍보다는 에미레이트로 인정받기를 원한다는 것이다. 이처럼 UAE는 항상 자국에 대한 국제적 인식을 관리해야만 했다. 글로벌 터미널 운영사 DP World는 영국 P&O를 인수했고 미국 항만을 관리할 책임이 있었다. 중동지역 인수(911 미 테러 이후 5년이 지난 지금도 각인되어 있다.)를 둘러싼 인식과 관련하여 미국시민들이 보였던 부정적인 반응으로 두바이 정부는 - 비록 후에 부시정부와 이 문제를 해결했지만- 급기야는 항만 관리권을 포기했다. 이밖에도 UAE는 영국 미디어들의 신랄한 공격으로 2009년 재정위기를 맞기까지 했다. 일련의 이 같은 사태는 미디어 공격이 얼마나 심각한 것인가를 깨닫게 하는 교훈이 되었다.

UAE는 이후 글로벌 시장에서 자국에 대한 인지도를 증대시키거나 강력한 지역정책을 통해서 국가 브랜드의 존재감을 높였다. UAE 는 걸프협력위원회나(GCC), 석유수출기구(OPEC), 아랍동맹의 회원이다. UAE는 UN 회원이며 세계무역기구(WTO), UN 무역개발회의(UNCTAD)에 가입되어 있다. 아랍 에미레이트 연합국 특히 아부다비는 에미레이트의 미래복지의 확보와 유지를 목적으로 설치된 광범위한 국부기금을 가지고 있다. UAE의 아부다비 투자기구(ADIA)가 보유한 자산은 6270억 달러로 세계에 두 번째로 큰 규모의 국부기금이다. 아랍에미리트(UAE)에 기반을 둔 브랜드들은 해외 직접투자를 통해 자국 브랜드의 홍보대사가 되고 있다. 이러한 브랜드는 정부, 준 정부 또는 기업(국내 또는 국외) 이거나 UAE 외환(세계 최대의 글로벌 송금기업의 하나) 이며 또한 훌라(Fulla, 인형) 또는 런던 유지(London Dairy, 아이스크림), 수가(sougha), 카멜리시우스(Camelicious, 낙타우유), 알 나스마(Al Nassma) 낙타 밀크쵸코렛, 프리즈만화 시리즈(Freej Cartoon Series) 등의 UAE에 기반을 둔 제품브랜드들도 포함된다.

UAE 인터액트(2013)는 신설한 국제 협력 및 개발부 (MICAD)를 통해 2012년 개인을 비롯한 사적영역은 물론이며 43개 주요 정부 및 준 정부, 개발, 인권 및 자산기구들은 15억 9천만 달러를 원조하고 추가적으로 15억 2천만 달러를 137개국의 개발비용으로 지원을 약속하였다.

부드러운 외교와 미디어 관리는 국가 평판을 구축하는데 필요한 열쇠이며 그들이 원조 수단으로써 선택한 브랜드는 국가의 브랜드 가치를 높이는 돕는다는 나름의 정당성을 가지고 있다.

비즈니스 영역에서, 자유무역지대(FTZ)의 설치는 성공적으로 이행되고 있다. FTZ는 1985년 두바이에서 19개 기업으로 조성된 예벨 알리 자유무역지대로 출발하였다. 얼마 되지 않아 2014에는 UAE 해외 직접투자의 20%(비유류 무역가치로 900억 달러 상당임)를 차지했고 125개국에서 온 7,300개가 넘는 다국적 기업이 존재했다(The Jakarta Post, 2014). 두바이는 이제 세계에서 세 번째로 큰 재수출 센터이다. 자유무역지대의 개념은 이제 UAE를 넘어 현재 추산 26개가 넘는 FTZ로 확산되었다. UAE가 자국의 문화유산보존과 세계화와 다양한 문화의 유입 간 균형을 맞추려하는 비전을 펼쳐감에 따라, 국제무역과 투자증가는 새로운 도전을 제기했다. 더 많은 국산 글로벌 브랜드가 필요하다. 도대체 균형은 어떻게 맞추어야 하는 것일까? 한 국가의 대표성은 정책수행으로부터 올 수 있지만 구체적인 표현은 상징적인 기념물과 사건들로부터 온다. UAE에서 세계신기록에 해당하는 것들을 보면 버지(Burj, 세계 최고층 큰 빌딩), 두바이 몰(세계최대의 면세점), 메리어트 마르퀴(JW Marriott Marquis, 세계에서 가장 큰 호텔), 두바이 스키(Ski Dubai, 세계에서 최초의 실내 사막스키리조트), 페라리 그룹의 포뮬라 로싸(Formular Rossa, 세계에서 가장 빠른 롤러코스터), 들은 몇몇 사례일 뿐이다. 국내 및 국제적 스포츠, 문화, 관광, 축제 쇼핑 등을 촉진하는 계절행사들은 국가브랜드의 매력을 더한다. UAE가 등장하는 인기 있는 대중문화 예컨대, 톰크루즈의 미션 임파서블, TV 시리즈(톱기어), 대중음악(아랍머니 2009년 대도독 자동차비디오게임) 들은 국가의 후광브랜드로서의 역할을 더했다.

향후 브랜드 구조의 관리기회

1. 자존심을 세워라

이것은 UAE 비전 계획의 핵심 영역이다. 아랍 에미리트 연합국에 살고 있는 모든 국민과 모든 주민들에게 자존심은 중요한 근간이다. 자존심에 뿌리내리고 유산에 뿌리를 둔 국가 브랜드 가치가 가장 성공할 가능성이 높다. 따라서 브랜드 구조는 상징주의와 감정적 호소라는 요소를 동시에 가지고 있어야 한다. 역사가 짧은 나라로서 과거의 자존심을 미래의 관심으로 묶어주는 스토리텔링은 국가 발전을 위한 분야이다. 이러한 이야기들은 아랍어 맥락 안에서 존재하지만 다른 언어로 표현되어야 한다.

2. 글로벌 명성을 관리하기

UAE는 위기일로에 놓인 중동 지역의 한복판에 놓여있다. 전쟁 행위나 유사한 폭력, 자연재해, 그리고 시민소요 등은 이 나라의 명성을 위협하는 쟁점 가운데 단지 일부일 뿐이다.

위기 커뮤니케이션에 관한 문헌들을 보면 위기의 시기에는 후광 브랜드를 찾아 이들을 향후 예비지원아이템으로 고착시키는 것이 중요하다는 사실을 강조한다(Balkakishnan, 2011).

초기 브랜드 전략에서 볼 때 글로벌 UAE 브랜드의 관리는 후광 브랜드가 얼마나 있느냐에 따라 다르다. 스포츠행사 예컨대 축구, 포뮬라 1(Abu dhabi Grand Prix), 크리켓(인도 프리미어 리그 2014 시즌은 UAE에서 개최되었다), 테니스(두바이 면세점배 테니스 챔피언십), 골프(Abu Dhabi HSBC 골프 챔피언십과 오메가 두바이 사막 클래식), 적도행사(두바이 월드컵은 세계에서 가장 부유한 경마이다), 육상(SC Chartered 두바이 마라톤), 볼보 오션 육상(Abu Dhabi 가 종점임), 스카이 다이빙(두바이 국제 파라슈트 챔피온십) 등은 성공적인 후광 브랜드의 사례이다.

스포츠 이외에도 아부다미와 두바이 주최 국제영화페스티발이나 국제회의나 월드 엑스포 같은 주요 국제 행사들은 2020년에 두바이에 개최될 예정이다.

브랜드 대표

UAE가 작은 나라라는 점을 고려한다 하더라도 에미레이트 전역으로나 기업 부문으로의 유출은 제한적일 수밖에 없다. 이것은 브랜드 아키텍처가 해결할 수 있는 영역이다. 2010년에 Saatchi는 Abu Dhabi 글로벌 관광 브랜드 'Travelers Wercome' 로고를 창안했으며 이 로고는 Abu Dhabi 브랜드가 어떻게 대표화 되는지를 아주 단순하게 보여주었다. 두바이는 아랍어 및 영어로 읽을 수 있는 새로운 로고를 2014년 아라비아 여행시장에 선보였다. UAE 2010년에 국가 브랜드 로고를 개발하기 위해 개방식 열린 컨테스트를 실시하였으며 2012년에는 국민투표에 부쳤다. 그러나 여전히 결론은 내지 못했다(Khmohammed.com. 2010). 관광분야는 기념품으로 UAE와 에미레이트를 대표한다. 특허권도 때로는 브랜드 대표가 되기도 한다. 상징적 기념물과 사건을 제외하고, 예를 들어, 날짜, 커피, 낙타, 모래는 중동 전역에서는 흔히 볼 수 있다. 그 나라의 유산이나 역사 이야기는 현대적 해석으로 극복되어 왔으며 유사한 나라의 브랜드 사례로 묘사되어야 한다.

시너지 창출

기업은 직간접적으로 브랜드 홍보대사 역할을 한다. 호주는 예컨대, 나라를 원산지로 하는 호주산(Made in Australia) 로고를 가지고 있다. UAE가 국제 미디어에 가시성을 갖춘 주요 기업들을 통해 강화하고자 하는 일반적인 브랜드 가치는 무엇인가? 사람은 장소를 대표하는 존재로 부각될 수 있다. 에미레이트 사람들은 자신들의 전통적인 의복에 자부심을 가진다. 또한 이들 지도자들은 국제 미디어에도 자주 노출된다. 왕족 세크 모하메드는 소셜 미디어를 창안했고 2009년 6월 현재 274만 명이 넘는 팔로워를 트위터에 올리고 있으며 2014년에는 온라인 최대 클라우드 소싱 아이디어 컨퍼런스를 주최하기도 했다. 신생 국가임에도 UAE는 강력한 브랜드 아키텍처 전략을 개발하기 위한 매뉴얼을 만들어 내는 등 엄청난 일을 해냈다.

참고문헌

Balakrishnacn, M.S(2011). "Protecting from brand burn during time of crisis : Mumbai 26/11 : A case of th Taj Mahal and Tower Hore', Management Research Review.. 34 (12), 1, 309-1,334.

Dubai Airports(2014) Fact sheets, Reports and Statistics, dated 13 April, www.Dubaiairport.com/en/media-center/facts-figures/pages/factsheets-reports – statistics. Aspx?id=9(accessed 14 April 2014).

Government Of Dubai Department of Finance(2014). 'The global finance crisis lessons learnt,' available: http://91.74.184.33/videoplayer/Dubai-The GlobalFinancial-Crisis-Lessons-learned.pdf?ich_u_r_i=f936f1df57c940056fc70feb7c4da52b&ich_s_t_a_r_t=0&ich_k_e_y=1445048921750763042409&ich_t_y_p_e=1&ich_d_i_s_k_i_d=5&ich_u_n_i_t=1(Accessed 20 April 2014).

The Jakarta Post(2014). 'UAE lures RI companies to its free-trade zone,' 9 April,available: www.thejakartapost.com/news/2014/04/09/uae-lures-ri-companies-its-freetrade-zone.html.

Khmohammed.com(2010) 'theNationBrandContest,' available:www.sheikhmohammed.com/vgn-ext-templating/v/index.jspvgnextoid=3add2bla8a9b210VgnVCM1000004d64a8c0RCRD&vgnextfmt-default&date=1286100943680 (accessed 21 April 2014).

UAEinteract(2013) 'HumanitarianAdi',available: www.uaeinteract.com/government/development_aid.asp.

요약

이 장에서는 국가 브랜드의 타당성, 범위, 진화과정에 대해 개괄적으로 살펴보았다. 또한 브랜드의 특성과 국가를 브랜드로 볼 수 있는 방법과 비록, 제한적이고 불완전하기는 하지만 브랜드로서의 국가 개념에 대해 정리해 보았다. 국가브랜드로 얻어낼 수 있는 핵심적인 목적은 내부투자를 자극하고, 국가의 브랜드 수출과 관광객을 유치하기 위한 것이다. 다음 장에서는 브랜드 이론에 집중하면서 특히 브랜드 정체성, 이미지, 포지셔닝의 개념을 중심으로 보다 심층적으로 살펴보고자 한다.

논의할 점

1. 세 나라를 찾아서 그들의 국가 브랜딩전략을 무역, 투자, 관광촉진의 관점에서 비교해보자. 세 나라가 이용한 접근 방법에 대해 비교하고 대조해보라.
2. 브랜드를 국가에 응용할 경우 어떤 점이 유용한가? 글로벌 무대에서 그들의 명성을 관리함에 있어 이들 이론과는 또 다른 접근방법이 있는가?
3. 이장에 나타난 실무자의 통찰력을 보면 아프리카를 글로벌시장의 신흥국가로 기술하고 있다. 이들 국가들이 국가 브랜드 목표를 달성하기 위해 얼마나 더 노력해야 하는가? 이 목표를 성취하는데 어떤 전략이 도움이 될까?
4. 오바마 브랜드나 미국 브랜드에 대한 사례연구는 한 나라의 정치지도와 국가 이미지 간의 상관관계에 대해 강조하고 있다. 정치지도자가 그 나라의 인식에 강력한 영향을 준 사례에 대해 살펴보자. 또한 정치 지도자가 국가 이미지에 전혀 영향을 주지 못하거나, 주더라도 미미한 경우의 국가와 비교해 보라. 일부 국가에 대한 인식이 왜 정치 리더십에 의해 영향을 받았으나, 다른 경우는 왜 그렇지 못한가에 대해 설명하라.
5. 이 장에서 두 번째 사례연구에서 보듯이 UAE가 이용한 브랜드 아키텍처 방식에 대해 살펴보라. 이와 관련하여 UAE의 경우를 보고 다른 나라가 얻을 수 있는 교훈에 대해 정리하시오.

❧ 참고문헌

Aaker, D.A. and Joachimsthaler, E. (2009) Brand Leadership: Building Assets in an Information Economy, The Free Press, USA.

Aldersey-Williams, H. (1998) Cool Britannia's big chill. New Statesman, 10 April, pp. 12–3.

Anholt, S. (1998) Nation-brands of the twenty-first century. Journal of Brand Management, 5, 6, 395–406.

Anholt, S. (2003) Brand New Justice: The Upside of Global Branding. Butterworth- Heinemann, UK.

Anholt, S. (2007) Competitive Identity: The New Brand Management for Nations, Cities and Regions. Palgrave Macmillan, UK.

Aronczyk, M. (2013). Branding the nation: The global business of national identity. Oxford University Press.

Baker, M.J. and Balmer, J.M.T. (1997) Visual identity: trappings or substance?, European Journal of Marketing, 31, 5/6, 366–75.

Balmer, J.M.T. and Gray, E.R. (2003) Corporate brands: What are they? What of them? European Journal of Marketing, 37, 7/8, 972–97.

Browning, C. S. (2016). Nation branding and development: poverty panacea or business as usual?. Journal of International Relations and Development, 19(1), 50-75.

de Chernatony, L. and McDonald, M. (2003) Creating Powerful Brands, Third Edition. Elsevier Butterworth-Heinemann, UK.

Christensen, C. (2013). @ Sweden: Curating a nation on Twitter. Popular

Communication, 11(1), 30-46.

Cormack, P. (2008). True Stories' of Canada: Tim Hortons and the Branding of National Identity. Cultural Sociology, 2(3), 369-384.

Doyle, P. (1992) Branding, in The Marketing Book, Second Edition (M.J. Baker, ed.). Butterworth-Heinemann, UK.

Eshuis, J., Braun, E., & Klijn, E. H. (2013). Place marketing as governance strategy: An assessment of obstacles in place marketing and their effects on attracting target groups. Public Administration Review, 73(3), 507-516.

Flanagan, M. (2003) Abbey rebrand sees Scottish names consigned to history. The Scotsman, 25 September, 27.

Gilmore, F. (2002) A country – Can it be repositioned? Spain – the success story of country branding. Journal of Brand Management, 9, 4–5, 281–93.

Grant, J. (2006) The Brand Innovation Manifesto, John Wiley & Sons, Ltd, UK.

van Ham, P. (2001) The rise of the brand state: The postmodern politics of image and reputation. Foreign Affairs, 80, 5, 2–6.

Holt, D.B. (2004) How Brands Become Icons: The Principles of Cultural Branding, US: Harvard Business School Press.

Hymans, J. E. (2010). East is East, and West is West? Currency iconography as nation-branding in the wider Europe. *Political Geography*, 29(2), 97-108.

Interbrand (2008). 'Country Case Insight – Estonia', in Dinnie, K., Nation Branding – Concepts, Issues, Practice, 1stedn,230-235,London:Butterworth-Heinemann.

Jaffe, E.D. and Nebenzahl, I.D. (2001) National Image & Competitive Advantage: The Theory and Practice of Country-of-Origin Effect. Copenhagen Business School Press.

Jobber, D., Saunders, J., Gilding, B., et al. (1989) Assessing the value of a quality assurance certificate for software: An exploratory investigation. MIS Quarterly, 13, 1, 19–31.

Jobber, D. and Fahy, J. (2003) Foundations of Marketing, McGraw-Hill Educa- tion, UK.

Journal of Brand Management, Special Issue: Nation Branding, 9, 4–5, April 2002.

Kaneva, N. (2011). Nation branding: Toward an agenda for critical research. *International journal of communication*, 5, 25.

Keller, K.L. (2012) Strategic Brand Management: Building, Measuring, and Man- aging Brand Equity, 4th Edition. US: Prentice Hall.

Konecnik Ruzzier, M., & De Chernatony, L. (2013). Developing and applying a place brand identity model: The case of Slovenia. *Journal of Business Research*, 66(1), 45-52.

Kotler, P. and Gertner, D. (2002) Country as brand, product, and beyond: A place marketing and brand management perspective. Journal of Brand Management, 9, 4–5, 249–61.

Kotler, P., Haider, D.H. and Rein, I. (1993) Marketing Places: Attracting Invest- ment, Industry, and Tourism to Cities, States And Nations, Free Press, USA.

Kotler, P. and Keller, K.L. (2011) Marketing Management, 14th Edition. US: Prentice Hall.

Leonard, M. (1997) Britain™: Renewing Our Identity, Demos, London.

Lodge, C. (2002) Success and failure: The brand stories of two countries. Journal of Brand Management, 9, 4–5, 372–84.

Lynch, J. and de Chernatony, L. (2004) The power of emotion: Brand com- munication in business-to-business markets. Journal of Brand Management, 11, 5, 403–19.

Macrae, C., Parkinson, S. and Sheerman, J. (1995) Managing marketing' s DNA: The role of branding. Irish Marketing Review, 18, 13–20.

Mihailovich, P. (2006) Kinship branding: A concept of holism and evolution for the nation brand. Place Branding, 2, 3, 229–47.

Morgan, N., Pritchard, A. and Piggott, R. (2002) New Zealand, 100% pure. The creation of a powerful niche destination brand. Journal of Brand Management, 9, 4–5, 335–54.

Olins, W. (1999) Trading Identities: Why countries and companies are taking each others' roles. The Foreign Policy Centre, London.

Olins, W. (2002) Branding the nation – the historical context. Journal of Brand Management, 9, 4–5, 241–8.

O'Shaughnessy, J. and Jackson, N. (2000) Treating the nation as a brand:

Some neglected issues. Journal of Macromarketing, 20, 1, 56–64.

Papadopoulos, N. and Heslop, L. (2002) Country equity and country brand- ing: Problems and prospects. Journal of Brand Management, 9, 4–5, 294–314.

Porter, M. (1998) The Competitive Advantage of Nations. UK: Palgrave.

Preston, P. (1999) Branding is cool. The Guardian, 15 November, 22.

Rasmussen, R. K., & Merkelsen, H. (2012). The new PR of states: How nation branding practices affect the security function of public diplomacy. Public Relations Review, 38(5), 810-818.

Roll, M. (2006) Asian Brand Strategy: How Asia Builds Strong Brands, Palgrave Macmillan, USA.

Scottish Executive (2001) A Smart Successful Scotland, 30 January, http://www.scotland.gov.uk/publications (accessed 08/01/02).

Sunday Herald (2003) Scotland the Brand ready to go private, 9 March, 8.

Sunday Herald (2004) Scotland the Brand votes to wind up, 30 May, 1.

Szondi, G. (2007) The role and challenges of country branding in transition countries: The Central European and Eastern European experience. Place Branding and Public Diplomacy, 3, 1, 8–20.

Temporal, P. (2010) Advanced Brand Management: Managerial Brands in a changing World, 2ndedn,NewYork:JohnWiley&Sons.

Warnaby, G. (2009). Towards a service-dominant place marketing logic. *Marketing theory*, 9(4), 403-423.

Wolff Olin (2003) Branding Germany, www.wolff-olins.com/germany (accessed 16 May 2003).

Yousaf, S., & Huaibin, L. (2014). Branding Pakistan as a “Sufi” country: the role of religion in developing a nation's brand. Journal of Place Management and Development, 7(1), 90-104.

제2장 국가 브랜드 정체성, 이미지, 포지셔닝

Key Point

- 정체성과 이미지는 국가 브랜딩의 핵심 컨셉이다. 아이덴티티와 이미지의 차이는 부정적인 영향을 미칠 수 있기 때문에 급하게 수정할 상황이 자주 발생한다.
- 국가 브랜드를 포지셔닝 하는 것은 목표 대중의 마음에 남길 바람직한 브랜드 연상을 정의하는 것과 관련이 깊다.
- 일관적인 브랜드 포지셔닝 전략을 수립하는 것은 다양성이 높은 국가에게 매우 도전적인 일이다.

개론

2장에서 우리는 브랜딩 이론의 세 가지 요소인 브랜드 정체성, 브랜드 이미지, 브랜드 포지셔닝을 살펴보고, 이 개념들이 국가 브랜딩에 어떤 식으로 적용되는지 알아본다. 2장에서는 인도와 인도의 공공외교 사례를 다루고자 한다. 두 번째 사례로는 포르투갈이 직면한 브랜드 아키텍처 문제를 분석할 것이다. 학문적 관점에서는 바람직한 브랜드 목표의 개발 과정을 바라보는 한편, 실무적 관점에서는 국가 브랜딩 과정에서 발생하는 정치적인 맥락을 고려하고자 한다.

정체성 대 이미지

정체성의 개념에 관한 논의에 있어서, 관련이 있지만 구별되는 개념인 이미지와의 혼란이 종종 발생한다. 그러므로 우선 이 두 개념을 명확히 하고, 국가 브랜딩과의 관련성을 알아보는 것이 바람직하다. 정체성은 콘사이어스 옥스포드 사전(2009)에 '사람 또는 사물이, 누구인가 또는 무엇인가라는 사실'로 정의되며, 부가적으로는 '이것을 결정짓는 특성'이라고 정의되어 있다. 반면에 이미지는 '어떤 사람이나 조직, 제품 등이 대중에게 주는 일반적인 인상'과 '정신적인 표현' 등으로 다양하게 정의되어 있다. 물론 다르게 정의하고 있는 사전들도 많기 때문에, 용어의 정확한 의미가 세계적으로 일치할 수는 없다. 그러므로 다음과 같이 단순하지만 확고한 관점을 갖는다. 정체성이란 어떤 사물의 실제 즉, 본질을 말하며 이미지는 사물이 어떤 식으로 인식되는 가를 말한다. 정체성과 이미지는 개념상 분명한 차이점이 존재하지만, 두 가지가 일치하지 않는 경우 불리하게 작용할 수 있다. 실제로 많은 국가들은 그들이 실제로 어떠한지에 대해 다른 사람들이 제대로 인식하지 못하는 사실에 좌절한다. 고정관념, 상투적인 말, 인종차별적 표현 등이 일부 국가들의 인식을 지배할 수 있다. 이러한 편견들과 부정적인 인식을 바로잡고, 국가의 경제 성장과 세계에서의 입지를 저해하는 부정적인 시선에 맞설 수 있도록 돕는 것이 국가 브랜딩의 가장 큰 목표다.

브랜드 정체성과 브랜드 이미지의 성격과 중요성은 브랜드 관리와 전략을 다룬 많은 학자들에 의해 다루어졌다. 그런데 일반적으로 이러한 논의는 국가적 측면보다는 제품, 서비스, 기업의 측면에서만 이루어져 왔다. 그러나 브랜드 정체성과 브랜드 이미지의 핵심 개념은 국가 브랜드 측면에서도 무리 없이 적용될 수 있다. 따라서 브랜드 정체성과 브랜드 이미지의 구성 요소에 대한 분석은 국가 브랜드 정체성과 이미지에 대한 이해를 높이는 출발점이다. 마틴 롤(Roll, 2006)은 기업이 브랜드 정체성 개발에 있어서 고려해야 할 5가지 요소를 제시하였다. 첫째, 브랜드 비전-브랜드의 미래 희망과 목표 시간 안에 성취하고자 하는 바람직한 역할과 위상을 명시한 내부문건. 둘째, 브랜드 영역-브랜드 비전 문건의 일부로, 브랜드가 파고 들어갈 수 있는 시장과 제품 카테고리를 요약. 셋째, 브랜드 포지셔닝-소비자의 마음속에 자리잡고자 노력하는 것. 넷째, 브랜드 개성-브랜드가 소비자와 정서적으로 연결될 수 있을 만한 특별한 성격을 갖는 것. 다섯째, 브랜드 본질-브랜드의 심장과 영혼으로서 브랜드를 상징하며 브랜드를 특별하게 만든다.

브랜드 정체성의 기초를 보강하는 요소에 대한 롤의 분석에 따르면, 이러한 개념들을 조금만 변경한다면 국가 브랜드 정체성 발전에도 효과적으로 적용시킬 수 있다. 브랜드 비전, 브랜드 영역, 브랜드 포지셔닝, 브랜드 개성은 제품 브랜드와 마찬가지로 국가 브랜드에도 적용될 수 있는 것이다. 그러나 브랜드 본질은 두 세 단어로 표현될 수 있다고 롤은 주장한다. 또한 브랜드 본질을 제품 혹은 서비스 브랜드에 적용하는 건 효과적일 수 있지만, 국가 브랜드에도 이렇게 소극적으로 접근하는 것은 성급한 반응일지 모른다. 국가 브랜드가 지닌 다차원적인 특성은 이런 식의 분류를 반대했기 때문이다. 즉, 국가의 특성을 한마디로 요약해야 한다는 것이 국가 브랜딩에 있어 가장 큰 어려움이다. 무한한 문화적 다양성이 소비재(FMCG) 시장의 구미에 맞게 단지 하나의 덩어리로 축소될 수 있을까?

국가는 한 두 단어로 요약하거나 압축될 수 없다. 이 주제는 국가 브랜딩에 있어서 짚고 넘어가야 할 근본적인 문제 중 하나인 만큼, 다음 장에서 보다 자세히 살펴본다.

롤이 브랜드 정체성 개발에 필요한 5가지 요소를 제안했다면, 레후(Lehu, 2006)는 브랜드 정체성이 12가지 요소로 구성되어 있다고 주장했다. 또한 브랜딩 작업을 계획하고 있다면 이 요소들이 반드시 고려되어야 한다고 했다. 레후가 제안한 12가지 요소는 다음과 같다. 첫째, 브랜드 이름 - 이것이 없다면 명확한 정의조차 불가능하다. 둘째, 유산 – 모든 브랜드는 이전의 일들을 말해주는 과거를 가지고 있다. 셋째, 표현 규칙 – 로고, 글자 크기와 형태, 색깔 등과 같은 도형적 특징을 의미한다. 넷째, 포지셔닝 – 타겟 소비자 마음속에 제품이 차지하고 있는 공간이다. 다섯째는 위치로, 시장 선도자, 도전 브랜드와 같이 지금의 위치를 명확히 정의할 필요가 있다. 여섯째는 개성으로, 창의성, 역동성, 독립성 등과 같은 브랜드 특성을 의미한다. 일곱째는 일상적인 행동으로, 브랜드는 과거보다 현재 대중의 시선을 더욱 많이 받고 있다. 여덟째는 신념으로, 한 개인이 브랜드에 대해 가지는 정서적이고, 서술적이고, 질적인 개념이다. 아홉째 요소는 가치로, 이에 대한 사회적 인식의 중요성이 증가하고 있다. 열째 요소는 계획된 이미지로, 브랜드가 소비자에게 제시하고자 하는 브랜드 이미지이다. 열한 번째는 브랜드에 대한 소비자의 태도로, 최근의 소비자와 브랜드 간의 관계가 상호적이라는 특징을 갖는다. 마지막으로, 소비자에 대한 브랜드의 태도로, 브랜드는 늘 소비자를 참여시키고 존중하며 그들을 이해하려고 노력해야 한다.

레후의 세밀하고 통찰력 있는 분석은 브랜드 정체성을 이해하는 데 많은 도움을 주었다. 한편, 브랜드 이미지는 이미 소비자 마음속에 형성되어 있어 기업이 통제할 수 없으므로, '계획된 이미지'가 레후의 12가지 요소에 포함될 수 없다고 주장할 수도 있다. 난단(Nandan, 2005)이 지적했듯이, 브랜드 정체성은 기업으로부터 만들어지는 반면에 브랜드 이미지는 소비자의 인식을 일컫는 개념으로서, 비슷해 보이지만 명확히 구별된다. 한편, 나머지 11가지 구성요소는 브랜드 관리자에 의해 조정되며 국가 브랜드에도 적용될 수 있다. 기존의 브랜드 정체성 개념이 국가 브랜드 관리에 적용되는 방법은 표 2.1에 자세히 나와있다.

한편, 정체성의 개념은 이해당사자 관리에 있어서도 매우 중요하다. 정체성에 대한 의식과 그것을 뒷받침하는 핵심 가치를 통해 모든 활동과 커뮤니케이션이 구성되며 또한 수행될 수 있는 것이다. 또한 종업원이 조직 내에서 강한 정체성을 느끼면 그들 스스로가 조직을 정의함으로써 동기를 부여 받고 사기를 증진시킬 수 있게 된다(Cornelissen, 2004). 후자의 관점은 내부 브랜딩 분야와 관련된 것으로, 국가 브랜딩에 있어서 '당신은 자국민이 어떠한 방식으로

표 2.1 브랜드 정체성 구성 요소와 국가 브랜드 명시

브랜드 정체성 구성 요소	국가 브랜드 표명
브랜드 미션	국가 브랜드 개발팀원들이 찬성한 전략 문건 – 개발팀은 정부 대표와 공공, 민간분야, 시민 사회를 포괄해야 한다.
브랜드 영역	국가 브랜드가 효과적으로 경쟁할 수 있는, 산업분야와 타겟 시장에 대한 조사. 여기에 관광, 내부투자, 교육 등의 분야를 위한 전략을 포함할 것인가.
브랜드 이름	일부 국가들은 한 가지 이상의 이름으로 불린다. 예를 들어, 홀란드/네덜란드, 그리스/헬라스 등. 국가들은 이런 중복된 이름이 잠재적 자산인지 불리한 점인지 파악해야 한다.
표현 방식	국기, 언어, 아이콘
일상 행동	정치적/군사적 행동, 외교적 주도권, 국제관계 운영
브랜드 차별화하는 요소	국가의 독특성 – 그 문화와 역사, 민족으로 구현된다.
설화적 정체성	신화, 영웅, 독립에 관련된 이야기
이데올로기 옹호	인권, 꾸준한 성장, 행복 추구 등

출처 : 롤(Roll, 2006), 레후(Lehu, 2006), 엘리엇과 퍼시(Elliott & Percy, 2007), 뷰크홀츠와 보르데만(Buchholz & Wordemann, 2000)

국가 브랜드를 소비하게 할 것인가?'라는 또 다른 중요 과제를 제시하고 있다.

위에서 제시된 것처럼 브랜드 커뮤니케이션이 계획될 수 있는 닻으로서의 정체성 개념은 마드하바람 등(Madhavaram et al, 2005)에 의해서도 언급되고 있다. 그들은 브랜드 정체성이 한 기업의 통합 마케팅 커뮤니케이션(IMC) 전략을 어떻게 개발하고, 성장시키며, 실행하는지를 알려주는 길잡이가 된다고 설명한다.

통합된 접근법을 사용함으로써, 국가들은 전 세계 대중들에게

어떤 식으로 인식될지를 이해하게 되며 그 국가의 성과, 민족, 제품 등이 어떤 방법으로 그들 브랜드 이미지에 반영되는지도 확인할 수 있게 된다.

장 노엘 캐퍼러(Kapferer, 2004)는 브랜드 정체성을 명확히 규정하기 위해 다음과 같은 질문들에 답해야 한다고 말한다. 브랜드의 특별한 비전과 목표는 무엇인가? 차별화의 방법은 무엇인가? 브랜드는 어떤 필요를 충족시키고 있는가? 브랜드의 영속적 특성은 무엇인가? 브랜드의 가치는 무엇인가? 브랜드의 경쟁 분야는 무엇인가? 이것은 합법적인가? 브랜드를 알아볼 수 있게 하는 상징물은 무엇인가? 브랜드 정체성에 대한 이런 관점은 브랜드의 내적 요소(영속적 특성, 가치 등)와 브랜드의 외적 요소(브랜드의 시각적 상징물)를 모두 포함하고 있다. 이런 식으로 내적 브랜드 요소와 외적 브랜드 요소가 혼합되었다는 주장은 아커(Aaker, 1996)에 의해 발전되었다. 그는 브랜드의 핵심 정체성인 브랜드의 영원하고 핵심적인 본질과 브랜드의 확장된 정체성을 대비시킨다. 말하자면, 브랜드가 새로운 시장에 진입할 때 다양한 브랜드 정체성 요소가 결합될 수 있다는 것이다. 국가 브랜드 개발팀은 국가 브랜드를 시각적으로 표현함에 있어 기존의 국가 아이콘에 의해 제약을 받는다.

브랜드 정체성을 만드는 작업은 정체성 기준표에 맞춰 제한될 필요는 없다. 브랜드 정체성 개발에는 얼마든지 창조적이며 독창적인 발상이 투입될 수 있는 것이다. 예를 들어, 설화적 정체성 이론은 시간을 인간과 사회가 공유하도록 하기 위함이며 우리는 우리의 자아를 위해 설화적 정체성을 필요로 한다. 이것은 우리가 얘기할 수 있거나 얘기할 수 없는 이야기로 꾸며진다(Elliott and Percy, 2007). 국가들은 분명 역사적, 문화적 토대라는 정체성 구축에 꼭 필요한 비옥한 토양을 간직하고 있다. 대체로 마케팅 전문가들은 뛰어난 화술을 갖추지 못했다. 따라서 국가들은 '진짜' 작가들을 국가의 설화를 만드는 데 참여토록 해야 하는 것이 바람직하다. 즉, 시인과 각본가, 소설가, 상상력이 풍부한 작가들이 그들 국가의 평판을 강화하는 데 중요한 역할을 할 수 있는 것이다. 의도하지 않았더라도 이러한 상황은 이미 벌어지고 있다. 그러나 국가 브랜드 캠페인은 국가의 창조적 이상 사회를 결집하려는 노력으로부터 좋은 결과를 얻을 수 있다.

정체성 구축에 대한 보다 창의적인 접근은 브랜드가 이데올로기를 옹호할 수 있느냐 하는 가능성에 따라 좌우된다. 이는 소비자가 그들의 신념을 가시적으로 공유하고 믿음으로써 가능해진다(Buchholz and Wordemann, 2000). 인권과 꾸준한 성장, 환경에 대한 경외심이 잠재적으로 국가 브랜드가 옹호할 수 있는 이데올로기이다. 하지만 이데올로기가 갖는 정치적 이면 때문에 이런 전술이 한 국가 내에서 정치체제의 움직임에 대항할 수 있는가에 대해서는 의문이 든다. 예를 들면 차기 정부는 퇴임 정부가 시행해 온 성장 정책에 무관심할 수 있다. 다시 말해, 같은 이데올로기를 포용하거나 옹호하지 않을 수 있는 것이다. 정치권력의 변화는 이렇듯 국가 브랜드의 향방에 영향을 미칠 수 있다. 같은 방식으로 새로운 CEO나 마케팅 디렉터의 부임은 기업 브랜드(PSC)의 장래에 영향을 미칠 수 있다.

국가 브랜드 정체성의 양상

국가 브랜드 정체성은 다차원적인 개념이다. 앞서 살펴본 브랜드 정체성의 원리는 국가 브랜드 정체성의 복잡한 특성을 이해하는 데 유용한 기초 정보를 제공한다. 국가 정체성이 갖는 무한정한 개념으로부터 벗어나, 국가 브랜드 정체성을 좀 더 다루기 쉬운 개념으로 이해하기 위해서는 국가 브랜드 정체성이 국가 정체성 구성 요소라는 제한적인 영역 위에서 만들어진다는 것을 깨달아야 한다. 한 국가 정체성의 모든 부분을 포괄하는 국가 브랜드 정체성을 개발한다는 것은 불가능해 보인다. 외부대상(잠재적 관광객과 투자자, 학생, 노동자 등)은 한 국가의 역사, 문화, 민족에 관한 엄청난 양의 정보를 쉽게 받아들이려 하지 않을 것이다. 따라서 국가 브랜드 정체성 수립에 참여하는 이들의 주요 임무는 국가 정체성 가운데 어떤 요소가 국가 브랜딩 전략 목표에 도움이 되는지 분명하게 파악하는 것이다. 제5장에서는 국가 정체성의 풍요롭고 매력적인 영역을 보다 세밀하게 분석해보고자 한다. 이 부분에서 우리는 국가 브랜드 정체성이 어떤 식으로 만들어지는지도 함께 살펴본다.

폴란드의 국가 브랜드 건설을 다룬 한 연구에서 플로렉(Florek, 2005)은 브랜드 폴란드의 잠재적 핵심 브랜드 정체성 개발과 그 브랜드의 확장 가능성을 설명하고 있다. 플로렉이 제안한 폴란드 브랜드의 핵심가치는 비교적 낮은 수준의 산업화를 기반으로 한 '자연'이다. 이러한 핵심 가치는 자연보호 구역, 농업 관광, 자연 탐방로, 자연 식품, 리조트, 스파, 익스트림 스포츠 등과 같은 관련 분야로 확대되었다.

많은 국가들에 있어 국가 브랜드 정체성의 핵심 요소라고 할 자연 환경 이외에도, 국가 브랜드 정체성은 다른 많은 특성들을 가지고 있다. 예를 들어, 한 국가가 생산한 상업 브랜드는 국가 브랜드 정체성의 중요한 측면을 보여줄 수 있다. 담잔(Damjan, 2005)은 슬로베니아 브랜드가 세계 시장에서의 틈새를 공략해 슬로베니아 경제가 지닌 힘의 상징으로서 우뚝 서길 바란다고 말하며, 이 점을 강조하고 있다. 독일의 국가 브랜드 정체성이 어떻게 해서 BMW, 메르세데스, 다임러 같은 브랜드의 세계적 성공을 바탕으로 건설되었는지를 설명한 자보르스키와 포셔(Jaworsk and Fosher, 2003)도 이와 비슷한 관점을 보여주고 있다. 국가브랜드 정체성의 발전과 관련된 이런 식의 표현들은 국가의 수출업자들이 국가브랜드와 관련된 수출 브랜드의 발전을 위해 참여하고 조언해야 한다는 것을 의미한다.

국가 브랜드 이미지 분석

지금까지 우리는 주로 브랜드 정체성과 그 연장선에 있는 국가 브랜드의 정체성을 살펴보았다. 이제부터는 국가 브랜드 이미지 문제에 주목하여, 이 복잡한 개념이 어떤 식으로 분석될 수 있는지 알아보자.

사람들이 다른 국가에 대해 가질 수 있는 이미지는 다양한 곳으로부터 영향을 받는다. 우선 그 국가에서 일했던 경험이나 휴가를 보냈던 경험이 그 국가에 대해 개인적으로 갖게 되는 이미지에 큰 영향을 미친다. 한 국가에 대한 직접 경험이 없을 경우에는 입소문과 같은 다른 요소들이 그 국가의 이미지 형성 과정에 큰 영향을 미칠 수 있다. 입소문 외의 다른 요소들에는 기존의 고정관념, 국가 스포츠 팀의 활동, 정치적 사건, 영화 속에 묘사된 국가의 모습, 텔레비전과 같은 미디어, 그 국가가 생산한 브랜드의 품질, 그 국가 사람들의 행동 등이 있다. 이러한 모든 요소들은 사람들이 잘 짜여진 국가 브랜드 전략의 잠재적인 영향을 고려해보기도 전에 한 국가의 브랜드 이미지를 어느 정도 결정할 수 있다.

국가 브랜딩 전략은 타겟 대중들의 국가 이미지 인식에 긍정적인 영향을 미치기를 열망한다. 국가 이미지는 많은 연구들에서 관심을 받아왔다(예를 들어, Alvarez and Compo, 2014; Hynes et al., 2014; Lopez et al., 2011; Roth and Diamantopoulos, 2009).

자페와 네벤자흘(Jaffe and Nebenzal, 2001)은 국가 이미지를 '한 국가에 대한 일반적인 인식으로, 그 국가의 제품과 브랜드에 대한 개인의 평가에 영향을 미치는 것'으로 정의하였다. 우수니어와 리(Usunier and Lee, 2005)는 제품 이미지들에 나타나는 브랜드 이름과 원산지의 복합적인 영향 때문에 어떤 식으로 국가 이미지와 관련된 혼란이 발생할 수 있는지 설명한다. 여기서 고려해야 할 요소는 상표 등록이 안 된 제품의 국가 이미지와 생산자의 국가 이미지, 브랜드 이름표가 말해주는 국가 이미지, '메이드 인' 라벨이 말해주는 국가 이미지 등이다. 상표 등록이 되어 있지 않은 제품에 있어, 국가 이미지의 중요함을 일깨워주는 한 예는 스카치위스키협회의 활기차고 꾸준한 노력에서 찾아볼 수 있다. 이 협회는 상표 등록이 돼 있지 않은 제품으로서 스카치위스키에 대한 엄격한 기준을 맞추지 못하는 제품을 '스카치' 위스키로 속여 팔려는 회사들을 추적하여 고발하고 있다.

브랜드 이미지와 국가 브랜드 이미지 개념을 연구하다 보면 다른 소비자 그룹에 의해 만들어진 이미지를 조사하고, 이에 대한 영향력을 행사하기 위해서는 타겟 대중을 세분화해야 한다는 사실이 명백해진다. 리제보스(Riezebos, 2003)가 말했듯이 브랜드 이미지는 '한 그룹의 소비자에 의해 공유되는 주관적 심상'이다. 특정 환경에 적합하도록 소비자 베이스를 분할하는 제품 브랜드처럼 국가 브랜드 역시 기존의 국가 브랜드 이미지를 이해하는 한편, 부정적인 인식에 대항하고 긍정적인 인식을 강화하기 위한 커뮤니케이션을 개발하기 위해서는 다양한 대중을 세분화해야만 한다. 한편, 이집트의 전체적인 이미지를 분석해보면 거기에는 세 가지 구성 요소가 존재한다. 첫째, 제도적이며 정치적인 이미지. 둘째, 이집트의 제품 이미지. 셋째, 이집트의 비즈니스 관련 이미지이다(ZAD Group, 2008).

브랜드 이미지를 평가하기 위해 브랜드 마케터들이 일반적으로 사용하는 방법은 브랜드 의인화이다. 브랜드 의인화는 한 브랜드의 소비자(그리고 비소비자)로 하여금 그 브랜드를 마치 사람인 것처럼 다루도록 하는 질적 연구방법이다. 아주 단순하게는 '만약 브랜드 X가 사람이라면, 어떤 사람이었으면 하는가?'라는 식으로 소비자에게 묻는 방법이다. 제품 브랜드는 수년 동안 이 방법을 사용해 오고 있는데, 이 방법이 국가 브랜드에 적용되지 못할 이유는 없다. 브랜드 의인화는 이렇듯 여러 가지 해석이 가능한 질적 방법이기 때문에 결과는 아주 놀랄 만한 것이거나 때로는 당황스러운 것이 될 수도 있다. 여느 질적 연구방법과 마찬가지로 이것이 통계상 명확한 자료를 제공하지는 못하지만 브랜드와 관련해 소비자가 가지고 있는 정신적 유대를 이해하고 알아내는 데 일조할 수 있다. 국가 브랜딩이라는 맥락에서 보면 브랜드 의인화 연구방법은 국가 이미지가 그 국가의 정치적 지도자나 국가 수장과 어느 정도 관계가 있는지 파악하는 데에도 사용될 수 있다. 예를 들면, 러시아의 이미지는 블라디미르 푸틴 러시아 대통령의 이미지와 아주 밀접한 관련이 있다. 한 편으로는 국가의 대통령이 그 국가 이미지에 대한 인식에 아주 작은 영향 혹은 아무 영향도 미치지 못할 수도 있다.

예를 들어, 네덜란드 총리인 마크 루트(Mark Rutte)가 네덜란드에 대한 국가 이미지 인식에 중요한 역할을 하지 못할 수 있다.

브랜드 의인화 연구로부터 얻어진 성과는 브랜드 특성이 약하거나 강한 곳, 바람직한 곳, 바람직하지 않은 곳 모두에서 좋은 지침이 된다. 한 브랜드가 잘 규정된 특성을 가질 때, 소비자는 그것과 서로 영향을 주고받으며 사람들이 일상생활에서 하는 것과 똑같은 방식으로 관계를 발전시킨다고 알려져 있다(de Chernatony and McDonald, 2003). 오늘날 인터넷 사용이 증가함에 따라 소비자와 브랜드의 관계는 오프라인 만큼 온라인에서도 빈번하게 발생하고 있다(Okazaki, 2006). 국가 브랜딩과 관련해 광고 예산이 부족한 작은 국가나 신흥국가에 있어 온라인은 자신의 국가 브랜드 특성을 명확히 수립하는데 비교적 알맞은 방법이다.

여느 브랜드 유형과 마찬가지로 국가 브랜드 이미지는 시간이 흐르면서 쇠퇴한다. 만약 한 국가 브랜드가 이러한 상황에 놓인다면, 브랜드 재활성화 프로그램이 시행되어야 한다. 쇠퇴의 길로 접어든 제품 브랜드는 브랜드 재활성화 프로그램을 꾸준히 작동시켜 자신만의 고유한 특성들을 사람들에게 보여줘야 한다. 이런 특성들은 오랜 시간 지녀온 유산과 고유한 차별성, 아직 광고가 덜 된 것, 덜 알려진 것들을 포함한다(Wansink and Huffman, 2001). 모든 국가는 처음 두 가지 기준을 만족시킬 수 있다. 세계 여러 나라들이 국가 브랜딩을 위해 다양한 노력들을 하고 있는 상황에서, 대다수 국가들 역시 아직 광고나 홍보가 부족하다고 할 수 있으며 그러므로 성공적인 브랜드 재활성화 프로그램을 경험하게 된다.

스조딘과 톤(Sjodin and Torn, 2006)은 브랜드 커뮤니케이션 하나가 이미 만들어진 브랜드 이미지와 맞지 않을 때 소비자가 어떤 식으로 반응하는지 설명하고 있다. 또 만약 그 브랜드가 타당성을 가지고 활기차게 유지된다면 소비자 인식에 도전하는 것도 때로는 필요하다는 게 이들의 견해이다. 그러나 소비자 인식에 도전하는 것은 매우 위험한 전략이다. 기존 소비자가 브랜드에 대해 형성한 정신적 유대감에 맞지 않는 커뮤니케이션에 의해 브랜드와 멀어지거나 놀랄 수도 있기 때문이다. 이와 관련하여 리스와 트라우트(Ries and Trout, 2001)는 '보통 사람들은 자신이 잘못됐다는 말을 참지 못한다. 잘못을 지적하며 그들의 마음을 바꾸려 하다가는 큰일 난다'라고 말한 바 있다. 광고가 사람의 마음을 바꾸는 데에는 한계가 있지만, 그렇다고 해서 부정적인 인식이 지배적인 상황에서도 국가 브랜드는 그 상황을 수동적으로 받아들여야 한다는 것은 아니다.

국가 브랜드 정체성과 이미지의 개념적 모델

그림 2.1은 국가 브랜드 정체성과 이미지의 개념적 모델은 국가 브랜드의 맥락에서 정체성과 이미지 구조의 다면적인 특성을 보여주고 있다. 국가 브랜드 수립에 있어, 다양한 국가들은 자신만의 특별한 국가 브랜드 목표를 성취하기 위해 자신들에게 가장 적합한

그림 2.1 국가 브랜드 정체성과 이미지의 개념적 모델

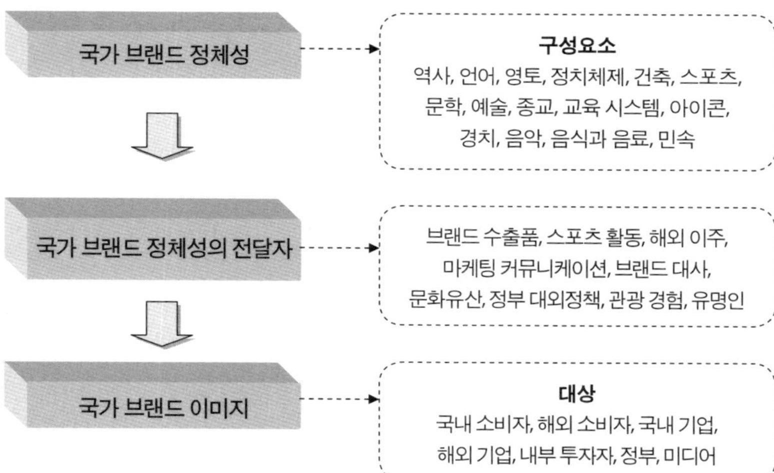

정체성 전달자와 구성 요소에 관심을 가지게 된다.

예를 들어, 일부 국가들은 성공적으로 브랜드화된 수출품을 본보기로 삼아 국가 브랜드 정체성의 전달자로서 브랜드 수출품을 만들려고 노력한다. 한편, 또 다른 국가들은 스포츠 활동과 관광자원, 해외 이주민 운용 등에 좀 더 관심을 기울이게 될 것이다. 어떤 방식을 취하든 전세계 국가들은 오늘날의 세계화된 경제 속에서 국가 이미지가 더욱 중요해지고 있다는 것을 점점 깨닫는다.

국가 브랜드의 개념적 모델은 국가 브랜드 구조가 지닌 다면적 성격을 잘 보여준다. 역사, 영토, 스포츠, 아이콘, 민속 등과 같은 국가 브랜드 정체성의 구성 요소는 국가의 영속적 본질을 나타낸다. 이 영속적 특성으로부터 국가 브랜드 정체성의 전달자가 파생된다. 즉, 이것은 유형물일수도 있고 무형물일 수도 있다. 이 모델은 문화유산, 해외 이주민, 브랜드 대사, 마케팅 커뮤니케이션 등과 같은 방법들을 통해 교류할 때 국가 브랜드 정체성의 결과로서의 국가 브랜드 이미지가 어떻게 파생되는지 보여준다. 예를 들어, 브랜드 수출품은 해외 소비자가 가지는 국가 브랜드 이미지에 중요한 역할을 한다. 그러나 일부 해외 소비자는 브랜드 수출품의 범죄를 이제껏 유지되고 있는 선입견으로 결정할 수 있다는 사실은 국가 브랜드 구성에 있어 매우 중요한 사실이다. 또한 국가 브랜드가 특정한 브랜드 이미지를 열망하지만 해외 에이전트를 마음대로 통제할 수 없기 때문에 국가 브랜드 이미지는 세밀하게 관리되기가 어렵다. 한편, 이 개념적 모델은 국가 브랜드가 다루어야 하는 다양한 대중의 영역을 보여주고 있다.

국가 브랜드 포지셔닝

포지셔닝의 개념은 브랜드 관리와 전략에 있어 매우 중요한 문제이기 때문에, 이에 관한 연구 또한 매우 많이 진행되어 왔다(Blankson et al., 2014; Fuchs and Diamantopoulos, 2010; Jakubanecs and Supphellen, 2010).

국가 브랜드 개발과 관련된 이들에게는 포지셔닝의 의미를 잘 이해하는 것이 매우 중요하다. 특히 효과적인 포지셔닝 기반을 마련하고 원하는 포지셔닝을 성공적으로 실행하기 위한 적절하고 창의적인 방법을 모색하고 있는 광고회사나 브랜딩 컨설팅 회사에 더욱 필요한 일이 된다. 코틀러와 켈러(Kotler and Keller, 2006)는 포지셔닝에 대해 명확하고 간결한 정의를 내렸다. 그들은 '포지셔닝이란 타겟 시장의 마음속에 확실한 자리를 차지하기 위해 회사가 내세워야 할 것과 이미지를 구상하는 행동'이라고 말한다. 자버(Jobber, 2004)는 이런 정의에 기초해서 성공적인 포지셔닝을 위한 열쇠는 명확성, 일관성, 경쟁력, 신뢰성이라고 주장한다. 명확성과 경쟁력, 신뢰성은 성공적인 포지셔닝에 매우 유용한 반면, 일관성의 개념은 약간 다른 의미로 해석될 수 있다. 만약 일관성이 브랜드 포지셔닝에 있어 지나치게 강조되다 보면 평범하고 지루한 브랜드 커뮤니케이션이 될 수도 있기 때문이다.

차별화는 브랜드 포지셔닝에 있어 매우 중요한 원칙이다. 소비자의 인식으로부터 한 브랜드의 차별화는 타당하고 분명하며 믿을 만한 것이어야 한다(Keller, 2003). '분명한' 기준에 근거해 한 국가의 관광 홍보 활동을 다른 국가와 비교하며 얼마나 눈에 띄는 차별성을 가지고 있나 따져봤을 때 아주 형편없는 점수를 받는 경우가 허다하다. 실제로 많은 관광 홍보 활동이 넓고 깨끗한 모래사장, 화창한 날씨, 여유로운 생활상 등 차별성 없고 진부한 주장만을 늘어놓고 있는 실정이다. 이런 창의적이지 못한 방식으로 경쟁하는 것은 일상적 타성으로 발을 들여 놓는다는 것을 의미한다. 따라서 최근 더욱 세밀한 분할 전략에 다시 관심을 가지기 시작한 많은 국가들이 보다 고품질의 문화 관광을 개발하고자 노력하고 있다. 이런 문화관광을 통해 국가들은 명백히 차별화되고 특성화된 자신만의 장점을 내세울 수 있다.

그러나 차별성을 갖추려고 노력할 때 어쩔 수 없이 방해물과 어려움도 경험하게 된다. 한 브랜드가 특별한 소비자 집단과는 멀어져야 할 것처럼 보이기 때문이다. 그러나 이러한 희생을 받아들이는 것은 아주 뛰어난 브랜드들만이 보여줄 수 있는 모습이다(Bauer et al., 2006). 상업적인 브랜드의 경우를 살펴보면 이런 종류의 희생을 받아들이는 것은 상대적으로 쉬워 보인다. 예를 들어, 바카르디 브리저스 배후의 기업은 65세 이상 남성 인구로부터의 브랜드 수용률이 낮더라도 크게 어려움을 겪지는 않을 것이다. 그러나 국가 브랜드에 있어 이러한 것은 문제가 된다. 국가 브랜드가 국가 경제생활 전역에 확대될 경우, 국가 브랜드가 일부 잠재적 소비자 집단이나 대중을 소외시킬 수도 있다는 것을 생각하면 조심스러워 진다. 따라서 국가 브랜드가 빠질 수 있는 잠재적 함정은 어느 누구도 기분 나쁘게 만들지 않는 대신에 별 의미 없이 무미건조하며 어느 누구에게도 감동을 주지 않는 그저 그런 평범한 포지셔닝 기준을 브랜드로 선택할 수 있다. 표 2.2는 최근 전 세계 국가들이 사용하고 있는 포지셔닝 기준을 보여 주고 있다.

표 2.2 국가 브랜드 포지셔닝 기준

국가 브랜드 포지셔닝 기준	
국가 브랜드	포지셔닝 기준
남아프리카	가능성의 땅
볼리비아	순수 고요가 머무는 곳
스코틀랜드	지상 최고의 작은 나라
인도	빛의 나라, 인도
태국	경이의 태국
말레이시아	진정한 아시아

일반적으로 국가 브랜딩과 국가 브랜드 포지셔닝에 있어 늘 있어 온 복잡한 요소는 다양한 이해관계자의 정치적 감성에 자리한다. 예를 들어 다양성의 나라 대영제국이 어떤 방식으로 시장에 당당히 자리 잡아야 하는가(Hall, 2004)? 대영제국 구성원 일부가 이미 자신의 독특한 국가 브랜드를 건설하고 있는 것을 비추어 볼 때, 이것은 단순한 추상적 질문이 아니다. 예를 들어, 스코틀랜드는 성실, 창의, 우수한 정신력과 독립성이라는 주요 가치에 기반을 두고 국가 브랜드 포지셔닝을 개발했다(Lodge, 2002). 이 포지셔닝 기준은 대영제국 산하 국가들의 브랜딩 가운데서 눈에 띈다.

반면, 코스타리카의 경우에서 볼 수 있는 것처럼 뚜렷한 정치적 주장이 분명하고 긍정적인 포지셔닝의 기준으로 사용될 수도 있다. 코스타리카의 민주주의에의 헌신과 상비군에 대한 반대가 국가를 평화로운 환경 관광지로 만들어 주었다(Quelch and Jocz, 2005).

모듈 방식을 통한 해방

위에서 브랜드 포지셔닝과 브랜드 커뮤니케이션에 있어 일관성은 과대평가될 수 있다는 것이 논란거리였다. 분명 브랜드 포지셔닝에 있어 변칙적인 동요는 소비자를 혼란스럽게 하고 브랜드 자산을 침식할 수 있기 때문에 바람직하지 않다. 그러나 일관성 문제와 관련하여 창의적인 접근법을 제시한 존 그랜트(Grant, 2006)는 다음과 같이 자신의 견해를 밝히고 있다.

> "브랜드를 관리하는 방법은 일관성이 아니라 바로 밀착성이다. 일관성은 여러분이 시행하는 마케팅 전부를 동일한 것으로 보게 만들어야 한다는 사고이다. 하지만 사람처럼 아주 흥미로운 브랜드는 믿을 만한 것(자신들에게는 사실인 것)이며, 그들 활동영역에서는 더욱 자유로워질 수 있는 것이다."

이 점과 관련해 이노베이션과 신제품 개발에 사용되는 '모듈 방식'으로부터 배울 만한 것이 있을 것 같다.

모듈 방식은 각각 독립적이나 전반적으로는 함께 기능하도록 디자인된 작은 하부 시스템으로부터 복잡한 제품을 만드는 방식으로 알려져 있다(Baldwin and Clark, 1993). 이 개념을 국가 브랜딩 영역에 접목시켜 보면, 포괄적인 국가 브랜드는 '복잡한 제품'으로 보인다. 반면, 내부 투자 위원회나 관광 위원회, 수출 증진 위원회 등과 같은 조직들은 '각각은 독립적이나 전반적으로는 함께 기능하도록 디자인된 작은 하부 시스템'으로 비춰진다. 모듈 방식이라는 기법을 사용할 때, 다양한 기업들은 그들의 통합적 노력이 고객을 위한 가치를 창조할 것이라는 믿음 속에 각각의 모듈에 대해 책임을 지게 될 것이다(Mohr et al., 2005).

모듈 방식 접근법을 선택함으로써 국가 브랜드는 일관성 있으나 지루하고 밋밋한 포지셔닝과 커뮤니케이션이라는 속박으로부터 자신을 해방시킬 수 있다. 국가 브랜드 개발팀은 브랜드 디자인 규칙이 다른 국가기관들을 향해 분명히 퍼져나가리라는 것을 확신하며 건축 회사처럼 행동할 필요가 있다. 또한 그 각각의 기관은 자신의 '모듈', 또는 하부 시스템을 만들어 포괄적인 국가 브랜드에 통합시킬 임무를 지니게 된다.

국가 브랜딩과 관광 홍보

많은 국가들에게는 국가 관광 정부가 국가 브랜딩의 전통적인 후견인이 되어 왔다. 국가 관광 정부에 의한 브랜딩 활동은 최근 무역이나 투자 영역에서의 국가 브랜드 전략보다 훨씬 더 오랫동안 수행되어 왔다. 국가 브랜딩 관광 캠페인의 예들은 그림 2.3에서 확인할 수 있다.

관광 영역에서의 브랜드 커뮤니케이션 효과와 관련하여, 니콜로바와 하산(Nikolova and Hassan, 2013)은 소비자의 과거 여행에 대한 평가는 브랜드 커뮤니케이션의 긍정적인 영향을 받을 수 있다는 흥미로운 사실을 제시하였다. 이러한 발견은 국가 관광 정부가 처음 방문하는 관광객보다 과거에 방문했던 사람들에게 집중하여 커뮤니케이션 하는 것이 더욱 효과적이라는 함의가 있다.

표 2.3 국가 브랜딩 관광 캠페인

국가	브랜딩 캠페인
캐나다	캐나다. 계속 탐험하라.
중국	아름다운 중국
이집트	Where it all begins
아일랜드	The wild atlantic way
멕시코	The place you thought you knew
스페인	난 스페인이 필요해
웨일즈	Have you packed for wales?

☑ 학술적 관점

DEVELOPING WELLBEING DESTINATION BRANDS: A COLLABORATIVE APPROACH

Alan Fyall, PhD,
Orange County Endowed Professor of Tourism Marketing and Graduate Programs Director at the Rosen College of Hospitality Management, University of Central Florida

Heather Hartwell, PhD,
Professor, School of Tourism, Bournemouth University

Ann Hemingway, PhD,
Senior Lecturer Public Health, School of Health and Social Care, Bournemouth University

관광지는 항상 마케팅과 관리가 어려운 것으로 인식되어 왔지만, 이러한 어려움에도 불구하고 역동적인 환경에서의 마케팅 관리 노력은 계속되고 있다. 경쟁적인 환경 속에서도 브랜드를 차별화하기 위해 노력하는 것과 같다. 지역 내에서 그리고 지역 간 협업하는 것은 복잡한 환경, 여러 공급업체나 이해관계자의 존재, 시장 세분화의 필요성에 의해 제기되는 도전적인 과제를 해결하기 위해 노력함에 따라 중요하게 받아들여진다(Fyall et ali, 2012). 실제로 왕과 피센마이어(Wang and Fesenmaier, 2007)는 더 나아가 '목적지 내 다양한 참가자들 간의 조정과 협력'의 지속적인 필요성은 산업 특유의 파편화에 대한 자연스러운 반응이라고 주장하였다.

혼잡한 시장에서 독특하고 구별되는 것은 점점 더 어려워지고 있지만, 부분적으로는 그들이 일하고, 살고, 놀 수 있는 최고의 위치에 포지셔닝 하는 것이 목적이기 때문에(Morgan et al., 2011) 차별화하기 위해서

'wellbeing'이라는 하나의 트렌드가 나타나고 있다. 목적지에 대한 새로운 방법이 아닌, 주로 종교적 순례(정신적 안녕)와 스파와 바닷물의 인지된 이점, 주로 해안 목적지에서 보이는 평범한 양질의 공기로 현대적인 대량 관광의 기원과는 거리가 멀다(Walton, 1983; Middleton, 2005). 목적지는 관광객과 거주자들이 좀 더 진정한 행복을 원하고, 덜 쾌락적이며, 높은 수준의 삶의 질을 경험하고자 하는 새로운 소망으로 다가가고 있다(Hartwell et al., 2012). 관광의 쾌락적인 형태는 즐거움이나 기쁨에 의해 돌아가지만, 행복(Eudaimonia)의 형태는 자아를 성찰하며, 정신적으로 풍요롭고자 하는 욕구에 의해 발생된다. 이는 '단순하게 질병이나 아픔이 없는 상태가 아닌 완벽한 신체적, 정신적, 사회적 복지의 상태'라고 웰빙을 정의하는 보다 광범위한 의제와 맥락을 같이 한다(WHO, 2006). 물론 쾌락적인 관광도 계속 계속되겠지만, 관광객과 거주자 모두의 전반적인 웰빙과 삶의 질을 유지하고 증진하기 위한 관광과 공중 보건을 연결하는 계기는 매우 중요하다. 그들의 최종 목적은 어떠한 장소를 살기도 좋고, 관광하기도 좋게 만드는 것이기 때문이다.

위의 관점에서, 우리는 웰빙 브랜딩 어젠다와 통합적 접근 방식을 수용하는 것부터, 관광객과 거주자 등의 모든 이해관계자를 한 데 모으는 것까지 관광지가 실현할 수 있는 기회들을 모색해보고자 한다. 또한 관광지와 관련된 협력에 대한 간략한 토론과 함께 웰빙의 혜택과 기회를 전체적으로 살펴보면서 시작하고자 한다. 이후, 이미 시행됐거나 시행 예정인 접근방식을 활용한 사례를 통해 도시가 직면한 브랜딩 기회에 대해 논의해보고자 한다. 마지막으로 도시가 장기적으로 차별적인 우위를 유지하는데 있어서 필요한 제안 사항을 짧게 종합하며 결론을 맺는다.

목적지와 웰빙

영국 납세자의 비만 및 질병에 대한 연간 비용으로 42억 파운드의 엄청난 비용(2050년까지 2배가 될 것으로 예상)과 매일 공원을 걷는 것 만으로도 심장마비 위험이 50% 감소한다는 사실 외에도 지역 환경을 관리하는 것은 매우 중요하다. 건축 및 건설환경 위원회(CABE)에 의하면 수준 높은 도시 환경, 공원, 공공 장소는 관광객과 거주자의 삶의 질을 향상시키기 위해 필수적이다(CABE, 2009). 보다 광범위하게, 삶의 질은 개인의 신체적, 정신적, 사회적 복지의 수준에 달려 있으며 이는 자신의 삶에 대한 사람들의 인식을 정의하는 가치나 태도와도 관련이 있다(Diener et al., 2009). 디너 등은 나아가 삶의 질은 또한 부, 지위, 도덕적 또는 미적인 가치를 포함한다고 주장하며, 보다 통합적인 관점을 통해 보건 및 관광 당국으로부터 총체적인 반응을 끌어내야 한다고 하였다. 지금까지, 소수의 연구가 휴가와 삶의 질(Donlnicar et al., 2010), 웰빙(Gilbert and Abduelah, 2011), 비만(Small and Harris, 2011), 그리고 관광(McCabe et al., 2010) 분야에서 이루어졌다. 하지만 그들의 지역 개발과 브랜딩 전략을 통해 관광지의 웰빙 수준을 한 단계 끌어 올리고, 원하는 위치에 포지셔닝 하는 것과 관련된 연구는 거의 이루어지지 않고 있다.

이러한 트렌드를 잘 활용해서 좋은 장소로 잘 포지셔닝 한 곳은 영국이다. 영국은 광범위하고 다양한 시장에 적합한 다양한 옵션을 가지고 있다. 아마 더 중요한 것은 영국이 최근 지역 및 지방 수준에서 급격한 정치적 변화를 겪고 있다는 사실이다(Coles et al., 2012). 더 중요한 것은 영국이 현재 지역과 지방 차원의 급격한 정치적 변화의 한가운데에 있다는 사실이다 (Coles et al., 2012). 공중 보건의 재구성은 '걷기, 자전거 타기 및 기타 활동을 장려하는 포괄적이고 접근 가능한 환경'을 갖춘 많은 목적지(Hartwell eta!, 2012)에서 관광에 대한 보다 실질적인 접근을 위한 적절한 촉매 역할을 한다(CABE, 2009, p.4).

모든 도시에는 광범위한 관광 및 보건 정책과 이를 뒷받침하는 포지셔닝과 브랜딩 전략이 중요한 성공 요건이다. 캘리포니아는 미국의 다른 지역에서 방문자들 뿐만 아니라 캘리포니아 사람들에게도 상당한 이익을 가져다 주는 '주' 개발 전략을 통해 경쟁 우위를 확고히 한 도시이다. 캘리포니아 경제에는 관광 산업이 중요할 뿐만 아니라, 주 거주민들의 지지와 호의가 없었다면 관광 경험의 지각된 품질은 계속 떨어져 결국에는 미래 방문객 수와 소비 수준에 부정적인 영향을 미친다. 흥미로운 것은 관광 산업에 있어서 콜라보레이션이 그리 특별한 일이 아님에도 불구하고, 지역의 독립적이고 단편적인 특성은 콜라보레이션을 중요한 것으로 만든다(Fyall et al., 2012).

지역 웰빙 브랜드화를 위한 기회와 도전

콜라보레이션의 어려움에도 불구하고, 이는 시장에서 보다 효과적으로 경쟁하기 위한 차별화된 지역 웰빙을 통해서 관광객과 거주민에게 혜택을 제공한다. 포르투갈의 알가르베는 유럽의 주요 지역 중 하나로, 새로운 협력 단체와 함께 이상적인 건강과 복지의 도시로 리브랜딩 되었다. 또한 최초의 포르투갈 건강 및 복지 관광 의회이며, 현재는 다음과 같은 통합 의제를 전달할 예정이다. 포르투갈은 이 관광 지역에서 건강과 관광의 시너지 효과를 추구하는 진지함을 나타냈다.

알가르베 외에도 북유럽 국가들은 차별적인 지역 전략으로서 잘 짜여진 관광 산업을 개발하기 위해 함께 모여 협력적인 마케팅 및 혁신 전략을 도모하였다(Hjalager et al., 2011). 이러한 목적을 달성하기 위해서 협력적 전략은 8가지 정책 요소에 집중해야 한다.

첫째는 드문 인구, 개방된 공간, 깨끗한 공기와 물, 빛, 황무지와 지역 문화 등 넓은 지역의 독특한 요소로부터 혜택을 얻는 것이다. 둘째는 관광객과 거주자를 위한 새로운 스포츠나 레저 활동을 개발하고, 특히 직장과 보건 서비스의 경우는 거주자가 보다 쉽게 이용할 수 있도록 개발할 필요성을 인식하는 것이다. 그 다음으로는 의약품 및 화장품과 관련된 시그니처 제품, 슬로우 푸드 및 건강식품 의제를 개발해야 할 필요가 있다. 다섯째 요소는 특히 북유럽 국가에게 필수적인 것으로, 지역 보건과 웰빙 관광을 주도함으로써 나쁜 생활 습관병을 해결하는 것이다. 이는 협력 플랫폼을 지역, 국가 및 국가를 뛰어넘는 수준에서 보건 전문가와 관광 기업 간의 협업을 시작함으로써 달성되는 것이다. 이러한 다섯 가지 개발 영역을 바탕으로, 마지막 세 가지 영역은 북유럽 브랜드의 핵심 가치로 '자연'을 강조하고, 소셜미디어, 지역 커뮤니티 등을 활용한 세계적인 인지도 증진 캠페인을 함께 시행함으로써 관광 브랜드를 '힐링하는 자연과 장소'로 차별화하고자 하는 북유럽 국가의 브랜드 개발과 관련이 있다. 이후 브랜드를 개발하기 위해 다음과 같은 4가지 접근 방식이 제안되고 있다. 첫째, 특정 지역과 관련 깊은 사업가를 위한 소규모 브랜딩이다. 둘째, 마케팅 강도는 높지만 적극적인 관여는 적은 웹사이트나 브랜드 개발을 통해서 브랜딩을 홍보하는 것이다. 셋째, 비공식적인 협업 네트워크나 소셜미디어 상에서 꾸준한 관심과 참여를 보여왔던 사람들과 함께하는 커뮤니티 브랜딩이다. 넷째, 가치 있고 의미 있는 콘텐츠가 사용 목적을 잘 달성할 수 있도록 특별히 관심을 기울이는 것이다. 마지막으로 웰빙 지역 브랜딩에 대한 전략적 접근방식으로써 협업적 의제를 발전시키는 것에 대해 확실한 목적의식을 갖는 것이다.

Fyall et al(2013)의 의견과 같이, 위의 사례들은 웰빙이 더 이상 지역의 특산물이나 보이는 데만 사용되는 게 아니라고 이야기하고 있다. 더불어 장소에 대한 보다 폭 넓은 전략을 포함하고 있다. 또한 네 가지 브랜드 전략이 발전한 것처럼, 웰빙은 모든 이해 관계자들이 경쟁적인 방식보다는 모두에게 좋은 상호보완적인 방식으로 함께 일할 수 있는 적절한 수단으로 사용될 수 있다. 물론 거주민과 관광객의 의견이 항상 일치할 수는 없지만, 행복지향적인 지역으로부터 오는 이점은 그 지역의 거주자가 잠재적인 홍보대사로 활동하며, 방문하기도 좋고, 살기도 좋은 지역이라는 증거가 매우 많다. 목적지의 웰빙 차원이 성숙하고 주민과 관광객 모두에게 혜택을 인정함에 따라, 건강 식품, 옷 브랜드, 스포츠나 활동 단체 등과 공동브랜딩 할 수 있는 무수한 기회가 존재하게 된다. 또한 북유럽 경험의 영성은 지역의 경험적인 측면의 수준을 높이고 유지하는 기회와 관련하여 파이올 등(Fyall et al, 2013)의 의견과 맥락을 같이한다. 또한 포르투갈의 알가르베의 경우, 서로 다른 두 부문 간의 협력은 새로운 지도자들이 새로운 시도를 할 기회를 열어주고, 웰빙 도시 브랜드 개발을 향한 혁신적이고 포괄적인 접근 방식을 가능하게 한다. 이를 달성하기 위해서는 지도자들이 공중 보건과 관광 부문 간의 전문적, 문화적 차이를 넘어서야 한다. 또한 거주민과 관광객 모두에게 중요한 바람직한 웰빙 지역 경험을 창조함으로써 그들을 하나로 모을 수 있는 힘을 길러야 한다.

결론

관광과 보건의 복잡성으로 인해, 협력적이고 다양한 분야의 의제만이 웰빙 지역이 결실을 맺을 수 있는 유일한 수단이 될 수 있다. 두 부문 모두 정책 없이 운영되지 않아야 하며, 만약 거주민과 관광객 간의 행동 차이가 드러날 경우 두 부문 간의 협력적이고 효과적인 대화가 중요하다. CABE(2009)가 발표한 최근 보고서에 따르면 건강, 복지, 지역 환경(공공영역)은 자원의 효과적인 사용에 중요한 협력적인 의사결정과 상호의존적인 것으로 알려졌다. 궁극적으로, 수많은 형태의 협업은 '물리적 및 사회적 환경을 지속적으로 개선하고, 삶의 모든 기능을 수행하고, 잠재력을 극대화하는데 있어 사람들이 서로 지지할 수 있는 커뮤니티 자원을 확장'하는데 중요할 것이다(CABE, 2009, p.10). 마지막으로, 지역 웰빙에서 파생되는 기회에 있어, 지역 리더십의 문제는 신뢰할 만한 협력 지도자가 되기 위해 두 분야에 대한 지식이 거의 없는 사람들에게는 매우 큰 도전이다. 그러나 그 결과는 주민과 관광객 모두에게 매력적으로 느끼도록 하는 실질적 차이를 만들 수 있는 잠재력이 될 것이다.

참고문헌

Burton, E. (2012) 'Cities of the future should be designed with wellbeing in mind7, The Guardian, 3 December, www.guardian.co.uk/sustainable-business/blog/cities-future-wellbeing-design-spaces (accessed 31 May 2013).

CABE (2009) 'Future Health: Sustainable Places for Health and Well-being7, Commission for Architecture and the Built Environment, London.

Coies, T., Dinan, C. and Hutchison, F. (2012) 'May we live in less interesting times? Changing public sector support for tourism in England during the sovereign debt crisis', Journal of Destination Marketing 8c Management, 1(1□2), 4-7.

Diener, E., Lucas, R., Schimmack, U. and Helliwell, J. (2009) Weil-Being for Public Policy, New York: Oxford University Press.

Dolnicar, S., Yanamandram, V. and Cliff, K. (2012) 'The contribution of vacations to quality of life', Annals of Tourism Research, 39 (1), 59-83.

Fyall, A., Gar rod, B. and Wang, Y. (2012) 'Destination collaboration: A critical review of theoretical approaches to a multi-dimensional phenomenon, Journal of Destination Marketing & Management, 1 (1-2), 10-26.

Fyall, A., Hartwell, H. and Hemingway, A. (2013) 'Public 'health "mg and tourism: Opportunities for the branding of tourism destinations, Tourism Tribune, 28 (2), 16□19 (in Chinese).

Gilbert, D. and Abdullah, J. (2004) "Holidaytaking and the sense of wellbeing Nordic Innovation Centre, Oslo.

McCabe, S., Joldersma, T. and Li., C. (2010) 'Understanding the benefits of social tourism: Linking participation to subjective wellbeing and quality of life, International Journal of Tourism Research, 12 (6), 761-73.

Middleton, V.T.C. (2005) British Tourism: The Remarkable Story of Growth, Oxford: Butterworth-Heinemann.

Morgan, N., Pritchard, A. and Pride, R. (2011) 'Tourism Places, Brands and Reputation Management', in Morgan, N., Pritchard, A. and Pride, R. (eds) Destination Brands: Managing Place Reputation, Oxford: Butterworth- Heinemann, 3-19.

Small, J. and Harris, C. (2011) 'Obesity and tourism: Rights and responsibilities', Annals of Tourism Research, 39 (2), 686-707.

Walton, J. (1983) The English Seaside Resort: A Social History 1750-

1914, Annals of Tourism Research, 31 (1), 103-21.

Hartwell, H" Hemingway, A., Fyall, A., Filimonau, V. and Wall, s. 2012 Tourism engaging with the public health agenda: Can we promote "Wellville" as a destination of choice?', Public Health, 126, 1,072-1,074.

Hjalager, A.M., Konu, H., Huijbens, E.H., Bj6rk, P., Flagestad, A., Nord.n, S. and Tuohino, A. (2011) 'Innovating and Re-branding Nordic Weilbemg Tourism, Oxford: CABI.

Wang, Y. and Fesenmaier, D. (2007) 'Collaborative destination marketing: A case study of Elkhart County, Indiana', Tourism Management, 28 (3), 863-75.

WHO (2006) Constitution of the World Health Organization http://apps.who. int/gb/bd/PDF/bd47/EN/constitution-en.pdf (accessed 19 January 2012).

국가 브랜딩 : 정치 맥락의 우선

Vassilis Kapetangiannis,
Press Counsellor at the Embassy of Greece in Washington, D.C. (2008-2012)

2008년 8월 말, 내가 탄 비행기가 달라스 공항에 도착했을 때는 덥고 끈적거리는 여름날이었다. 내가 처음으로 미국에 방문한 때였고, 나는 워싱턴 D.C에 있는 그리스 대사관의 언론 및 커뮤니케이션 사무국장으로서 은퇴 전에 새로운 직책을 맡게 되는 것에 대해 매우 기대하고 있었다.

나는 비록 낙관론 전문가이지만, 워싱턴에서의 내 일이 긍정적인 결과를 가져올 것이라고 믿는 이유가 있었다. 비록 일관적이고 체계적인 의사소통 전략은 부족했지만 해외에서의 그리스 이미지는 2004년 아테네 올림픽의 성공적인 개최 이후에 많이 개선되었다. 그리스는 세계적으로 수억 명의 사람들에게 알려져 있는데, 비교적 알려지지 않은 현대적 특성들이 그리스의 전통적이고 관광적인 인식을 바꿔놓았다. 또한 그리스는 2000년 이후로 유로 존의 일원으로서 경제 및 정치적 안정기를 누리며 꾸준한 경제 성장을 이루었다. 게다가 그리스는 역사적으로 우호적인 친구였던 미국과의 관계도 매우 좋은 수준이었다.

하지만 내가 워싱턴과 미국의 정치와 미디어 문화에 익숙해지려고 노력하는 도중에, 2008년 9월 5일 리먼 브라더스가 파산 신청과 함께 세계 금융 시장을 휩쓸게 되고 금융 위기가 도래했습니다. 자연스럽게, 경제 정책은 11월 4일 미국 대선에서 버락 오바마가 당선되는데 중요한 역할을 했다. 새로운 정부가 금융 대기업을 구제하기 위해 힘쓰는 동안, 월스트리트에서 시작된 위기는 메인 스트리트로 옮겨갔다. 결과적으로, 공화당이 매우 강력하게 반대한 경제 정책들은 오바마 대통령의 첫 임기에 걸쳐, 그리고 두 번째 임기가 끝난 후에도 정계를 지배하게 되었다. 그리고 새 정부의 정책과 연방 준비제도 정책은 유럽 정책과 상충되었다.

이는 국가와 민주당, 공화당의 대립에 휘말려 '그리스의 사건'이 정치적 불씨가 되기 딱 좋은 환경이었다. 도시의 화두는 이를 회복하기 위해 유로존을 떠나 자국 통화로 돌아오는 그렉시트(Grexit)였다. 유로 존에서 가장 약한 고리가 된다는 것은 그 안에서 더 이상 살아남을 수 없다는 것을 의미했다. 유로 존의 존재, 심지어 유럽연합의 존재조차도 미국 언론에 의해 의심되던 때였다. 유감스럽게도 미국에서는 유럽 연합과 그 활동에 대해 지식과 이해가 없었고, 그리스에 대해서도 동정심을 갖지 않았다.

그리스의 위기가 외부에 공개된 2009년 말, 국가에 대한 악평이 쏟아지면서 그리스의 이미지가 실추되었다. 이에 따라 그리스는 벗어나기가 어려울 만큼 부정적인 브랜드가 되어버렸다. 아테네의 정치적 혼란과 지속적인 폭동도 도움이 되지 못했다. 그리스는 스스로에 대한 자신감을 잃어갔다. 그 위기는 어두운 면뿐만 아니라 약점과 실패를 가져왔다. 이 사건은 국가의 좋은 브랜드 이름과 이미지가 대개 그 국가를 만들고 짓는다는 것을 반증하고 있다.

다시 말하자면, 아테네의 그런 끔찍한 기사들에 대응하기 위한 일관적인 커뮤니케이션 전략은 전혀 존재하지 않았다. 다행스럽게도, 워싱턴 주재 그리스 대사관에서 우리의 끊임 없는 노력은 피해를 줄이는 데 기여했다. 현대적인 커뮤니케이션 방식, 특히 소셜미디어는 매우 효과적으로 도움이 되었다. 우리 대사관 직원은 2010년과 2012년에 전문적이고 과학적인 방법으로 '그리스 사건'을 다루는 미국 언론 보도에 관한 연구를 진행하였다. 그 결과 과도한 편향성을 증명할 수는 없었지만, 그럼에도 불구하고 잘 알려진 고정관념이 있음을 밝혀냈다.

오늘날, 그리스의 돌이킬 수 없는 몰락에 관한 예견들은 다 틀린 것으로 밝혀졌다. 그리고 그리스는 엄격한 긴축 정책을 조건으로 구제 금융을 실시하였던 채권자(유럽연합 및 국제통화기금)에 대한에 대한 의무를 이행하였다. 그리스는 회계적인 균형을 관리할 뿐만 아니라, 엄청난 희생과 사회적 고통을 감내하며 부채 이자 상환액수를 초과하는 잉여금을 만들어냈다. 6년 간의 경기 침체 후에도 그리스는 중간 수준의 경제 성장을 기대할 수 있게 되었으며, 심지어 시장 투자를 위한 대출도 기대해 볼만 하다.

2014년 상반기 유럽이사회의 회장직을 맡은 그리스는 신뢰성과 공신력을 회복함으로써, 국가 브랜드를 큰 잠재력을 지닌 국가로 새롭게 탄생시키는 것에 대해 고려해야 한다. 새로운 이미지는 성취감과 자신감을 혼합한 새로운 정체성을 바탕으로, 그리스가 세계 지도에 높은 점수로 위치할 수 있게 할 것이다. 그리스는 정치적 불안정의 몇 가지 사례에 맞서 리브랜딩이라는 도전 과제를 수행해야 하며, 이는 유능한 공공 및 민관 기관의 전적인 책임 하에 수행되어야 한다.

☑ 사례

인디아 인사이드 아웃- 인도 공공외교

INDIA INSIDE OUT – A CASE STUDY IN INDIAN PUBLIC DIPLOMACY
Maya Babla, MPD

2010년 11월, 오바마 대통령은 뉴델리에서의 연설에서 '인도는 단순히 떠오르는 것이 아니라 이미 떠올라 있다(India is not simply emerging, it has emerged)'라고 말하였다. 물론, 많은 의미에서 이는 사실이다. 인도는 2011년 GDP 성장률을 7~9%로 유지하면서 경제 붕괴를 탄력적으로 견뎌냈다. 이러한 수치로 인해 인도는 UN 안전보장이사회에 상임 이사국 지위를 얻을 기회가 얻을 거라고 예상되고 있다. 그리고 젊은 층과 함께 인도는 세계 지도자로서의 자격을 완벽히 갖추고 있다. 하지만 한편으로는 급속한 도시화로 인해 UN 인간개발지수가 187개 중 135위에 차지하는 등 여전히 몇몇 주요 인간개발지수에 뒤쳐져 있다.

이러한 이유들과 복잡함으로 인해 인도는 공공 외교 분야에서 매력적인 사례를 만들었고, 2011년 12월에는 나와 몇몇 동료들이 인도의 공공 외교 전략을 평가하기 위해 인도 뉴델리, 비사카파트남, 뭄바이를 방문했다. 우리는 2주 동안 인도 정부와 시민사회 지도자들을 만났고, 그들의 문화를 탐구하고, 인도의 가장 큰 두 도시의 풍경과 소리, 냄새를 경험했다. 그 과정에서 우리는 www. IndiaPublicDiplomacy.com라는 웹사이트를 통해 전세계 사람들과 대화를 나누었다. 우리의 핵심 성과는 연구 결과를 정부의 공공외교, 개발, 도시화, 시민외교, 미디어, 인도와 아랍의 관계 등 6개 핵심 분야로 요약한 보고서로 나타났다. '인도 공공외교: 전략적 미래

(Indian Public Diplomacy: A Strategic Future)'라는 이 보고서는 www.indiapublicdiplomacy.wordpress.com에서 볼 수 있다.

나는 이 프로젝트를 시작하면서, 정답을 찾기보다는 두 가지 모순되는 상황을 이해하는 것이 목표였다. 인도는 높은 경제 성장 수준을 자랑하지만, 여전히 개발도상국의 아동 영양 실조, 빈곤 그리고 성 불평등에 대해서는 가장 뒤쳐져 있다. 인도의 언론 보도는 항상 다음과 같은 질문으로 시작한다. 인도가 '새로운 세계 강국'으로 떠오른 것은 진실일까 거짓된 현실일까? 우리의 핵심 연구 영역은 '개발'이었으며, 다음과 같은 분명한 결론을 도출했다. 인도 사람들은 국가가 직면한 개발 문제를 해결하기 위해 직접 나서고 있었다. 그들은 국가의 개발을 위해 참여하고 투자했으며, 이러한 사실은 NGO의 대표, 사회 운동가 그리고 대학생들과의 대화를 통해서 더욱 분명하게 알 수 있었다. 물론 우리가 만난 사람들이 인도의 모든 국민을 대표하지는 못하지만, 우리의 인터뷰 대상자 중 한 명은 인도인들은 '불평등에 대한 문화적 관용'이 엄청나다고 얘기해주었다.

우리는 인도 정부가 인력 부족으로 해결할 수 없는 문제들을 여러 방식으로 메우고 있는 역동적인 시민 사회를 가진 나라라는 것을 알 수 있었다. 그러므로 인도 정부는 공공외교나 개발 분야에서 시민 참여를 독려하기 위해 더욱 노력해야 한다는 결론을 냈다.

인도는 많은 인구를 기회로 활용함으로써 내외부 공공외교 목표를 모두 달성할 수 있을 것이다. 국가 기술개발위원회(The National Council on Skill Development)의 총리 보좌 사무실에서 근무하는 아니타 라잔(Anita Rajan)과의 인터뷰에서, 그녀는 인도가 국가적으로 매우 위기이지만 인도의 청년층이 올바른 기술만 갖춘다면 10년 안에 더욱 더 발전할 수 있을 것이라고 주장하였다. 국가기술개발위원회는 2022년까지 5억명의 인구에게 직업 훈련을 제공하는 것을 목표로 공공-민간 협력모델을 사용하고 있다. 이러한 협력 관계는 대규모 변화를 가능하게 하는데 가장 중요한 역할을 하고 있다.

많은 인도 사람들이 알려지지 않은 시민 외교관으로서 활동하고 있다는 사실을 발견했다. 예를 들어, WISCOMP(Women in Security, Conflict Management and Peace)은 여성 공동체를 양성하여 사업가부터 변호사까지 될 수 있도록 하는 단체이다. 이들은 카슈미르와 파키스탄처럼 많은 사람들이 어려워하는 지역에서도 교육에 도전하고 있다. 이 프로그램의 독특한 점은 여성 지도자들, 군인들, 그리고 정부 관료들과의 대화를 활성화한다는 것이다. WISCOMP의 접근 방법은 본받아야 할 또 다른 모델이며, 이러한 협력들이 더 많이 생길수록 인도의 공공 외교 목표를 달성하는 데 더 가까워질 것이다.

인도 정부가 이 과정에서 직면해야 할 한 가지 문제는 시민들로부터 신뢰를 얻는 것이다. 최근 인도 타임즈의 여론조사에 따르면 인도 국민의 60%는 국가의 가장 큰 약점이 부정부패라고 응답했으며, 2011년 2월에 실시된 힌두 타임즈 여론조사에서는 20% 가까이 증가한 것으로 나타났다. 만약 인도가 자국민 사이에서뿐만 아니라 국제적으로도 부패하였다고 인식된다면 국가적인 신뢰가 무너지고, 공공외교 수행 능력이 저하되기 때문에 매우 중요한 문제가 아닐 수 없다. 정보통신기술부의 Abhishek Singh의 주도 하에 만들어진 포괄적인 E-거버넌스 계획에서 증명되었듯이 인도 정부는 이를 위해 노력하고 있다. 인도의 E-거버넌스는 두 가지 측면에서 기대할만하다. 첫째, 이 계획을 통해서 인도 시골지역의 인터넷 보급률을 끌어올릴 것이며, 인터넷 보급과 함께 직면해야 하는 문제에 대한 논의 또한 가속화시킬 것이다. 둘째, E-거버넌스 전문가들은 유사한 상황에 직면한 다른 국가 전문가들과 문제를 공유할 수 있는 기회를 창출할 것이다.

인도와 아랍과의 관계는 공공 외교 정책이 적절했든 그렇지 않든 간에 한 국가의 외교 관계를 이해하는 데 흥미로운 사례였다. 표면적으로 인도와 아랍의 관계는 강력한 비즈니스 파트너십으로 이해할 수 있다. 많은 걸프 국가들 내에 존재하는 문화적, 종교적 유대감 그리고 인도 이주민(Diaspora)들을 고려할 때, 외교 관계를 넓히지 않은 것은 매우 아쉬운 일이다. 그러나 희망적이고 또 기대되는 것은 정부를 개혁하고자 하는 인도의 노력이 있다는 것이다. 인도는 세계 최고의 민주주의를 일궈낼 수 있을 것이며, 아마 미국의 다양성보다 더 환대 받을 수 있을 것이다.

인도가 경제력 외에도 제공할 수 있는 게 많다는 건 분명해졌다. 인도의 국가적 문제를 해결하기 위한 노력은 유망하다. 인도의 다음 단계는 국제적인 지식 공유와 역량 구축을 위해 정부와 시민사회의 노력을 모두 활용하는 것이다. 이를 통해 인도는 세계 지도자로서의 역할을 담당하게 될 것이다.

참고문헌

United Nations Development Programme (2013), Human Development Index and its components.

* A version of this article first appeared in the e-book Rising Soft Powers: India (used by permission of USC Center on Public Diplomacy).

☑ 사례

포르투갈의 관광산업 관리 – 브랜드 아키텍쳐

Joao Ricardo F re ire, PhD,
Director of Research, I PAM - The Marketing School, Lisbon, Portugal

개요

관광산업은 세계에서 가장 중요한 산업 분야 중 하나이다. 대부분의 국가들의 경우, 관광 산업이 고용과 GDP 측면에서 첫째 혹은 둘째 자리를 차지하고 있을 것이다. 또한 관광산업으로 발생된 수익은 수출로 간주되기 때문에 더욱 중요하다. 그러므로 관광산업의 수익이 증가한다는 것은 수출이 증가하고, 국제수지 균형에 긍정적인 영향을 미친다는 걸 의미한다.

관광산업은 1950년대 이후 지속적으로 증가하였으며, 경제위기가 큰 영향을 미치지 않는 몇 안되는 활발한 산업 중 하나이다. 2008년 금융위기와 서양국가들의 GDP 감소에도 불구하고 관광산업은 전세계적으로 증가했다. 중국 시장과 브라질, 러시아 같은 다른 신흥 시장들은 미국과 영국 등 전통적인 시장의 하락폭을 메웠다.

한 나라의 경제에 미치는 영향과 관련성 때문에 관광산업은 대개 정부의 지원을 받는다. 때문에 국가의 고위 공직자가 이 산업을 맡는 것은 꽤 일반적인 일이다. 사실, 대다수의 정부가 관광 산업만 담당하는 정부 기관을 따로 두고 있다.

포르투갈의 관광산업 관리

포르투갈 경제는 관광산업에 상당히 의존하고 있는 편이다. 2013년 관광

산업은 포르투갈 GDP의 약 10%를 차지하고 있었다. 최근 몇 년 간 포르투갈의 관광산업은 일자리 창출, 수출 증대, 무역수지 균형을 향상시키는 데 큰 기여를 했다.

관광산업이 국가 경제에 미치는 영향으로 인해, 포르투갈 정부는 관광 산업을 매우 적극적으로 지원해왔다. 포르투갈은 관광산업의 모든 분야를 관리하는 포르투갈 관광청을 두고 있다. 이 관광청은 재정, 라이선스, 교육 등을 담당하는 재정경제부가 직접 관리하고 있다. 이러한 메커니즘은 포르투갈 관광 산업이 더욱 발전하도록 이끌어왔다. 그러나 더욱 중요한 것은, 이 관광청이 포르투갈을 국내외 시장에 관광지로서 마케팅 및 홍보를 하는 동시에, 관련 있는 해외 시장에 사무소와 직원들을 두고 있다는 것이다. 이러한 인프라가 이미 구축되어 있음에도 불구하고, 포르투갈 관광 관리 모델은 특히 2008년 이후부터 지속적으로 변화해왔다.

2008년까지, 포르투갈의 관광 마케팅 업무는 포르투갈 관광청을 비롯하여 관광 지역과 관련 있는 여러 기관들과 공유되었다. 따라서 관광청 예산의 일부는 마케팅 예산이 필요한 다른 관광 지역으로 흘러 들어갔다. 관광 지역은 포르투갈 관광청으로부터 일정 수준의 감독과 조정을 받으며 그들의 마케팅 활동을 발전시켰다.

2008년 포르투갈에는 리스본, 포르토, 에스토릴 해안을 포함해 19개의 관광지가 있었다. 특별히 언급한 이 세 지역은 중앙정부로부터 자금조달에 관한 특별 협정을 맺었었다.

19개 관광 지역은 해당 지역 수준에서 개발되었고, 개발 및 실행 전략은 지역 시장이나 관광객들이 좋아할 만한 지역 자산에 기반해 계획되었다. 따라서 포르투갈 관광지의 지리적 범위(geographical coverage)는 top-down

형태의 하향식 전략을 따르지 않고 지역 역학에 기반을 두고 있었다.

일반적으로 관광지는 주요 도시에 본부를 두고 있으며, 관광 브랜드 이름은 지역 자산에 기반을 두고 있었다. 예를 들어, 관광지 'Turismo dos Templarios – Floresta Central e Albufeiras'는 10개 도시로 구성되어 있고 토마에 기반을 두고 있다. 토마는 성전기사단의 이름을 딴 것으로, 포르투갈 성전기사단의 본부가 바로 토마에 있었다. 그러나 앞서 언급하였던 것처럼 센트럴 숲과 호수라로 번역되는 'Floresta Central e Albufeiras'이라는 명칭도 가지고 있었다. 그러므로 이 관광지의 매력을 높이기 위해서 토마시가 이를 홍보하기 시작했고, 나아가 다른 지역의 숲과 호수 같은 여러 자산들도 포함하게 되었다.

19개의 서로 다른 관광지는 포르투갈 관광청에서 공식적으로 인정받고 있는 곳이었다. 각 지역은 중앙정부의 지원을 받았으나 예산 사용에 대해서는 자율적으로 맡겼다. 이에 따라 2008년까지 관광청의 마케팅 예산도 최소 19개의 독립적인 지방자치기관으로 분할되었다. 물론 모든 관광지를 통합하는 ARNET(the the Associagao Nacional das Regioes de Turismo)이라는 기관이 있었지만 주 업무는 로비를 하는 것이었고, 지역 홍보를 위해 참여하거나 마케팅 전략 조정을 위한 조직은 아니었다. 실제로 2008년까지 포르투갈 관광청은 개별 관광지의 마케팅 전략 개발에 관여하는 시스템을 갖고 있지 않았다. 즉, 포르투갈 관광청의 전략과 각 관광지의 개별 전략은 있었지만, 관광청과 관광지 모두에게 제공되는 공통적인 가이드는 없었다. 이에 따라 관광산업을 홍보하기 위해 통합적으로 조정된 국가적인 전략이 부재했었다.

너무 많은 지역으로 인한 복잡성, 중앙통제의 부재 그리고 정치인들이 주된 역할을 한 결과, 포르투갈 관광의 마케팅 및 홍보를 위해 같은 목표와 비전을 공유하는 일이 점점 더 어려워졌다. 국제적, 국가적, 지역적 수준에서 정책을 개발할 수 있는 효과적인 메커니즘이 없었다. 즉, 커뮤니케이션의 일관성이 없었던 것이다. 이처럼 합의점을 찾기가 어려웠을 뿐만 아니라, 예산의 대부분이 마케팅에 쓰이지 않고 임금 지불이나 유지·보수비용으로 흘러 들어갔기 때문에 지역 스스로 홍보를 하기에는 어렵다고 판단되었다.

이러한 문제의식과 더불어, 2008년 포르투갈 관광 홍보를 위해 새로운 접근 방식을 세우기로 결정되었다. 포르투갈의 관광과 각 지역을 위한 목표를 세우고, 이를 성취할 수 있는 마케팅 전략을 계획하는 것이 목표였다. 새로운 마케팅 계획에는 각 지역의 목표와 업무가 자세히 나와있었으며, 이러한 노력이 궁극적으로 포르투갈 관광 진흥에 얼마나 기여할 수 있을지도 나와있었다. 또한 어떤 프로젝트가 지원을 받을 것인지에 대한 명확한 가이드라인이 세워졌다. 이러한 변화는 지역과 국가 차원에서 일관된 전략으로 수행되어야 한다는 것을 의미했다. 이 계획은 국가 및 국제 수준에서 관광지로서의 포르투갈 진흥을 위해 통합된 노력을 기울이는 것이었다.

더불어 새로운 전략에는 포르투갈의 새로운 관광지도도 포함되어 있었고, 19개의 기존 지역을 5개로 새롭게 개편하기로 결정되었다. 새로운 지역들은 유럽의 NUTS II에 포함되었다. 새롭게 개편된 지역들은 포르투와 북부지역(Porto e Norte de Portugal), 중부(Centro de Portugal), 리스본과 테주계곡(and Lisboa e Vale do Tejo), 알렌테주(Alentejo), 알가르베(Algarve)로 나뉜다. 이런 식으로 지역을 나눈 것은 정치적으로도 매우 현명한 일이었다. 지역들이 제 자리를 찾았기 때문에, 재편성된 지역 기준을 사용하는 것에 대한 저항이 줄어들었다. 새로운 전략적 계획에 담긴 포르투갈 지도의 재편성과 일부 지역 통합을 통해 지역과 중앙 정부 간의 협력이 증진되었다. 5개 지역이 협력함으로써 훨씬 더 적은 예산으로 전체적인 홍보 범위를 늘릴 수 있게 되었다. 또한 지역 간 중복된 것들을 제거함으로써 규모의 경제를 이룰 수 있었고, 상당한 비용 절감 효과를 거둘 수 있었다. 이러한 비용 절감으로 인해 포르투갈 내 관광 홍보에 더 많은 돈을 쓸 수 있었다.

지역 재편성은 일관적인 홍보 전략을 개발하고, 효율적인 자원배분을 가능케 했음에도 불구하고 새로운 전략의 계획과 실행 과정에서 다른 문제들이 발생했다. 예를 들어, 새로운 지역의 이름을 짓는 것 같은 문제 말이다. 다섯 지역 중 포르투 북부, 중부, 리스본과 테주 계곡이 이런 문제를 가지고 있었다.

'Centro de Portugal'은 번역하면 포르투갈의 중심부라는 뜻이다. 이 지역 이름은 아무 의미를 가지고 있지 않기 때문에 해외뿐만 아니라 자국 내에서도 홍보하기가 까다로웠다.

'Porto e Norte de Portugal'은 번역하면 포르투갈의 포르투 지방과 북부 지방이라는 뜻이다. 이 이름은 포르투 지역을 강조하였지만 나머지 지역을 대변하지는 못했기 때문에 문제가 발생했다.

마지막으로 'Lisboa e Vale do Tejo', 영어로는 'Lisbon and Tagus Valley'로 불리는 지역은 포르투 북부와 유사한 문제를 가지고 있었다. 다시 말해, 리스본을 강조하기는 하지만 다른 지역에는 별로 도움이 안 되는 이름인 것이다.

이 세 지역의 과제는 해당 지역의 일부를 포함시킬 수 있는 브랜드 아키텍처를 개발하는 것이다. 예를 들어, 중부에서는 베이라스나 세라 다 에스트렐라 지역, 포르투 북부에서는 미뇨나 두오로 지역, 리스본에서는 에스토릴이나 카스카이스 지역이 있다. 이러한 지명들은 적어도 포르투갈 내에서 잠재적인 자산을 가지고 있다. 따라서 다른 하위 브랜드가 존재해야 하는지, 어떤 브랜드를 전달해야 하는지에 대한 결정을 내려야 한다.

그럼에도 불구하고 새로운 계획의 가장 큰 문제는 포르투갈 관광산업에 대한 브랜드 관리 측면의 접근이 부족했다는 것이다. 즉, 포르투갈과 각 지역 홍보는 '상품'을 활용하여 수행되어야 했다. 이 접근방식의 근거는 관광객들이 특정 상품과 관련된 특별한 동기를 가지고 여행한다는 것이다. 이에 따라 포르투갈이 관광객에게 제공할 수 있는 10가지 주요 상품을 확인하였다. 이는 구경(touring), 자연, 바다와 해, 선박, 도심 여행(city break), 미식, 출장, 골프, 건강 그리고 주거였다. 이후 마케팅 전략은 특정한 타겟 시장 내에서 이러한 관광 상품들을 개발하고 홍보하기 위해 계획되었다. 첫 번째 단계는 각 지역에서 투자할 수 있는 상품을 결정하는 것이었다. 두 번째 단계에서는 각 지역이 어떤 국가를 타겟으로 할 것인지 결정했다. 세 번째 단계에서는 관광 상품과 타겟 국가를 상세하게 기술한 모델이 각 지역별로 세워졌다. 만약 해당 지역이 계획에 없었던 국가에 홍보 활동을 하는 경우에는 포르투갈 관광청의 투자 지원을 받을 수 없게 되었다. 따라서 매트릭스는 제품, 지역 그리고 타겟 시장으로 설계되었다. 이는 포르투갈 관광청이 타겟 시장에 일관적이고 투명한 방식으로 접근할 수 있도록 만들었다는 점에서 유용하였다. 그럼에도 불구하고 만약 브랜드 관리 관점이 아니라, 상품 컬렉션처럼 관리한다면 관광지에 맞는 성공적인 마케팅 전략을 개발하기 어렵다.

관광지는 지역 미식, 식당, 건축물, 풍경, 기후와 같은 유형적인 요소와 매력, 독특성, 안전, 재미와 같은 무형적인 요소로 이루어져 있다. 또한 이런 요소들은 관광객들이 관광 지역을 평가하는 데 사용하는 요소들이기도 하다. 그러므로 관광객들은 하나의 상품을 소비하는 것이 아니라, 여러 상품들의 총체를 소비하게 된다. 이는 관광객들이 상품이 아니라 관광지 자체와 브랜드를 소비한다는 것을 의미한다. 따라서 지역 상품이 아니라 지역 자체에 대한 가치 있는 제안과 혜택을 근거로 커뮤니케이션 해야 한다.

여기에는 학습 곡선이 있었고, 서로 다른 지역들이 서로 다른 역할을 할 수 있는 브랜드 위계구조를 구축하는 노력이 있었다. 또한 포르투갈 관광청은 소비자들이 국가를 선택하는 게 아니라 특정한 지역을 선택할 수 있다는 걸 인정하고 있다. 특히 리스본, 포르투, 알가르베 같이 인지도가 높은 지역에서는 더욱 그렇다.

그러나 관광지를 브랜드로서 관리하는 방법에 대한 이해가 여전히 부족한 것도 사실이다. 브랜드로서 포르투갈은 차별화된 가치 제안과 일관적이고 효율적인 브랜드 위계구조를 구축하는 것이 필요하다. 또한 각 타겟 시장이 포르투갈 관광지에 대해 서로 다른 수준의 인식과 지식을 가질 수 있다는 점을 고려하는 것도 중요하다.

관광지를 브랜드처럼 관리하는 것은 서로 다른 이익을 추구하며 때로는 상충되는 이해관계자들을 동반하기 때문에 매우 어려운 작업이다. 따라서 제품 대신 브랜드에 근거한 마케팅 전략을 계획하려는 노력이 필요하다. 이를 위해 관광 및 마케팅 교육에도 투자를 해야 한다. 관광 산업의 문제 중 하나는 관광지역이나 마케팅에 대한 이해가 없는 이해관계자가 너무 많기 때문이다.

요약

이 장에서는 브랜드 정체성, 브랜드 이미지, 브랜드 포지셔닝이라는 브랜드 핵심 개념에 대해 논의하였다. 또한 혼동될 수 있는 정체성과 이미지라는 두 개념을 명확히 구분하였다. 국가 브랜드 정체성과 이미지의 구성요소가 분석되었고, 국가 브랜드 포지셔닝과 관련된 이슈들이 논의되었다. 상업 브랜드와 비교했을 때 국가 브랜드는 훨씬 더 복잡함에도 불구하고, 브랜딩의 기본 법칙들은 국가에도 똑같이 적용되는 것으로 나타났다.

논의할 점

1. 정체성과 이미지 간의 차이로 어려움을 겪고 있는 세 국가를 생각해보자. 왜 그들의 정체성과 이미지 간에 차이가 존재하는지 설명하고, 이러한 문제를 해결하기 위해 국가가 어떤 조치를 취할 수 있는지 제안해보자.
2. 하나의 국가를 선택하고, 그 국가의 브랜드 포지셔닝을 평가해보자. 브랜드 포지셔닝이 얼마나 명확한가? 관련된 타겟 청중을 고려했을 때, 얼마나 적절한 포지셔닝인가?

3. 앞서 살펴본 인도의 공공외교 사례를 생각해보자. 그러한 공공외교 계획을 보다 광범위한 국가 브랜드 전략에 포함시켜야 할지 그리고 국가 브랜드 전략에 더 큰 자율성을 부여하면 그 효과가 더 커질지 논의해보자.
4. 포르투갈의 관광산업 관리 사례에서, 상품보다는 브랜드에 중점을 두어야 한다는 주장이 있었다. 이것이 어떤 의미인지 설명하고, 본인이 이러한 주장에 얼마나 동의하는지 논의해보자.

참고문헌

Aaker, D.A. (1996) *Building Strong Brands*, US: Free Press.

Alvarez, M.D. and Campo, S. (2014) 'The influence of political conflicts on country image and intention to visit: A study of Israel's image', *Tourism Management*, 40 (February), 70-78.

Baldwin, C.Y. and Clark, K.B. (1997) 'Managing in an age of modularity', *Harvard Business Review*; Sept-Oct, 84-93.

Bauer, A., Bioching, B., Howaldt, K. and Mitchell, A, (2006) *Moment of Truth: Redefining the CEO's Brand Management Agenda*, UK: Palgrave Macmillan.

Blankson, C., Kalafatis, S.P., Coffie, S. and Tsogas, M.H. (2014) 'Comparisons of media types and congruence in positioning of service brands', *Journal of Product & Brand Management*, 23 (3), 162-179.

Buchholz, A. and Wordemann, W. (2000) *What Makes Winning Brands Different: The Hidden Method Behind the World's Most Successful Brands*, UK: Wiley.

de Chernatony, L. and McDonald, M. (2003) *Creating Powerful Brands in Consumer; Service and Industrial Markets,* 3rd edn, UK:

Butterworth-Heinemann.
Concise Oxford English Dictionary (2009) 11th edn (revised), UK: Oxford University Press.
Cornelissen, J. (2004) *Corporate Communications: Theory and Practice,* UK: Sage Publications.
Damjan, J. (2005) 'Development of Slovenian brands: Oldest are the best', *Place Branding,* 1 (4), 363-372.
Elliott, R. and Percy, L, (2007) *Strategic Brand Management,* UK: Oxford University Press.
Florek, M. (2005) 'The country brand as a new challenge for Poland', *Place Branding,* 1 (2), 205-214.
Fuchs, C. and Diamantopoulos, A. (2010) 'Evaluating the effectiveness of brand positioning strategies from a consumer perspective', *European Journal of Marketing,* 44 (11/12), 1,763-1,786.
Grant, J. (2006) *The Brand Innovation Manifesto: How to Build Brands, Redefine Markets & Defy Conventions,* UK: Wiley.
Hall, J. (2004) 'Branding Britain', *Journal of Vacation Marketing,* 10 (2), 171-185.
Hynes, N., Caemmerer, B., Martin, E. and Masters, E. (2014) 'Use, abuse or contribute!: A framework for classifying how companies engage with country image', *International Marketing Review,* 31 (1), 79-97.
Jaffe, E.D. and Nebenzahl, I.D. (2001) *National Image & Competitive Advantage: The Theory and Practice of Country-of-Origin Effect,* Denmark: Copenhagen Business School Press.
Jakubanecs, A. and Supphellen, M. (2010) 'Brand positioning strategies in Russia: Regional differences in the importance of corporate endorsement and symbolic brand attributes', *Journal of East-West Business,* 16 (4), 286-302.
Jaworski, S.P. and Fosher, D. (2003) 'National brand identity and its

effect on corporate brands: The Nation Brand Effect (NBE)', *Multinational Business Review*, 11 (2), 99-113.

Jobber, D. (2004) *Principles and Practice of Marketing*, 4th edn, UK: McGraw-Hill.

Kapferer, J.-K. (2004) *The New Strategic Brand Management: Creating and Sustaining Brand Equity Long Term*, UK: Kogan Page.

Keller, K.L. (2003) *Strategic Brand Management: Building, Measuring, and Managing Brand Equity*, 2nd edn, US: Prentice Hall.

Konecnik Ruzzier, M. and de Chernatony, L. (2013) 'Developing and applying a place brand identity model: The case of Slovenia', *Journal of Business Research*, 66, 45-52.

제3장 국가 브랜드 자산

Key Point

- 브랜드 자산에 대한 두 가지 접근 방법 : 소비자 관점과 재무적 관점
- 국가 브랜드 자산은 내적 재산과 외적 재산을 포함
- 내적 재산은 아이콘, 경치, 문화를 포함
- 외적 재산은 대중 문화의 외적인 묘사(portrayals)와 국가 이미지에 대한 인식을 포함

개론

제3장은 브랜드 자산이라는 개념에 집중한다. 이를 이해 우선 소비자 관점과 재무적 관점이라는 브랜드 자산에 대한 두 가지 주요 관점을 살펴볼 것이다. 이후 브랜드 자산 개념을 국가 브랜드에 적용시켜보고, 국가 브랜드 자산의 잠재적 원천과 중요성들을 알아본다. 첫 번째 사례를 통해서 싱가포르가 어떻게 국가 브랜드 자산을 구축하였는지 알아보고, 두 번째 사례를 통해서는 중국이 국가 브랜드 자산을 고취시키기 위해 광고를 어떻게 활용 하였는지 살펴볼 것이다. 또한 이프 세빈(Efe Sevin)은 학문적인 관점에서 웹 2.0

과 국가 브랜딩에 대한 인사이트를 제공하고 있다. 마지막으로 로저 싱클레어(Roger Sinclair)의 실무적 통찰은 국가 브랜드에 있어서 재무적인 가치 평가의 방법을 설명하고 있다.

브랜드 자산에 대한 대안적 관점

'브랜드 자산'이라는 용어는 브랜딩 이론과 실천을 다룰 때 가장 많이 쓰는 말로, 한 브랜드가 가지고 있는 가치를 말한다.

또한 자산의 개념은 금융 분야에서 차용한 것이다. 하지만 이 용어를 브랜드 분야에 적용하면, 사람들 사이에 일반적으로 받아들여지고 있는 의미가 퇴색되게 된다. 따라서 최근에는 브랜드 자산의 개념을 제대로 적용하는 것에 대한 관심이 증가하고 있다(Jacobsen, 2012; Lucarelli, 2012; Zenker, 2014).

브랜드 자산의 개념을 바라보는 관점에는 두 가지 접근 방식이 있다. 첫 번째 접근 방식은 '소비자 관점'으로, 브랜드에 대한 소비자 인식과 브랜드의 품질, 개성, 평판 등과 관련된 브랜드 자산이 소비자의 판단과 결정으로 평가될 수 있음을 의미한다. 또 다른 접근법은 '재무적 관점'으로, 특정 브랜드에 대한 재무적 가치를 더하려는 다양한 종류의 노력을 포함한다. 소비자 관점과 재무적 관점은 모두 브랜드 자산이 의미하는 것과 관련하여 몇 가지 다른 의견들이 존재한다. 이제부터는 이러한 다른 의견을 살펴보고자 한다.

소비자 관점

브랜드 자산에 대한 소비자 관점을 지지하는 학자인 켈러(Keller, 2003)는 고객 중심의 브랜드 자산(CBBE)이라는 용어를 사용하고 있다. 그는 이것을 '그 브랜드의 마케팅에 대한 소비자의 반응에 있어, 브랜드 인식이 가지는 다양한 효과'로 규정한다. 또한 켈러는 '고객 중심의 브랜드 자산은 소비자가 브랜드에 대해 아주 잘 알고 있고, 친숙하며, 기억 속에 그 브랜드에 대해 강렬하고 호의적인 이미지를 가지고 있을 때 발생한다'고 주장한다. 파푸와 동료(Pappu et al., 2005)의 연구에 따르면, 다음과 같은 네 가지 요소가 고객 중심의 브랜드 자산과 관련되어 있다고 한다. 이는 브랜드에 대한 인지, 브랜드와의 유대감, 지각된 품질, 브랜드 충성도를 의미한다. 따라서 국가들도 직감에 의존하기보다는 국가 브랜드 자산이 갖는 여러 측면에 대해 더 깊이 연구해야 한다. 예를 들어, 실제 외부 청중들이 자국 브랜드를 알지 못하는 경우, 많은 국가들은 자국이 부정적인 브랜드로 인식되고 있다고 생각한다. 피케와 동료(Pike et al., 2010)가 제안한 표준 CBBE 도구는 시간이 지날수록 약해지거나 강해지는 브랜드 자산을 추적하는데 활용되고 있다.

아커(Aaker, 1991)는 브랜드 자산에 대한 소비자 관점에 근거를 두고, 회계학 용어를 사용하여 브랜드 자산을 설명하고 있다. 즉, 브랜드 자산이란 '하나의 브랜드, 그의 이름, 상징물과 연계되어 있는 브랜드 재산과 책임으로 기업이나 고객들에게 주어지는 제품이나 서비스를 통해 그 가치가 더해지거나 감소된다'고 주장한다. 파르쿠아(Farquhar, 1989) 역시 가치를 부여하는 것을 설명하고 있는데, 브랜드 자산을 '기업과 무역 또는 소비자에게 주어지는 부가가치고, 브랜드가 제품에 부가가치를 부여한다'고 규정하고 있다. 파르쿠아가 '무역'을 포함시킨 이유는 브랜드 가치에 대한 소비자 관점이 '소비자' 또는 '고객'이 누구인가에 대해 광의적인 시각을 취해야 함을 지적한 것이다. 이해관계자들은 한 브랜드가 소비자에 대해 근시안적인 일 차원의 시각을 갖기보다는 다양한 고객과 교류하고 다가가야 한다고 제안한다.

브랜드 자산에 대한 이해관계자 이론은 존스(Jones, 2005)에 의해 설명되고 있다. 존스는 브랜드 가치가 다양한 전략적 이해관계자들과의 상호 작용을 통해 함께 만들어진다고 주장한다. 이러한 이유로 브랜드 자산을 평가할 때 고객에만 초점을 맞추는 것은 잘못된 것일 수 있다.

템포럴(Temporal, 2002)은 브랜드 자산이란 용어가 상징물이든 소비자와의 유대감이든 이와 관련된 브랜드의 특징을 언급하고, 브랜드의 영향력을 소비자 인식에 반영하기 위해 일반적으로 어떻게 사용되는지 설명하고 있다. 국가들은 특히 시각적인 상징물을 매우 많이 보유하고 있다. 모든 국가들은 자국만의 특별하고 고유한 도상학(iconography)을 가지고 있다. 이러한 것들과 더불어 국가 정체성을 구성하는 또 다른 요소들이 국가 브랜드의 발전을 돕고, 국가 브랜딩을 유지하며, 단순한 광고나 홍보활동이 아닌 국가의 진정한 본질을 알리는 것이 될 수 있게 한다.

브랜드 자산은 브랜드와 소비자 간의 특별한 관계를 형성하며, 강한 유대감과 믿음 속에 시간이 흐름에 따라 성장하게 된다(VanAuken, 2002). 베이커(Baker, 2002)는 브랜드 자산을 두고, 브랜드의 고유한 가치를 하나의 재산으로 인식하는 것으로 정의한다. 다시 말해, 이 가치는 브랜드에 의해 취해지는 시장 점유율과 충성도, 인지도, 지각된 품질 또는 특허권 보호, 상표와 같이 경쟁 제품과 차별화되는 특성 등도 반영한다. 브랜드 자산에 대한 베이커의 관점은 리제보스(Riezebos, 2003)의 주장에서도 유사하게 나타난다. 리제보스는 브랜드 자산의 네 가지 원천을 설명하는데, 이는 시장 점유율의 크기, 시장 점유율의 안정성, 조직에 대한 브랜드의 가격 마진, 그리고 브랜드와 관련된 소유자의 권리(특허권, 상표)이다. 캐퍼러(Kapferer, 2004) 또한 브랜드 자산에 관한 연구에서 브랜드가 가진 자산을 나타내는 네 가지 요소를 언급하고 있다. 이는 다른 사람을 통한 브랜드 인식, 자발적 브랜드 인식, 소비자의 자발적 회원 가입, 그리고 그 브랜드가 이미 소비되었는지 여부 등이다. 또한 드세르나토니와 맥도널드(De Chernatony and McDonald, 2003)도 이와 비슷한 견해를 보여주고 있다. 이들의 견해에 따르면 브랜드 자산은 소비자가 하나의 브랜드에 대해 가지고 있는 인식이며, 이것은 하나하나 차례대로 브랜드 가치에 영향을 미치게 된다.

한편 소비자 충성도는 브랜드 자산에 있어 중요한 요소이다. 일반적으로는 소비자를 위한 가치와 차별화에 브랜딩 노력이 집중되지만, 높은 수준의 소비자 충성도를 얻는 것은 브랜드 전략의 성공 여부를 평가하는 데 있어 유용한 측정법이 될 수 있다. 상업적인 브랜드가 여러 해에 걸쳐 로열티 프로그램을 발전시키기 위해 상당한 노력을 기울이는 동안에, 국가 브랜드는 이 분야에서 주도권을 잡지 못하는 상태였다. 로열티 프로그램이 반복 구매를 유발시키는 데 목표를 둘 것이 아니라, 브랜드에 대한 소비자의 정서적 유대감을 목표로 해야함을 알 수 있다. 왜냐하면 감성 로열티와 브랜드 구매 간의 상관 관계는 일직선이라기보다는 기하급수적인 것이기 때문이다. 즉, 한 브랜드에 대해 최고 수준의 감성 로열티를 가질 때, 소비자가 브랜드에 대한 유대감이 덜 할 때보다 최소한 두 배의 제품을 구입하게 된다는 연구가 있다. 또한 때로는 세 배, 네 배 그 이상이 되기도 한다(Hallberg, 2004). 따라서 문화적 의미가 풍부한 창고로서 깊이 있는 감성적, 경험적 특성들을 모두 가지고 있는 국가 브랜드는 자국 브랜드에 대해 이와 같이 정서적 유대감이 커질 수 있도록 해야 한다.

제품 브랜드를 잘 살펴보면 소비자에게 허락을 받은 일반적인 이메일 마케팅이 브랜드 로열티 면에서 다양하고 긍정적인 효과를 가져오는 것으로 나타났다. 즉, 이메일을 받은 소비자는 계속해서 소매 상점들을 방문할 것이고, 자신의 친구들에게 그 브랜드를 추천할 것이다. 또한 충성도 높은 고객들이 등장해 그 브랜드에 대한 일반적인 정보와 더불어 다양한 내용의 정보를 사람들에게 전달하며 그 브랜드의 가치를 인정하는 역할을 하게 된다(Merisavo and Raulas, 2004). 만약 한 브랜드가 고객 충성도를 개발하는 데 실패한다면, 페린마르티넨크(Perrin-Martinenq, 2004)가 '브랜드 이탈'이라고 말한 것과 같은 위험에 직면하게 된다. 브랜드 이탈이란, 하나의 브랜드와 소비자 간에 형성된 정서적이며 감성적인 유대감이 다른 관계가 와해되는 것처럼 똑같은 방식으로 붕괴되는 것이다. 국가 브랜드가 '브랜드 이탈'과 같은 부정적인 결과를 피하는 방법은 국가가 상대하는 대중과 이해관계자 전 영역에 고객관계 관리 원칙을 적용하는 것이다(Buttle, 2008).

한 브랜드가 가지는 시각적 측면이 전체적인 브랜드 자산에 매우 중요한 역할을 한다는 것이 더욱 분명해지고 있다. 많은 소비자들에게 있어 브랜드의 로고, 이름, 상징물, 서체, 색감 체계 등은 브랜드를 인지하는데 있어 중요한 계기와 발단이 될 수 있기 때문이다. 연구자들은 긍정적 효과와 품질 인식, 합의라는 면을 살펴볼 때 시각적 디자인과 긍정적인 브랜드 반응 사이에는 중요한 관계가 있다고 주장한다(Henderson et al., 2003). 그러므로 국가들은 다양한 타겟 대중들과 이해관계자들을 대상으로 하여 그 효과와 시너지를 극대화하기 위해서는 시각적 정체성을 잘 관리해야 한다.

재무적 관점

앞서 살펴보았듯이 브랜드 자산과 관련한 '소비자 관점'은 국가 브랜드와 밀접한 관계를 가지고 있다. 특히 다양한 대중이라는 이해관계자 이론에 비추어 볼 때, 국가 브랜드가 고려해야 할 소비자는 국내외의 잠재적 관광객과 투자자, 근로자, 학생, 소비자 모두를 포함한다.

브랜드 자산에 대한 재무적 관점과 국가 브랜딩의 관계는 다소 불분명하다. 따라서 우리는 국가 브랜드에 대한 재무적 평가를 내리기 위해 시도되었던 방식을 논의하기 전에 브랜드 자산에 대한 재무적 관점을 간단히 살펴보고자 한다.

오늘날까지도 브랜드를 재무적으로 평가하기 위한 회계학 방식과 절차에 대해 전 세계적인 합의가 이루어지지 않았다. 그러나 브랜드의 재무적 가치를 평가해보고 싶어 하는 기업들과 애널리스트들에게 유용한 기법이 있다. 이 기법은 전통적 가격에 따른 평가, 대체비용에 따른 평가, 미래수입에 의한 평가를 포함하고 있다. 전통적 가격에 따른 평가는 하나의 브랜드를 재산으로 여기는데, 그 가치는 시대를 뛰어넘는 투자로부터 파생된다. 또한 대체비용에 의한 평가는 등가의 브랜드를 만드는 데 얼마의 비용이 드는지를 산출하는 데 초점을 맞춘다. 또 미래수입에 의한 평가는 브랜드와 관련된 미래의 자금흐름을 예측하는 것이다(Kapferer, 2004).

베스트 글로벌 브랜드가 되기 위해서 브랜드는 다음과 같은 기준을 충족시켜야 한다. 첫째, 본국 외 지역에서 매출의 30% 이상을 창출해야 한다. 둘째, 브랜드의 재무적 성과에 대한 데이터를 공식적으로 공개해야 한다. 셋째, 아시아, 유럽, 북미 지역뿐만 아니라 신흥시장에서도 광범위한 입지를 확보해야 한다. 넷째, 경제적인 수익은 장기적인 관점에서 긍정적으로 예상되며 브랜드의 자본 비용보다 높은 수익이 발생해야 한다. 마지막으로 세계의 주요 경제권으로 대중에게 인식되어야 한다(www.bestglobalbrands.com/2014/methodology). 2014년, 인터브랜드가 재무적인 가치평가에 근거하여 선정한 글로벌 브랜드 TOP 2에는 애플(1,119억 달러)과 구글(1,074억 달러)이 선정되었다. 기업 관점에서 보면 브랜드 평가는 유용한 방법이 될 수 있다. 기업은 브랜드를 사용해 신용을 높이고, 라이선스 협정으로부터 파생될 잠재적 소득을 판단하며, 가능한 미래 브랜드 소득을 헤아려 볼 수 있게 된다(Riezebos, 2003). 브랜드를 평가함으로써 얻어지는 잠재적 혜택들은 이렇듯 분명하다. 국가 브랜드의 재무적 평가의 잠재적 타당성은 이 장에서 실무자 로저 싱클레어에 의해 논의될 것이다.

국가 브랜드 자산의 원천과 특징

이제부터 우리는 전략적 국가 브랜딩 캠페인 개발을 위한 초석이 되는 중요한 국가 브랜드 원천을 알아보고자 한다. 이 원천은 국가 브랜드 자산이 재산을 근거로 한(asset-based) 모델의 형태로 나타난다. 여기에서 국가 브랜드 자산을 둘러싸는 내/외적 재산은 본래의 재산, 육성된 재산, 대리 재산, 유포 재산이란 용어들로 개념화된다. 우리는 앞에 나온 연구와 브랜드 자산의 정의를 근거로 이러한 개념들을 국가 브랜딩에 적용하고자 한다. 또한 국가 브랜드 자산을 '국가가 지니고 있는 유형적 재산, 무형적 재산, 내적 재산, 외적 재산(또는 채무)'으로 규정한다. 이 내적이며 외적인 재산(또는 채무)은 국가 브랜드 자산의 원천을 나타낸다. 내적 재산은 본래의 재산(아이콘, 경치, 문화) 또는 육성된 재산(내부 매입, 예술 후원)으로 개념화된다. 한편, 외적 재산은 대리 재산(국가 이미지 인식, 대중문화 속 대외적 묘사) 또는 유포 재산(브랜드 대사, 해외 이주, 브랜드 수출품)으로 개념화된다. 이 원천은 이제 전체적인 국가 브랜드 자산에 대한 그들의 기여도와 관련하여 논의될 것이다.

내적 재산

우리는 본래의 재산 또는 육성된 재산이라는 국가 브랜드의 내적 재산을 살펴보고 있다. '본래의 재산'은 국가 정체성의 영속적 요소들로서 국가 브랜드 자산을 건설하려는 노력에 있어 재산으로 간주할 만한 국가의 본질이라 할 수 있다. 이런 본래의 재산에는 국가의 아이콘, 경치, 문화가 포함된다.

그림 3.1 재산을 근거로 한 국가 브랜드 자산 모델

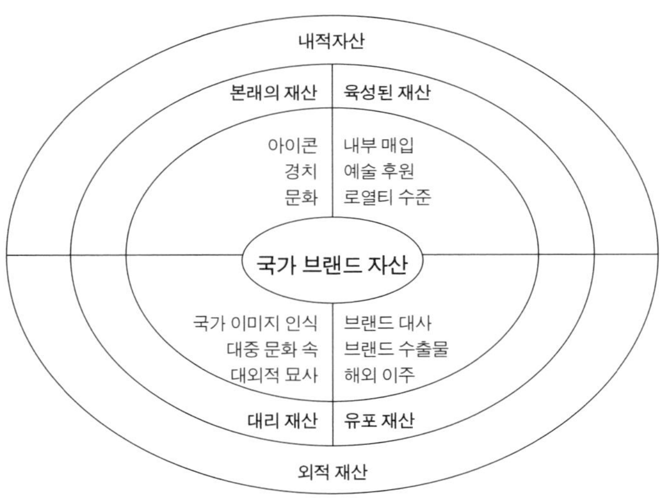

반면 '육성된 재산'은 국가 브랜드 자산을 발전시키기 위한 건강한 환경 조성을 위해 행해지는 현재의 의식적인 노력으로부터 파생된다. 내부 매입과 문화에 대한 후원은 이러한 육성된 재산을 대표하는 것들이다.

❧ 본래의 재산 : 아이콘, 경치, 문화

한 국가의 가장 특징적인 면모는 그것이 가지고 있는 아이콘과 경치, 문화를 포함한다. 이들은 국가 브랜드를 차별화하려는 노력에 있어 강력하고 확실한 수단이 되고 있다. 한 국가의 아이콘은 시각적 이미지, 상징물과 더불어 국가와 관련된 독특한 표현물들을 담고 있다. 국기는 한 국가의 아이콘들 가운데 가장 대표적인 아이콘이다. 하지만 현재 '아이콘'이란 단어의 현대적 의미는 장소와 개인, 심지어 사회적 의미를 내포하고 있는 상징적 제품으로까지 확대 해석되고 있다.

이런 것에 비추어볼 때, 넬슨 만델라 같은 경우는 남아프리카의 아이콘으로 떠오르며, 아크로폴리스는 그리스의 아이콘으로, 위스키는 스코틀랜드의 아이콘이 되는 것이다. 국가가 소유하고 있는 또 다른 본래의 재산과 더불어 이런 요소들은 매우 독특하기 때문에 모방되거나 복제될 수 없다. 즉, 그것을 바탕으로 하여 어떤 브랜드 형식이 건설될 수 있는 특별한 속성인 것이다.

도시들을 담고 있는 경치는 한 국가의 본질을 규정하는 데 중요한 역할을 한다. 따라서 이것은 국가 브랜드 자산의 중요한 요소로 인정된다. 경치는 국가 브랜딩에 있어 훌륭한 평형 장치들 가운데 하나이다. 다시 말해, 어느 한 국가가 경제적으로 어렵거나 다른 면에서 곤란을 겪고 있다고 해도 소중한 재산이라 할 만한 뛰어난 경관을 소유할 수 있는 것이다. 예를 들면 볼리비아의 '우유니 소금 습지'를 둘러싸고 있는 아름다운 갯벌과 이국적인 바위들, 화산 분화구는 볼리비아라는 국가의 소중한 재산이 되고 있다. 또 다른 예로는 경제적으로는 가난하지만 여기저기에 독특하고 멋진 풍경을 많이 가지고 있는 네팔이다. 네팔의 아름다운 경치는 그 나라의 이미지를 세계에서 가장 흥미로운 여행지 가운데 하나로 만드는 데 기여했다.

한 국가의 문화는 아이콘과 경치를 통해 국가 정체성의 독특하고 분명한 모습을 확실하게 보여준다. 이런 재산들은 마케터들에 의해 꾸며진 부자연스러운 인공물들이 아니다. 반대로 이 재산들은 그 국가의 참된 모습을 분명하게 보여주는 표현물인 것이다. 특히 문화는 국가 브랜드를 건설하고자 노력하는 나라들에 있어 무한하고 풍부한 자원을 제공한다. 예를 들어, 러시아는 더욱 긍정적인 대외 이미지를 개발하기 위한 노력의 일환으로 해외 문화센터를 현대화 하는데 더욱 힘을 쏟고 있다(Lebedenko, 2008). 한편, 제한된 재정자원을 가진 작은 나라나 신흥국에는 음악과 영화, 문화, 예슬, 음식과 음료를 통해 그들 국가 문화를 부각시키는 것이 돈이 많이 드는 피상적인 광고 활동보다 국가 브랜드 자산을 건설하는 데 있어 더욱 적합한 방법으로 판단된다.

문화의 전통적 양식은 국가의 대외적 인식과 관련해서 볼 때, 결정적으로 중대한 역할을 할 수도 있다. 그러나 이것이 국가를 활기차고 현대적인 경제국가로 만들려는 전체의 노력에 역행하여, 퇴행적인 국가로 되돌리지 않도록 주의를 기울여야 한다. 빠르게 성장하는 환경 지향의 관광 분야가 이에 대한 설명이 되고 있다. 여기에 따르면, 한 국가의 전통 문화 개발과 관련하여 과거로 시선을 돌리는 것은 지속적인 발전이란 면에서도 중요성을 보여준다. 예를 들어 볼리비아의 진정한 정체성은 주로 민속과 의복, 음식, 오랜 전통같이 선조로부터 이어져온 문화에 의존하고 있다. 이런 문화적 특징은 볼리비아의 '진짜가 아직 존재합니다'라는 볼리비아 포지셔닝의 핵심을 이루고 있다.

음악, 영화, 문학, 언어, 스포츠는 당대 문화의 표현 방식으로 국가 이미지를 결정하는 데 있어 중요한 역할을 한다. 따라서 이것은 국가 브랜딩 전략에 포함되어야 한다. 한 국가의 정치체제나 군사적 활동과 관련한 부정적 인식은 그 국가의 당대 문화와 보다 긍정적인 유대를 이룸으로써 상쇄될 수 있다. 예를 들어, 미국 영화에 대한 세계인들의 관심과 미국 영화의 영향은 세계 여러 곳에서 발생되는 미국에 대한 적대감을 어느 정도 상쇄시킬 수 있는 것이다.

영국위원회와 같은 단체들은 영국 문화를 해외에 활발하게 알리는 일을 하고 있는데, 이것은 문화가 경제적 측면에서도 중요하다는 것을 일깨워주고 있다. 또한 정치적 영향력이 미미한 작은 국가라 해도, 그 국가는 자신이 가지고 있는 독특하고 아름다운 문화로서 세계 무대에 오를 수 있다.

❧ 육성 재산 : 내부 매입(internal buy-in), 예술 후원, 로열티 수준

내부 매입을 확보하는 것은 국가 브랜드 자산의 매우 중요한 구성요소이다. 이는 국가 브랜드 개발 전략에 있어 매우 도전적인 과제이다. 만약 자국민과 자국의 이해관계자들이 자신의 나라가 갖춰야 할 이미지와 명성을 제대로 알지 못한다면, 그들은 '브랜드처럼 살라(live the brand)'라는 말에 부응하지 못할 것이다. 그 결과 현실과 계획된 이미지 간의 격차가 발생하고, 이는 불협화음을 만들어 내게 되어 관광객이나 외국 투자자들이 그 국가를 방문했을 때 그 국가의 꾸며진 이미지가 현실과 동떨어져 있다는 것을 발견하게 될 것이다. 따라서 공공분야와 민간분야 모두에 의한 국가 브랜드의 내부 매입이 필요할 것이다. 자국민으로부터 내부 매입을 발생시키는 것과 관련해 타이완은 국가의 미래 브랜딩에 사용될 일련의 아이콘 이미지를 국민이 선택하도록 온라인 투표를 실시했다. 한 국가의 국민이 '브랜드로서 살아라'라는 말에 부응하길 기대하기보다는 국가 브랜드가 국민과 문화의 반영이 되어야 한다는 것을 의미한다.

또 다른 중요한 육성 자산은 예술에 대한 후원이다. 후원은 국가의 문화 생활을 장려하는 단체들을 통해 나올 수 있다. 또 한편으로는 민간기업에 의한 예술 후원이라는 형식을 통해 과도하게 상업적으로 행해질 수도 있다. 따라서 상업과 문화 사이에서의 균형을 잘 지키는 것은 어려울 수 있다. 전통적으로 상업과 문화라는 서로 다른 두 세계 사이에는 항상 의혹의 눈길이 있어온 것이 사실이기 때문이다. 부유한 사업가들에 의한 예술 후원의 역사가 수 세기를 거슬러 올라가고, 현재에도 다양한 형태로 이런 후원이 계속되고 있지만 문화 분야의 많은 개인과 단체들은 브랜딩 전략의 일환으로 문화를 사용하는 것에 대해 큰 걱정을 감추고 있는 것 또한 사실이다. 특히, '브랜드'라는 단어는 많은 사람들에게 소외감을 안겨준다. 또 한편으로 사업가들은 종종 문화에 대한 인식이 부족한 것으로 보이며, 쉽게 또는 곧 바로 측정하지 못하는 것은 거부하는 것으로 나타난다. 이들이 가지는 일반적인 생각은 문화가 사치스러운 것이거나 자신과 무관하다는 것이다.

로열티, 즉 충성도는 브랜드 자산에 있어 중요한 구성요소이다. 국가 브랜드 측면에서 살펴볼 때 자국민과 무역 파트너, 그 국가의 제품과 서비스를 이용하는 외국 소비자, 국제단체, 정치 연맹, 관광객, 내부 투자자들을 포함한 아주 다양한 '고객들' 사이에서 충성도 수준을 강화하기 위해서는 다양한 프로그램들이 제 자리를 잡아야 한다.

외적 재산

국가 브랜드 자산을 구성하는 외적 재산에는 '대리' 재산과 '유포' 재산이 있다. 대리 재산은 직접적인 개인 접촉보다는 간접적으로 경험되는 것들이다. 한편, 유포 재산은 모국을 벗어나 세계 이곳저곳에 존재하는 유형의 국가 브랜드 투영물들이다. 국가 브랜드의 내적 재산들과 더불어 이 외적 재산들은 국가에 큰 이익을 안겨준다고 가정했을 때 전략적으로 다루어질 필요가 있다.

❧ 대리재산 : 국가 이미지 인식, 대중문화 속 대외적 묘사

국가 이미지에 대한 인식이 항상 현실과 일치하지는 않는다. 따라서 이런 일이 발생할 경우 부정적이거나 시대에 뒤떨어진 인식이 전체적인 국가 브랜드 자산에 손해를 입히지 않도록 의식적인 전략이 수행되어야 한다. 한편으로, 부정적 이미지는 높은 범죄율, 정부 부패 등과 같은 근원적인 문제들을 정확히 반영하는 것일 수 있다. 이런 경우, 실제 문제점들을 효과적으로 다룰 개선책이 브랜딩 작업이 수행되기 전 미리 실시되어야 한다.

기존의 국가 이미지 인식에 대해 조사하고 평가하며, 이를 효과적으로 관리하는 일은 아주 중요하다. 이와 같은 국가 이미지 인식은 막강한 재산이 되거나 심각한 부채가 될 수 있기 때문이다. 만약 이미지에 대한 올바른 조사가 이루어지지 않는다면 역사적으로 왜곡된 오랜 고정관념이 현재의 국가 현실을 어둡게 할 수 있다. 이 문제는 9장에서 보다 자세히 다루어질 것이다. 때로는 한 국가의 이미지가 특정 측면에서만 긍정적일 수 있는데, 이는 그 국가의 잠재적 활동영역을 제한하는 문제이다. 한편, 브라질 정보기술 분야는 이와 비슷한 어려움을 성공적으로 극복하고 있는 좋은 사례다. 얼마 전까지도 브라질은 브라질의 IT 산업이 세계시장에 잘 알려지지 않은 탓에 세계무대에서 경쟁하는데 큰 어려움을 겪었다. 하지만 이를 타개하기 위한 노력을 지속함으로써 세계 무대에 브라질의 IT 산업을 알릴 수 있었다.

국가 브랜드 자산의 많은 원천들은 국가 브랜딩 활동의 조율을 책임지는 조직들의 감독에서 벗어나 있다. 예를 들어 스포츠 국가대표팀은 형편없는 경기를 하고, 정부는 매우 부패했으며, 수출품을 생산하는 기업들은 비윤리적이고 반사회적인 방법으로 일을 할 수 있다. 같은 방식으로 대중문화 속 한 국가의 대외적인 묘사에 대한 통제가 거의 이루어지지 않는 상황이 된다. 한 국가에 대한 긍정적이거나 부정적인 고정관념이 책과 영화에서 끝없이 반복될 수 있다.

비록 이 현상들을 통제할 수 없지만, 자신의 국가 브랜드에 무엇이 긍정적이고 도움이 되는지 연구하고, 부정적인 묘사들을 없애려고 노력함과 동시에 그들의 영향과 결과를 잘 관리하는 것이 매우 중요하다. 역사적으로 확실한지는 잘 모르겠지만, 영화 <브레이브 하트>는 스코틀랜드의 위상을 한층 끌어올린 영화로 스코틀랜드를 영웅적 희생자로 부각시키는데 기여했다. 대중문화 속에서 이와 똑같은 방식으로 대외적 이미지 변신을 이루지 못하고 있는 다른 작은 나라들은 소비자들의 마음속에 자신을 바로 세울 수 있도록 힘겨운 노력을 해야 한다.

영화만이 당대 문화의 강력한 이미지들을 표현할 수 있는 유일한 수단은 아니다. 음악 역시 중요한 역할을 하고 있으며, 이것은 당대 가수와 밴드들이 해외 공연을 통해 벌어들인 수익을 통해서도 잘 알 수 있다. 이들의 활동은 비군사적, 비제국주의적인 방법으로 국가의 명성을 강화하는 것이다. 이러한 유형의 문화적 관련성은 서로 다른 국적의 사람들을 연결시킬 수 있으며, 한 나라의 국가 브랜드 전략에 있어 매우 중요한 역할을 한다.

❧ 유포재산 : 브랜드 대사, 해외 이주, 브랜드 수출품

값비싼 홍보 활동을 수행하기엔 재원이 부족한 국가들에게 있어 잠재적으로 비용효율이 높은 전략은 브랜드 대사라는 네트워크를 만드는 것이다. 이 브랜드 대사의 역할은 모든 기회에 국가 브랜드를 발전시키는 것이다. 스코틀랜드의 경우, 세계적으로 유명한 골프 선수인 콜린 몽고메리가 이 같은 브랜드 대사로 임명되었다. 스카치위스키회사인 윌리엄 그랜트 앤선스 같이 스코틀랜드 내 각각의 기업들은 자신들 기업 명성을 강화하기 위해 브랜드 대사를 고용한다. 또한 국가들 역시 미래에는 그들 국가 브랜드 자산의 필수 구성요소로서 브랜드 대사 임명을 고려할 것이다. 브랜드 대사를 임명할 때, 중요한 문제는 선발된 인물이 국가의 특성과 국가가 알리고 싶어하는 긍정적 속성을 최대한 잘 반영해야 한다는 것이다. 많은 스포츠 선수들이 이와 같이 브랜드 대사로 공식적으로 임명되지는 않았지만 사실상 국가 브랜드 대사라 할 수 있다. 특정 대중들에게 있어 로저 페더러 같은 테니스 선수는 스위스의 브랜드 대사로 여겨지며, 축구 선수 호나우두는 브라질의 브랜드 대사로 간주된다.

브랜드 대사라는 개념과 밀접하게 연결되어 있는 것이 한 국가가 소유하는 해외 이주민이다. 해외 이주민은 활성화를 기다리고 있는 잠재적 국가 브랜드 대사로서 이전부터 존재해온 네트워크라 할 수 있다. 리우티어(Leautier, 2006)는 해외 이주민 네트워크 내의 사람들이 '정책, 기술적 경영전문기술과 관련하여 최신정보와 자국의 지역정보 간에 중요한 다리가 될 수 있다'고 지적했다. 한편 쿠즈네초프와 사벨(Kuznetsov and Sabel, 2006)도 이 견해에 동의하고 있다. 이들은 정책전문기술과 경영마케팅 정보를 해외 이주민 네트워크가 가지고 있는 가장 중요한 자원이라고 말한다. 그러나 해외 이주민 네트워크가 제공하는 이런 무형의 혜택 이외에도 외국인 직접투자나 개인송금과 같이 해외 이주민 네트워크에 의해 제공되는 유형의 재정적 혜택도 그 국가에게 있어서 매우 중요하다.

예를 들면 중국은 외국인 직접투자와 관련하여 해외 이주민으로부터 엄청난 도움을 받았다. 즉, 중국계 해외 이주민들은 최근 외국인 투자의 약 70%를 제공하고 있다(Davane, 2006). 다른 나라들의 경우를 살펴보아도 마찬가지로 송금이 자국의 경제에 중요한 역할을 하고 있다. 예를 들어, 아이티와 요르단의 경우 GDP와 약 20% 가량을 해외로부터의 송금이 차지하고 있는 실정이다(Torres and Kuznetsov, 2006).

유포 재산의 세 번째는 브랜드 수출품이다. 브랜드 수출품은 한 국가의 명성을 해외에 알리는 데 중요한 역할을 할 수 있다.

예를 들어, 칠레의 와인 생산업자들은 현재 전세계 5대륙, 90개 나라에 생산량의 50% 이상을 수출하고 있다(Felzensztein, 2008). 많은 소비자들에게 있어 칠레와 관련된 유일한 개인적 경험은 칠레산 와인이란 하나의 브랜드를 소비함으로써 얻어진 경험이다. 브랜드 수출품은 한 국가의 브랜드 자산에 있어 중요한 재산으로 간주된다. 따라서 국가 브랜딩에 참여한 국가들은 그 나라 수출품의 광고를 맡은 회사가 제대로 그 역할을 하고 있는지 확인해 봐야 한다.

국가 브랜딩과 투자유치

외국인 직접투자는 국제경영 분야에서 광범위하게 연구되고 있지만, 마케팅이나 브랜딩 분야에서는 아직 많은 연구가 이루어지지 않고 있다. 국제 경영 연구 분야에서는 기업의 해외 로케이션 결정(Boeh and Beamish, 2012; Cantwell, 2009; Dunning and Gugler, 2008; Galan et al., 2007), 다국적기업과 정부 관계(Lee and Rugman, 2009), 외국인 직접투자를 유치할 수 있는 전략(Wilkinson and Brouthers, 2000)과 같은 핵심 이슈에 대한 이해를 제공하고 있다. 또한 국제 경영 연구는 외국인 직접 투자 유치에 미치는 국가 특유 우위(Country-specific advantages, CSA)의 영향을 강조하고 있다(Cho et al., 2009; Rugman and Verbeke, 1992). 외국인 직접투자 유치에 장소 브랜딩 관점을 접목한 연구자인 카픽(Capik, 2007)은 체코, 폴란드, 슬로바키아의 외국인 직접투자 유치 전략을 살펴본 결과 이 영역에서는 보다 체계적인 접근이 필요하다는 결론을 내렸다.

최근 국가 정부 투자위원회는 국가 브랜드의 다른 영역에 사용되어 왔던 것과 유사한 홍보 전략을 활용하여 국가 특유 우위를 홍보하고 있다. 예를 들어 아르헨티나 투자위원회는 첫 페이지에 탱고를 추는 커플이 그려진 브로셔를 제공하고 있으며, 'Embrace your Passion. Invest in Argentina'라는 메시지도 전달하고 있다. 이 사례는 투자 유치를 위해 건전한 경제 정책, 호의적인 법적 및 경제적 환경, 잘 구축된 인프라 등을 강조하는 전통적인 방식보다 감성적인 어필을 선택한 흔치 않은 사례이다. '남아프리카 : 투자자의 꿈'이라고 적혀있는 홍보 바우처를 제공하고 있는 남아프리카는 산업적 능력, 경쟁우위, 무역 개혁, 건전한 경제 정책, 다른 아프리카 시장으로의 접근성 등을 강조하는 전통적인 방식을 취하고 있다.

때때로 여러 국가들은 투자 유치를 위해 그들의 영역을 브랜딩하는 경쟁적 접근방식보다 협력적인 방법을 선택하기도 한다. 프랑스와 독일의 투자위원회는 2007년 유럽 연합 내에서의 사업 혜택을 홍보하는 EAS(The European Attractiveness Scoreboard)기구를 설치하고 공동 협력을 시작하였다. 이는 시장 및 경영 활력, 인력자원, 연구와 혁신, 인프라, 경영적 환경, 비용과 세금, 에너지와 지속가능한 개발, 인터넷과 정보통신기술 준비성 등을 포함하고 있다.

웹 2.0 과 국가 브랜딩

Efe Sevin,
Kadir Has University, Department of Public Relations and Information, Istanbul, Turkey

소셜미디어는 페이스북, 트위터, 워드프레스, 블로거, 인스타그램, 바인과 같이 이용자들로 하여금 콘텐츠를 제작하고, 사회적 관계를 유지하고, 그 콘텐츠를 공유하고, 다른 이용자들과 연결되도록 독려하는 웹 기반의 커뮤니케이션 플랫폼이다(Boyd and Ellison, 2007). 소셜미디어 플랫폼과 같은 웹 2.0 영역의 디지털 기술들은 전통적인 미디어처럼 일방적이거나 일 대 다 커뮤니케이션을 지향하지 않으며(Smith, 2013), 쌍방향이나 일 대 일 커뮤니케이션을 기반으로 하고 있다. 마케터와 대중 간의 대화와 상호작용은 '그들'과 '우리'사이의 경계를 모호하게 만들고, 기업이 브랜드 커뮤니티를 유지함으로써 소비자로 하여금 멤버십 의식을 갖도록 장려한다(Yan, 2011). 브랜드는 다양한 이해관계자의 관여와 그들 간의 상호작용을 촉진하는 소셜미디어 플랫폼에 의해 공동으로 만들어지는 것이다(Potts et al., 2008).

이러한 측면에서 국가 브랜딩 프로젝트는 기업 경쟁자들과 다르지 않다. 이제는 마케팅 전문가와 공공기관을 브랜드 이미지의 유일한 생산자로, 그리고 대중을 소비자로만 여기는 것은 더 이상 불가능하다. 반대로 장소 브랜딩은 다양한 이해관계자와 대중 간의 협상 과정이다(Sevin, 2011).

페이스북과 트위터는 스스로 메시지를 퍼트리는 동시에 국가 브랜딩 프로젝트 기관에 피드백을 제공하는 청중들이 활용하는 대표적인 수단이다. 만약 그들이 브랜드 커뮤니티와 연결되어 있다고 느낀다면 그들 스스로 브랜드와 관련된 메시지를 공유하곤 한다(Jansen et al., 2009). 예를 들어, 아이슬란드는 페이스북상에서 그들의 브랜드와 브랜딩 전략들에 대해 수천 명의 사람들이 이야기를 나누는 것에 성공했다. 스웨덴은 국가 브랜딩 캠페인에 트위터를 활용함으로써 매주 다양한 시민들에게 공식 트위터를 제공하였고, 사람들의 기억에 남기기 위해 노력하였다. 그 결과 시민들은 스웨덴에 대해 좀 더 개인적인 얘기를 나누기 시작했다.

소셜미디어는 이용자들이 콘텐츠나 커뮤니티를 만들게 하는 새로운 플랫폼으로 보여질 것이다. 국가 브랜딩 실무에 있어 소셜미디어의 함의는 아래와 같은 다섯 가지 포인트로 요약될 수 있다.

1. 참여 : 소셜미디어 시대의 청중들은 브랜드 창조와 공동창조 과정에서 적극적인 참여자이다. 만약 국가가 청중들을 끌어오는데 실패한다면, 그들의 국가 브랜드는 거의 거론 되지 못할 것이다.
2. 메시지의 전달 과정과 포맷은 소셜미디어의 상호작용적인 멀티미디어 환경과 일맥상통해야 한다.
3. 소셜미디어 캠페인이 성공하기 위해서는 웹 1.0과 오프라인 커뮤니케이션 전략이 뒷받침되어야 한다.
4. 소셜미디어는 혼잡한 플랫폼이다. 수 많은 콘텐츠 중에서 튀기 위해서는 메시지가 혁신적이어야 하며 즐거워야 한다.
5. 디지털 환경은 매일 발전하는 새로운 도구들로 인해 지속적으로 변화하고 있다. 실무자들은 새로운 패러다임인 웹 3.0에 대비해야 한다.

참고문헌

Boyd, D. M., & Ellison, N. B. (2007). Social network sites: Definition, history, and scholarship. Journal of computer-mediated Communication, 13(1), 210-230.

Jansen, B. J., Zhang, M., Sobel, K., & Chowdury, A. (2009). Twitter power: Tweets as electronic word of mouth. Journal of the American society for information science and technology, 60(11), 2169-2188.

Potts, J., Hartley, J., Banks, J., Burgess, J., Cobcroft, R., Cunningham, S., & Montgomery, L. (2008). Consumer co-creation and situated creativity. Industry and Innovation, 15(5), 459-474.

Sevin, E. (2011). Thinking about place branding: Ethics of concept. Place Branding and Public Diplomacy, 7(3), 155-164.

Smith, W. (2013). Brands must get social media right. Brand. Strategy Insider, www.brandingstratedgyinsider.com/2013/10/brands-must-get-social-media-right.html.

Yan, J. (2011). Social media in branding: Fulfilling a need. Journal of brand management, 18(9), 688-696.

☑ 실무적 관점

국가 브랜드 가치 평가하기

Roger Sinclair, PhD,
Former Professor of Marketing, University of the Witwatersrand,
Johannesburg, South Africa

브랜드 메트릭스는 남아프리카공화국 요하네스버그에 위치한 비트바테르스란트 대학교의 경제경영 학부에서 아카데미 프로젝트로서 개발된 온라인 브랜드 평가 방법이다. 1998년 후반에 상업적으로 개발되었으며, 이후 남아공 내의 브랜드 평가 분야에서 빠르게 성장하였으며, 400개 이상의 브랜드를 평가하는데 활용되었다. 2009년, 브랜드 메트릭스는 미국 소재의 프로핏(Prophet)이라는 브랜드 회사에 팔렸고, 현재는 광고주 브랜드의 가치를 평가하는데 사용되고 있다.

IMC(The International Marketing Council)은 글로벌 시장에서 남아공 브랜드의 입지를 다지기 위해 남아공 정부에 의해 세워졌다. 2002년 IMC는 남아공 브랜드에 금전적 가치를 부여해달라는 요청으로 브랜드 메트릭스를 사용하였다. 이것의 목적은 브랜드 캠페인의 진행 상황을 측정하기 위해 인식 가능한 측정 기준을 갖는 것이었다. 이는 성공적으로 마무리되었으며, 브랜드 메트릭스는 2006년 또 한번의 요청을 받았다.

국가 브랜드 가치 평가는 제품 및 서비스를 평가하는 것과는 매우 다르기 때문에, 브랜드 메트릭스의 4가지 단계는 다음과 같이 특별한 도전 과제를 요구한다.

1. Finance : 이 방법은 브랜드가 창출하는 경제적 이익의 추정치에 기초하며, 자본비용을 초과하는 세후 이익이다. 남아공 브랜드에 사용된 현금 흐름은 수출, 외국인 직접투자, 관광 등 세 가지 외향적 자원으로부터 벌어들인 수익이었다. 자본 비용은 국가가 마치 상장 기업처럼 국가 예산과 계좌를 운용함으로써 추산되었다.
2. Brand contribution : 이 개념은 브랜드에 귀속될 수 있는 경제적 이익의 비중을 의미한다. 우리는 이게 어떠한 개념인지 알아내기 위해 외국인 파트너들을 대상으로 연구를 진행했다. 2002년에는 16%였는데, 이는 남아공 브랜드에 귀속될 수 있는 경제적 이익이 16%라는 것을 의미한다. 남아공은 수십 년 동안 해외 수출에서 파생된 수입에 의존해왔기 때문에 비교적 낮은 수치가 그리 놀랍지 않다.
3. The category expected life : 이것은 브랜드가 외부 요인으로 인해 경제적 이익을 얻을 수 있는 정도를 추정하는 것이다. 이를 위해 우리는 센(Sen, 1999) 교수의 정치, 경제, 사회, 투명성 그리고 안보라는 다섯 가지 차원을 인용하였고, 변수들을 채우기 위해 자료를 조사했다. 사하라 사막 남부의 아프리카 국가들은 이상적인 국가인 노르웨이를 대상으로 측정되고 지수화되었다.
4. The world competitiveness report : 세계경제포럼의 이 보고서는 남아공이 경쟁해야 하는 주요 국가들에 대항하여 국가의 브랜드를 포지셔닝 하는데 사용되었다. 그러므로 우리는 시장의 선두주자와 후발주자 간의 관계에서 남아공 브랜드의 위치를 확인할 수 있었다.

이 네 가지 변수들은 브랜드 메트릭스 모델을 구성하였고, 그 가치는 541

억 달러로 추산되었다. 2006년 이 프로젝트가 반복되었을 때의 브랜드 기여도는 21%로 증가하였고, 그 가치는 740억 달러로 상승했다.
그 활동의 가치는 마케팅 성과를 측정하기 위한 기준으로 통화 가치를 사용하는 것이었다. 위에서 보듯이 브랜드 SA팀은 3년 동안 인상 깊은 성과를 거두었다.

참고문헌

San, A. (1999). Development as Freedom, UK : Oxford University Press.

☑ 사례

싱가포르의 국가 브랜딩 성과와 미래적 관점

Koh Buck Song,
Author and Consultant, Brand Singapore

싱가포르는 2015년 독립 국가로서 50주년을 맞았다. 지난 50년 동안 싱가포르는 특히 대부분의 하드파워 지표로 판단했을 때 세계적으로 가장 강력한 국가로서의 명성을 굳혔다. 천연 자원이 없는 이 열대 섬의 주요 자산은 아시아와 다른 나라 사이의 무역 루트가 되는 뛰어난 지리적 위치이며, 그 이점을 극대화하기 위해 노력했다. 아시아 대륙 끝에 있는 영국의 전 식민지는 수년 동안 국가 브랜드 랭킹에서 아시아 최고거나 적어도 상위 3위 안에 들 만큼 좋은 평가를 받았다. 이는 또한 일상적으로 높은 수준의 생활가능성을 지닌 대부분의 하위 요인에 대해 높은 점수를 받았다. 언론의 자유와 같은 이른바 소프트파워 측면에서 싱가포르는 세계적으로 비교적 높은 순위를 차지하지 못해왔다. 그러나 국가 브랜딩의 본질은 경영의 용이성과 같은 '하드' 측면이 일반적으로 설문지 문항의 대부분을 차지하며, 대부분의 국제적인 사업 – 심지어 관광객, 유권자에 대해서도 강력한 정부의 요구를 충족시키거나 필요하다면 방향을 바꾸기도 했다. 보다 중앙 집권적인 의사결정은 가장 효과적인 브랜드 구축을 위해 필요하며, 이것이 바로 싱가포르의 주요 성공비결이라고 할 수 있다.

싱가포르의 경우, 독립 이후 국민행동당의 집권 하에 사실상 단일 집권으로 강력한 정부를 이루고 있는데, 이렇듯 강력한 정부로서 좋은 점은 국가가 전체적인 비전을 어디에 두는지를 분명하게 보여주는 것이다. 지난 반

세기 동안 싱가포르의 국가 브랜드는 브랜드 구축 노력이 의식적으로 지시된 것인지 아니면 실제로 효과적이었는지와는 상관없이 소위 'Bread And Butter' 측면에서 브랜드가 잘 전달되고 있기 때문에 매우 인상적이었다. 더 중요한 것은, 싱가포르는 범죄가 발생하지 않는 거리에서부터 맑은 하늘에 이르기까지 삶의 질에 대한 기본적인 것조차 제공하지 못하는 다른 국가들과 비교할 때 매우 뛰어나다는 것이다. 라이온 시티의 인프라(항구, 공항, 법률 시스템 등)는 항상 효율적이었으며 최고 수준이었다. 특히 근시안적이고, 실용적이며, 사업 지향적인 정부와 같이 사업에 우호적인 환경은 외국 투자를 더욱 촉진하기 위한 경제 정책을 조정하도록 했다. 싱가포르의 하드 파워는 업계 전문 용어로 '직접 마케팅'이라고 불리는 개념에 기반해 만들어졌다. 싱가포르 경제개발이사회(Singapore Economic Development Board)와 같은 정부 기관은 해외 센터에 직원들을 보내고, 잘 짜여진 틈새 커뮤니케이션 플랫폼을 통해서 선진국과 가장 유망한 산업 분야의 지도자들에게 직접 메시지를 보낸다. 세계 경제의 흥망성쇠와 최근 몇 년 간 중국과 같은 다른 투자 지역의 급부상에도 불구하고, 싱가포르는 세계 경제 포럼과 같은 세계 경제 경쟁력 지수의 정상 가까이에 계속 자리 잡고 있다. 싱가포르 관광청은 목표 시장에서 잘 짜여진 브랜딩 캠페인을 벌이고 있다. 싱가포르의 광고가 높은 작품성이 있는지는 논란의 여지가 있지만, 세계적으로 성공했다는 사실에는 논쟁의 여지가 없다. 예를 들어, 싱가포르는 훨씬 더 풍부한 전통과 문화를 가지고, 세계적으로 더 강력한 브랜드 친밀감을 가지고 있는 일본보다 매년 방문자가 더 많다(2013년에는 1,560만 명).

그 결과 싱가포르는 716평방 킬로미터가 조금 넘고, 정확한 수치는 항상 변하며, 끊이지 않는 토지 매립이 있는 매우 작은 나라임에도 불구하고 세계적으로 많은 지역에서 막대한 영향력을 행사하고 있다. 해외 무역은 국내 총생산(GDP)의 세 배이며, 이는 국부 펀드 분야에서 중요한 역할을 한다. 싱가포르는 동남아국가연합(ASEAN)과 같은 지역 집단뿐만 아니라 유엔과 같은 가장 높은 수준의 다른 국제 연합에서도 선두를 차지하고 있다. 여러 나라들과의 다자간 관계에서, 특히 아시아에서의 주요 국가들에게는 중요한 전략적 파트너이다. 최근 싱가포르는 전 세계의 지도자들이 모여 보다 살기 좋은 도시 건설에 관한 아이디어를 공유하는 세계 도시 정상회의와 같은 진보적이고 비공식적인 국제 플랫폼에서도 리더십을 발휘하여 새로운 기반을 구축하고 있다.

국가 브랜딩에 있어서 새로운 패러다임의 변화 중 가장 강력한 것은 '정원 도시'에서 '정원 속의 도시'로 변화한 것이다. 1965년부터 40년 동안 싱가포르는 정원, 공원 및 거리 조경으로 세계적으로 잘 알려져 있었지만 긍정적인 이미지 구축에 적지 않은 기여를 했다. 실제로 외국인 투자자들에게 이 나라가 그들의 투자를 잘 보호할 것이라는 신호로서 울타리와 잔디밭을 잘 정돈하는 것에 관심을 기울이는 것은 정부의 의도적인 정책이었다. 2000년 이후, '정원 속의 도시' 모델은 주변의 모든 것들을 거의 뒤바꿔놓았다. 현재, 국가의 첫 번째 우선 과제는 전국의 녹지를 육성하고, 그 후에 다시 예전처럼 도시 개발을 계획하는 것이다. 이 새로운 녹색 비전(Green Vision)의 가시적인 효과는 꽃이 핀 많은 나무와 관목을 거리와 고층 건물에 옮겨 심는 것을 포함한다. 이것은 또한 순지블로(Sungei Buloh) 습지의 해안 산책로와 같은 지역을 재개발하고, 오리엔탈 파이드 혼빌과 같은 토종 새들을 위한 인공 둥지를 지음으로써 도시 야생동물을 되살리는 것을 의미한다. 이러한 노력은 싱가포르의 생활 능력 조사에서의 위상을 계속해서 끌어올릴 것이다.

'정원 속의 도시'로의 전환은 싱가포르에 대한 국제적인 인식을 형성하는 데 있어 소프트 파워에 대한 증가하는 관심과 맥락을 같이한다. 2015년에 새로 문을 연 국립 미술관과 같은 상당한 투자는 싱가포르에 대해 매력을 느끼는 외국인들에게 문화적 쾌거를 가져다 줄 수 있는 세계적인 수준의 서비스를 제공할 것이다. 이것은 두 개의 통합된 리조트 – with the two casions drawing as much in receipts as all the casinos in Las Vegas put together - 를 포함해서 의심의 여지가 없이 새로운 팬들을 확보하고 있는 최근의 라이프 스타일과 World's first Formula One night race 간의 균형을 잡는 데 도움을 줄 것이다.

앞으로 문화는 싱가포르가 해외에서 긍정적인 인식을 높이기 위해 할 수 있고 꼭 해야 하는 가장 흥미로운 영역이다. 이는 특히 새로운 천 년이 시작된 이후로 이미 '문화 사막'이나 '보모'가 되는 것과 같은 오래된 부정적 인식을 벗어나는 데 있어 많은 근거를 얻었기 때문에 더욱 그러하다. 예술 달력은 이제 너무 꽉 차서 더 이상 모든 큰 행사에 참석할 수 없고, 국제적인 의견 자체는 국가 안보와 시민 복지 같은 국가의 '좋은 보모' 측면을 받아들이기로 했다. '더 펑키한' 싱가포르의 측면에 대한 미래의 청사진은 새로운 아이디어와 표현들에 대한 개방성과 같이 소프트파워의 핵심 브랜드 속성에 더 많은 공간을 허용하는 더욱 정교한 접근법에 달려있다.

최근 몇 년 동안 싱가포르의 국제적인 관심은 다국적 기업의 기술 및 자본 외에도 인재를 끌어들이는 데로 옮겨가 2013년 인구가 540만 명으로 늘어났다. 이 글로벌 도시는 현재 생산의 세 가지 주요 요소 중 하나로서 노동력을 증가시키는데 집중함으로써 때로는 논란의 여지가 있지만 구체적인 미래 경제를 위한 계획을 수립하고 있다. 다시 말해, 좀 더 응집력 있는 정부는 만약 의사소통이 진정성 있고, 소통 방식이 신뢰할 수 있다면 코스모폴리타니즘(cosmopolitanism)에 대해 국제적 명성을 쌓는데 훨씬 큰 영향을 미칠 수 있다. 다양하고 다문화적인 인구의 협력과 응집력은 내부 브랜드 구축을 위해 보다 신중하게 고려되어야 하는 또 다른 핵심 요소이다.

지난 50년 동안 투자해왔던 것처럼 싱가포르가 이민자들에게도 매력적일지는 좀 더 지켜봐야 한다. 하지만 분명한 것은 싱가포르의 국가 브랜딩이 향후 50년 동안 국가 자체로 보여지듯이 새로운 시대로 단계적으로 옮겨가고 있다는 것이다. 세계화와 정보 혁명이 잘 교육 받고, 널리 여행하는 인구에 미치는 영향을 고려해볼 때, 여론의 영향력이 그 어느 때보다 커진 것처럼 무언가는 계속 변화하고 있다. 그러나 다른 것들은 빠르게 변화하지 않을 것이다. 싱가포르의 지리적 위치는 항상 다국적 기업과 국제관계에서 기업이 중요한 역할을 할 수 있는 기반을 보장해야 한다. 많은 기업과 사람들이 아시아의 가장 역동적인 심장부에 있는 이 메트로폴리스에 운을 맡기고 투자하고자 이주할 때 이러한 것들은 더욱 강화될 것이다. 이러한 요소들은 싱가포르는 앞으로도 국가 브랜딩과 브랜드 구축에 있어 역할 모델로서 계속적인 위치를 확고히 할 것으로 보인다.

☑ 사례

중국의 광고

Jian Wnag, PhD,
Director, USC Center on Public Diplomacy; Associate Professor of Public Relation

2011년 1월 17일, 중국은 국가 이미지를 고취하기 위해 뉴욕 타임스퀘어에 있는 점보트론 스크린에 광고 캠페인을 실시하였다. '중국을 경험하라'라는 제목으로 만들어진 60초짜리 영상에는 국가적인 유명인사와 다양한 전문가들이 등장하였다. 이 광고는 후진타오 중국 국가 주석이 미국을 방문하는 것과 동시에 상영되었다. 광고는 2월 14일까지 4주간 하루 300회, 전체 캠페인 기간 동안 총 8,400회 상영되었다(Chao, 2011). 이 광고는 국제 광고 대행사인 Lowe & Partner의 상하이 지사에서 제작되었다. 광고의 컨셉은 유명 인사들과 일반 시민 모두를 통해 현대의 중국을 소개하는 것에 목표를 두었다. Lowe & Partner의 대표가 언급한 것처럼, 광고에 등장한 50명 이상의 중국인들은 '현대 중국의 낙관적이고 점점 고취되는 모바일 정신'을 표현했다(Xinhuanet, 2011). 세계적으로 유명한 중국의 유명 인사들 중에는 전 NBA 선수 야오밍과 피아니스트 랑랑도 포함되었다. 그들은 '놀라운 중국의 아름다움', '특별한 중국인', '중국의 부', '생각을 자극하는 중국의 학문', '중국의 우주 여행'과 같은 12개 혹은 그 이상의 주제별로 등장하였다.

이 광고는 주인공들이 카메라를 주시하며 미소를 짓는 일련의 장면들로 구성되었으며, 서 있든 앉아 있든 자세가 고정되어 있었다. 또한 모든 장면은 주제별 배경으로 설정되어 있었다. 예를 들어, 'Award-winning

Chinese Talent' 장면에는 중국 영화감독 John Woo와 Chen Kaige가 영화관을 배경으로 등장했다. 야오밍과 다른 4명의 중국 선수들은 2008년 베이징 올림픽의 주 경기장이자 시각적 상징인 버즈 네스트를 배경으로 등장하였다. 대부분의 장면들은 5초 미만으로 나왔지만, 중국 우주 비행사들이 유니폼을 입은 '중국 우주 여행' 장면은 다른 대부분의 장면들보다 더 길었다. 페이드인 및 페이드아웃이 장면 간의 전환을 자연스럽게 하기 위해 사용되었고, 광고 말미에는 붓글씨로 중국(中國)이라는 두 글자가 빨간색 배경에 나타났다.

이 광고는 가사가 없는 배경 음악을 사용했다. 음악 구성은 현대적이었지만, 중간 템포로 하여 중국의 전통 악기들도 함께 연주되었다.

중국 언론에 보도된 바와 같이, 이 캠페인은 미국 TV에 30초짜리 영상과 동일한 주제의 30분짜리 다큐멘터리로 보완되었다(Xinhuanet, 2011).

말할 필요도 없이, 중국은 메디슨 에비뉴 플레이북(Madison Avenue Playbook)의 한 페이지를 꺼내 메시지를 전달하고 있다. 이 광고는 세계 무대에서 자국의 국가 위상을 높이기 위한 중국의 전략적 옹호의 대표적인 사례이다. 옥외 광고는 미국인들에게 중국에 대한 긍정적인 이미지를 제시하기 위한 것이었다. 그러나 광고에 등장하는 50명이 넘는 사람들 중에서 거의 대부분의 미국인은 농구 선수 야오밍만 알아보았다. 반면 중국에서는 광고에 나오는 모든 사람들이 현대 중국의 'Who's Who'에 선정된 사람들이었다.

광고의 톤은 축하하는 분위기였다. 중국의 경제적이고 군사적인 위협에 관한 미국 사람들의 중국에 대한 시선이 매우 첨예하게 나눠지는 가운데, 자부심 넘치는 듯한 메시지 전략은 오히려 역효과를 냈다. 하지만 중국 내에서 이 광고 메시지는 중국의 자부심과 성취의 표현으로 여겨졌다. 따라서 이러한 글로벌 지향적인 커뮤니케이션에 있어서 국내적 측면은 간과될 수 없다. 정보의 투명성이 증가하는 이 시대에 '국내적'과 '국제적' 사이의 경계는 매우 부자연스럽다. 국가 건설과 국가 브랜딩의 경계도 마찬가지이다.

또한 중국의 소셜미디어상에서는 누가 광고에서 중국을 대표해야 하고, 누가 선정되면 안되는지에 관한 열띤 논쟁이 있었다. 많은 사람들은 사실상 정부 독점 산업인 중국의 주요 통신 회사의 CEO 선출에 의문을 제기하기도 했다. 또한 중국의 발전에 더 많은 기여를 한 사람들이 유명하지 않다는 이유로 영화배우가 등장하는 것이 문제로 제기되기도 했다.

중국이 이 캠페인을 위해 여러 지역 중 타임스퀘어를 선택한 것은 그리 놀라운 일은 아니다. 타임스퀘어는 미국의 중심 무대로 인식되기 때문에, 중국인들의 머리 속에 우위를 차지하고 있기 때문이다. 매년 열리는 새해 맞이 행사는 중국에서도 이미 널리 알려져 있으며, 심지어 중국의 새해 행사에도 영감을 주었다. 이러한 의미에서 광고 캠페인은 중국 국민들에게 공간적으로도 의미가 있었다.

사실, 타임스퀘어는 중국 광고에 있어서 그리 낯선 영역은 아니었다. 산지우 제약 회사(Sanjiu Medical and Pharmaceutical Company)는 중국 최초로 빌보드 광고를 한 기업이었다. 2년 전 거대한 스크린에서는 북경 오페라 공연 영상이 상영되었다. 뉴욕 타임스퀘어에 있는 대부분의 사람들은 뉴욕을 여행하는 국내외 여행객이며, 미국인을 대표하는 것은 아니다. 타임스퀘어를 선택한 것은 타겟 청중 선택보다는 상징적인 가치와 중국 내에서의 공명(resonance)에 의해 결정된 것이라고 할 수 있다.

이 광고는 중국의 업적에 대한 다양한 측면을 보여주고자 노력하였다. 정신 없는 미디어 환경에서 이러한 광고는 눈에 띈다거나 가장 중요한 모험이 되기보다는 관심을 끌고, 대화를 시작하기 위해 제공된다. 그래서 바로 광고 캠페인이 다른 요소들을 포함하지 않았다는 것이 놀라운 이유이다. 대부분의 미국인들은 광고에 등장하는 사람들을 잘 모르기 때문에, 예를 들어 관련 웹사이트는 관심있는 개인들로 하여금 사이트에 방문해서 그들의 이야기나 업적을 알아가는 데 도움을 줬을 것이다. 실제로 이 광고가 증명하였듯이, 설명하고자 하는 욕구는 행동과 균형을 이룰 필요가 있다.

더욱이 혼잡한 정보 환경에서 그것이 타임스퀘어이든 아니든 간에, 사람들의 여러 이미지를 빠르게 연속적으로 보여주는 것은 청중들이 광고 상에서의 신체적 특징이나 물리적인 배치에 근거해 가장 눈에 띄는 것만 인식하는 결과를 가져온다. 하지만 좀 더 설득력 있는 이야기를 한다면, 더 적은 게 더 많은 거라는 말은 진실이다. 이 광고가 취한 접근법은 단순하고 집중적이며 역동적인 내러티브와는 정반대였다. 광고에 등장하는 사람들은 움직이는 이미지보다 스틸 사진들의 시리즈가 더 나았을 정도로 마치 모두 포즈를 취하고 있는 것처럼 정적으로 보인다. 게다가 청중들은 그들이 누구이고, 왜 거기에 있는지에 대한 단서가 없는 광고에 등장하는 많은 사람들에 의해 압도당했을 것이다. 그리고 멜로디 음악은 타임스퀘어의 시끄러운 물리적 환경 때문에 무의미해졌다.

아무도 이런 광고 캠페인이 중국인에 대한 미국의 대중적인 인식을 바꿀 거라고 믿지는 않을 것이다. 그럼에도 불구하고, 최근 미디어 자산의 글로벌 확장에서부터 공자 아카데미의 급속한 성장에 이르기까지 소프트 파워를 강화하기 위해 추구해온 일련의 사업과 관련하여 광고를 보는 것은 의미 있다. 중국에 대한 미국의 담론을 넓히기 위한 이 캠페인은 이러한 노력에 박차를 가했다. 하지만 흥미롭게도, 메시지나 매체 선택에 대한 이 광고의 접근 방식을 고려할 때, 아마 미국 내에서 나타나는 중국에 대한 긍정적인 의견보다는 자국의 주목을 더 많이 끓었을 것이다.

간단히 말해서, 대중적인 매력을 가진 스토리텔링은 브랜드 커뮤니케이션 노력의 기반이다. 그러한 광고 커뮤니케이션을 통해 인식을 형성하는 것은 국가 이미지에 대한 설득력 있는 이야기를 나누는 것보다는 덜 중요하다. 이러한 스토리텔링은 명확한 구조와 순서가 있어야 하며, 청중의 감정을 자극해야 한다. 또한 국가 브랜딩은 국가 또는 문화적 경험을 판매하기만 하는 것이 아니라 국가와 이러한 커뮤니케이션이 각 청중들의 생활을 얼마나 풍요롭게 하는지 보여주기 위한 활동이다. 매력적인 이야기를 하는 것은 자기중심적인 것에서 벗어나 국가 브랜드의 의미를 공동 창조하는 가능성을 수용하는 것이다.

참고문헌

Chao, L. (2011) 'Pro-China ad makes Broadway debut', China Real Time, 18 January, http://blogs.wsj.com/chinarealtime/2011/01/18/pro-china-ad-makes-broadway-debut.

Xinhuanet (2011) 'National Image Lights Up Times Square', 19 January.

요약

이 장에서는 브랜드 자산의 개념이 국가 브랜드 자산의 원천과 차원에 초점을 맞춤으로써 국가 브랜딩 맥락에 적용되었다. 상호보완적이기는 하지만, 브랜드 자산에 대한 견해는 소비자 관점과 재무적 관점으로 분석되었다. 재산 기반 관점을 통해, 우리는 국가 브랜드 자산이 내적, 외적 자산으로 구성되는지를 확인하였다. 또한 이 자산은 본래의 재산, 육성 재산, 대리 재산, 유포 재산으로 나눌 수 있었다.

논의할 점

1. 국가 브랜드에 적용할 때, 브랜드 자산에 대한 재무적 관점은 얼마나 유용할까? 정책입안자들은 국가 브랜드 자산의 재무적 평가에 관한 통찰력으로부터 어떠한 이익을 얻을 수 있는가?
2. 자산기반 국가 브랜드 자산(그림 3.1.) 모델을 원하는 국가에 적용해보자. 국가의 브랜드 자산은 균형이 잘 잡혀있는가? 또는 일부 지역에서는 강하지만 다른 지역에서는 취약한가?
3. 싱가포르의 국가 브랜드 구축 성공(이 장의 첫 번째 사례 참고)은 지리적 위치, 인구 규모 및 정치 시스템이 매우 다른 국가에서 어느 정도까지 복제할 수 있을까?
4. 미국의 중국 광고 전략에서 배울 수 있는 교훈은 무엇인가?

❧ 참고문헌

Aaker, D.A. (1996) *Building Strong Brands*, US: Free Press.

Alvarez, M.D. and Campo, S. (2014) 'The influence of political conflicts on country image and intention to visit: A study of Israel's image', *Tourism Management*, 40 (February), 70-78.

Baldwin, C.Y. and Clark, K.B. (1997) 'Managing in an age of modularity', *Harvard Business Review*; Sept-Oct, 84-93.

Bauer, A., Bioching, B., Howaldt, K. and Mitchell, A, (2006) *Moment of Truth: Redefining the CEO's Brand Management Agenda*, UK: Palgrave Macmillan.

Blankson, C., Kalafatis, S.P., Coffie, S. and Tsogas, M.H. (2014) 'Comparisons of media types and congruence in positioning of service brands', *Journal of Product & Brand Management*, 23 (3), 162-179.

Buchholz, A. and Wordemann, W. (2000) *What Makes Winning Brands Different: The Hidden Method Behind the World's Most Successful Brands*, UK: Wiley.

de Chernatony, L. and McDonald, M. (2003) *Creating Powerful Brands in Consumer; Service and Industrial Markets,* 3rd edn, UK: Butterworth-Heinemann.

Concise Oxford English Dictionary (2009) 11th edn (revised), UK: Oxford University Press.

Cornelissen, J. (2004) *Corporate Communications: Theory and Practice,* UK: Sage Publications.

Damjan, J. (2005) 'Development of Slovenian brands: Oldest are the best', *Place Branding*, 1 (4), 363-372.

Elliott, R. and Percy, L, (2007) *Strategic Brand Management,* UK: Oxford University Press.

Florek, M. (2005) 'The country brand as a new challenge for Poland', *Place Branding*, 1 (2), 205-214.

Fuchs, C. and Diamantopoulos, A. (2010) 'Evaluating the effectiveness of brand positioning strategies from a consumer perspective', *European Journal of Marketing*, 44 (11/12), 1,763-1,786.

Grant, J. (2006) *The Brand Innovation Manifesto: How to Build Brands, Redefine Markets & Defy Conventions*, UK: Wiley.

Hall, J. (2004) 'Branding Britain', *Journal of Vacation Marketing*, 10 (2), 171-185.

Hynes, N., Caemmerer, B., Martin, E. and Masters, E. (2014) 'Use, abuse or contribute!: A framework for classifying how companies engage with country image', *International Marketing Review*, 31 (1), 79-97.

Jaffe, E.D. and Nebenzahl, I.D. (2001) *National Image & Competitive Advantage: The Theory and Practice of Country-of-Origin Effect*, Denmark: Copenhagen Business School Press.

Jakubanecs, A. and Supphellen, M. (2010) 'Brand positioning strategies in Russia: Regional differences in the importance of corporate endorsement and symbolic brand attributes', *Journal of East-West Business*, 16 (4), 286-302.

Jaworski, S.P. and Fosher, D. (2003) 'National brand identity and its effect on corporate brands: The Nation Brand Effect (NBE)', *Multinational Business Review*, 11 (2), 99-113.

Jobber, D. (2004) *Principles and Practice of Marketing*, 4th edn, UK: McGraw-Hill.

Kapferer, J.-K. (2004) *The New Strategic Brand Management: Creating and Sustaining Brand Equity Long Term*, UK: Kogan Page.

Keller, K.L. (2003) *Strategic Brand Management: Building, Measuring, and Managing Brand Equity*, 2nd edn, US: Prentice Hall.

Konecnik Ruzzier, M. and de Chernatony, L. (2013) 'Developing and applying a place brand identity model: The case of Slovenia', *Journal of Business Research*, 66, 45-52.

제2부

국가 브랜딩의 어원

제 4 장 국가 브랜딩과 원산지 효과
제 5 장 국가 브랜딩과 국가 정체성
제 6 장 원산지와 국가 정체성, 국가 브랜딩

제4장 국가 브랜딩과 원산지 효과

Key Point

- 원산지 효과는 제품이나 서비스의 원산지가 제품에 대한 소비자의 태도나 행동에 영향을 미치는 것이다.
- 소비자 행동 연구가 원산지 효과에 대한 많은 이해를 제공한다.
- '메이드 인(Made in)' 캠페인은 정부가 원산지의 지각에 긍정적인 영향을 미치기 위해 사용하는 전략적 수단이다.

개론

본 장은 원산지 효과를 알아보고 이를 국가 브랜딩의 맥락에서 살펴본다. 또한 원산지와 브랜드, 원산지와 인구통계, 원산지와 기호학 이론을 포함한 쟁점들에 집중할 뿐만 아니라, 원산지 지각은 필연적으로 고정된 것이 아닌 시간이 흐름에 따라 변할 수 있음을 강조한다. 원산지 효과와 국가 브랜딩의 연관성은 본 장의 실무자 관점에서 '메이드 인 러시아(Made in Russia)' 프로젝트의 출범에 대한 미카일 사드첸코프(Mikhail Sadchenkov)의 설명에 잘 나타나 있다. 또한 학문적 관점에서는 독일의 과거와 현재의 이미지에 대한 논의를, 사례 연구에서는 해외직접투자 유치를 위한 가나의 국가 브랜딩 전략을 다룬다.

소비자 행동

원산지 효과는 소비자 행동과 관련하여 광범위하게 연구되어왔다(Usunier, 2006). 나아가 최근의 연구들은 브랜드 애착(Park et al., 2013)과 해외 국가에 대한 소비자 친밀감(Nes et al., 2014) 등의 개념들에 대한 이해를 심화시켰다.

특히 소비자들이 가진 해외 국가와의 감정적인 유대감이 구매 의도에 미치는 영향은 원산지 지각을 관리하는 시도로서 국가 브랜딩 맥락에서 매우 중요한 주제이다.

원산지 연구 개관

원산지 효과는 하나의 제품이나 서비스의 출처가 그 제품이나 서비스에 대한 소비자 태도나 행동과 관련한 효과를 말한다. 소비자가 제품 선택시에 원산지를 중요한 평가척도로써 사용하는 제품군이 많이 있다. 프랑스의 향수나 스코틀랜드 위스키, 스위스 시계, 이탈리아의 패션, 일본의 기술이나 콜롬비아의 커피 등은 제품과 원산지의 지각된 적합성이 소비자에게 특정한 가치를 부여하는 대표적인 제품군들이다. 이때, 제품과 그 원산지 간의 긍정적인 관계가 존재한다고 볼 수 있으나, 이러한 긍정적인 관계의 방향성이 언제나 분명하지 않다. 예를 들어, 소니같이 유명한 브랜드가 일본의 국가 브랜드 이미지를 강화한 것일까, 아니면 고기술 제품 생산국으로서의 일본에 대한 높은 신뢰도가 소니의 브랜드를 강화한 것일까?

국가 브랜드와 상업적인 브랜드들의 이러한 공생관계는 원산지가 주목받을 만한 자격이 있음을 강조한다. 각 국가들의 국가 브랜딩 활동이 해당 국가의 제품이나 기업 브랜드의 원산지 지각에 영향을 미치기 때문이다.

그러나 지금까지 연구를 위해 사용한 방법들이 원산지를 가격이나 브랜드 이름, 디자인 등과 같은 여러 속성들 가운데 하나로 보는 다각적 시각보다는, 원산지를 제품의 유일한 속성으로 보는 단일적 시각을 사용함으로써 원산지의 영향을 과장하려 했다는 것에 대한 비판이 존재해왔다. 또한 손에 잡히는(tangible) 실제로서의 제품에 대한 강조보다는 말만을 앞세운 표현이라는 점 역시 비판을 받아왔다(Peterson & Jolibert, 1995). 원산지에 대한 다른 연구들을 바라보는 또 다른 관점은 서비스의 소비와 평가에 대한 원산지 효과를 연구한 자료가 매우 적을 뿐만 아니라 서구 이외의 세계에서보다는 서구세계에서의 서비스에만 집중했다는 점(Al-Sulati & Baker, 1998), 학생 표본에 대한 지나친 의존으로 인한 연구결과의 일반화 가능성에 대한 제약(Dinnie, 2004), 또한 원산지의 상징적이고 감정적인 특성에 대한 더 많은 연구가 필요하다는 점(Verlegh &

Steenkamp, 1999)을 강조했다.

원산지와 브랜드

아이슬란드의 보드카 브랜드인 '레이카(Reyka)'가 2005년 영국 시장에 출시되었을 때, '아이슬란드에서의 보드카는 천연 자원입니다. … 레이카 보드카는 세계에서 가장 오염되지 않은 순수한 국가의 북극 샘물로 만들어졌습니다. 우리는 레이카를 소량 생산하며, 지열에너지를 사용함으로써 우리의 국가가 우리의 보드카만큼이나 깨끗하게 유지될 수 있도록 노력합니다.'라는 광고와 함께 등장했다. 이런 주장에 대해 한 언론인은 '아마도 당신이 구할 수 있는 가장 친환경적인 술'이라고 표현했다(Lyons, 2005). 이러한 제품과 원산지의 조화와 적합성은 적절해 보인다. 레이카 브랜드가 아이슬란드의 환경적인 순수성으로부터 혜택을 보는 동시에, 아이슬란드는 그들의 기존 브랜드 자산에 추가되는 새로운 고급 브랜드의 등장으로 이득을 보고 있다. 이러한 윈-윈 관계는 브랜드 구축 도구로서 원산지가 가진 잠재적 능력을 보여준다. 사실, 레이카 브랜드는 아이슬란드 기업이 소유한 브랜드가 아니다. 레이카의 실제 소유주는 스카치위스키 회사인 '윌리엄 그랜트 앤 선스(William Grant and Sons)'이다. 그러나 이 신중한 해외소유주들은 레이카를 아이슬란드 브랜드로 알고 있는 소비자들의 인식이 바뀌지 않도록 노력한다.

한편, 제품군과 국가 이미지 인식의 조합에 대해 광범위한 연구가 이루어졌다(Papadopoulos & Heslop, 1993; Zafar et al., 2004; Verlegh et al., 2005). 한 연구(Roth & Romeo, 1992)는 소비자의 구매의도를 판단하고, 제품의 원산지를 관리하는 것을 돕기 위한 하나의 방법으로서 제품과 국가를 어떻게 연결한 것인가에 대한 정보를 잘 활용해야 한다고 결론지었다. '브랜드 출처'라는 말은 한 브랜드의 출처에 대한 소비자의 인식이 실제와 맞지 않을 경우 이를 설명하기 위해 만들어졌다. 이런 경우 브랜드 출처는 '그 브랜드가 타겟 집단에 의해 인식되는 해당 브랜드의 소유 장소 또는 소유 국가'이다(Thakor & Kohli, 1996). 소비자들은 실제보다 더 긍정적인 원산지를 내세우도록 짜인 기업의 브랜딩 활동을 통해, 또 한편으로는 단순한 무지로 인해 특정 브랜드의 원산지를 잘못 인식할 수도 있다는 것이다. 표 4.1은 원산지와 관련해서 소비자에게 혼동을 일으킬만한 이름을 가지고 있는 브랜드들을 보여주고 있다.

외국 기업들에게 자국의 시장을 개방하며 세계경제의 초강대국으로 떠오른 중국은 중국 소비자들이 수입된 외국 브랜드와 비교해 자국 내의 중국 브랜드를 어떻게 보는가에 큰 관심을 기울였다. 아시아 내에서 도시바(Toshiba), 미쓰비시(Mitsubishi), 소니(Sony)와 같은 일본 브랜드들은 오랫동안 최상의 품질로 인식되어왔다. 또 최근에는 삼성과 LG같은 한국의 브랜드들이 높은 품질로 인식되었다. 이제 하이얼(Haier)이나 레노버(Lenovo)와 같은 중국 브랜드들은 긍정적으로 인식되는 아시아 브랜드 영역에 합류했다.

전통적으로, 신흥국들은 그들 제품의 품질이 낮다는 외부의 인식으로 인해 어려움을 겪어왔으나, BRICS(브라질, 러시아, 인도, 중국, 남아공) 국가들에 대한 믿음이 커지면서 이들을 포함한 다른 신흥국들도 단순 일용품 공급업자에서 인기 있는 브랜드 제품 생산자로 변화하기 위한 노력에 박차를 가하고 있다.

표 4.1 브랜드 원산지 : 예상 원산지 대 실제 원산지

브랜드	제품군	예상 원산지	실제 원산지
하겐다즈 (Häagen-Dazs)	아이스크림	스칸디나비아	미국
마쓰이(Matsui)	가전제품	일본	영국
렉서스(Lexus)	자동차	미국	일본
클라브룬 (Klarbrunn)	생수	스위스, 오스트리아, 독일	미국

또한 원산지 효과 자체와 해당 효과가 어떤 식으로 중국 도시 소비자들의 성향과 행동양식에 영향을 주었는지 검증한 한 연구에서는, 중국 소비자들이 반드시 외국 브랜드를 선호하지는 않는다는 주장을 뒷받침하는 결과가 나왔다. 이러한 결과는 중국 소비자들의 중국산 브랜드 선호 성향에 따라 브랜드 관리자들은 그들 브랜드의 원산지가 중국이라는 것을 부각시키고 이를 포지셔닝 전략의 일환으로 사용해야 한다는 점을 시사한다(Kwok et al., 2006). 신발과 스포츠 의류, 스포츠 액세서리 브랜드인 리닝(Li Ning)은 중국의 올림픽 금메달리스트인 리닝을 브랜드 이름으로 택하는 전략을 통해 중국시장에서 나이키나 아디다스, 리복 같은 세계적인 브랜드에 맞서 성공적으로 경쟁을 펼쳐온 중국의 현지 브랜드 사례이다

(Roll, 2006).

한편, 일부 국가들은 그들의 국가 브랜드가 단지 여행지일 뿐 그 이상은 아니라는, 편파적인 국가 이미지 때문에 불이익을 받고 있다는 것을 잘 알고 있다. 또 다른 국가들은 그들 제품의 원산지에 대해 좀 더 호의적인 대접을 받을 수도 있다. 하지만 곧, 아주 치열한 경쟁 속에 놓이게 되고 그들의 국가 브랜딩 활동에 더욱 박차를 가하도록 내몰리게 된다. 예를 들어, 칠레는 와인 분야의 수익을 높이기 위해 원산지 효과를 강화하기 위한 노력을 지금도 꾸준히 계속해나가고 있다.

원산지와 서비스

물질적 제품과 관련된 원산지 효과를 향해서 아낌없이 쏟아졌던 많은 관심과 비교해 볼 때, 원산지 효과가 서비스에 어떤 식으로 영향을 미치는지에 관해서는 연구가 부족했다. 20년 동안 마케팅과 일반 경영 관련 학술지들에서 등장한 원산지 관련 논문들을 살펴본 한 연구에 따르면, 원산지가 특정 서비스 분야에 적용된 것은 단지 19개의 연구뿐이었다. 서비스 경제 분야의 빠른 성장에 비추어 볼 때, 서비스와 관련하여 훨씬 더 많은 연구가 필요하다는 주장이 제기된다(Javalgi et al., 2001). 대부분의 선진국 경제에서 제조분야보다 서비스 분야가 더 우세하다는 점을 고려할 때, 원산지가 서비스에 어떻게 영향을 미치는가에 대한 연구가 부족한 것은 놀라운 일이다. 원산지와 서비스를 다룬 소수의 연구들 중 하나는 뉴욕의 한 스키 쇼에 참가한 269명의 스키 선수들을 대상으로 스위스와 프랑스, 오스트리아에 있는 스키 리조트에 대한 국가 수준의 이미지 평가를 요청하였다. 해당 평가는 10가지의 속성에 대해 5점 기준으로 각 국가의 점수를 매기는 방식이었다. 그러나 국가들 간의 차이를 제대로 구별할 수 없었던 미국 스키 선수들 때문에 3개 국가의 이미지는 비교적 유사한 것으로 나타났다(Ofir & Lehmann, 1986).

표 4.2 원산지를 경시하는 서비스 브랜드들의 약어

약어	전체 이름	서비스 분야
HSBC	Hong Kong and Shanghai Banking Corporation	금융
RBS	Royal Bank of Scotland	금융
UBS	Union Bank of Switzerland	금융
KFC	Kentucky Fried Chicken	음식점
BP	British Petroleum	에너지

또 다른 연구 중 하나는 국가적 고정관념이 갖는 상대적 효과와 안과학(ophthalmology) 분야에 있어 서비스 공급자의 선택에 대한 광고정보를 조사하였다. 해당 연구 결과, 다른 국적을 가진 서비스 공급자가 광고를 통해 소비자들에게 더 많은 정보를 제공함으로써 어느 정도 편견을 극복할 수는 있겠지만, 소비자들은 자국의 공급자를 선택하는 경향이 있음이 검증되었다(Harrison-Walker, 1995).

많은 국제적 서비스 브랜드들이 브랜드 이름으로 약어를 선택하고 있는데, 이는 아마도 원산지에 대해 가질 수도 있는 부정적 편견을 최소화하려는 시도로 볼 수 있다. 표 4.2는 국제적 서비스 분야에서 나타나는 이러한 사례들을 보여주고 있다.

세계적인 금융 서비스 브랜드들이 국내용보다는 국제적인 브랜드로 자리매김하고자 노력하는 것은 어쩌면 당연한 일이다. '세계의 지역 은행'으로 인식되고자 노력하는 HSBC는 세계성(globalness)이 주는 고급스러움과 신뢰도뿐만 아니라 지역 사회의 특정한 요구들을 잘 알고 있다는 인상을 조화시키고 있다. 소비자들은 이 금융 서비스 브랜드가 세계적이라는 이유로 분명 성공을 거둘 것이며, 잘 운영되며 믿음을 줄 수 있다고 생각하게 된다. 한편, 주요 금융 서비스 브랜드들 가운데 딱히 분명한 출신지가 없는 브랜드는 보다 명확한 원산지 포지셔닝을 가진 다른 브랜드들에게 틈새시장을 내어줄 수 있다.

이런 브랜드들은 특정 원산지와 아주 가까이 밀착되어 있어서 자신이 통제할 수 없는 정치적 또는 군사적 사건에 취약해진다. 이 같은 잠재적 취약성은 아메리칸 익스프레스(American Express)를 통해 확인할 수 있었는데, 2003년에 이라크 전쟁이 발발하자 그들은 자신들의 미국적 이름으로 인해서 일어날 수 있는 반발을 걱정하여 긴급 조사를 실시했다. 그러나 결과 세계 대부분 지역의 사람들이 아메리칸 익스프레스를 미국 회사보다는 글로벌기업으로 인식하고 있다는 결과가 나타나자 안심했다(Mortimer, 2007).

국제 항공분야는 일반적인 브랜드 관리뿐만 아니라 원산지 효과와 관련성이 높은 흥미로운 산업이다. 국제 항공 분야에서 원산지를 사용하는 것은 국가 운송회사라는 어쩔 수 없는 운명 때문이다. 예를 들어, 싱가포르항공은 널리 사랑받는 글로벌 서비스 브랜드로서 자리매김하려는 노력과는 별개로 그들의 원산지를 부각시키고 있다. 그러나 영국항공(British Airline)은 대영제국이라는 과거의 부정적 이미지를 지우기 위해 BA로 이름을 바꿈으로써 원산지를 무시하려하자 혹독한 어려움을 겪었다. 이 같은 움직임이 비애국적 행태로 인식되었으며 정치적 폭풍을 유발시킨 것이다. 당시에 마거릿 대처 수상은 '영국성(Britishness)'을 명백히 모욕한 것에 대해 해당 항공사를 드러내놓고 비난하였다.

원산지와 제품수명주기(PLC)

제품수명주기는 마케팅에서는 매우 친숙한 개념이다. 이 개념의 참뜻은 다른 생물체와 마찬가지로 제품도 일련의 생명단계(life stage)를 거친다는 의미이다. 제품들에 있어 이런 과정은 도입기, 성장기, 성숙기, 쇠퇴기로 이루어진다. 처음 두 단계에서 제품은 성장을 경험하고, 세 번째 단계인 성숙기에서 판매, 시장 점유율 등과 관련하여 정체기에 이르게 된다. 그리고 마지막 단계인 쇠퇴기에서 제품은 상업적인 삶의 종착지에 이르게 된다. 다시 말해 소비자의 요구를 변화시키거나 해당 제품을 구식으로 치부하는 새로운 기술이 도래함으로써 그 제품은 뒤처지게 되는 것이다. 제품수명주기 개념은 마케터들이 제품의 현재 상태를 판단할 수 있게 하고, 그 제품이 수명주기의 어느 단계에 와있는지 알게 함으로써 적합한 마케팅 전략을 세울 장점이 있다. 예를 들어, 제품수명주기의 도입기에 있는 새로운 제품은 출시전략을 필요로 할 것이다. 이에 따른 마케팅 방식은 이미 성숙기에 이른 제품과는 완전히 다르게 된다.

그러나 제품수명주기 개념이 갖는 내재적 결함은 제품이 정말 생명체와 비슷하여 이와 유사한 도입-성장-성숙-쇠퇴라는 궤적을 따른다는 가정에 있다. 이 형식은 마케터들이 해당 제품이 수명주기의 어느 단계에 와있는지 정확하게 판단할 수 있는 근거를 제공하는 측정 가능한 시간적 차원이 결여되어있다. 또한 조만간 반드시 쇠퇴기를 맞이할 것이라는 의미를 내포하고 있다. 이러한 추정은 자신의 업무와 노력이 그들 제품을 수명주기 정상에 무한정 머물게 할 수도 있다고 믿는 많은 경영인들에 의해 도전을 받아왔다.

제품수명주기 개념을 원산지의 맥락에서 바라보려는 시도들도 존재했다. 한 연구는 제품수명주기에 따른 원산지 마케팅을 조사하여 원산지 표기의 사용법은 다양하며, 성장기나 성숙기보다는 도입기에 더욱 많이 사용된다는 것을 알아냈다(Niss, 1996). 이 연구를 뒷받침하는 또 다른 설명은 특정 제품이 외국시장에 출시되었을 때 어느 누구도 해당 제품을 알아보지는 못하지만, 제품을 생산한 국가에 대해서는 꽤 잘 알고 있을 것이라는 점이다. 이런 경우에 제품이 새로운 외국 시장에 자리 잡게 하려면 기존의 국가 이미지 인식을 이용해야 한다는 말이 된다.

또한 이 연구는 제품수명주기가 진행됨에 따라 기업들은 원산지 사용을 줄이는 동시에 브랜드 이름 마케팅을 늘리는 경향이 있다고 밝혔다. 또 다른 연구들은 원산지가 제품의 도입기에 두드러지게 사용되는데, 이는 원산지 후광효과를 얻으려는 의도에서 비롯되었다는 것과(Lampert & Jaffe, 1998), 원산지 사용은 시간이 지남에 따라 상황에 적합한 방식으로 발전한다고 설명한다(Beverland & Lindgreen, 2002). 전체적인 국가 브랜드 전략의 하나로서 수출증진 캠페인을 개발할 때, 정부와 무역위원회, 수출증진위원회는 국가 브랜드들 가운에 어떤 것이 그 브랜드의 원산지를 부각시키면서 기존 세력들로부터 가장 많은 수익을 이끌어낼 수 있는지 주의 깊게 판단해야 한다.

원산지와 인구 통계

제품의 원산지가 일부 소비자들에게는 중요할 수 있으며, 또 다른 이들에게는 큰 상관이 없을 수도 있다. 원산지가 하나의 제품을 구입하는 데 있어 적절한 계기가 될 수 있다는 가정에 따라 인구통계에 따른 분류법으로 소비자 집단을 나눌 수 있다. 원산지에 관한 몇몇 연구는 중요한 인구통계 변수들이 제품 또는 서비스 인식에 미칠 수 있는 영향을 살펴보았다. 예를 들어, 원산지 분야에 대한 초기 연구는 외국 원산지 제품을 대하는 서로 다른 인구통계 집단들 사이에서 생기는 중요한 차이점들을 발견했다. 먼저, 고등교육을 받은 소비자들이 교육수준이 낮은 소비자들보다 외국제품이 대해 더욱 호의적이었으며, 여성 소비자들이 남성 소비자들보다 외국제품을 더 높이 평가했다. 또한 젊은 소비자들이 나이든 소비자들보다 외국제품을 훨씬 더 선호했다(Schooler, 1971).

그러나 다른 인구 통계적 집단에 대한 원산지의 효과는 찾기 어려웠다. 또 다른 연구는 교육수준이 높을수록 외국제품에 대해 더 호의적이지만, 외국제품을 바라보는 인식에 있어 남성과 여성 사이엔 별 다른 차이점이 없다고 밝혔다(Dornoff et al., 1974). 이에 따라 브랜드 관리자들은 그들의 타겟 시장들 가운데 어느 소비자 집단이 브랜드 원산지에 영향을 받는지 규명하기 위해 자신만의 전략과 브랜드 특성에 맞춘 연구를 수행해야 한다.

원산지와 자민족중심주의(ethnocentrism)

자민족중심주의는 '원산지 효과의 자국 편향 부분'으로 규정되고 있다(Shimp & Sharma, 1987). 이는 소비자가 외국에서 생산된 제품보다 자국의 제품을 선호하는 성향을 말한다.

예를 들어 헤이민과 엘리엇(Hamin & Elliott, 2006)은 인도네시아 소비자들의 소비자 자민족중심주의 현상을 밝혀내었다. 소비자 자민족중심주의를 측정하기 위해 다양한 방법들이 고안되었는데, 가장 널리 알려진 방법은 소비자 자민족중심주의 경향 척도(CETSCALE)로, 17개의 항목에 대해 7점을 기준으로 하여 각 개인의 자민족중심주의를 평가한다(Shimp & Sharma, 1987). 교육이나 수입, 사회적 지위와 같은 소비자의 인구통계학적 특성은 개인의 자민족중심주의에 영향을 미친다(jaffe & Nobenzahl, 2001). 외국산 브랜드는 특정 시장에 만연되어있는 소비자의 자민족중심주의가 어느 정도인지를 잘 파악해야 한다. 그래야 적절한 마케팅 전략을 개발할 수 있고 전략적 실수를 피할 수 있다. 예를 들어, 외국 유명 인사와 영국식 브랜드 이름을 사용하는 것은 다른 문화유산과 언어를 가진 특정 국가(오스트리아)에서는 문제가 될 수도 있다(Chao et al., 2005).

원산지와 사회적 정체성

원산지 분야를 다룬 어떤 연구는 남아프리카공화국에서의 사회적 정체성과 브랜드 선호의 관계를 밝혀냈다(Burgees & Harris, 1999). 이 연구의 흥미로운 점 하나는 늘 그렇듯이 서국국가들에 초점을 맞춘 것이 아니라 남아프리카를 대상으로 했다는 것이다. 또 다른 점은 국가 정체성이라는 개념을 생각한 것이고, 더 특별한 점은 원산지 연구에 있어 이전에는 관심이 없던 문제인 '국가 내 다양성(within-country diversity)'을 살펴보았다는 것이다. 이 연구는 민족 고유의 유대감 또는 종교적 연대감이 국적보다 더 강력할 수 있는 상황에서 얼마든지 태도를 달리할 수 있는 집단이 있다는 것을 생각할 때, 국적을 사용하는 것에 주의를 기울일 필요가 있음을 알려준다. 이런 생각은 후에 나온 한 연구에서 더욱 깊이 있게 조사되었는데, 해당 연구는 특정 국가 출신의 소비자와 관련하여 근거없이 일반화된 주장이 나오는 것을 막기 위해 특정사회 내에 존재하는 다양한 하위문화를 연구할 것을 주장했다. 그 결과, 한 국가 내의 하위문화 그룹은 실제로 종종 사람들이 생각하는 것과는 아주 다른 특성들을 보여주고 있다(Lenartowicz & Roth, 2001). 원산지나 제품 국가 이미지 효과에 대한 대부분의 문화 간(cross-cultural) 연구는 암암리에 국내시장이 동질의 소비자들로 구성되어있다고 평가하는데, 이런 연구들은 실제로 문화 간 연구라기보다는 국가 간 연구라고 볼 수 있다(Laroche et al., 2003).

원산지와 기호학 이론

기호학은 상징에 대한 연구와 관련이 있다. 기호학에 있어서 상징이란 개념은 일상적으로 사용되는 것보다 더 넓은 의미로 사용되고 있다. 기호학적인 관점에서 볼 때, 하나의 상징은 '단어, 심상, 촉각, 후각과 더불어 여러 감각에 의해 인지되는 것들과 수신자나 해석자에게 의미를 전달하는 잠재력을 가진 것들 모두를 포괄하는 총체적 포괄개념'이다(Shimp, 2003).

상징은 또한 '특정 맥락에서 누군가(해석체, interpreter)에게 무언가(대상체, referent)를 나타내는 물질적이며 인지할 수 있는 사물'로서 규정된다(Fiske, 1990). 기호학적인 관점을 브랜드 관리 과정에 접목시킴으로써 얻을 수 있는 이점들 가운데 하나는 맥락이 우선임을 강조한다. 브랜드 커뮤니케이션에서 사용되는 상징은 소비자

(또는 기호학적 어휘를 사용하자면 해석체)의 정체성 특성에 따라 매우 다른 방식으로 해석된다. 원산지 효과와 관련하여, 스펙트럼의 한쪽 끝에 자리한 단순한 유형의 물질 제품 브랜드인지 혹은 다른 한쪽에 자리한 복잡하고 다면적인 국가 브랜드인지에 상관없이 모든 종류의 브랜드를 아우르는 광대한 영역이 존재함으로써, 상징을 창의적으로 사용할 수 있다.

원산지와 제품 국가 이미지 효과에 대한 연구에 기호학적인 접근을 시도하는 방식은 아스케가르드와 게르(Askegaard & Ger, 1998)에 의해 지지되었다. 이들은 하나의 제품과 그의 원산지에 고정되어 있는 이미지들을 분석하는데 있어, 풍부한 함축적 상징들이 사용되어야 한다고 주장한다. 기호학적 접근을 취함으로써, 장소, 제품, 시장 맥락, 사용 맥락의 네 가지 측면을 포함하는 맥락 제품-장소 이미지(contextualized product-place images, CPPI)라는 하나의 개념적 모형을 제시했다. 이러한 접근법은 다양한 목적을 실현하기 위해 사용되는 상징에 관한 응용 기호학의 한 형태로 생각된다(Morris, 1946). 맥락에 대한 이해는 '문화적 공간과 시간에 자리한 기호와 상징들'로부터 상정된 기호학 이론의 중심이다(Mick, 1986). 이는 브랜딩에 있어서 중요한 의미를 가진다. 예를 들어 아랍 문화권에서는 글씨, 색상, 문양, 상징물이 문화적, 국가적, 종교적 정체성을 보여줄 수 있는 시각적 요소인 것이다. 따라서 브랜드의 시각적 표현물을 제작할 때 이러한 점들이 고려되어야만 한다(Acton, 2007).

시간의 흐름에 따른 원산지 인식

원산지 지각은 시간이 지나도 반드시 고정된 것은 아니다 (Darling & Puetz, 2002). 원산지에 대한 긍정적인 인식은, 최근 수 년 동안에 미국이 겪었던 것처럼 기업이 통제할 수 없는 정치적·군사적 사건들을 포함한 수많은 요인들로 인해 시간이 흐르면서 나빠질 수도 있다. 반대로 원산지에 대한 인식은 시간이 흐르면서 좋아질 수도 있다. 일본이나 한국, 대만은 모두 여기에 해당되는 국가들이다(Usunier, 2006). 대만은 오랜 세월동안 공동 국가 브랜딩 캠페인을 실시해오고 있으며, 강화된 원산지 인식으로 인해 많은 이점들을 얻고 있다.

1990~2004년에 걸쳐 세계적 국가 이미지 광고 캠페인을 진행한 대만 경제부는 이코노미스트 앤 비즈니스 위크(*The Economist and Businessweek*)에 각각의 새로운 캠페인을 소개하는 내용의 광고들을 게재했다(Amine & Chao, 2005). 이 캠페인의 발전 과정은 표 4.3에 정리되어 있다.

대만의 국가 이미지 광고 캠페인에 대해서는 다양한 시각들이 존재한다. 그 첫 번째는 일관성 있는 장기적 구조를 갖추었다는 것이며, 두 번째는 정부에 의해 안정된 업무수행을 펼치고 있다는 것, 세 번째는 공공분야와 민간분야 간에 긴밀한 협조가 이루어지고 있다는 것, 네 번째는 기본적인 인식구출을 시작으로 하여 브랜드와 관련된 좀 더 세밀한 주장으로 발전하고 있다는 것, 다섯 번째는 제품기술을 확고히 구축한 후에 멋진 자연미를 알림으로써 국

표 4.3 대만 정부가 지원한 국가 이미지 광고 캠페인(1990-2004)

연도	슬로건	주요 주제
1990	거론되지 않음	아시아의 심장이라는 지리적 이점과 관련한 기본적 지식 설계
1992	'It's very well made in Taiwan'	대만 제품에 대한 인식 강화
1993	'Taiwan: Your source for Innovalue'	과거의 가격 경쟁에서 벗어나 혁신과 가치를 대만 제품에 담자
1994	'Excellence, made in Taiwan'	특정 기업 제품의 우수성을 알림. 예) 쿤난(골프클럽), 필러(중공업용 컴퓨터 제어기), 스타텍(보안시스템)
1996	'Today's Taiwan: More and more an important part of our world'	대만을 범세계적인 관점으로 연결하고, 세계 비즈니스 사회의 활발한 회원으로 자리매김함
1997	'Taiwan: your source for Innovalue'	이전에 사용했던 슬로건을 새로이 특정 대만 브랜드들에 적용. 과거 집행된 광고의 목적과 주제가 핵심 신념으로 강화됨
2001	'Taiwan: Your partner for Innovalue'	인지도로부터 관심, 지식, 호감, 선호를 끌어낸다는 광고 효과의 이론적 위계를 기반으로 선호를 향상
2003	'Taiwan: Helping leading companies reach targets'	'Taiwan'이라는 단어에 형성된 기존의 긍정적 연결을 강화하고, 지식 네트워크에 있는 핵심 신념을 강화
2003 후반	'Taiwan stands tall: Reaching out to the world, soaring toward the future'	현대 건축이나 전통 문화와 연계한 대만의 새롭고 눈부신 특성들 사용. 지난 40년간 '아시아의 호랑이'로서 누려온 긍지와 성취감을 되살림. 앞선 기술과 아름다운 자연 조화
2004	'Today's Taiwan'	대만을 매력적인 관광지로 자리매김함. 낮은 톤과 객관적이었던 10년 전의 광고와는 다른 감성적 소구.

출처 : 아민과 차오(Amine & Chao, 2005)의 연구

가 이미지에 또 다른 특성을 부여했다는 것이다. 이것은 본질적으로 대외적 인식에 따른 소극적인 희생물로 남아있기보다는 자신의 이미지 향상을 위해 노력하는 한 국가의 역량을 보여주는 것이다.

원산지에 대한 부정적인 편견과의 싸움

원산지에 대한 부정적인 편견은 한 국가의 제품이나 기업 브랜드에 큰 문제들을 일으킬 수 있다. 소비자들은 형편없는 품질이라는 인식과 그 국가의 정치체제에 대한 반감, 미디어에 나타난 적나라한 모습, 사회적, 문화적, 경제적 또는 역사적 연상들 등으로 인해 나빠진 이미지를 가진 국가들의 브랜드와 관련되고 싶지 않을 것이다.

롯츠와 후(Lotz & Hu, 2001)는 부정적인 원산지 고정관념을 희석시키기 위해 사회적 고정관념 접근을 제안하였으며, 코틀러와 가트너(Kotler & Gartner, 2002)는 국가의 이미지를 향상시키기 위해서는 기존의 부정적인 연상들을 반박하기보다는 새로운 긍정적인 연상을 만드는 것이 더 쉽다고 주장하였다. 예를 들어 카자흐스탄은 2006년 영화 보랏(Borat)으로 인해서 손상된 국가 이미지를 향상시키기 위해 영화에서 나타난 노골적인 묘사들을 반박하려 하기보다는, 그때까지 알려지지 않았던 국가의 긍정적인 특성들을 널리 알리고자 노력했다.

제품이든 서비스든 기업이든 모든 종류의 브랜드들은 원산지에 대한 부정적인 편견으로 어려움을 겪을 수 있다. 18개국 3,100명의 의견을 조사한 에델만 신뢰도 지표조사(Edelman Trust Barometer)에 따르면, 유럽인들은 스웨덴과 캐나다, 독일 기업들을 가장 신뢰하며 성장하고 있는 BRIC국가와 멕시코의 기업들을 가장 신뢰하지 않는 것으로 나타났다(Smith, 2007). 이 조사의 대상은 36세와 64세 사이의 대학 교육을 받은 사람들로, 소득은 국가 사분위수 중 상위에 속하며, 미디어와 시사에 관심이 많은 사람들로 구성되었다. 다시 말해, 이 사람들은 외국산 브랜드에 대한 수용력이 높으며 자민족중심주의 성향이 낮은 집단으로 볼 수 있다. 이와 같이 비교적 세계적 안목을 가진 집단에서도 BRIC 국가들은 유럽 소비자들 사이에 만연되어있는 그들의 원산지에 대한 부정적인 편견을 타파하기 위해 아직 할 일들이 많다. 이런 유럽 소비자들이 미래에 유럽시장에 진출하려는 BRIC 국가 기업들의 노력에 장애가 될 수 있기 때문이다. 국가들은 '국가 이미지를 손상시킬 수 있는 단점들을 바로잡기 위해' 엄격한 조사를 실시하여 국가를 알리는 활동에 있어 탄탄한 바탕을 마련해야 한다(Pasquier, 2008).

국가 브랜딩과 수출 증진

수출은 국가 브랜드 구축에 중요한 역할을 할 수 있다(Florek & Conjo, 2007). 'Made in' 캠페인은 수출증진을 돕는 주요 국가 브랜딩 수단이다. 예를 들어 베트남무역진흥청(Vietrade)은 베트남 정부에 의해 구성된, 제품 브랜드를 통해 국가 이미지를 향상시키려는 국가 브랜딩 프로그램이다. 가장 널리 알려지고 장기간 진행되고 있는 캠페인 중 하나는 호주산 캠페인 유한회사(Australian Made Campaign Limited, AMCL)에서 집행하고 있는 'Australian Made'이다. AMCL은 기업들이 이제는 유명해진 Australian

Made, Australian Grown의 로고를 사용하도록 허가해준 비영리 기업이다. 이들 캠페인과 로고의 신뢰도는 참가 기업들을 위한 엄격한 규정 준수 프로그램에 의해 상승되었다. 이 로고의 녹색 및 금색, 그리고 캥거루의 윤곽은 오스트레일리아의 전반적인 국가 브랜드를 명확하고 차별적이도록 만들어준다.

'호주산' 캠페인은 수십 년간 진행되었다. 얼마 전 시작된 'made in' 캠페인은 본 장의 실무자 관점에서 미카일 사드첸코프가 서술한 'Made in Russia' 계획이다.

국가 브랜드 독일의 과거와 현재 이미지

올리버 횔너(Oliver Zöllner),
미디어 마케팅과 조사 교수, 슈투트가르트 미디어 대학, 독일

'Made in Germany' : 1990년대 말, 이 인장(cachet)은 조잡하고 저렴한 독일제 소비재들을 소위 우수하다는 영국제 제품들과 구분하기 위해 사용되었다. 독일 산업의 발전과 함께, 차별적인 브랜드들은 빠르게 이러한 생각을 뒤엎었고, 이제는 많은 소비자들이 원하고 독일제임을 자랑스럽게 표시하는 전 세계적인 품질의 상징이 되었다. 자동차, 기계공학 제품, 화학, 소프트웨어든 유명 디자이너의 옷이든 상관없이, 독일에서 만들어졌다면 원산지 효과가 시작되고, 성공한다(심지어 상대적으로 높은 가격임에도 불구하고). BMW나 메르세데스(Mercedes), 포르셰(Porsche), 지멘스(Siemens), SAP와 루프트한자(Lufthansa) 등은 전 세계적으로 높은 명성을 가진 소수의 독일 기업들이다. 독일 외무성(German Foreign Office)에서 공동 편집한 공식 책자인 독일에 관한 진실(Facts about Germany, wwww.tatsachen-ueber-deutschland.de/en)은 이러한 기업들이 혁신과 품질, 그리고 최첨단의 기술을 대표한다고 설명한다. 이는 틀림없이 독일 관료집단과 다수의 독일인들이 마음에 들어 하는 이미지이다.

2000년대에 국내외에서 진행된 'Germany: Land of Ideas'라는 이름의 PR캠페인은 국가의 색상을 두른 패션모델 클라우디아 시퍼(Claudia Schiffer)와 같은 브랜드 홍보대사를 대담하게 사용하여 이러한 자기만족의 이미지를 반영하고 강조했다. 시인과 철학자들의 땅이라는 기존의 대

안적인 자아 이미지는 종종 유명 기업들이 얽힌 나치독재 관련 역사들로 뒤덮이고는 했었다. 이러한 고통스러운 연상은 대부분 덜떨어지거나 상상력이 부족하기보다는 진중하고 엄밀한 독일인의 이미지와 연결되어 자동차나 기계, 화학제품들을 생산하는 것을 도왔으나, 한편으로는 친근하고, 창의적이거나 느긋한 라이프스타일에 관해서는 부적합한 것으로 보였다. '높은 품질과 낮은 감동'은 독일의 브랜딩 딜레마에 대한 전통적인 표현이었다.

이에 따라 2006년에 FIFA 월드컵을 유치한 것은 독일의 국가 브랜딩 노력에 있어 큰 축복이었다. 날씨는 눈부시게 아름다웠고, 전반적인 분위기는 발랄하고 편안했으며 축구는 흥미진진했다. 독일에 대한 국제적 태도의 거대한 변화를 이끌어 낸 것들 중 하나가 바로 이 행사일 것이다. 갑자기 나라가 친근하고 따뜻해보였으며, 뻣뻣하거나 재미없다는 느낌은 전혀 들지 않았다. 어떤 PR캠페인도 독일을 향후 몇 년 동안 국가 브랜드 지표의 상단에 올려놓는 이러한 결과를 얻어내지 못했었다. 이후로 줄곧 세계의 젊은이들은 창의성과 최신 유행의 허브로서 독일의 수도인 베를린을 표명하며, 가장 선호하는 장소 중 하나로 꼽았다. 독일에게 있어서 최신 유행의 장소로서의 리브랜딩은 저렴한 항공권으로 인해서 가능했던 상향식 과정이 어느 정도 작용한 것으로 보인다. 블레어(Blair)시대의 영국이 'Cool Britannia' 정체성을 상향식 전략을 통해서 발전시키려던 불과 몇 년 전까지만 해도 누구도 이러한 변화를 예측할 수 없었을 것이다.

그러나 새롭게 얻은 이러한 긍정적인 브랜드 가치는 2008년 시작된 국제 금융위기 상황에서 조치한 긴축정책의 끈질긴 지지자들로서의 독일의 인상 밑 그림자에 숨어있을 수 있다. 독일의 오만함에 대한 의구심이 다시 떠오른 것이다. 수출량을 초과 달성한 챔피언의 국가 브랜드가 다시 퇴색될 것인가?

☑ 실무적 관점

Made in Russia

미카일 사드첸코프(Mikhail Sadchenkov)

2014년 4월 15일, 100여 개의 회사들과 50명의 전문가들과 함께, 새로운 국가 브랜드 아래서 러시아의 사업과 문화를 널리 알릴 캠페인의 컨셉 개발을 위한 2년간의 조사연구 끝에 'Made in Russia' 프로젝트가 공식적으로 소개되었다. 이러한 과정에서 가장 어려운 부분은 'Made in Russia' 라는 단어를 정의내리는 것이었다. 우리는 전 세계의 다양한 국가 브랜드 개발 및 촉진 경험들을 연구하고, 다른 방향으로 접근하여 이 단어의 뜻을 확장해야 한다는 결론을 내렸다.

원래는 'Made in Russia'를 러시아에서 만들어지거나 개발된 문화나 전통 등의 모든 것들을 통합한 가치로서 바라보고자 했다. 이러한 컨셉은 제품과 웹 사이트, 그리고 전문가들이 'Made in Russia'의 카탈로그 안에서 일종의 프로모션 도구로서 사용될 기회를 제공하였다. 러시아에서의 기업 경영이 가진 특성들을 고려할 때, 이러한 컨셉이 성공하게 하는 유일한 방법은 정부재정으로부터 안전하고 투명한 사업 모델의 구축과 정치적이고 관료주의적인 위험으로부터의 저항뿐이었다. 'Made in Russia'의 사업 모형은 사업체의 크기나 수입과 상관없이 참여한 모든 사업체들이 매년 지불한 25만 루블을 기반으로 한다. 모든 참여자들은 동등한 서비스와 혜택을 지급받는다. 우리의 연구에 따르면 이 정도의 예산은 모든 규모의 사업체들이 감당할 수 있으며, 'Made in Russia' 프로모션 캠페인에 있는 모든 의무들을 수행하기에 충분했다.

이와 동시에 우리는 어떤 프로모션도 필요하지 않은 거대한 기업들을 고려하여, 그들에게 사회적 책임 프로그램의 일환으로 러시아의 상징이나 문화, 비영리 브랜드들을 알리기 위해 돈을 지불하는 것 대신에 독자적인 페이지들을 구성할 수 있도록 제안하였다.

각자의 이유에 따라 상업적인 참여가 어려운 기업들에게는, 그들의 홈페이지뿐만 아니라 제품이나 서비스, 광고물 등에 'Made in Russia'를 표시한다면 해당 로고를 사용할 수 있는 파트너십을 제안하였다. 이러한 방식은 해당 기업들이 다음 단계로 나아가서 카탈로그에 참여하기 전까지 우리들과 관계를 맺을 수 있도록 해주었다.

모든 기업들은 'Made in Russia' 프로젝트의 참여자가 되기 위해서 세 가지 기준을 충족 시켜야 한다. 먼저 러시아연방 시민에 의해 설립되었거나 (적어도 50% 이상) 소유되어야 하며, 러시아에 세금을 납부해야하고, 러시아 내에 일자리를 만들어야 한다. 품질을 측정하거나 제품의 구성요소나 생산 지역 등을 따지지 않았다.

러시아의 모든 브랜드나 기업들이 'Made in Russia'에 참여할 권리가 있다고 생각하지만, 당연하게도 승인 이전에 상식적인 수준에서의 조사가 선행된다. 모든 참여자들은 – 모든 형태(인터넷, 인쇄본, 모바일 앱)의 카탈로그 내에 개인페이지, 개별적인 소책자 자료, 'Made in Russia' 홈페이지에 전문가 의견을 게재할 권리와 뉴스에 전문가로서 의견을 내세울 기회, 'Made in Russia' 관련 행사에 무료로 참여할 기회, 국제 비즈니스에 참여할 기회, 'Made in Russia'를 통한 국제 중요 전시에서 회사를 알릴 기회, 러시아 브랜딩 대행사 연합(러시아의 브랜딩 산업 연합의 선두)으로부터

그림 4.1 'Made in Russia' 로고

브랜드 구축과 프로모션을 위한 무료 컨설팅, 파트너들로부터의 특가 및 할인가, 그리고 15개의 언어로 번역되는 'Made in Russia' 관련 카탈로그, 소책자 등의 개인페이지 – 와 같은 동등한 서비스와 혜택을 제공받는다.

'Made in Russia' 카탈로그와 로고는 러시아의 브랜드와 문화를 알리기 위해 사용되는 중요한 요소이다. 'Made in Russia' 로고는 자작나무 껍질 느낌의 바코드 형태이다. 자작나무는 러시아의 산업과 문화, 문학, 음악과 예술 종교 등의 상징성으로 인해 선택되었다. 자작나무껍질은 고대 러시아의 전통 산업에서 주로 사용되어왔다. 단순한 형태의 로고는 모든 종류의 적용을 가능하게 한다. 패키지 디자인을 위해서 많은 변화가 필요하지 않고, 모든 표면이나 소재에 적합함에 따라서 전체적인 비용을 절약할 수 있다.

프로젝트 참여자들의 제품이나 광고물에서 나타나는 이러한 로고는 그들이 국가 브랜드 캠페인의 일원임을 보여주며, 만약 사람들이 그들의 브랜드나 서비스를 구매한다면 지역 일자리나 납세자들을 도울 뿐만 아니라 러시아의 문화를 증진시키기 위해 돕는다는 것을 의미한다. 우리는 해당 제품들을 구매하라고 직접적으로 강요하는 것이 아니라 러시아에서 만들어진 브랜드들과 서비스들을 보여주고 그들이 직접 선택할 수 있는 기회를 제공한다.

'Made in Russia' 카탈로그는 러시아의 사업과 문화를 증진시키기 위한 요소들을 인터넷과 전시 등의 채널에서 15개의 언어로 보여준다. 이 카탈로그는 러시아의 수출업자들, 브랜드들, 기업들, 상징들, 문화들과 전문가들에 대한 정보를 담고 있다. 고품질의 발표 자료들을 통해 관련 정보를 전달할 뿐만 아니라, B2B와 B2C 연결도 제공한다. 이 매체들은 수입업자와 수출업자, 계약자, 제조업자, 미디어 대표, 전시 출품자, 투자자, 소비자 등의 전 세계 모든 이해관계자들을 타겟으로 한다. 본 카탈로그는 웹사이트(www.madeinrussia.ru)와 모바일 앱, 인쇄본이라는 세 가지 형식을 가지고 있다. 우리가 다양한 형태를 취한 것은 다양한 청중들에게 다가가기 위해서뿐만 아니라 러시아의 산업과 문화에 대한 더 많은 정보를 찾기 위해 모든 형태의 카탈로그를 보도록 사람들을 고무시켜서, 해당 콘텐츠들을 분배하고 적용할 수 있는 재연결(redirecting) 시스템을 구축하기 위함이다.

☑ 사례

해외직접투자 유치를 위한 국가 브랜딩 : 가나의 사례

콜린스 오세이(Collins Osei),
마케팅, 관광, 언어대학, 에딘버러 네이피어 대학

서론

해외직접투자(Foreign direct investment, FDI)를 위한 경쟁은 국가들에게 필수가 되었으며, 이는 가나의 경우도 예외가 아니었다. 이는 FDI를 통해서 얻는 고용 창출, 생산 수준의 향상, 인적 자원 개발, 경쟁적인 가격에 다양한 기제품을 얻을 수 있는 소비자 가치의 창출, 기술 전달과 같은 혜택 때문이며, 특히 해당 국가가 충분한 수준의 흡수 능력을 가진 경우에 더욱 중요하다. 가나는 FDI를 유치하고 유지하기 위해 몇 가지 전략들을 적용하였다. 이들 중 가장 주목할 것은 가나 투자진흥청(Ghana Investment Promotion Centre, GIPC)의 설립이다.

이 기관은 1994년에 가나에 사업을 설립하려는 모든 외국인 투자자들을 위한 '종합 상점'으로서 만들어졌다. 그러나 이들은 만약 국가가 전략적·의도적으로 이를 브랜드화 하여 부정적으로 인식되는 'Brand Africa'의 이미지와 차별화한다면, 이러한 전략들이 더욱 효과적일 것이라고 깨달았다(Gavi & Brenya, 2012). 예를 들어, 2009년에 아프리칸 비즈니스 매거진의 편집장인 안베르 베르시(Anver Versi)는 가난과 분쟁, 대륙 외부(특히 서구권)로부터의 자선을 기다리는 이미지가 새로운 긍정적 정체성을 만들고 유지해야하는 개별 국가들의 필요성을 증대시키고 있다고 말한

바 있다.

가나 국가 브랜딩의 핵심

모든 것이 브랜드화 될 수 있는지(Keller et al., 2012) 혹은 국가 브랜딩이라는 개념은 단지 국가 브랜딩 컨설턴트들의 시장을 만들고 유지하기 위한 수단인 것인지(Browning, 2014)에 대한 실무자들과 학자들의 논쟁은 아직도 지속되고 있다. 가나에 있는 두 주요 정부 기관의 활동이나 발표를 면밀히 살펴보면, 국가 브랜드의 역할, 특히 해외직접투자 유치와 유지와 관련하여 가나가 어떠한 입장을 취하고 있는지 확인할 수 있다. 이 두 기관은 GIPC와 브랜드 가나 오피스(Brand Ghana Office)이다.

브랜드 가나 오피스는 '설득력 있는 브랜드 가나 포지셔닝의 제작과 조정, 조화를 통한 가나의 흥미로운 이미지'를 만들어내고 유지하기 위한 업무를 담당하기 위해 2009년에 설립되었다(Brand Ghana, 2014). 이해관계자들의 마음속에 이러한 이미지를 유지하는 것은 경쟁력 있는 정체성과 이점을 만들어낼 것으로 기대된다. 그리고 이러한 효과는 정책을 통해서 뿐만 아니라, 무엇보다도 브랜드를 경험하는 개인들과 조직들, 해외 기업들의 대표들의 이야기를 통해서 이루어질 수 있다. 브랜드 가나의 전 CEO인 故 마티아스 아코티아(Mathias Akotia)는 강력한 국가 브랜드가 국가에 대한 더 나은 인상을 만들고 수출과 관광, 해외 투자를 증진시킨다고 믿었다. 여타 다른 부정적인 브랜드 자산들 사이에서 브랜드 가나 오피스는 국가 내의 투자 유입은 중요 경제 성장을 지지하기에는 너무 느리다고 주장하였다. 이에 따라 브랜드 가나의 가장 중요한 업무 중 하나는 국가를 증가된 해외직접투자를 위해 자리매김 하는 것이라고 국제 자산 목표

(International Equity Goals)는 말했으며, 국가 브랜딩은 해외직접투자 유입의 잠재력을 가진 것으로 인식되었다(Osei & Gbadamosi, 2011). 해외직접투자 유입을 늘리기 위해 브랜드 가나는 정부 기관들 및 다른 파트너들과 긴밀한 협의를 진행한다. 예를 들어, 브랜드 가나와 GIPC는 사실 공동 조직으로 볼 수 있다. GIPC가 대통령실 바로 밑에 존재하며, 브랜드 가나 오피스는 국가의 대통령과 장관들을 포함하기 때문이다. 두 기관의 최고 경영자는 가나의 대통령에 의해 임명된다. 아래의 내용들은 해외직접투자를 유치하고 유지하기 위한 두 기관들의 전략을 살펴본 것이다.

브랜딩과 해외직접투자를 위한 가나의 경험

GIPC의 CEO대행은 2013년 3분기 보고서에서 투자를 유치하고 유지하기 위한 그들의 전략들의 세 가지 주요 요소 중 하나는 이미지 구축이라고 말했다. 가나의 '브랜드 아치(Brand Arch)' 체계는 투자자들을 위한 초청장으로 구성되어있다. 가나의 '특별한 환영(uniquely welcoming)'이라는 브랜드 표현은 브랜드 아치가 결국 어떻게 가나가 '환대, 기회, 안정성의 오아시스'라는 것을 투자자들에게 소구할 것인가의 문제와 맞닿아있다. 이 메시지는 GIPC 웹사이트에서 대통령의 사진이 보증하고 있는 '가나에 와서 투자하세요(come, invest in Ghana)'라는 초청장에서 다시 강조된다. 가나의 전략적 명령 중 하나는 투자를 위한 매력적인 환경과 거대한 가능성을 가지고 있다는 것을 제공하는 것이다. 여기서 가장 중요한 질문은 국가가 어떻게 이러한 주요 요인들을 제공하고 해외 투자자들이 신뢰할 수 있도록 커뮤니케이션 할 것인가에 대한 문제이다. 그리고 이러한 질문은 브랜드 신뢰의 개념으로 이어진다.

브랜드 신뢰

2014년 브랜드 가나의 CEO는 브랜드 가나에 대한 이야기는 다른 국가들에 비하여 신뢰할 수 있어야 하며, 매력적이고 차별화되어야 한다고 말했다. 또 그는 사이먼 안홀트(Simon Anholt)와 테베 이칼라펑(Thebe Ikalafeng)과 같은 국가 브랜딩 및 경쟁적 아이덴티티 컨설턴트들을 언급하면서, 광고는 국가에 대한 이해관계자들의 인상을 바꾸는 것에 거의 영향을 미치지 못한다고 주장했다. 이에 따라 가나는 가나인 뿐만 아니라 가나의 브랜드를 경험한 독립적인 개인이나 조직들과 같이 다양한 배경을 가진 사람들의 이야기를 사용하기 시작했다. 이들은 가나에서 살거나, 투자하거나, 투자 환경을 공부하거나 현재 국가에서 기회를 가진 사람들이었으며, 이들의 이야기는 충분한 신뢰도라는 브랜드 특성을 제공하기 위해 사용되었다.

이 중 하나의 이야기는 GIPC에 올라온 비디오로, 가나의 성공들을 집중 조명하고 아직 기회가 있다는 것을 강조하고 있다. 비디오의 제목은 '국가의 초상화(Portrait of a Nation) - 가나'였다. 이 비디오의 핵심은 브랜드 신뢰가 '당신이 우리를 믿지 못하면, 그들을 믿어라'라는 태도와 관련이 있다는 것이다. 이는 만약 정치가나 투자진흥청, 브랜드 가나 오피스 등의 이야기만을 전달한다면 꾸며낸 이야기라는 혐의를 받을 수 있다는 점을 의식한 것이다. 이런 경우 여론을 변화시키려는 노력의 효과가 의심스럽다. 이 비디오의 주연은 아이린 오도테이(Irene Odotei, 가나의 역사협회장) 교수와 나나 보아케 아사후-아자예(Nana Boakye Asafu-Adjaye, 가나국립석유회사 CEO), 코피 아난(Kofi Annan, 전 UN 사무총장), 버락 오바마(Barack Obama, 미국 대통령)와 같이 존경받는 개인이나 경제학자들,

애널리스트들이었다. 특히 이해관계자들이 이 비디오 캠페인이 해외직접투자나 관광에 실질적인 영향을 미칠 것으로 기대하고 있다는 점이 강조되었다.

또한 이 비디오는 국제 비즈니스 출판물이나 GPIC와 브랜드 가나의 웹사이트 및 기타 GPIC 프로모션 자료들에서 해외직접투자의 주요 결정요인으로 강조되었던 핵심 FDI 지표들을 강조한다. 주요 요인들은 다음과 같다.

경제 성장

국제 사회는 가나의 GDP 성장률에서 나타난 경제 성장률에 주목했다. 석유의 발견은 석유 산업뿐만 아니라 다른 산업들에서도 일자리를 창출했다. GPIC에 올라온 토드 모스(Todd Moss, 국제발전기구 선임연구원)의 비디오는 가나가 저소득 국가에서 중간 소득 국가로 변하고 있으며, 이에 따라 국가와 국제 사회가 성장하고 있다는 기대가 생겼다고 말한다. 따라서 가나는 인구의 구매력이 증가함에 따라 시장 지향적인 해외직접투자에 대한 기회를 제공한다.

정치적으로 안정된 국가로서의 가나

가나는 특히 서구권에 의해서 아프리카 민주주의의 불빛으로서 묘사되었다(Asare et al., 2012). 브랜드 가나 커뮤니케이션은 가나에서 정치적 힘을 얻는 유일한 방법은 투표함이라는 민주적 과정을 통하는 것이라고 분명하게 말한다. 국제발전기구의 토드 모스는 가나가 아프리카 전역의 민주주의를 강화하는 것 이상의 가치를 지녔으며, 이는 매우 중요한 차이점이라고 강조한다. 정치적 안정성을 기반으로 해외 기업들은 가나에 설립될 수 있으며, 가나를 또 다른 아프리카 국가들과 연결하는 허브로 사용할 수 있다.

천연자원의 이용가능성

해외직접투자 유치에 천연자원이 미치는 영향은 학술적 연구들에서 광범위하게 논의되었다. 이에 따라 가나는 주로 외화를 위해 수출되는 금이나 망간, 보크사이트, 다이아몬드 등의 천연자원 이용가능성을 강조한다. 또한 오도테이 교수는 석유의 발견을 독립이래로 국가에서 가장 중요한 사건으로 평가한다. 천연자원에 투자하는 것은 자원의 탐사와 추출에 직접적으로 관련된 해외기업들에게 기회를 제공할 뿐만 아니라, 파이프 유지, 기계 공급, 자문 서비스와 음식 공급 등의 보조 서비스들 관련 기업들에게도 기회를 제공한다.

관광 투자 기회

가나는 노예무역에 사용되었던 요새와 성들, 자연 공원, 폭포, 호수 및 전통 예술과 공예 등의 다양한 관광 명소를 자랑한다. 또한 외국인 투자자들이 현지 파트너들과 함께 이러한 가능성을 활용하고, 관광객들에게 접대시설들을 제공하는 기회가 존재한다.

이러한 기회들은 가나의 브랜딩에서 강조된 바 있다. 최근까지도, 가나 정부는 인센티브를 통해서 외국기업들에게 증가되는 수요들에 맞춰 가나 내에 호텔을 설립하도록 전략적으로 장려했었다. 홀리데이 인(Holiday Inn)이나 뫼벤픽(Mövenpick)과 같은 국제적인 브랜드들은 서로 다른 진입 방식을 통한 투자를 기반으로 이러한 이점들을 지속적으로 얻고 있다.

농업 기회

가나는 농업 및 농업 가공 분야에서 투자 잠재력을 지닌 것으로 여겨졌다. 가나가 수출하는 주요 농산물들 중 하나는 코코아다. 코코아에서 초콜릿 및 기타 제품들을 생산하는 국내외 회사들의 경험을 통해 투자자들은 농업가공 기회에 노출된다. 이러한 회사들 중 하나는 스위스에 본사를 두고 가나에서 운영되는 바리 칼리보(Barry Callebaut)이다. 바리 칼리보 가나의 관리감독인 로익 비아르두(Loic Biardeau)는 수출지향적인 투자 지원에 있어서 가나자유구역 위원회로부터의 적합한 인프라 및 투자 인센티브의 유용성을 강조했다. 가나가 강조하는 또 다른 기회들은 양질의 종자 및 농약, 장비 준비 및 설치와 같은 농업자재에 대한 투자이다.

인프라의 발전

가나의 투자자들이 직면한 주요 문제 중 하나는 신뢰할 수 있는 에너지 공급이 가능한가라는 점이다. 전기 공급이 항상 안정적이 않기 때문에, 몇몇 회사들은 대체로 비용이 많이 드는 대체 자원들 찾아야했다. 가나는 이미 이웃 나라들에 전기를 공급하는 수준에 올랐지만, 내부에서 사용되기에 충분한 양을 가진 것으로 보이지 않는다. 그러나 가나의 전기를 생산하는 볼타 강 당국(Volta River Authority)에 따르면, 현재 생산하는 전력을 두 배 이상으로 늘릴 가능성이 있으며, 지열과 태양열, 풍차 등의 다른 에너지원에 투자하고 있다. 신뢰할 수 있는 에너지의 공급이 투자자들에게 매우 중요하기 때문에, 에너지 상황을 개선하기 위해서 수행되고 있는 일들에 대한 커뮤니케이션만으로는 투자자의 인식 변화를 이끌어내기에 충분하지 않는다. 가나의 에너지에 대한 선입견은 투자자가 중대한 변화를 겪은 후에 바뀔 수 있다. GIPC의 프로모션 자료에서도 나타난 또 다른 주요 결정 요인은 교통 인프란 개선이다. 국가가 더 많은 해외직접투자를 유치하기 위해서는 인프라 확장을 지원해야 한다.

성공으로 가는 길

가나는 해외직접투자 유치에서 엄청난 성공을 거두었다. 2009년에 국가 브랜딩이 제도화되면서 해외직접투자 유입은 2011년에 6억 달러에서 70억 달러 이상으로 증가했다.

그러나 지난 몇 년 동안 등록된 신규프로젝트들의 가치는 거의 절반으로 떨어졌다(2013년 기준, 약 39억 4천만 달러). 2009년 이후의 해외직접투자 유치 및 유지의 모든 성공들이 의도적인 국가 브랜딩의 덕인지는 분명하지 않지만, 그 역할이 과소평가 될 수는 없다. 이는 특히 외국인 투자의 최전선에 있는 가나 정부기관이 해외직접투자 유치를 위한 국가의 경쟁적 정체성을 창출하는데 필수적인 이미지와 명성, 기회 구축의 역할을 일관되게 강조하기 때문이다. 이러한 브랜드 과정 및 약속들에도 불구하고, 해외 기업들은 가나라는 브랜드에 대한 이야기에 투자자가 식별하고 측정할 수 있는 구체적인 결과가 수반되는 경우에 해외직접투자 기회를 확신할 가능성이 크다. 이러한 접근 방식은 바람직한 결과를 위한 국가 브랜딩에서 외교와 PR을 분리하는 것에 큰 기여를 할 것이다.

참고문헌

Asare, S. D., Gopolang, B., &Mogotlhwane, O. (2012). Challenges facing SMEs in the adoption of ICT in B2B and B2C E-commerce: A comparative case study of Botswana and Ghana. *International Journal of Commerce and Management, 22* (4), 272-285.

Brand Ghana (2014) available: www.brandghana.org.gh(accessed 5 November 204).

Browning, C. S. (2016). Nation branding and development: poverty panacea or business as usual?. *Journal of International Relations and Development, 19* (1), 50-75.

Gavi, J. K. and Brenya, O.S. (2012) 'Ghana Identity Summit: In Search of a Brand Identity'. accessed from www.brandghana.org.gh, (accessed 29 October 2014).

Keller, K. L., Aperia, T., &Georgson, M. (2012). *Strategic Brand Management: A European Pespective*, 2nd edn, UK: FT Prentice Hall.

Osei, C., &Gbadamosi, A. (2011). Re-branding Africa. *Marketing Intelligence &Planning*, 29 (3), 284-304.

요약

본 장은 원산지 분야와 관련된 중요한 주제들을 살피고, 이들을 국가 브랜딩이라는 맥락에 접목시켜 보았다. 원산지 효과는 그것이 제품이든 서비스든 또는 국가 전체이든 상관없이 브랜드에 대한 태도와 행동에 영향을 미칠 수 있다. 원산지에 대한 인식은 시간이 흐르면서 변할 수 있으며, 그러한 변화가 바람직한 방향으로 발전할 수 있도록 하는 것이 국가 브랜딩 전략을 세우는 사람들이 해야 할 몫이다.

논의할 점

1. 국가 브랜딩 정책 입안자들은 소비자 행동 연구로부터 무엇을 배울 수 있는가?
2. 부정적인 원산지 편견과 싸우는 것이 가능한가? 부정적인 원산지 인상을 성공적으로 극복한 국가의 사례들을 제시하고, 이러한 성공들이 어떻게 가능했는지 논하라.
3. 본 장의 실무자 관점은 새롭게 시작된 'Made in Russia' 프로젝트를 설명한다. 해당 프로젝트가 얼마나 성공적일 것이라고 생각하는가? 그리고 그 이유는 무엇인가?
4. 해외직접투자를 유치하기 위한 가나의 국가 브랜딩 전략의 강점과 약점을 평가하라(본 장의 사례연구 참고).

참고문헌

Acton, M.(2007) Fuel for thought. Brand Strategy, April, 54–55

Al-Sulaiti, K. I., &Baker, M. J. (1998). Country of origin effects: a literature review. *Marketing Intelligence &Planning, 16* (3), 150-199.

Amine, L. S., &Chao, M. C. (2005). Managing country image to long-term advantage: The case of Taiwan and Acer. *Place Branding, 1*

(2), 187-204.

Askegaard, S., &Ger, G. (1998). Product-country images: towards a contextualized approach. *ACR European Advances* .

Beverland, M., &Lindgreen, A. (2002). Using country of origin in strategy: The importance of context and strategic action. *Journal of Brand Management, 10* (2), 147-167.

Burgess, S. M., &Harris, M. (1999). Social identity in an emerging consumer market: How you do the wash may say a lot about who you think you are. *ACR North American Advances* .

Chao, P., Wührer, G., &Werani, T. (2005). Celebrity and foreign brand name as moderators of country-of-origin effects. *International journal of advertising, 24* (2), 173-192.

Darling, J. R., &Puetz, J. E. (2002). Analysis of changes in consumer attitudes toward the products of England, France, Germany and the USA, 1975-2000. *European Business Review, 14* (3), 170-183.

Dinnie, K. (2004). Country-of-origin 1965-2004: A literature review. *Journal of Customer Behaviour, 3* (2), 165-213.

Dornoff, R. J., Tankersley, C. B., &White, G. P. (1974). Consumers' perceptions of imports. *Akron Business and Economic Review, 5* (2), 26-29.

Fiske, J. (2010). *Introduction to communication studies,* New York: Routledge.

Florek, M., &Conejo, F. (2007). Export flagships in branding small developing countries: The cases of Costa Rica and Moldova. *Place Branding and Public Diplomacy, 3* (1), 53-72.

Hamin, K. Elliott. G.(2006). A Less-Developed Country Perspective of Consumer Ethnocentrism and "Country–of-Origin" Effect: Indonesian Evidence. *Asia Pacific Journal of Marketing and Logistics, 18* (2), 79-92.

Jean Harrison-Walker, L. (1995). The relative effects of national stereotype and advertising information on the selection of a service provider: an empirical study. *Journal of Services Marketing, 9* (1), 47-59.

Jaffe, E. D., &Nebenzahl, I. D. (2001). *National Image and Competitive Advantage; The Theory and Practice of Country-of-Origin Effect,* Denmark: Copenhagen Business School Press.

Javalgi, R. G., Cutler, B. D., &Winans, W. A. (2001). At your service! Does country of origin research apply to services?. *Journal of Services marketing, 15* (7), 565-582.

Kotler, P., &Gertner, D. (2002). Country as brand, product, and beyond: A place marketing and brand management perspective. *Journal of brand management, 9* (4), 249-261.

Kwok, S., Uncles, M., &Huang, Y. (2006). Brand preferences and brand choices among urban Chinese consumers: An investigation of country-of-origin effects. *Asia Pacific Journal of Marketing and Logistics, 18* (3), 163-172.

Lampert, S. I., &Jaffe, E. D. (1998). A dynamic approach to country-of-origin effect. *European Journal of Marketing, 32* (1/2), 61-78.

Laroche FRSC, M., Papadopoulos, N., Heslop, L., &Bergeron, J. (2003). Effects of subcultural differences on country and product evaluations. *Journal of Consumer Behaviour: An International Research Review, 2* (3), 232-247.

Lenartowicz, T., &Roth, K. (2001). Does subculture within a country matter? A cross-cultural study of motivational domains and business performance in Brazil. *Journal of International Business Studies, 32* (2), 305-325.

Lotz, S. L., &Hu, M. Y. (2001). Diluting negative country of origin stereotypes: a social stereotype approach. *Journal of Marketing Management, 17* (1-2), 105-135.

Lyons, W. (2005). Clear winner. *Scotland on Sunday,* Food & Drink, 30

October, 22.

Mick, D. G. (1986). Consumer research and semiotics: Exploring the morphology of signs, symbols, and significance. *Journal of consumer research, 13* (2), 196-213.

Morris, C. (1946). Signs, language and behavior, New York: Prentice Hall.

Mortimer, R. (2007). Card of conscience. *Brand Strategy*, 20-3.

Nes, E. B., Yelkur, R., &Silkoset, R. (2014). Consumer affinity for foreign countries: Construct development, buying behavior consequences and animosity contrasts. *International Business Review, 23* (4), 774-784.

Niss, H. (1996). Country of origin marketing over the product life cycle: A Danish case study. *European Journal of Marketing, 30* (3), 6-22.

Oberecker, E. M., &Diamantopoulos, A. (2011). Consumers' emotional bonds with foreign countries: Does consumer affinity affect behavioral intentions?. *Journal of International Marketing, 19* (2), 45-72.

Ofir, C., &Lehmann, D. R. (1986). Measuring images of foreign products. *Columbia Journal of World Business, 21* (2), 105-108.

Papadopoulos, N., &Heslop, L. (1993). Product and country images: Research and strategy. *The Haworth Press, New York, NY* .

Park, C. W., Eisingerich, A. B., &Park, J. W. (2013). Attachment–aversion (AA) model of customer–brand relationships. *Journal of Consumer Psychology, 23* (2), 229-248.

Pasquier, M. (2008) 'The Image of Switzerland: Between Clichés and Realities', 79-84, in Dinnie, K., *Nation Branding – Concepts, Issues, Practice,* 1st edn, UK: Butterworth-Heinemann.

Peterson, R. A., &Jolibert, A. J. (1995). A meta-analysis of country-of-origin effects. *Journal of International business studies, 26* (4),

883-900.
Roll, M. (2006) *Asian Brand Strategy: How Asia Builds Strong Brands,* US: Palgrave Macmillan,
Roth, M. S., &Romeo, J. B. (1992). Matching product catgeory and country image perceptions: A framework for managing country-of-origin effects. *Journal of international business studies, 23* (3), 477-497.
Schooler, R. (1971). Bias phenomena attendant to the marketing of foreign goods in the US. *Journal of international business studies, 2* (1), 71-80.
Shimp, T. A. (2003) *Advertising Promotion and Supplement Aspect of Integrated Marketing Communication*, 6th edn, US: Thomson South-Western.
Shimp, T. A., &Sharma, S. (1987). Consumer ethnocentrism: Construction and validation of the CETSCALE. *Journal of marketing research*, 280-289.
Smith, S. (2007) 'Building the brands we love', *Brand Strategy*, March, 47-49
Thakor, M. V. and Kohli, C.S. (1996). Brand origin: conceptualization and review. *Journal of consumer marketing, 13* (3), 27-42.
Usunier, J. C. (2006). Relevance in business research: the case of country-of-origin research in marketing. *European Management Review*, *3* (1), 60-73.
Verlegh, P. W., &Steenkamp, J. B. E. (1999). A review and meta-analysis of country-of-origin research. *Journal of economic psychology, 20* (5), 521-546.
Verlegh, P. W., Steenkamp, J. B. E., &Meulenberg, M. T. (2005). Country-of-origin effects in consumer processing of advertising claims. *international Journal of Research in Marketing, 22* (2), 127-139.

Zafar, U.A., Johnson, J. P., Yang, X., Kheng Fatt, C., Sack Teng, H., &Chee Boon, L. (2004). Does country of origin matter for low-involvement products?. *International Marketing Review, 21* (1), 102-120.

제5장 국가 브랜딩과 국가 정체성

Key Point

- 국가 정체성 분야의 핵심 개념은 '상상의 공동체'와 '만들어진 전통'으로서 국가를 포함한다.
- 언어와 문학, 음악, 스포츠, 건축 등과 같은 국가 정체성의 구성요소는 국가의 정신을 상징한다. 때문에 국가 브랜딩은 마케팅이나 브랜딩 또는 광고 전문가에게 맡겨두기에는 광범위한 과제다.
- 공공외교는 정부가 해외 인구들에게 다가가는 것을 포함한다. 이를 위한 핵심 방법은 '소프트 파워' 투사 형태의 문화적 프로그램들의 프로모션이다.

개론

국가 정체성은 국가 브랜딩에서 중요한 역할을 한다. 국가 정체성의 핵심 특징들을 이해하고 파악하는 것은 국가 브랜딩 활동을 전개해 나가는 데 있어서 필수 조건이다. 또한 국가 브랜드의 본질은 그 나라의 기업과 브랜드들뿐 아니라 넓은 의미에서의 문화, 즉 언어나 문학, 음악, 스포츠, 건축 등 한 국가의 정신을 구현하는 모든 것으로부터 파생된다. 따라서 국가 브랜딩은 마케팅이나 브랜딩 또는 광고 전문가에게만 맡겨두기에는 광범위한 과제이다. 심오하고 진정한 국가 브랜드는 국가의 많은 특징과 문화 표현을 담아야 한다. 그렇지 못하면 브랜드는 경박하고 피상적으로 인식되고, 국가의 진정한 대표성을 갖지 못한다. 한 국가의 브랜딩은 단순한 제품 브랜딩과는 다르다. 제품의 경우 대부분 실제적인 차이가 없는 경쟁 제품들이 그럴듯하게 꾸며지고, 거짓된 차별화를 기반으로 광고가 이루어진다.

반면, 국가 브랜드는 국가의 문화라는 진실에 뿌리를 두고 있는데, 이는 브랜드가 바라는 가장 진실하고 순수한 차별성이다.

자신들의 국가가 아닌 다른 국가들에 대해 사람들이 가지고 있는 제한된 지식은 무관심이나 압도적인 부정적 고정관념으로 외부 관찰자가 국가의 진정한 정체성을 인식하지 못하는 일종의 해로운 '정체성-이미지 격차(identity-image gap)'가 된다. 정체성과 이미지 격차는 영화에 나타난 적나라한 모습 등과 같이 아주 사소한 것으로 인해 악화된다. 이와 관련해서, 카자흐스탄은 2006년 영화 보랏(*Borat*)으로 가장 심각한 희생자가 되었다. 한편 슬로바키아도 2005년 공포 영화 호스텔(*Hostel*)로 인해 어느 정도 섬뜩하고도 불길한 묘사를 감수해야만 했다. 이런 경우, 피해를 줄이려는 홍보 활동은 단기적인 성과만 가져온다. 하지만 장기적인 관점에서 국가의 문화와 정체성에 대한 보다 전략적인 홍보를 펼쳐나감으로써 기존의 손상된 정체성을 바로잡고 벌어졌던 이미지 격차를 줄여나갈 수 있다. 국가 브랜드와 국가적 문화 사이의 관계가 갖는 중요성은 쿠바치와 스키너(Kubacki & Skinner, 2006)의 연구에서 설명되었다.

이 장에서는 국가 브랜딩의 개념과 실천에 필요한 국가 정체성의 주요 특성들을 살펴본다. 또한 국가 브랜딩과 관련해 국가 정체성이 가지는 의미를 설명하고, 국가 브랜드를 발전시켜야 하는 이유들을 논의하고자 한다. 최소한 9개의 학술 분야가 민족주의와 민족국가에 관한 이론들을 다룬 것으로 나타났다. 따라서 한 학술분야의 저자들이 다른 분야에 있어서는 해당 이론에 익숙지 않거나 중복되기도 한다(Treanor, 1997). 이들 학술분야에는 정치 지리학, 국제 관계학, 정치학, 문화 인류학, 사회심리학, 정치철학, 국제법, 사회학, 역사가 포함되어 있다. 문화적 정보를 바탕으로 국가 브랜드 개발에 적용할 수 있는 주요 국가 정체성 문제들을 다루기 위해 이러한 분야들을 다루고자 한다.

국가 정체성의 기본적 특성

국가 정체성의 기본적인 특성에는 다음과 같은 것이 포함된다. 고유의 영토 또는 모국, 공동의 신화와 역사적 사건들, 일반 대중문화, 모든 이들에게 해당하는 법적 권리와 의무, 모든 이들에게 해당하는 영토 내 이동이 보장된 일반 경제 등이다(Smith, 1991). 유럽연합 같은 지역 통합체가 행사하는 초국가적 법률의 영향력이 늘어남에 따라 마지막 두 개의 특성은 과거보다 국가적인 특성을 적게 보여준다. 그러나 고유의 영토와 공동의 신화, 역사적 사건들, 일반 대중문화는 여전히 큰 영향력을 행사하는 국가 정체성의 주요 특성들이다. 세계 무역장벽의 감소와 국경을 초월한 인터넷은 세계를 더욱 가까운 이웃으로 만들었다.

그러나 국가 정체성은 많은 사람들에게 정체성의 원천으로, 심오하고 정서적이며 정신적인 힘을 간직하고 있다. 예를 들어, 세계 스포츠 경기에서 보이는 국가 정체성에 대한 강렬한 긍지와 정서는 글로벌 시대에도 국가 정체성이 여전히 사람들에게 강력한 영향을 미치고 있음을 보여준다.

국가 정체성을 보여주는 시각적 표현물들은 우리 주변에 있다. 예를 들어 국기는 아마도 국가 정체성을 시각적으로 가장 분명하게 보여주는 표현이다. 국가 정체성에 대한 인식이 한 나라 국기의 디자인을 만들어내고, 원산지를 부각시키고 싶은 제품들은 한눈에 자신들을 알아보게 할 시각적 표현방법으로 이 국기를 사용한다. 여기서 발생할 수 있는 한 가지 문제점은 한 국가의 아무 브랜드나 포장과 마케팅 과정에서 국기 디자인을 마음대로 사용할 수 있다는 것이다. 고품질의 제품과 브랜드만이 브랜딩 과정에서 국기를 사용하도록 하는 것이 아주 불가능하지는 않겠지만, 이것은 어려운 일이 된다. 국가는 물론 기구를 만들어 자국의 제품과 서비스를 알기고, 회원 기업만이 사용하는 로고 또는 상표를 제작함으로써 자신의 국가 브랜드들에 대한 좋은 인식을 유지하게 한다.

국가 정체성을 보여주는 또 다른 시각적 표현물에는 군인 등의 단체 유니폼, 전통 의상, 건축 양식 등이 있다. 또한 국가정체성을 보여주는 음향적 표현물도 존재한다. 그 가운데 가장 먼저 손꼽히는 것이 한 나라의 국가(national anthem)이다. 또한 이 음향적 표현으로는 언어, 지역적 억양과 사투리, 남아프리카의 넬슨 만델라(Nelson Mandela)나 스코틀랜드의 숀 코너리(Sean Connery)와 같이 특정 국가와 밀접하게 연관 있는 유명인들의 목소리 등이 있다. 이들과 같이 아이콘화 된 유명인들은 위에서 국가 정체성의 본질적 특성으로 밝혀진 일반 대중문화의 한 요소다.

풍경도 국가 정체성을 보여주는 또 다른 강력한 시각적 표현물이라 할 수 있다. 예를 들자면, 후지 산과 멋진 피요르드 해안, 에어즈록(Ayers Rock)은 일본과 노르웨이, 호주를 훌륭하게 상징한다. 이런 종류의 독특하고 상징적인 풍경들은 수십 년 동안 국가 관광단체들에 의해 이용되어왔다. 따라서 결과적으로 국가 브랜딩에 있어 중요한 문제들 가운데 하나는 어떻게 하면 한 국가를 관광지로서만이 아니라, 안전하게 내부투자를 할 수 있는 곳, 고도의 신기술 제품들이 생산되는 곳으로 세상에 널리 알릴 수 있는가 하는 일이다. 신흥 국가들이 관광 잠재력을 충분히 발휘하지 못하는 상황에서 '시적인 공간 조성'이라는 개념–역사적으로 특정 공동체에 속한 신성한 영토의 식별(Smith, 1991)은 빠르게 성장하는 생태 관광 부문에서 지속 가능한 개발 의제의 일부로 채택 될 수 있다.

국가 정체성과 관련하여 가장 시급한 문제 중 하나는 문화적 다양성과 국가통합 사이에서 많은 나라들이 빈번하게 보이는 긴장감이다(Burgess & Harris, 1999). 예를 들어 러시아의 경우 국가를 건설하는 데 있어 가장 큰 어려움은 포괄적인 국민 정체성과 배타적 민족주의 정체성을 어떻게 잘 조화시킬까 하는 것이다(Tolz, 1998). 한 국가 내에서 문화적 단층이 엇갈릴 때, 사회·정치적 결과는 아주 참담한 것이 될 수 있다. 대신에, 한 국가 내의 문화적 다양성은 부담이 되기보다는 자산이 되고 인정받는다.

표 5.1 국가 정체성의 관점들

저자	국가 정체성의 관점
Smith (1991)	고유의 영토 또는 모국, 공동의 신화와 역사적 사건들, 일반 대중 문화, 모든 이들에게 해당하는 법적 권리와 의무, 모든 이들에게 해당하고 영토 내 이동이 보장된 일반 경제
Anderson (1991)	상상의 공동체로서의 국가, 심오한 수평적 관계
Tolz (1998)	국가 건설의 큰 문제는, 문화, 종교, 언어 같은 일반적인 특징들에 기초한, 포괄적 국민 의식과 배타적 민족주의 정체성을 국민정체성과 어떻게 조화시키느냐 하는 것이다.
Parekh (2000)	정체성은 불변의 것도 아니고, 얼마든지 새로 고칠 수 있는 것도 아니다. 바뀔 수도 있지만, 물려받은 헌법에 의해서, 또, 자기 인식이 부적합하다고 판단될 때 일정 범위 내에서만 변경이 가능하다.
Thompson (2001)	민족주의자들의 주장이나 일반적인 판단과는 반대로, 국가는 모든 사람들이 하나로 생각하고, 느끼고, 행동하는 단일 통합체가 아니다. 대신에, 각각의 사람들은 서로 교류하는 과정에서 국가와 국가 정체성에 대한 의미를 다양한 방식으로 깨닫게 된다.
Bond, McCrone & Brown (2003)	민족주의가 본질적으로 문화적이며, 정치적인 부분도 조금 있으나, 과거 지향적인 면이 많으며, 방어적이라는 평가를 뛰어넘으려 노력하라. 현재의 경제적 관점으로부터, 국가의 창조적 (재)건설과 관련된 자료를 연구하라.

따라서 이것은 국가 브랜드 활동에 참여하고 있는 개인이나 단체의 통제를 훨씬 벗어나있는 정치적 논쟁사항이다. 그러나 국가 브랜드 팀은 국가 브랜딩 활동 중에 발견한 특정 문화집단이나 인식을 포함시킬지, 배제 시킬지와 관련된 정치적 부분들에 민감해야 한다. 문화의 상품화에 대한 정치적 진보집단의 비판과 이와 마찬가지로 국가의 유산과 역사에 대한 무관심과 경시에 비롯된 정치적 보수 집단의 비판 때문에, 일시적이었던 '쿨 브리타니아(Cool

Britannia)' 캠페인은 국가 브랜딩 전략을 수행함에 있어 일부 정치인들을 신경과민으로 만들 수도 있다. 따라서 포괄적인 이해관계자적 접근법이 정치 스펙트럼의 양끝으로부터 나오는 반대 의견들을 극복하고 한 국가의 문화적 다양성을 국가 브랜딩에 통합시킬 수 있는 최선의 방법이다. 국가의 다양한 문화집단들과 함께 상의하고 숙고하는 과정을 거치지 않고 위로부터 그대로 전달된 캠페인은 국민들의 공감을 얻을 수 없다.

한편, 비교분석을 용이하게 하고 효과적인 의사결정을 내리며 객관적으로 국가 정체성을 평가할 수 있는 측정법을 만들기 위한 노력이 계속되고 있다.

이런 측정법은 국가 정체성이 다른 문화와 확연히 구별되는 하나의 특정한 문화의 '의미들의 집합'을 포함하고 있다는 것에 근거한다. 또한 이 측정법은 문화적 동질성, 신념 구조, 국가유산, 그리고 자민족중심주의라는 국가 정체성의 네 가지 주요 구성요소들을 밝히고 있다(Keillor & Hult, 1999). 이 측정법은 국가 정체성의 유사점들과 차이점들이 향상된 마케팅 결정에 도움을 주도록 고안되었다. 몇몇 학자들은 측정법을 제시하기도 했다. 회원 자격(한 사람의 가치나 내부집단에 대한 기여. 이 경우에 내부집단은 국가다), 사적 부분(내부집단의 가치에 대한 한 사람의 견해, 공적 부분(해당 집단에 대한 다른 사람들의 견해), 정체성(자아상에 대한 내부집단 회원의 기여), 그리고 비교(내부집단이 관련 외부집단, 즉 다른 국가들과의 비교에서 어떻게 평가되고 있는가)가 다섯 가지 측정법이다(Lilli & Diehl, 1999). 이 측정법은 사회 심리학 이론의 원리들에 기반하고 있으며 브랜딩이라는 상황에서도 적용될 수 있다.

국가 정체성 측정법이 국가 브랜드 발전 및 커뮤니케이션과 관련하여 어느 정도 유용한 시각을 제공하지만, 국가 정체성은 단지, 전반적인 개인의 정체성을 형성하는 정체성의 한 형태일 뿐이다. 또한 각 개인의 자아분류는 정체성에 있어 사회적, 초국가적, 개인적 원천에 근거를 둔다. 그리고 이들 각각의 정체성 원천의 특징은 사회적 상황에 따라 변할 수 있다(Burgoyne & Routh, 1999). 우연적(contingent) 자아분류의 개념은 개인으로부터 확대되어 국가 차원에 적용될 수 있다. 그럼으로써 국가는 상황에 따라 그들 정체성에 적합한 자아분류측면을 부각시킬 것이다. 예를 들어, 북아일랜드는 아일랜드 친화적 시장에서는 '아일랜드산'으로, 영국 친화적 시장에서는 '영국산'으로 그 스스로를 마케팅 함으로써 이런 전략을 사용해왔다(Gould & Skinner, 2007).

마찬가지로 국가 브랜드가 제품/서비스 분야라는 넓은 영역을 다루는 방식으로 스스로를 효율적으로 브랜드화 하려는 국가는 그것이 경쟁하고 있는 지리적, 사회적 환경에 따라 자신의 정체성을 '맞춤화'해야 한다. 정체성에 대한 이러한 관점은 정체성을 정지되어 있고 고정된 것이 아니라 만들어질 수 있는 유동적인 것으로 보고 있다. 그러나 한 사람 또는 한 국가의 정체성이 공백상태가 아니라면 이런 유동성에는 명백히 한계가 있다(Macdonarld, 1997; Higson, 1998).

국가 정체성의 개념을 경제적 맥락에서 유동적인 현상으로 볼 때, 본드와 동료들(Bond et al., 2003)은 경제를 다루는 사람들이 현재의 경제적 목적을 위해 국가 정체성을 동원함에 있어 국가의 과거가 계속 강력한 영향을 미친다고 하였다. 또한 그들은 현재의 정체성을 수립해 나가는 한편으로 국가 정체성이 가지고 있는 역사적 영향력은 계속 중요하다는 것을 인식해야 하는데, 이것은 네 가지 과정을 통해 이루어지고 있다고 설명한다. 첫째는 '반복(reiteration)'으로, 역사적으로 긍정적인 국가 정체성의 요소를 동원하는 것이다. 둘째는 '탈환(recapture)'으로, 문제들을 안고 있는 현실에서 과거의 성공을 다시 찾으려는 야망이다.

셋째는 '재해석(reinterpretation)'으로, 역사적으로 부정적인 요소들이 현재에는 장점들 또는 중립적인 것으로 제시된다. 넷째는 '거절(repudiation)'로, 재해석하는데 적당치 않은 부정적 요소들을 현재의 정체성 수립에서 제외시키는 것을 말한다. 정체성이 주어지는 것이라기보다는 수립되는 것이라는 개념은 국가 브랜딩 패러다임에 힘을 실어주고 있다. 한편, 편협한 정당정치의 목적을 위해 정부가 국가 정체성을 마음대로 조작하지 못하게 하는 것을 볼 때 주어지는 것으로서의, 또 끊임없이 재구성되는 것으로서의 정체성에 대한 개념은(Parekh, 2000) 정부가 국가 이미지 인식을 좋은 쪽으로 가다듬기 위해 국가 정체성의 특정한 측면을 이용하고 부각시킬 수도 있음을 시사한다.

상상의 공동체(imagined community)로서의 국가

국가 정체성과 관련하여 더욱 주목할 만한 개념은 앤더슨(Anderson, 1991)이 제안한 국가를 하나의 '상상의 공동체'로 본 개념이다. 앤더슨에 따르면 국가는 하나의 사회로서 '상상된' 것이다. 이는 가장 작은 국가의 구성원들조차 국가 구성원들의 대부분을 알 수 없어 국가는 심오하고 수평적인 동료 관계로만 생각되기 때문이다. 카메론(Cameron, 1999) 또한 국가 정체성이 가지는 추상적 성격을 연구한 바 있는데, 그는 국가 정체성에 있어 신화의 역할을 중점적으로 살펴보고 있다. 카메론은 신화가 꼼짝없이 국가 정체성의 개념에 묶여 있으며, 국가에 대한 충성을 나타내기 위해 사람들이 사영하는 많은 상징물들은 그 상징물들에 대해 같은 의미를 부여하지 않는 또 다른 국가의 사람들과 공유되고 있다고 말한다. 또한 신화와 상징물들의 가치가 비록 실제보다는 마음속에 있지만, 우리의 심오한 심리적 반응이 우리의 태도를 지배할 수 있게 됨에 따라 국가의 신화와 상징물들은 실제적인 힘을 갖는 것이라고 설명한다. 그러나 핏톡(Pittock, 1999)은 국가를 '상상한다'는 개념이 어느 정도는 유용하지만, 아무런 의심 없이 이 개념을 받아들인다면 상상력이 뛰어난 작가들과 창조된 이야기들에 너무 많은 힘이 실리게 되고 국가사회가 간직하고 있는 실제의 경험과 공유된 전통은 무시된다고 주장하며 '상상의 공동체'라는 앤더슨의 개념에 대해 반대하는 입장을 보이고 있다. 다시 말해, 하나의 국가 브랜딩 캠페인을 개발할 때, 저 멀리 높은 곳으로부터 내려온 꾸며내진 이야기보다는 포괄적인 접근방법을 지지하게 만든다. 국가 정체성과 설화창조라는 문제는 학교에서 역사를 가르치는 문제와 관련해 논쟁을 확산시키며, 국가 정체성에 관한 논문을 쓸 때 가장 흥미로운 주제들 가운데 하나가 된다. 즉, 이는 명백히 '만들어진 전통'이라는 역설적인 개념이다.

만들어진 전통(Invented tradition)

국가 정체성을 다룬 논문들 가운데 이정표가 될 만한 것이 『만들어진 전통*The Invention of Tradition*』(Hobsbawn & Ranger, 1983)으로, 오래되어 보이거나 오래된 것이라고 주장하는 전통은 최근에 만들어지거나 하나의 사건에 기초하여 단시간에 문학적으로 꾸며냈다고 주장하는 여러 역사학자들과 인류학자들이 저술한 사례 연구 모음집이다.

이 책은 '오랜' 전통들이 사라져가는 급격한 사회변혁의 시대에 만들어진 전통들이 더욱 빈번하게 생겨나지만 전통의 '날조'를 목격하지 못한 시절과 장소는 없다고 주장한다. 즉, 어느 시대 어느 장소에서나 전통의 날조는 있어왔다. 만들어진 전통의 주된 목적은 사회적 결집과 집단적 정체성을 수립하고 상징화하려는 것이다. 따라서 만들어진 전통이 가지는 중요한 특징은 언급된 과거의 역사가 대부분 가짜라는 것이다. 날조된 많은 전통들이 가지고 있는 허구적 성격은 전통이 신빙성과 합법성이 부족하고 이미 자리를 잡은 사회질서에 도움을 주기 위해 창조되었다는 것을 근거로 비판을 받는다. 예를 들어, 스코틀랜드의 하일랜드(역자주: 스코틀랜드 북쪽 고산지방)에서 타탄 의상을 입는 전통의 날조는 계속해서 강력한 도전을 받아오고 있다(Finlay, 1994).

> "스코틀랜드의 타탄 문화(Tartanry)나 하일랜드 문화(Highlandism), 그리고 스코틀랜드의 시골에 대한 묘사들은 모두 스코틀랜드 정체성을 나타내는 것들이었다. 그러나 이들은 빠르게 도시화되고 산업화된 지금 사회의 실제 모습과는 거의 관계가 없다. 이 모든 것은 신화적 과거에 자리하고 있는 스코틀랜드의 상징적 표현물을 충당하기 위한 것이다. …(중략) 부르주아와 귀족계급이 이런 상징물들을 사실인 것처럼 퍼뜨렸기 때문에 역사 인식이 분명치 않았던 일반인들은 모호한 상태에서 신뢰성을 얻기 위해 그런 상징을 아무런 저항 없이 받아들였다. 그러나 엄격하고 과학적인 역사적 전통이 이렇듯 새롭게 치장한 정체성이 가짜임을 폭로할 수 있게 되었다."

스미스(Smith, 1991)는 추억에 대한 의식, 영웅들의 조각상, 기념식 등에 헌사 되는 모든 기념물들이 현재라는 형식을 빌려 새로이 창조되며, 추측과 느낌으로 집성된 과거로부터 의미와 정서적인 힘을 부여받는다고 지적하면서, 만들어진 전통이라는 문제에 대해 상세히 설명하고 있다. 그러나 피상적인 것이 가지는 위험성이 어느 정도는 존재하며 미디어가 유일한 정보의 원천일 때, 국가 이미지는 완벽한 미디어의 창조물이 된다는 주장도 나왔다(O'

Shaughnessy & Jackson, 2000). 이 같은 견해는 핏톡(Pittock, 1999)에 의해서 주장되는데 많은 사람들이 선전 담당자나 창의적인 예술가가 저지르는 사기극을 자신의 정체성의 일부로 받아들일 수도 있다고 생각함에 따라 국가를 날조한다는 개념을 비판하고 있다. 국가 정체성을 다루는 문제와 관련하여 근거가 충분한 이런 견해들은 국가 브랜딩 활동을 개발하는 데 있어 필요성을 인정받아야 한다. 출판의 자유를 가진 국가라면, 정부의 지원 속에 공공연히 전통의 날조가 이루어지는 상황을 미디어들이 허용하지 않을 것이다. 따라서 국가 브랜드 전략을 개발할 때에는 모든 영역의 공공, 민간 부문 이해관계자들을 포함시키는 것이 중요하다. 특히, 전통의 날조가 예측되고 있는 곳에서는 이런 식의 참여가 더욱 필요하다.

국가 정체성의 문화적 요소들

문화는 '가장 무형적인 것이지만 특정한 국민과 국가를 가장 잘 나타내 줄 수 있는 요소'로 묘사된다(Pant, 2005). 이렇게 한 국가의 문화는 국가 브랜드의 참된 본질을 구성하는 것으로 여겨진다. 국가 브랜드에 문화를 통합시키는 것은 단순히 진부하고 피상적인 광고·홍보 활동을 뛰어넘어 국가 브랜딩 활동을 고양시킬 수 있다. 국제 비즈니스와 특히 마케팅은 경제현상일 뿐 아니라 문화이며(Bradley, 2005), 국가 문화 내에서 무엇이 중요한가에 대한 인식은 한 국가 문화에 속해 있는 고객들의 마음을 움직일 복잡한 마케팅 요소를 계획함에 있어 국제 마케터들에게 유용하다는 주장이 있다(Muhlbacher et al., 1999). 따라서 이 부분에서는 국가 정체성이 가진 중요한 문화적 요소들에 대해 전체적으로 살펴보고자 한다. 이런 문화적 요소들에 대해 깊이 연구는 이 시점에서는 어려운 일이다. 목적에 있어 가장 중요 관심사인 국가 브랜딩 구성 과정과 이들 요소들을 연관지어볼 것이다. 표 5.2는 국가 정체성에 대한 다양한 문화적 관점을 보여주고 있다.

❧ 고맥락 문화와 저맥락 문화

문화를 분석할 때 잘 알려진 유용한 방법으로 고맥락과 저맥락 문화를 기준으로 하는 홀의 구분법이 있다(Hall, 1976). 홀의 말을 빌리자면, 일본이나 아랍, 중국과 같은 고맥락 문화에서는 간접방

표 5.2 국가 정체성에 대한 문화적 관점

저자	문화적 요소
Anderson (1991)	민족주의의 문화적 산물: 시, 산문, 소설, 음악, 조형 미술
McCreadie (1991)	국가 정체성 구성에서 언어의 역할
Hall (1976)	'고맥락'과 '저맥락' 문화 사이의 현저한 차이점
King (2000)	유럽 클럽 축구를 통해, 유럽의 도시와 지역들이 서로 경쟁하고 있음을 알 수 있다. 여기에서 우리는 유럽의 새로운 모습을 찾아볼 수 있다. 이 도시와 지역들은 국가라는 테두리를 벗어나, 새로운 초국가적 모체로 자리를 이동하고 있는 것이다.
Shulman (2002)	국가 정체성의 중요한 문화적 구성 요소에는, 언어, 종교, 다양한 전통들이 포함되어 있다.
Tuck 2003)	미디어는, 영국 국가 대표 럭비 팀의 위업을 묘사할 때, 특히 심하게 날조된 전통과 국가 정체성을 드러내줄 상징물들을 들먹인다.

식의 커뮤니케이션과 더불어 비언어적 표현과 간접적 심상을 해석하는 능력이 높이 평가된다. 반면에 영국이나 미국과 같은 저맥락 문화에서는 비언어적 행동은 종종 무시될 수 있기 때문에 전달자들은 더 명확한 정보를 제공해야 한다.

한편, 고맥락과 저맥락 문화들 사이의 또 다른 차이점은 이(異)문화 간의 커뮤니케이션과 관계에도 영향을 미칠 수 있다는 점이다. 예를 들어, 고맥락 문화 속에서는 관계가 비교적 오래 지속되는 경향이 있다. 약속은 글로 쓰이기보다는 구두로 이루어지고, 내부인과 외부인은 명백히 구분되고 문화양식은 뿌리 깊은 것으로서 변하는 데 오랜 시간이 걸린다. 하지만 저맥락 문화 속에서는 완전히 상반된 특성들이 나타난다(Mead, 2005).

개인주의 / 집단주의

문화를 뛰어넘는 정서적 호소의 영향을 연구한 아커와 윌리엄스(Aaker, & Williams, 1998)는 국가 정체성과 소비자 행동 요소들 간의 연결고리를 고찰했다. 서로 다른 문화 간 설득의 효과는 개인주의 문화와 집단주의 문화를 가로지르는 정서적인 호소의 효과를 비교함으로써 알아볼 수 있다. 이 두 학자는 자아중심적 감정들(예를 들어 자긍심과 행복)과 대비하여, 타자에 초점을 맞춘 감정들(예를 들어 공감과 평화로움)에 기대는 호소가 개인주의 문화(미국)의 구성원들로부터 더욱 호의적인 태도를 이끌어낸다는 것을 밝혀냈다. 반면에 타자중심적 감정과 반대되는 개념인 자아중심적 감정에 기대는 호소는 집단주의 문화(중국)의 구성원들에게 있어 더욱 호의적인 태도를 이끌어낸다는 것을 알아냈다. 이 학자들은 다소 놀랄만한 이런 결과를 설득과 호소로 만들어지는 새로운 사고의 형식이 태도를 조정하고 그것에 의해 개인적인 태와 인식에 관련된 반응들이 움직이게 되는 것이라고 설명하고 있다. 그러나 아커와 윌리엄스는 문화를 넘나드는 호소에 있어 감정이 가지고 있는 특별한 역할을 이해하기 위해서는 더 깊은 연구가 필요할 것이라고 말한다.

개인주의와 집단주의 문제는 비교문화 연구의 중심이 되며, 국가 정체성의 중요한 구성요소이다. 하지만 소비자 의사결정에 있어 개인주의와 집단주의 개념이 중심적 역할을 하는지, 아니면 단순히 도움을 주는 정도인지에 대해서는 의견이 갈리고 있다(Takano & Osaka, 1999). 다카노와 오사카는 개인주의와 집단주의 개념을 지지하는 사람들이 많은 국가적 차이점들을 열거했지만, 비슷한 종류의 이론을 연구하는 또 다른 이들은 국가 간의 차이점을 찾지 못했으며 최근의 메타 분석도 이 개념의 이론에 대한 전체적인 지원 방법을 찾지 못하고 있다고 말한다. 마찬가지로, 문화적 지식에서 비롯된 아주 추상적이고 일반적인 판단이 과연 타당한지에 대해서는 방법론적 차원과 개념적 차원에서 의문시되고 있다(Pong et al., 1997). 브릴리와 동료들(Briley et al., 2000)은 문화적 지식은 개인주의 대 집단주의 개념처럼 소수의 획일적인 구조들보다는 다수의 아주 특수한 구조들을 포함하고 있는 것으로 판단된다고 말하며 이런 견해에 동참하고 있다. 국가 브랜드 전략 개발과 관련해 생각해 볼 때, 각기 다른 차원의 개인주의/집단주의를 나타내고 있는 타겟 시장에 대해서는 각각에 맞는 전략이 마련되어야 한다. 변화하는 시장을 따라잡지 못하는 획일적인 국가 브랜드는 공감을 얻지 못하기 때문이다.

자민족중심주의

우수니어와 리(Usunier & Lee, 2005)에 따르면, 자민족중심주의의 개념은 20세기 초 '내부집단(한 개인이 일체감을 갖는 그룹)'과 '외부집단(그 그룹과 반대되는 그룹)'을 구별하기 위해 섬너(Sumner, 1906)가 가장 먼저 도입했다고 한다. 케일러와 헐트(Keilor & Hult, 1999)는 자민족중심주의 경향을 개인이나 사회가 자신들의 문화적 관점을 기준선으로 삼아 문화적 평가를 내리고 속성을 규정하는 것으로 설명한다. 자민족중심주의는 문화적으로 중심이 되는 가치와 행동들을 유지하는 것이 중요함을 일깨워주는데, 이것은 케일러와 헐트가 말하는 국가 정체성 구조에 포함되어 있다. 경제면에서 볼 때 자민족중심주의는 분명 필요하다. 세계 경제의 글로벌화와 현재 대부분의 제품과 서비스 분야에 존재하는 경쟁이 점점 더 심해지고 있다는 사실을 생각할 때 더욱 확실하다. 또한 자민족중심주의는 시장을 분할하는 데 유용하게 쓰일 수 있다. 예를 들어, 자민족중심주의 성향이 강한 소비자들에 대해서는 수입된 제품에 대한 태도와는 다르게 제품에 대해서는 호의적인 태도를 이끌어내도록 국내제품이라는 점을 부각시킨다. 케일러와 헐트가 위에 언급한 자민족중심주의 성향을 가진 소비자들의 문화적 관점을 이해하는 것은 국가 브랜딩 전략을 수립하는 데 유용하게 쓰인다.

언어

국가 브랜딩 커뮤니케이션의 틀을 만들 때, 관련자들에게 언어의 중요성을 확실히 인식시키는 것이 무엇보다 중요하다. 이는 브랜드의 원산지를 말해주고 있는 언어의 역할과 영향이 아주 크기 때문이다. 또한 어떤 한 언어 내에는 일상적 사회상황 속에서 사용되는 언어의 음색이나 음역이 존재한다. 이것은 커뮤니케이션의 자원이 다양하고 풍부하다는 것을 말해준다. 이로써 일반적으로 마케팅 전략과 국가브랜딩이 여기에서 비롯될 수 있다.

맥도널드(Macdonald, 1997)는 사회언어학이라는 이론적 관점에서 언어가 가지는 유연성과 융통성을 연구하였다. 사회언어학의 이론화는 우리가 고립상태에서는 어떤 하나의 단어나 억양의 의미를 이해할 수 없으며 언어에 대한 분석은 주로 언어 습관, 변주와 변화(예를 들어 억양의 변화), '음역', '코드'에 초점을 맞추고 있다는 이론을 뒷받침하기 위한 것이라고 말한다. 맥도널드에 따르면, 이런 습관은 각기 다른 단계의 중복과 전파를 통해 다양한 고유어의 영역을 형성하는데, 이것은 다양한 방식으로 접근되고 실현될 수 있다. 또한 누가 화자와 청자인지, 그들의 사회적 지위는 어떤지, 언어습관과 배경은 또 어떤지가 중요하다고 결론짓는다. 이러한 주요 특성들에 대한 연구는 마케팅 전략과 직접적으로 관련이 있다.

비록 '시장세분화'라는 용어가 맥도널드가 취한 사회학적 접근법에서는 사용되지 않지만, 마케팅이라는 관점에서 보자면 해당 용어가 의미하는 바는 다양한 청중과 이해관계자들을 향해 이야기할 때에는 이러한 방식을 이용하여 효과적인 마케팅을 수행해야 한다는 것이다.

또 다른 중요한 언어적 문제는 언어와 현실 사이의 문제를 어떻게 다루느냐 하는 것이다. 이와 관련해 언어학자 에드워드 사피르(Edward Sapir, 1929)는 다음과 같이 주장했다.

> "같은 사회 현실을 보여주는 것처럼 생각될지라도, 두 개의 언어는 결코 같은 것이 될 수 없다. 다른 사회들이 자리하고 있는 각각의 세계들은 명백히 별개의 세계들로서 단순히 서로 다른 라벨을 달고 있는 하나의 세계가 아닌 것이다."

언어학적 측면에서 본 이런 견해는 문화적인 사안들과 관련된 국가 브랜딩 커뮤니케이션이 글로 쓰여야 하며, 단순한 번역보다는 타겟시장 출신 전문가들의 충고를 바탕으로 틀을 만들어야 한다는 것을 의미한다.

문학

문학은 국가 정체성의 결정인자 또는 국가 정체성의 표현으로 간주될 수 있다. 소설, 시, 희곡을 비롯한 다양한 형태의 문학은 국가 정체성이 가지는 의미에 기여하고, 때로는 그 나라를 가장 잘 보여주는 표현물이다. 문학과 국가 브랜딩의 관계를 살펴보면, 문학은 의도하지 않은 방식으로 국가가 가지고 있는 특정 이미지를 사람들에게 심어줄 수 있다는 데에 그 의미가 있다. 하지만, 이 이미지는 국가 관광청 같은 공식기관들이 바라는 이미지와 맞을 수도 있고 그렇지 않을 수도 있다.

콜롬비아 작가 가브리엘 가르시아 마르케스(Gabriel Garcia Marquez)의 매혹적인 현실주의 작품들과 페루 작가 마리오 바르가스 르로사(Mario Bargas Llosa)의 소설, 일본 작가 무라카미 하루키의 최면에 걸린 듯 빠져들게 만드는 소설, 이 모든 문학작품들은 그것이 얼마나 독창적이냐를 떠나 브랜딩 활동을 통해 얻어질 수 있는 그 어떤 것들보다 한 국가 지니고 있는 문화와 영혼을 더 깊고 풍부한 방식으로 접하도록 도와준다. 국가 브랜딩과 관련하여 문학이 가지는 의미는 두 가지다. 첫째, 문학은 국가 문화전략의 일부로 지원되어야 한다. 이러한 사례는 뉴욕의 독일 도서청(現 프랑크푸르트 북 페어)과 뉴욕 및 시카고의 괴테 어학원, 그리고 뉴 북스 인 저먼(New Book in German)이라는 잡지가 엄선된 독일 문학들의 번역을 위한 제공한 것에서 찾을 수 있다. 둘째, 담당기관을 설립해서 그 나라의 문학작품들이 세계무대에서 영향력을 발휘할 때 국가의 다른 분야에서는 관광과 브랜드 수출품을 활성화하기 위한 다양한 행사를 마련함으로써 이로부터 이득을 얻어야 한다. 다시 말해, 이런 일을 담당하는 기관이 없다면 시너지 기회는 물거품처럼 사라지고 만다.

음악

국가 정체성의 중요한 요소인 음악은 국가 브랜드 전략에서 충분히 활용되지 못했었다. 일부 국가는 큰 잠재력을 가진 음악이 긍정적이고 경쾌한 방식으로 국가 정체성을 나타내는 것을 잘 알고 있었다. 예를 들어, 스코틀랜드의 독특한 민속음악은 지난 수십 년 동안 보다 현대적인 음악양식들과 융화되었는데, 이는 스코틀랜드의 브랜딩에 잠재적으로 강한 영향을 미친 것으로 보인다. 또한 이는 스코틀랜드의 제품과 서비스의 브랜딩과 관련해 이해관계자가 되는 관련 기관들의 주목을 받기 시작했다. 예를 들면, 최근 스코틀랜드 기업들의 극동지역 대상 수출 활동은 스코틀랜드의 포크-퓨전 밴드인 슈글레니프티(Shooglenifty)를 포함시켰다. 이들의 음악은 전통적인 스코틀랜드 풍의 음악 요소와 더불어 세계무대에서 스코틀랜드의 다른 분야에 대한 관심도 이끌어낼 수 있도록 세계적 취향과 참신함을 함께 담고 있다. 디바인(Devine, 1999)은 디콘 블루(Deacon Blue)와 프로클레이머(Proclaimers), 런릭(Runrig) 같은 록 밴드는 분명히 스코틀랜드 스타일이지만, 자신들의 음악을 저 멀리 해외 청중들에게까지 전할 수 있다고 말한다. 런릭은 점점 자신들의 국가 정체성에 자신감을 갖게 된 스코틀랜드의 젊은 세대를 향해 특별한 경우 게일(Gaelic) 문화를 노래했고 보통의 경우엔 스코틀랜드적인 것을 노래했다. 현재의 많은 스코틀랜드 음악에 있어 분명히 보이는 전통과 현대의 활발한 융합을 국가 브랜딩 전략에 통합시키지 않는다면, 기회를 낭비하는 일이 된다. 또한 이것이 정부 투자 기관의 소관이 되는지, 민간 분야가 되는지, 아니면 다른 종합 기관의 소관이 되는지도 중요한 문제다. 창의적인 일을 하는 다른 이들과 마찬가지로 음악인들은 특정한 형태의 형식에 얽매이는 것을 싫어한다. 따라서 음악적 브랜딩 전략에 대한 이론은 분명하게 설명되어야 하며 가벼운 터치의 정책이 사용되어야 한다.

❧ 음식

국가 정체성을 구성하는 여러 요소들 가운데, 음식보다 국가를 더 잘 표현할 수 있는 것은 없다. 이는 최근 몇 년 동안 음식 관련 국가 홍보 활동이 부쩍 증가한 사실을 통해서도 알 수 있다. 이 같은 홍보 활동은, 국가적 차원 또는 지역적 차원에서 이루어진다.

❧ 스포츠

커다란 열정을 불러일으키는 스포츠는 국가 정체성 측면에서도 중요한 요소다. 예를 들어 브래들리(Bradley, 1995)는 스페인이 지역적으로 또 민족적으로 자신의 정체성을 나타내는 다른 많은 중요한 특성들을 가지고 있지만, 축구는 아직까지 사회 내에 존재하는 큰 다양성들을 보여주는 상징이라고 했다. 바르셀로나, 아슬레티코 빌바오, 레알 마드리드 등의 축구 클럽들은 과거 어느 때보다도 스페인 사회 내에서 민족적, 문화적, 국가적 정체성과 차별성을 보여주는 열린 매체일 뿐 아니라 이에 대한 상징과 관심이 되고 있다.

일부 국가들에서도 축구는 국가 정체성이 가지는 의미에 기여하고 있는 인기 스포츠다. 한편, 또 다른 국가들에서는 다른 스포츠가 같은 기능을 수행하고 있다. 예를 들어 뉴질랜드 같은 나라에서는, 올 블랙스(All Blacks) 럭비 팀이 국가 자존심의 상징이 되고 있다. 1990년대 중반, 프로 럭비가 탄생함에 따라 뉴질랜드 럭비연맹은 국가 럭비 팀인 올 블랙스가 지닌 '브랜드 가치'를 세상에 알리기 위해 광고회사 싸치 앤 싸치(Saatchi & Saatchi)를 고용했다. 싸치 앤 싸치는 하나의 스포츠 팀인 올 블랙스를 우수성, 겸손, 팀워크, 전통과 같은 뉴질랜드의 가치들을 표현하는 수단이 되게했다(Motion et al., 2003). 영국의 경우에도 럭비연맹과 국가 정체성 간의 관계를 조사한 비슷한 연구가 존재한다. 턱(Tuck, 2003)에 의해 수행된 이 연구는 영국 미디어가 영국 국가 럭비 팀의 성과를 알리기 위해 많은 이미지들을 사용했다고 밝혔다. 또한 영국 미디어는 불독 정신과 앵글로 색슨 기질 같이 전통적인 영국인 상을 나타내기 위해 전통을 만들고 잘 꾸며내진 상징을 이용했다. 정체성 건설과 관련한 스포츠의 역할을 보여주는 또 다른 예는 카리브해 국가들이다. 1950년대 후반에서 1960년대 초반까지 크리켓이 흑인 민족주의와 카리브 해 사람들의 정체성, 반 식민주의 투쟁을 상징하는 연결 고리로써 또 카리브 해 국가들의 성장과 국가 유대감을 강력히 표현하는 수단으로써 사용되었다(James, 1963).

올림픽 게임이나 FIFA 월드컵 같은 세계적 스포츠 행사를 개최하는 일은, 세계무대에 한 지역을 효율적으로 알리고 재인식 시키는데 유용하게 사용되어 왔다(Jun & Lee, 2007). 스포츠를 국가 브랜딩에 통합하는 일은, 비교적 드문 방식으로 여겨지고 있다(Rein & Shields, 2007).

건축

헤스(Hess, 2000)는 국가 정체성 수립에 건축이 어떻게 이용되는가에 대해 말한 바 있다. 헤스는 가나의 수도 아크라의 건축과 공간

구성에서 의식적으로 관리되고 있는 국가 이념과 건축 간의 관계를 살펴볼 수 있다고 설명했다. 또한 식민지 이후 가나 행정부가 진행한 식민지 건축물의 재건축은 건축의 현대화 채용과 도시 환경의 재개념화와 더불어 '국가'라는 차별적인 개념을 발전시킨 것이라고 주장한다. 의식적으로 관리해야 할 국가 이념을 추구함에 있어 건축을 이용한 것은 헤세가 말한 식민지 이후의 정체성 수립이라는 맥락에서 이해할 수 있다.

❧ 태도와 국가별 고정관념

국가 정체성을 다룬 논문과 원산지를 다룬 논문 사이에서 개념적인 중복을 보이는 부분은 바로 고정관념이다.

국가는 보통 부정적인 고정관념을 가진 경우가 많다. 국가 브랜드를 개발하려는 주된 목적은 국가의 부정적인 고정 관념과 맞서기 위한 것이다.

고정관념은 사회학에서는 특정 집단이나 특정 계층의 사람들에 대한 왜곡된(보통은 편파적인) 시선이란 의미로 사용된다. 이 같이 왜곡된 시선은 어떠한 경우에도 변하거나 수정되기 어렵다(O' Shaughnessy & Jackson, 2000). 국가 역시 긍정적이거나, 또는 부정적이며 때로는 중립적인 고정 관념을 가진다. 이런 고정 관념은 국가가 원하지 않더라도 특정 제품에 영향을 미친다(Elliott & Cameron, 1994).

문화 상품은 국가의 고정 관념을 결정짓는 중요한 요소가 된다. 국가의 고정 관념에 대한 한 연구에서 힉슨(Higson, 1998)은 한 국가의 고정 관념이 계획된 것이든 우연이든, 다양한 방식을 통해 만들어질 수 있다고 설명한다. 영화와 같은 문화 상품은 한 국가가 어떤 식으로 인식되는지에 큰 영향을 미칠 수 있다. 힉슨은 영국 내 시장이 영국 영화에 대한 비용을 충당할 만큼 크지 않기 때문에 영국 영화는 항상 세계 시장을 염두에 두고 만들어지는데, 불가피하게 국가 정체성이 표현되는 방식에도 영향을 미친다고 하였다. 또한 이런 영화들은 손쉬운 캐릭터와 정체성 형성을 위해서 고정관념화를 사용한다. 그럴듯해 보이는 고정관념화가 소비자 행동이나 국가 이미지에 대한 인식에 영향을 미치는가는 확실하게 국가 브랜드 개발의 영역과 관련이 있다.

한편, 국가 정체성을 표현하기 위한 매개체로서의 박물관들의 역할은 맥린과 코크(McLean & Cooke, 2000)에 의해 연구되었다. 이 두 사람은 무엇인가를 보여주는 장소로서의 박물관은 국가 이미지를 생산하고 소비하는 중요한 공간이라고 말했다. 박물관이라는 것에 초점을 맞추어 이 두 학자는 국가의 설화는 물질문화를 수집하고 해석하며 전시하는 일과 박물관이라는 공간, 그리고 방문객들 간의 소통 등을 통해 만들어진다고 한다. 앤더슨(Anerson, 1991)은 국가가 이런 설화를 만들어 내는 것은 공평한 활동이 아니며, 박물관과 '박물관에 불어넣어지는 상상력(museumising imagination)' 모두 다분히 정치적인 것이라고 강조한다. 따라서 국가 정체성을 알리는 것과 관련해 생각해 볼 때, 박물관이 맡고 있는 중요한 역할은 국가 브랜딩 활동 개발에 있어 분명 인정을 받아야 한다.

마케팅에 있어 소비자의 태도와 국가가 지닌 고정 관념의 관계는 다소 복잡하다. 파파도플러스와 동료들(Papadopoulos et al., 1990)은 한 국가의 사람들에 대한 고정 관념은 제품과 관련된 것으로부터 발생하며(예를 들어, 헝가리 사람들은 일본 제품을 근거로 해서 일본인들까지도 믿을 만하고 호감이 가는 사람들로 보았다), 또 한편으로 고정 관념은 제품에 적용된 한 사람의 이미지로부터 생겨난다(예를 들어, 당시 헝가리 내에서 스웨덴 제품들은 거의 없는 상태였는데 헝가리 사람들은 스웨덴 제품들을 미국 제품들만큼 높이 평가했다). 이런 복잡한 상황에 대해 사람들이 특정 속성들을 삭제하거나 재조정하기 때문에 한 국가가 일관된 이미지를 가지는 데에는 어려움이 있다고 오셔네시와 잭슨(O'Shaughnessy & Jackson, 2000)도 언급한 바 있다(스위스가 지니는 일관된 이미지가 수정될 만큼, 스위스 초콜릿과 스위스 은행을 연결시키지는 않는다).

국가 브랜딩 전략은 국가 이미지 인식을 형성할 때 사람들이 어떤 특성들을 삭제하고 재조정할 것인지를 알아내기 위해 진행 중인 조사에 과감한 투자해야 한다.

❧ 공공외교와 소프트파워

소프트 파워(soft power)의 개념은 국가 브랜드 전략에 포함되어야 한다. 소프트 파워는 '목표를 달성하고 다른 사람들을 설득하여 원하는 것을 얻을 수 있는 능력'으로 정의된다. 이는 '다른 사람들이 당신의 의지에 따라 행동하게 하는 경제적 및 군사적인 힘의 당근과 막대기를 사용하는 능력'인 하드 파워(hard power)와 구분된다(Nye, 2003). 내부적인 관점에서, 소프트 파워의 타당성은 국가 브랜드 전략이 자발적으로 지지되고 중요한 이해 관계자 집단에 의해 동의되는 경우에만 성공할 수 있다(Anholt, 2007). 또한 국가 브랜드의 이해 관계자에게 의무를 부과하지 않고 여러 이해 관계자 간의 잠재적인 시너지 효과를 확인하며, 이러한 시너지 효과를 실현하는 촉매제 역할을 수행할 수 있는 조정 기구가 설립되어야 한다.

공공외교는 국가 브랜드 전략의 소프트 파워 차원을 강화하기 위해 정부가 점차적으로 전환하고 있는 방식이다. 이는 공공 외교와 마케팅 간의 상호 작용을 포함한다(Simonin, 2008). 또한, 레오나르드(Leonard, 2002)는 공공외교 운영이 뉴스 관리와 전략적 커뮤니케이션, 관계 구축의 세 가지 차원으로 구성되어 있다고 제안한다. 이 세 가지 차원에 걸친 공공외교는 정부가 외국인들에 접근하는 것을 포함한다(Rugh, 2011). 이것이 이루어질 수 있는 핵심 방법은 문화 프로그램의 프로모션이다. 예를 들어, '문화는 무한한 다양성으로 특징지어지는 이 세계에서, 친선과 불화의 원천이라고 할 수 있는 탁월한 국가브랜드로 점차 인식되고 있다'(Brown, 2005).

☑ 학술적 관점

국가의 이미지와 수출에 대한 소비자의 인식

한충민, 서울 한양대학교 경영대학 국제 경영 및 마케팅 교수

한국은 국가의 이미지와 수출에 대한 소비자의 인식 간에 존재하는 상호 관계를 가장 잘 보여주는 사례이다. 한국의 국가 이미지는 수출에 영향을 주었고, 약간의 시차를 두고 수출의 영향을 받았다.

학술적으로 한국은 국가 이미지의 이중적인 역할을 후광과 함의 개념(Summary Construct)으로 확인한 바 있다(Han, 1989: Jaffe and Nebenzahl, 2006).

한국의 경험을 돌이켜볼 때, 1980년대와 1990년대의 국가 이미지는 수출에 부정적인 영향을 미쳤다. 1999년 미국의 한국 전자제품 수출을 분석한 결과, 한국 제품은 기능적 품질에서 추정한 실제 가격에서 15~30% 정도 저평가되었다(Han, 2011). 이런 불리한 한국의 원산지 이미지를 두고 한국인 수출업자들이 채택한 전략은 다음과 같다. (1) OEM 업체 (주문자 상표부착 생산)의 브랜드 활용 (2) 브랜드 이름 변경 (예: 선경 → SK) (3) 글로벌 브랜드로 프로모션(예: 삼성).

한국 정부 역시 1990년대 초에 '품질 한국(Korea for quality)'이라는 캠페인으로 원산지 이미지를 개선하고자 했다. 또한 중소 수출업체의 브랜드 개발 및 홍보를 지원하기 위해서 '세계 일류제품 계획(World Best Products Initiative)'을 시작했다. 이 계획은 어느 정도 효과가 있었다. 2000년대와 2010년대에는 '국가이미지위원회'와 '대통력직속 국가브랜드

위원회'의 설립으로 국가 이미지 개선을 위한 보다 적극적인 정부의 노력이 이루어졌다. 이 위원회는 주로 한국에 관한 다양하고 심지어는 모순된 메시지의 불일치를 관리하기 위한 것이었다.

2000년대 한국 제품의 질적 향상과 한국 브랜드의 뛰어난 해외 성과로 한국 제품은 한국 국가 이미지에 긍정적으로 기여하기 시작했다. 특히 삼성전자나 현대자동차, LG전자 등의 대기업은 한국과 분리하는 노력에도 불구하고, 한국과 한국 제품의 해외 인식 변화에 주도적인 역할을 해왔다. 28개국의 소비자를 분석한 결과, 삼성과 현대를 한국 브랜드로 알고 있는 사람들은 브랜드의 원산지를 모르는 사람들과 비교하여 더 호의적인 국가이미지를 가진 것으로 나타났다. 이러한 결과는 한국 정부가 한국 브랜드들의 주도로 만들어진 긍정적인 해외 이미지를 더욱 호의적인 국가 이미지로 만들기 위해 더 많은 노력을 기울일 필요가 있음을 시사한다.

또한 한류로 알려진 한국 대중문화의 최근 인기는 한국과 한국제품의 해외 인식에 긍정적인 역할을 했다. 한국 대중음악과 드라마는 특히 아시아에서 젊은 여성 관객들의 관심을 불러일으켰다. 한(Han, 2014)의 연구는 한국의 국가 이미지와 문화 이미지, 제품 이미지 사이에 강력한 상관관계가 있다고 보고했다.

구체적으로는 국가 이미지와 문화 이미지 간에 .588, 문화 이미지와 제품 이미지 사이에는 .463, 그리고 국가 이미지와 제품 이미지 사이에는 .701 만큼의 상관관계가 있는 것으로 나타났다. 이는 한국 대중문화의 인기가 한국이라는 브랜드 자산에 큰 영향을 미쳤음을 암시한다. 화장품과 패션, 가전제품 등과 같은 소비재들이 최근 아시아에서 거둔 성공은 이러한 한류에 부분적으로 기인한 것이다. 한국 정부는 한국의 음악 및 드라마 제작자와 협력하고 해외의 한국 문화 센터를 확충함으로써 한국의 대중문화를 적극적으로 홍보했다.

한국 정부의 원산지 이미지 정책과 관련한 향후 과제에서는 선진국 시장에서 한국 국가 브랜드의 가치를 높여야 한다. 한(Han, 2014)의 연구에 따르면, 한국과 한국제품은 저소득 국가보다 고소득 국가에서 덜 우월한 경향이 나타났다. 마찬가지로 정부는 비 아시아 지역에서 한국의 대중문화를 홍보하고 음악과 드라마를 넘어서 장르를 확장해야 한다.

참고문헌

Han, C. M.(1989). Country image: Halo or summary construct. *Journal of marketing research*, 26 (2), 222-229.

Han, C. M.(2011). *Globalization and Place Brands: Can Nations and Cities Be Branded?*, Seoul: Hanyang University Press.

Han, C. M.(2014). 'Brand Korea: Assessment and Challenges', paper presented at Korean Academy of International Business, May, Seoul, Korea.

Jaffe, E. D., &Nebenzahl, I. D.(2006). National images and competitive advantage: The theory and practice of place branding. Copenhagen: *Copenhagen Business School Press*,.

☑ 실무적 관점

국가 브랜딩에서 문화의 역할

길 차베즈(Gil Chavez), BC컨설팅 대표

문화는 흔히 국가 브랜딩 프로그램에서 건물들과 경관들의 가장자리에서 제공되는 곁치레로 간과되기도 한다. 그러나 강한 감정적 반응을 불러일으키지 못한다면, 이러한 경관들은 틀림없이 확고한 기반이 없고 어디에나 존재하는 것이 된다. 이 눈 덮인 풍경이나 그 아름다운 사암 협곡-이러한 장면들은 자국에게 희귀하고 특별하게 보일지 모르지만, 세계적 지위는 거의 없다. 국가 브랜드 구축은 경관을 넘어서야 한다.

한 국가를 다른 나라와 차별화시키는 방법은 음악과 예술을 포함한 당신의 문화가 불러일으키는 독특한 감정을 통한다. 자메이카는 레게의 세계적인 인기 덕분에 영원히 지도 위에 있을 것이다. 팅가팅가(Tingatinga)의 작품들은 탄자니아를 이웃 국가들과 차별화하는데 도움을 준다. 문화는 당신의 나라의 개성이 되며, 당신의 관객이 관심을 갖고 심지어 사랑을 하게 하는 감정적인 원천이 된다.

그 힘에도 불구하고, 문화는 종종 간과된다. 날개를 대하는 나비처럼 이는 너무 가깝고 너무 친숙하며, 종종 나머지 국가들에서 가치를 갖거나 관심을 가질 것으로 인정받지 못한다. 가장 강력한 도구 중 하나일 수 있음에도 불구하고 말이다.

예를 들면, 보츠와나(Botswana)를 일본의 집단의식에 넣으려고 했을 때 우리는 처음부터 오르막 전투에서 싸우고 있다는 것을 알았다. 보츠와나는 일본에서 매우 낮은 인지도를 가지고 있었으며, 종종 모든 아프리카에서 가장 큰 개발 과제들을 가진 다른 나라들과 관련되었다. 보츠와나가 다이아몬드의 주요 생산 국가 중 하나지만, 다이아몬드를 채굴, 완성하여 다른 시장으로 보내는 긴 과정에서 다이아몬드를 여러 관련 국가들 중 특정 국가와 연관시키기 어렵다. 그러나 문화는 다르다. 보츠와나로 가는 초기 일본 언론 여행 중 어느 날 가보로네(Gaborone)의 뜨거운 거리를 걷다가 전통 무용단의 한 무리를 만났다. 경험 많은, 그러나 다소 지칠대로 지친 기자들이 갑자기 멈췄다. 넋이 나간 몇몇은 사진을 찍기 위해 조용히 카메라를 들었다. 그 순간, 이것이 열쇠라는 것은 명백했다. 도쿄사람들에게 장소를 전달하는 방법이었다. 그 이후로 전통 무용단은 일본에서 진행된 보츠와나의 프로모션의 공통적인 요소였다. 다른 국가들이 문화와 언어의 홍보를 지원하기 위해 전 세계에 기관을 설립하는데 집중하는 반면(예: 독일의 괴테 어학원, 중국의 공자 아카데미), 일본은 가부키와 노(noh, 일본의 가무극), 분라쿠(bunraku, 일본의 전통 인형극)와 같은 전통 연극에 더욱 초점을 두었다. 이들은 모두 UNESCO의 긴급 보호가 필요한 무형 문화재 목록에 포함되어있다. 또한 정부는 중소기업 제품 수출에 중점을 둔 '쿨 재팬(Cool Japan)' 사업도 지원했다.

이와 함께(2010년 프랑스 요리 이후인 두 번째로) 2013년에 문화유산으로 선정되는 영광을 얻은 일본 전통요리인 와쇼쿠(washoku, 일식)가 세계적으로 인정받을 수 있도록 지원했다.

마지막으로 일본은 스포츠–유도와 스모–와 무술을 수출하고자 노력했다. 오키나와 관광은 유럽인들이 문화자원들 만큼이나 관광지에 머무는 것을 선호한다는 것을 발견했다. 현재 류큐(Ryukyu) 춤과 도자기 외에도

가라데 시범이 유럽 내 관광 전시회에서 포함되고 있다.

정리하면, 브랜드를 구축함에 있어서 더 넓은 시야를 갖기를 바란다. 경관은 관객이 당신을 기억하게 만들지만, 문화는 당신을 사랑하게 만들 수 있다.

사례

국가적 정체성, 쿠바의 영화와 국가 브랜딩

두냐 페히모비치(Dunja Fehimović), 캠브리지 대학

2010년 푸에르토 리코의 밴드 카예 13(Calle 13)은 쿠바를 방문하여 샌 안토니오 데 로스 바노스에 있는 국제영화학교(EICTV – Escuela Internacional de Cine y Television)에서 공연을 했다. 이 일류학교에 방문한 다른 많은 유명인들처럼, 그룹의 리더인 레지던트(Residente)는 벽에 다음과 같은 글을 남겼다. 'Pais que no "c" vende, nadie lo podra compral(판매하지 않는 국가는 구입될 수 없다)'. 루벤 블레이즈(Ruben Blaeds')의 노래인 'Prohibido olvidar(잊을 수 없다)'의 가사를 쿠바에 맞춰 재구성한 이 유머는 쿠바의 사회주의 프로젝트와의 연대를 표명한 것으로 레지던트의 인식 제고 및 행동주의적 기록을 보면 놀랄 일은 아니다. 그러나 이는 또한 쿠바 정부의 국가 정체성, 특히 식민 통치(1898년까지 스페인의 통치)와 신 식민주의(미국의 플랫수정 Platt Amendment)와 신 제국주의(미국의 통상금지령이 쿠바에 지속적으로 부정적인 영향을 미쳤다는 점에서)라는 오랜 역사에 대한 반응에서 나타난 자존심과 주권에 대한 쿠바의 인식을 불러일으켰다.

1959년의 혁명은 민족주의, 주권 및 정체성이라는 가치들을 통해 프로젝트를 정의하고, 사람들로부터의 지지를 확보했다. 외국 기업의 국유화와 같은 행위를 통해서 나타난 초기 주장과 함께 혁명은 쿠바인을 위한 쿠바인이 생산하는 국가적 문화의 중요성을 강조하는 문화 정책을 발전시켰

다. 문화는 사후에 고려되었다고 하기보다는 오히려 항상 정치와 분리되지 않는 사회 및 사회주의 프로젝트의 핵심으로 인식되었다.

혁명이 성공한지 3개월 만에 정부는 국가영화연구소(ICAIC: Instituto Cubano del Arte e Industria Cinematográficos)를 설립하여 문화에 대한 헌신과 정치권과의 불가분성을 입증했다. 비정부적인 지위에도 불구하고 연구소의 기본법은 신흥 정치체제의 동원 목표와 명확하게 일치시켰다. 이는 영화를 'el más poderoso y sugestivo medio de expresión artística y de divulgacíon y el más directo y extendido vehículo de educacion y popularizacion de las ideas(예술 표현과 배급의 가장 강력하고 암시적인 매체와 교육 및 아이디어의 보급을 위한 가장 직접적이고 광범위한 수단)'로 정의했기 때문이다. 그 후 곧 피델 카스트로의 유명한 1961년도 연설인 'Palabras a los intelectuales(지식인들에게 전하는 말)'는 혁명과 공공 및 문화 분야의 중첩 또는 연결을 강화시키는 역할을 했다. 'todo dentro de la Revolucíon; fuera de la Revolucíon, nada(혁명 내부에서의 모든 것. 혁명 외부에서는 아무것도 아니다)'

방송이나 영화, 정부와 같은 핵심 이해관계자가 직접 통제하거나 또는 더욱 독립적인 ICAIC의 사례처럼 혁명 과정을 문서화하고 참여하기로 합의함으로써 1960년대의 쿠바는 국가 브랜딩 캠페인을 시작하기에 이상적인 위치에 있었거나, 적어도 덜 공식적으로 스스로를 내놓기에 이상적인 위치에 있었던 것으로 보인다. 실제로, ICAIC의 창립 원칙 중 하나는 'el extraordinario impacto publicitario y de sugestíon que posee la imagen cinematográficá(영화 이미지의 놀라운 광고 효과와 연상의 힘)'와 'la consecuente oportunidad que tiene de popularizer nuestro país y sus riquezas y de favorecer el turismo(우리의 국가와 부를 유명하게 만들고 관광에 도움이 되는 결과적인 기회)'를 인정한 것이다. 그러나 독립성과 주권, 국가 정체성의 중요성에 대한 앞의 논의에서 알 수 있듯이 국가 브랜딩의 주제는 1959년 혁명에 대한 열망이었을 것이다. 대신에 정부는 국민들의 요구를 충족시키고 할리우드의 압도적인 지배를 대체하기 위해 국가 영화 산업을 창출하고자 노력했다. 결과적으로, 영화는 내부 브랜딩 이라고 불리는 것에 더 관심을 가졌는데, 이는 일관된 국가 정체성과 공통의 목표에 대한 헌신을 만들기 위해 국내 관객들을 만나고 모으는 작업이었다. 이것은 바로 지속되고 있는 혁명적 과정이라고 할 수 있다.

이 시기의 영화들 중에서 가장 유명한 영화 중 하나는 'Memorias del subdesarrollo(저개발의 기억, Gutiérrez Ale, 1968)'으로, 주인공인 세르지오는 인상적으로 그의 발코니에 있는 망원경을 통해서 도시와 그의 밑에 있는 사람들을 응시한다. 이 영화는 평범한 쿠바 사람들이 경험했던 혁명에 대한 어려운 과정과 적응을 묘사하고자 노력했던 초기의 혁명 영화들에게 방향을 제시했다. 현지 현실을 반영하고 적극적으로 국내 관객을 참여시키려는 이러한 약속은 이후에 훌리오 가르시아 에스피노사의 영향력 있는 에세이인 'Por un cine imperfecto(불완전한 영화를 위해, 1970)'에서 표현되었는데, 이는 현실에 안주한 관객들을 위한 거울처럼 행동할 수 있는 번지르르한 완성품을 뛰어넘는 매력적이고 긴급하며 저예산 또는 '불완전한' 영화였다.

이론적으로 완성된 영화는 동질성에 의한 것은 아니며, 오히려 대부분은 의로운 'lucha(투쟁)'에 의해 정의된 정체성이라고 볼 수 있는 혁명에 대한 공통된 의지와 참여를 기반으로 정의된 내부 브랜드를 만들어낸다. 이는 '루시아(Solás, 1968)'에서 만들어진 역사에 대한 목적론적 관점으로 볼 수 있다. 또한 체게바라의 영향력이 있으면서도 분명히 이질적인 'Hombre nuevo(새로운 사람)' 패러다임을 넘어서 'Fresa y chocolate(딸기와 초콜릿, Gutiérreze Alea & Taío, 1993)'에 등장하는 혁명적 공동체의 확장에서 제안되었다.

위의 사례에서 알 수 있듯이 시청자를 끌어들이고 적극적으로 역할을 수행하도록 격려하는 것은 종종 혁명의 현실에 대한 비판을 수반한다. 이는 풍자적이었던 'La muerte de un burócrata(관료의 죽음, Gutiérrez Alea, 1996)'에서 'Alicia en el pueblo de Maravillas(원더타운의 앨리스, Dian Torres, 1991)'의 더 어둡고 무자비한 우화 비난에 이르기까지 여러 차례 격렬해진 것으로부터 알 수 있다. 사실 후자의 영화제작으로 인해 쿠바의 영화 산업에 몇몇 반복적인 위기가 발생했고, 이는 사회 전반에 영향을 미쳤다. 이 위기는 이전의 것들과 마찬가지로 끊임없이 변화하는 과정인 혁명과 관련하여 'dentro(내부)'와 'fuera(외부)'에 대한 변동하는 정의를 둘러싼 수용 가능한 비판의 한계에 대한 논쟁을 일으켰다(Kumaraswami, 2009). 구티에레스 감독의 1990년대 영화 관타나메라(Guantanamera)에 대한 피델 카스트로의 악명 높은 반응과 마찬가지로(Chanan, 2004), 알리시아 같은 영화는 가혹한 비판이 국제 관객의 주목을 끌고 그에 따라 쿠바와 그 정치적 프로젝트에 대한 부정적인 인식을 창출하거나 기여할 것이라는 두려움을 불러왔다. 이러한 두려움은 정부가 혁명적인 전위주의와 자신감, 진보를 특징으로 하는 국가 브랜드를 발전시키는 영화의 필요성에 대한 인식을 제안한다.

소련이 붕괴됨에 따라 1991년에 발표된 알리시아도 중요한 전환점을 남겼다. 정치적·경제적 지원의 갑작스런 철회는 쿠바의 삶의 모든 측면에 영향을 미치는 급격하고 폭력적인 위기를 가져왔으며, 이는 '평화 시대의 특별 시기'로 알려졌다. 이전에는 쿠바의 국가 브랜드는 군대에서 의료계에 이르기까지 다양한 지원을 통해 국가의 명성과 정치적 위상, 영향력을 향상시키려는 국제주의의 형태를 취했었다. 국가 브랜딩의 다른 주요 목적은 소비에트 연방의 붕괴로 '쿠바와 세계 체제의 충돌'이 촉발되어 세계 시장에서 경쟁하기 전까지는 적용되지 못했다(Stock, 2009). 그러나 그 이후로 국가 브랜드의 목표는 점차 의미를 가지게 되었다. 1990년대에 관광은 필요악으로 인정받았고 국가의 주요 수입 원천 중 하나가 되었다. 가장 최근에는 정부가 외국인 투자를 합법화하여 투자자의 신뢰를 높이고 쿠바의 글로벌 경쟁력을 높이기 위해 국가브랜드가 필요할만한 새로운 단계를 도입했다.

1990년대에 자금과 자원 부족으로 인하여 일시적으로 영화 제작이 중단된 반면, 특별시기는 국제적인 공동 제작에 대한 의존도 상승과 비국가 산업이라는 대안의 출현이라는 새로운 영화 제작 패러다임을 만들어냈다. 스톡(Stock, 2009)과 같은 비평가들은 '정확한 맥락의 문화 노동자들이 어떻게 글로벌 프로세스를 활성화하고 국가 정체성을 유지 및 강화, 재구성하기 위해 초국가적 연계'를 어떻게 동원했는가를 강조하면서 이러한 변화를 축하했다. 그러나 이러한 재편성은 또한 외국 생산자들과 배급자들의 의지와 취향에 적응하여 굴복하는 것을 의미했다. 이는 틀림없이 기존의 고정관념과 환상에 호소하도록 만들어진 영화적 국가 이미지의 생산을 촉진시켰는데, 이는 어떤 면에서는 국가브랜드와 관련된 선택적이고 전술적인 정체성의 투영과 닮았다. 그러나 이것이 전체 이야기는 아니다.

수상 경력을 자랑하는 Juan de los Muertos(죽음의 후안, Brugués, 2011)와 같은 다른 영화들은 다양한 주제와 장르, 스타일의 전개를 통해 쿠바와 그 문화에 대한 인식에 대한 도전과 고정관념을 결합했다. 또한, 국가 브랜드는 여러 집단들의 공동 비전에서 나올 필요가 있지만, 특별시기는 그 어느 때보다 다양한 종류의 담론과 이미지를 창조하는 영화 산업의 분열을 가져왔다.

영(Young, 2007)은 '시장과 어려운 곳(국가)' 사이에 빠져 이러지도 저러지도 못하는 것은 쿠바의 영화 제작자들이 보다 치명적인 입장을 취하도록 만들었다고 주장했다. 비록 이 논란의 명백한 영화적 증거가 있지만, 국가와 '기술적으로는 불법이지만 관용되는' 대안 산업의 옆과 외부, 혹은 그 사이에서 일하는 전문가들의 인력 증가는 폭넓은 재평가에 기여하고 있다. 2013년 5월, ICAIC의 개혁에 참여하고 산업계의 많은 문제를 해결하기 위한 영화법의 창설을 지지하는 업계 전문가집단의 자발적인 자체 결성은 이러한 재평가의 절정에 이르렀다. 이러한 움직임의 결과는 아직 더 지켜봐야하지만, 시장에 의한 국가의 경쟁이 더 큰 자유를 가져올 것이라는 영(Young)의 주장은 시장 세력의 자비 또는 적어도 중립성을 과도하게 신뢰하는 것으로 보인다. 확실한 것은 'Jirafas(기린들, Álvarez, 2013)' 같은 영화와 'Caballos(말들, Suárez, 2014)'와 같은 크라우드 펀딩 프로젝트들이 국가의 영화 이미지에서 국가 독점을 혼란에 빠트리고, 그들의 생산 방법이나 배급과 상영 회로를 통해서 쿠바의 새롭고 가끔은 놀랍고 가끔은 상반되는 비전을 확산시키고 있다는 것이다. 라울 카스트로의 지속적인 경제적 조정 외에도 새로운 영화와 신흥 산업이 만들어내는 다국적 연계는 혁명적인 쿠바의 국가 브랜드가 어느 때보다도 소비에 개방적이라는 것을 보여준다. 그러나 세계 시장에 진입하면서 발생한 국가 브랜드의 복잡성이 제안한 것과 같이, 블레이드(Blade)의 금언과 관련된 쿠바의 재포지셔닝은 양면적이며 브랜딩과 정체성, 독립성에 대한 향후의 협상은 불확실하다.

참고문헌

Aliciaen el Pueblo de Maravillas (1991) film, directed by Daniel Díaz Torres, Cuba: ICAIC.

Caballos (2014) film, directed by Fabián Suárez, Cuba.

Chanan, M. (2004). Cuban Cinema, Minneapolis. University of Minnesota Press.

Fresa y Chocolate (1993) film, directed by Tomás Gutiérrez Alea and Juan Carlos Tabío, Mexico, Spain, Cuba: ICAIC, IMCINE, TeleMadrid.

García Espinosa, J. (1970) 'Por un Cine Imerfecto', *Cine cubano*, 66-67.

Jirafas (2013) film, directed by Kiki Álvarez, Panama, Clombia, Cuba: KA Priducciones, Producciones Largasluces, Galaxia 311, Open Roads Media.

Juan de los Muertos (2011) film, directed by Alejandro Brugués, Spain, Cuba: La Zanfoña Producciones, Producciones de la 5ta Avenida.

Kumaraswami, P. (2009). Cultural Policy and Cultural Politics in Revolutionary Cuba: Re-reading the Palabras a los intelectuales (Words to the Intellectuals). *Bulletin of Latin American Research, 28* (4), 527-541.

La Muerte de un Burócrata (1966) film, directed by Tomás Gutiérrez Alea, Cuba: ICAIC.

Lucía (1968) film, directed by Humberto Solás, Cuba: ICAIC.

Memorias del Subdesarrollo (1968) film, directed by Tomás Gutiérrez Alea, Cuba: ICAIC.

Stock, A. M. (2009). *On Location in Cuba: Street Filmaking [sic] During Times of Transition*. Univ of North Carolina Press.

Young, E. (2007). Between the Market and a Hard Place: Fernando Pérez's" Suite Habana" in a Post-utopian Cuba. *Cuban Studies*, 26-49.

요약

이 장에서는 국가 정체성 개념과 국가 브랜딩이라는 새로운 분야와의 연관성을 제시하고 국가 정체성의 본질적 특성을 살펴보았다. 국가 정체성과 관련된 중요한 문제는 국가를 하나의 '상상의 공동체'로 보는 견해와 '만들어진 전통'이라는 개념 등이다. 국가 정체성의 문화 요소는 언어, 문학, 식음료, 스포츠, 건축 등을 포함하여 넓은 영역에 걸쳐 존재한다. 또한 국가 브랜딩 전략가들은 이런 다양한 문화 요소들을 인식하고 이로부터 국가 브랜드 개발을 단순히 광고와 마케팅, 브랜딩 담당 기관을 만드는 일이 아니라 국가의 본질과 현실에 깊이 뿌리를 두는 정책이 되어야 한다.

논의할 점

1. 문화적 부문의 지원을 전체적인 국가 브랜드 전략에 통합한 국

가에 대해 논하라. 이러한 접근법의 공통적인 특징은 무엇인가?

2. 음악이 국가 브랜드를 포지셔닝 하는 것에 효과적으로 사용될 수 있다고 논의된 바 있다. 국가 브랜딩 활동에서 음악을 성공적으로 포함시킨 국가의 사례를 제시하라.
3. 쿠바 영화와 국가 정체성, 국가 브랜딩에 대한 본 장의 사례를 고려했을 때, 국가 브랜딩에 영화가 미치는 영향과 쿠바의 에서 배울 점은 무엇인가?

참고문헌

Aaker, J.L and Williams, P. (1998) 'Empathy versus pride: The influence of emotional appeals across cultures', Journal of Consumer Research, 25 (3), 241-273.

Anderson, B. (1991) Imagined Communities, London: Verso Books.

Anholt, S. (2007) Competitive Identity: The New Brand Management for Nations, Cities and Regions, UK: Palgrave Macmillan.

Bond, R., McCrone, D. and Brown, A. (2003) 'National identity and economic development: Reiteration, recapture, reinterpretation and repudiation', Nations and Nationalism, 9 (3), 371-391

Bradley, J.M. (1995) Ethnic and Religious Identity in Modern Scotland: Culture, Politics and Football, England: Avebury.

Bradley, F. (2005) International Marketing Strategy, 5th edn, UK: FT Prentice Hall.

Bradley, D.A., Morris, M.W. and simonson, I. (2000) 'Reasons as carriers of culture: Dynamic versus dispositional models of cultural influence on decision making', Journal of consumer Research, 27 (2), 157-192.

Brown, J. (2005) 'Should the piper be paid? Three schools of thought on culture and foreign policy during the Cold War', Place Branding, 1 (4), 420-423.

Burgess, S.M. and Harris, M. (1999) 'Social identity in an emerging consumer market: How you do the wash may say a lot about who you think you are', Advances in Consume Research, 26, 170-175.

Burgoyne C.B. and Routh, D.A. (1999) 'National Identity, European Identity and the Euro', in Cameron, K. (ed), National Identity, UK: Intellect Books.

Cameron, K. (ed) (1999) National Identity, UK: Intellect Books.

Devine, T.M. (1999)The Scottish Nation 1700-2000, London: Penguin Books.

Dinnie, K. (2002), 'Implications of national identity for marketing strategy', The Marketing Review, 2 (3), 285-300.

Elliott, G.R. and Cameron, R.S. (1994) 'Consumer perceptions of product quality and the country-of-origin effect', Journal of International Marketing, 2 (2), 49-62.

Finlay, R.J. (1994) 'Controlling the past: Scottish historiography and Scottish identity in the 19th and 20th centuries', Scottish Affairs, 9 (Autumn), 127-142.

Gould, M. and Skinner, H. (2007) 'Branding on ambiguity? Plave branding without a national identity Marketing Northern Ireland as a post-conflict society in the USA', Place Branding and Public Diplomacy, 3 (1), 100-113.

Hall, E.T. (1976) Beyond Culture, US: Anchor Press/Doubleday.

Hess, J.B. (2000) 'Imagining architecture: The structure of nationalism in Accra, Ghana', Africa Today, 47 (2), 34-58.

Higson, A. (1998) 'Nationality: National Identity and the Media', in Briggs, A. and Golbey, P. (eds), The Media: An Introduction, England: Longman.

James, C.L.R. (1963) Beyond a Boundary, London: Stanley Paul.

Jun, J.W. and Lee, H.M. (2007) 'Enhancing global-scale visibility and familiarity: The impact of World Baseball Classic on participating countries', Place Branding and Public Diplomacy, 3 (1), 42-52.

Keillor, B.D. and Hult, G.T.M. (1999) 'A five-country study of national identity: Implications for international marketing research and practice', International Marketing Review, 16 (1), 65-82.

King, A. (2000), 'Football fandom and post-national identity in the New Europe', British Journal of Sociology, 51 (3), 419-442.

Kubacki, K. and Skinner, H. (2006) 'Poland: Exploring the relationship between national brand and national culture', Journal of Brand Management, 13 (4/5), 284-299.

Leonard, M. (2002) Public Diplomacy, London: The Foreign Policy Centre.

Lilli, W. and Diehl, M. (1999) 'Measuring National Identity', Working Paper, 10, Mannheimer Zentrum fur Europaische Sozialforschung, Germany.

Macdonald, S. (1997) Reimagining Culture: Histories, Identities and the Gaelic Renaissance, Oxford: Berg Publishers.

McCreadie, R. (1991) 'Scottish Identity and the Constitution', in Crick, B., National Identities: The Constitution of the United Kingdom, Blackwell, Oxford.

McLean, F. and Cooke, S. (2000) 'From Oor Wullie to the Queen Mother's Tartan Sash: Representation and Identity in the Museum of Scotland', Image into Identity Conference, University of Hull, United Kingdom.

Mead, R. (2005) International Management: Cross-Cultural Dimensions, 3rd edn, US Blackwell Publishing.

Motion, J., Leitch, S. and Brodie, R.J. (2003) 'Equity in corporate co-branding: The case of Adidas and the all Blacks', European Journal of Marketing, 37 (7/8), 1,080-1,094.

Muhlbacher, H. Dahringer, L. and Leihs, H. (1999) International Marketing: A Global Perspective, 2nd den, UK: Thomosn.

Nye, J.S. (2003) 'Propaganda isn't the way: Soft power', The international Herald Tribune, 10 January.

O'Shaughnessy, J. and Jackson, N. (2000) 'Treating the nation as a brand: Some neglected issues', Journal of Macromarketing, 20 (1), 56-64.

Pant, D.R. (2005) 'A place brand strategy for the Republic of Armenia: "Quality of context" and "sustainability" as competitive advantage', Place Branding, 1 (3), 273-282.

Papadopoulos, N. Heslop, L.A. and Beracs, I. (1990) 'National stereotypes and product evaluations in a socialist country', International Marketing Review, 7 (1), 32-47.

Parekh, B. (2000) 'Defining British national identity', The Political Quarterly, 71 (1), 4-14

Peng, K. Nisbett, R.E. and Wong, N.Y.C. (1997) 'Validity problems comparing values across cultures and possible solutions', Psychological Methods, 2 (4), 329-344.

Pittock M.G.H. (1999) Celtic Identity and the British Image, UK: Manchester University Press.

Rein, I. and shields, B. (2007) 'Place branding sports: Strategies for differentiating emerging, transitional, negatively viewed and newly industrialized nations', Place Branding and Public Diplomacy, 3 (1), 73-85.

Rugh, W.A. (2011) Preface, The Practice of Public Diplomacy: Confronting Challenges Abroad, New York: Palgrave Macmillan Series in Global Public Diplomacy.

Sapir, E. (1929) 'The status of linguistics as a science', Language, 5 (4), 207-214.

Shulman, S. (2002), 'Challenging the civic/ethnic and west/east dichotomies in the study of nationalism', Comparative Political Studies, 35 (5), 554-585.

Simonin, B.L. (2008) 'Nation branding and public diplomacy: Challenges and opportunities', The Fletcher Forum of World Affairs, 32 (3), 19-34.

Smith, A.D. (1991) National Identity, London: Penguin Books.

Sumner, G.A. (1906) Folk Ways, New York: Ginn Custom Publishing.

Takano, Y. and Osaka, E. (1999) 'An unsupported common view: Comparing Japan and the US on individualism/collectivism', Asian Journal of Social Psychology, 2 (3), 311-341.

Thompson, A. (2001), 'Nations, national identities and human agency: putting people back into nations', The sociological Review, 49 (1), 18-32.

Tolz, V. (1998) 'Forging the nation: National identity and nation building in post-communist Russia', Europe-Asia Studies, 50 (6), 993-1,022

Treanor, P. (1997) 'Structures of nationalism', Sociological Research Online, 2 (1), www.socresonline.org.uk/socresonline/2/1/8.html (accessed 32 May 2001)

Tuck, J. (2003) 'The men in white', International Review for the Sociology of sport, 38 (2), 177-199.

Usunier, J.-C. and Lee, J.A. (2005) Marketing Across Cultures, 4th edn, UK: FT Prentice Hall.

제6장 원산지와 국가 정체성, 국가 브랜딩

☑ Key Point

- 오늘날 글로벌화 된 세계에서 국가에 대한 고정관념, 민족중심주의, 문화의 표현, 개인주의 대 집단주의, 경계가 희미해진 원산지와 국가 정체성 문제를 포함한 공통점
- 원산지와 국가 정체성을 설명하는 국가 브랜딩 범주유동성모델(category flow model)이 현존하는 선행조건, 국가 브랜딩 구축의 자산과 과정을 통제
- 범주유동성모델은 예측성(고정관념, 개인경험), 복잡성(통제 불가능, 도시 농촌의 분리, 다양성 관리), 함축성(재정의, 브랜딩, 시대정신), 문화 표현(유산, 경관, 예술), 연대성(포용성, 전형)으로 구성

개론

국가 정체성과 원산지는 국가 브랜딩의 개념을 뒷받침하면서 긴밀하게 연결되지만 하나로 통합되지 않았다. 6장에서는 국가 정체성과 원산지의 공통점을 알아보고 국가 브랜드의 기본이 되는 차별화된 브랜딩을 함께 살펴본다. 국가 브랜딩의 개념적 구조는 원산지와 국가 정체성이라는 비슷한 분야에서 확인된 주요 문제로 접근할 수 있으며 범주유동성모델(category flow model)로 설명된다. 이 장에 소개된 뉴질랜드의 '고잉 투 더 에지(Going to the Edge)' 프로젝트는 국가 브랜딩이 정부 주도 정책이 아닌 시민들에

의해 자발적으로 수행될 수 있음을 보여준다. 6장의 <학술적 관점(Academic perspective)>에서는 공공외교와 국가 브랜드를, <실무적 시사점>에서는 공공외교와 예술을 심도 있게 살펴본다.

국가 정체성과 원산지의 공통점

국가 정체성 관련 문헌은 원산지 연구자에게 익숙하지 않다. 원산지 이미지를 결정하는 많은 요인이 국가 정체성을 구성하는 문화적, 사회적, 정치적 배경에 기초한 것을 보면 놀라운 일이다. 기존의 원산지 연구는 국가 이미지에 영향을 주는 국가 정체성의 문화적 차원을 살펴보지 않고 소비자 의사결정에서 '제조국(made in)' 표시의 효과에만 초점을 맞추었다. 파파도플로스와 헤스롭(2002)은 생산국 이미지 관련 연구들이 국가의 이미지와 결과를 동일시하며, 응답자에게 다양한 국가의 상품에 대해 조사했지만 생산국 이미지와 상품이 일치하지 않았다고 지적했다. 국가 이미지는 그 나라의 제품과 서비스 이외의 다양한 요인에 의해 결정된다.

만들어진 전통이나 교육의 역할, 스포츠 같은 국가 정체성을 만드는 요인들을 살펴보면 국가 브랜딩과 관련 있는 마케팅 전략에 필요한 풍부하고 문화적인 토대를 만들 수 있다. 세계화된 경제 환경에서 국가 브랜드를 전략적 관리가 어려운 국가는 경쟁에 뒤처지지 않기 위해서 적극적인 노력이 요구된다. 국가 정체성과 원산지의 공통점은 그림 6.1과 같다. 이 요인들은 국가 이미지 구성과정에 영향을 주고, 국가 브랜드 전략개발을 가능하게 하며, 국가 브랜딩에서 중요한 역할을 한다.

국가 정체성과 원산지의 공통점은 둘 다 문화 영역에 포함된다는 점이다. 문화는 국가 브랜드를 구성하는 중요한 요인으로 국가 이미지를 결정한다(그림 6.1). 문화를 어떻게 이해하고 표현했는지를 알려면 문화에 대한 정의를 살펴보면 된다. 다네시와 페론(1999)은 문화를 대를 이어 전해온 '의미 있는 질서 위의 생활양식'으로 정의했다. 다네시와 페론이 말한 '의미 있는 질서'는 사회 집단이 일상생활에서 계획하고 만들어 사용하는 기호(말, 몸짓, 시각적 상징 등), 코드(언어, 예술 등), 텍스트(대화, 구성 등)다. 문화를 다르게 정의한 구디너프(1971)는 문화가 한 집단의 사람들이 공유한 신념과 기준이라고 하였다. 이 집단의 구성원은 개인의 정체성을 돕고, 무

그림 6.1 국가 정체성과 원산지의 공통점

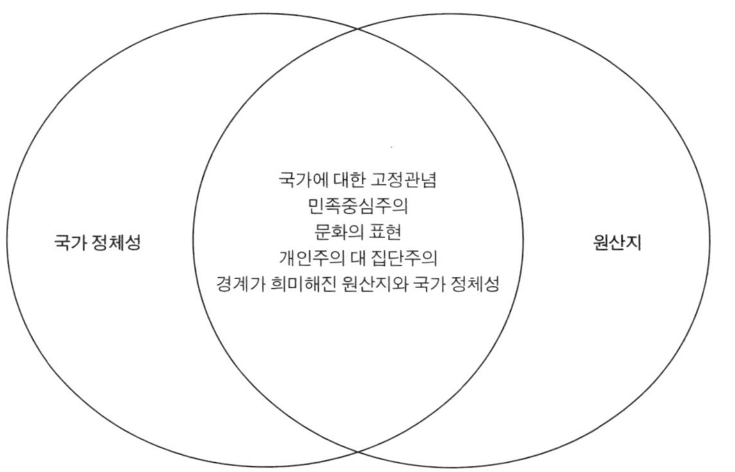

엇이 될 것인지, 어떤 감정을 갖는지, 일의 진행을 결정할 수 있도록 영향을 미친다. 이와 비슷한 정의를 내린 칠드와 키서(1977)는 문화 인류학적인 단어로 문화를 정의하였는데, 마케팅 관련 분야에서도 연구해 볼 수 있다. 칠드와 키서는 문화가 널리 공유되는 사고방식이라고 정의했다. 그러나 공유된 사회집단의 경계가 명확하지 않기 때문에 한 계층이나 지역의 문화를 국가의 문화로 부를 수 있다고 하였다.

앞서 논의한 문화의 정의를 살펴보면 아직 확인되지 않은 많은 문화적 요인들이 국가 브랜딩 활동과 직접 관련이 있다. 이런 국가 브랜딩 활동과 관련하여 국가의 이미지는 그 나라의 제품과 서비스에 대한 소비자의 인식 뿐 아니라 자국의 문화에 의해서 만들어진다. 이 관점은 코틀러와 가트너(2002)에 의해 전파되었는데 두 학자는 한 국가의 이미지가 국가의 지리, 역사, 선언, 예술과 음악, 유명인과 다른 특징으로 만들어진다고 강조했다.

핸디(1999)는 문화를 조직 관점에서 정확하게 정의할 수 없으며, 인식되고 느껴지는 것이라고 주장했다. 또한 조직에서 문화와 구조에 영향을 미치는 요인은 역사, 주인의식, 규모, 기술, 목표, 환경, 사람이라고 하였다. 여기서는 조직 정체성(Organizational Identity, OI)을 다룬 문헌에서 제시한 국가 브랜딩의 함의를 살펴볼 수 있다. 한 조직의 정체성을 심도 있게 토론한 바니와 스튜어트(2006)는 가치를 바탕으로 한 조직의 정체성은 목표 달성을 위한 지식으로 다양한 수단(핵심 역량)을 충분히 뒷받침하고 중요한 목표를 달성할 수 있도록 폭넓게 접근해야 한다고 강조했다. 바니와 스튜어트의 결론은 가치를 확대하기 위해서 다각화된 기업들이 윤리와 철학 관련해 조직의 정체성을 만들어야 한다는 것이다. 사회와 기업이 선택할 방법을 설명한다. 따라서 관리자들은 이러한 윤리적 의무를 채택하여, 특정한 하위 비즈니스를 관리하는데 이용한다. 국가 브랜딩 관점에서, 국가는 바니와 스튜어트가 정의한 것처럼 가치를 확대한 다각화된 조직으로 볼 수 있다.

브랜딩의 차별화 능력

전 세계 국가의 정부들은 세계무대에서 자국을 차별화하기 위해, 또 세계 시장과 국내 시장에서 경쟁해야하기 때문에 브랜딩 기법에 관심을 둔다. 많은 학자들과 전문가들이 브랜딩의 특징과 영향력을 정의하고 있다. 예를 들어 켈러(2003)는 브랜드가 제품이지만, 똑같은 요구를 충족시키기 위해 만든 다른 제품과 차별화하고 자신만의 특징을 더 한다고 설명했다. 즉, 이런 차이점은 논리적이고 제품의 브랜드 활동과 관련되어 있다. 또한 차이점은 상징적이고, 감성적이며, 무형적이며, 브랜드가 수행하는 것과 관련 있다. 아커와 조아킴스탈러(2000)는 브랜딩이 갖는 차별성을 인정하면서 강력한 브랜드가 되는 길은 전략적인 실행이며 이로써 브랜드는 경쟁자들과 다른 브랜드로 발전하고 시간이 지날수록 누적효과를 거둘 수 있다고 강조했다.

카퍼러(2004)는 시간이 지남에 따라 브랜드의 영향력이 누적된다는 이론을 지지하였다. 또한 브랜드는 연구개발(R&D), 소비자 지향, 효율중시 문화, 종업원 참여, 변화 수용과 빠른 반응 등과 함께 지속적으로 경쟁력을 갖추는 기업들이 사용할 전략 자산이라고 하였다. 고객중심브랜드자산(CBBE) 관점에서 하나의 브랜드는 소비자의 마음속에 자리하고 있으며(Kotler & Keller, 2006), 세계 각국 정부는 자국 브랜드를 적극적으로 관리하게 되었다. 결국 소비자의 마음속에서 고정관념과 상투적인 말로 인식되던 국가들은 호의적이고 바람직한 표현으로 인식 되었다.

❧ 국가 브랜딩 개념의 구조

1장부터 5장에 걸쳐 다룬 브랜딩과 원산지, 국가 정체성과 관련된 주요 문제들을 바탕으로 이 책에서 볼 수 있는 국가 사례연구, 학술적 관점, 전문가 시각을 함께 고려할 때, 그림 6.2의 범주유동성모델(category flow model)에서 구체화한 개념은 국가 브랜딩 이전 상황과 특성, 결과 사이의 관계를 보여준다. 그림 6.2에서 국가 브랜딩 구조에서 나타나는 다양한 이전 상황은 예측성 범주로 나타났다.

국가 브랜딩 구조에서 특성 범주는 복잡성과 함축성, 문화 표현이 포함되었다. 결과는 연대성 범주로 표현되었다.

범주유동성모델은 예측성이라는 초기의 범주가 복잡성과 문화 표현이라는 더욱 확장된 두 개의 범주로 발전되는 모습을 보여준다. 복잡성과 문화 표현은 함축성이 필요한 국가 브랜드 구조의 여러 요소를 포함하는데, 이는 국가 브랜딩 개념 구조의 마지막 단계인 연대성을 이루기 위한 국가 브랜드전략 개발로 가능하다.

예측성은 이 모델에서 초기 범주를 보여준다. 이 범주는 하나의

그림 6.2 국가 브랜딩의 범주유동성모델

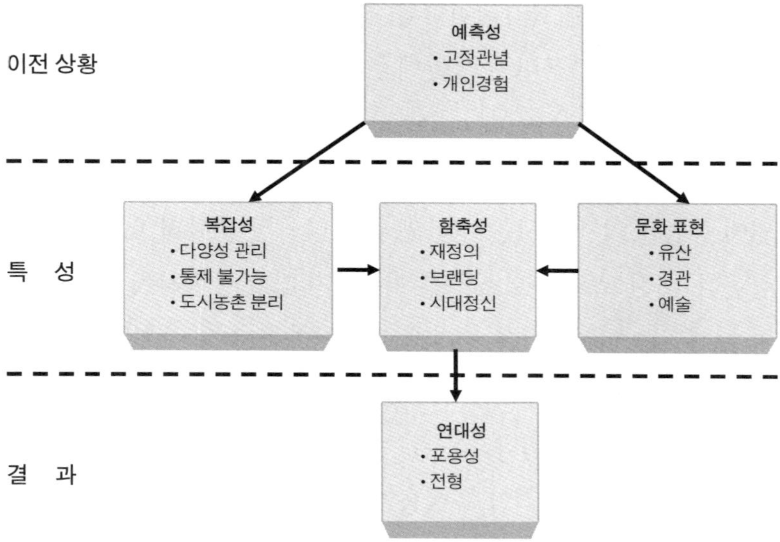

국가 브랜드를 의도적으로 만들기 전에 그 국가에 대해 소비자가 가지고 있는 기존의 인식을 말한다. 이런 인식은 개인이 한 국가에 대해 갖는 인식에서 개인경험과 고정관념으로 국가 브랜딩 과정의 초기 단계에서 분석과 연구되어야 한다. 이전 상황의 예측성은 피상적인 고정 관념과 잘못된 정보, 또는 타당성 없는 개인적 경험에 근거한 것일 수 있다. 이들 가운데 그 어떤 것도 국가 브랜드의 본질을 그대로 반영하지 못한다. 따라서 좀 더 확장된 두 개의 범주가 국가 브랜딩의 다면적 성격을 설명하기 위해 개념화되었다. 이로써, 한 국가의 이미지를 떨어뜨릴 수 있는 고정관념을 해결할 방법을 찾을 수 있게 되었다.

복잡성 범주는 정치적 사건, 전쟁, 자연재해, 유명인의 행동, 국가 대표 스포츠 팀의 활동 등과 같이 국가 브랜드에 영향을 미치는 많은 요소들을 통제 불가능하다는 것을 말한다. 또한 이 범주는 다양성 관리와 대부분의 국가들에 존재하는 도시와 농촌의 분리 개념을 포함한다.

문화 표현 범주는 예술, 언어, 역사와 국가 정체성을 구성하는데 있어 중요한 역할을 하는 경관과 같은 다양한 문화적 요소들을 포함한다. 이런 문화적 요소들을 인정하지 않고 통합하지 않았던 국가 브랜드는 피상적이고 영리만을 추구하는 것으로 보일 수 있기 때문에 이해 관계자들의 관심을 끌 수 없다.

복잡성과 문화 표현이라는 두 범주는 국가 브랜드가 갖는 풍부하고 복잡하며, 다면적인 특성을 이해하고 포함하고 있다. 한편 이 두 범주는 함축성 범주로 흡수된다. 함축성 범주는 브랜딩 기법을 확실하게 살펴 볼 수 있다. 국가 브랜드 구조에 포함된 과정들이 갖는 복잡성을 인정하고, 국가 브랜드에 높은 수준의 문화 표현을 포함함으로써 마케터들은 다면적이지만 일관된 국가 브랜드로 국가의 본질을 함축할 수 있다. 이러한 함축성은 시대정신과 조화를 이루며 국가 브랜드 가치를 새롭게 정의할 수 있다. 특별한 관리 기법과 더불어 제품, 서비스 또는 기업 브랜드를 브랜딩 할 때 보다 훨씬 높은 차원의 문화 인식이 필요하다. 일단 함축성이 이루어지면 마지막 범주인 연대성이 뒤를 잇는다. 그러나 광범위한 분야의 이해관계자와 연대성이 없으면 국가 브랜드가 성공할 확률은 매우 적다. 함축성과 연대성의 관계를 살펴보면 국가 브랜드가 다시 정의될 수 있는지 여부와 시대정신이 이해한 브랜드, 또 국가 브랜드를 지원함으로써 얻어진 연대성, 이들 사이의 연결 고리를 찾아 볼 수 있다. 이런 식의 연대성에 대한 설명은 이해관계자의 차원에서 볼 때 국가 브랜드에 의해 얻을 수 있는 포괄적인 것으로 인식된다. 이는 동기를 부여하는 전형적 사례이며 국가 브랜드를 개발하고 관리하는데 있어 필요한 합리적 수준의 투명성을 제시한다. 이 모델의 범주와 구성 요소는 다음에 이어서 논의해 보자.

❧ 예측성 : 고정관념과 개인 경험

국가 브랜딩 구조에서 이전 상황 부분을 살펴보면 여기에 속한 예측성 범주는 소비자가 특정 국가에 대해 가진 기대감에 초점을 맞추었다. 소비자가 그 국가에 바라는 게 무엇인지, 어떤 준비와 마음가짐을 하고 있는지를 다룬다. 이런 기대에 미치지 못하는 전략은 위험하다. 그러나 한 국가에 대한 기존의 고정관념이 부정적이라면 국가 브랜드는 고정관념을 긍정적인 방향으로 개선하도록 관리해야 한다. 또한 예측성 범주를 강화할 수 있는 개념들에 대한 이해가 필요하다.

그림 6.2 국가 브랜딩의 범주유동성모델

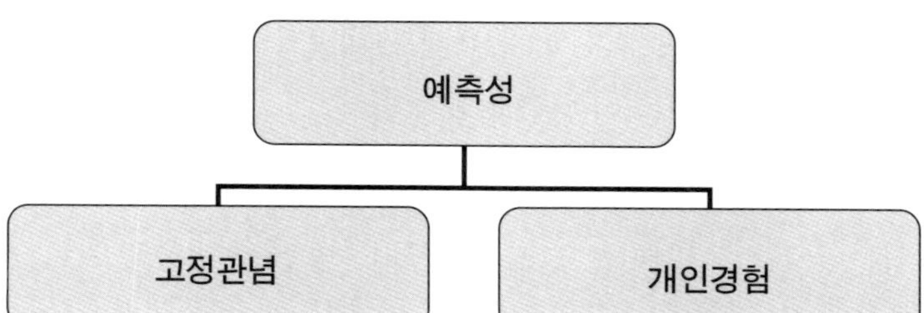

고정관념과 개인경험은 예측성 범주를 구성하는 요소다. 고정관념은 원산지와 국가 정체성을 다룬 논문에서 이미 나온 일반적인 개념들 가운데 하나다. 개인경험은 원산지 주제 논문에서 국가 이미지를 결정할 수 있는 요소들 가운데 하나로 최근 주목받기 시작했다. 고정관념은 보통 부정적이다. 따라서 자신의 이미지 향상을 위해 외부공중과 소통하려는 국가에게는 문제가 된다. 이런 이유로 국가들은 효과적인 국가 브랜드 관리로 자국에 대한 잘못된 고정관념이 만드는 부당한 이미지를 개선하려고 노력한다. 국가 브랜딩 전략은 진부한 고정관념을 넘어서기 위한 것이다. 진부한 고정관념은 인정받는 사람들에게는 모욕적이고, 잘 알 만한 사람들에게는 지루하며 국가 경제에는 위협이 될 수 있다. 따라서 각국 정부가 이런 고정관념을 없애려고 브랜딩 기법을 더 많이 사용하고 있는 것은 당연하다. 예를 들어, 볼리비아는 오랫동안 가난과 불행이라는 이미지에 훼손을 입었다. 이런 부정적 이미지는 한 나라가 가진 풍부한 문화와 아름다운 자연을 무색하게 만든다. 그러나 잘 만들어진 국가 브랜딩 활동으로 오랜 부정적 이미지를 긍정적으로 바꿀 수 있게 되었다(Aguirre and Renjel, 2008).

반면 고정관념이 항상 나쁜 것만은 아니다. 한 국가의 이미지는 긍정적일 때도 아주 많다. 국가 브랜드 개발과 관련해 생각해 보면 시작에 있어서의 전략은 국가 브랜드가 너무 좁은 영역 안에 안주하면 사람들 사이에서 잊히거나 무시되기 쉽기 때문에, 이미 지니고 있는 긍정적 이미지를 널리 활용하는 방안을 집중적으로 연구해야 한다. 또한, 국가 브랜딩은 사람들이 이미 가지고 있는 이미지에 놀라움을 줄 수 있어야 한다.

예상 카테고리에 포함된 두 번째 개념인 개인경험은 국가 브랜딩 구조에서 중요한 측면을 보여준다. 개인경험은 특정 국가 방문에서부터 외국인과의 개인적 교류에 이르기까지를 모두 말한다. 또 개인경험은 한 국가에서 만든 제품이나 서비스를 소비하는 것으로 만들어진다. 이것은 수출 증진기관이 자국 수출업자들의 해외 마케팅 활동을 지원하는 것이 왜 중요한가를 말한다. 스위스는 이 문제를 혁신적인 방법으로 해결했다. 외국인들은 스위스가 가진 특별한 속성, 즉 '정치적 결정에 있어 국민의 영향력이 크다'는 것과 관련하여, 스위스를 정치적으로 불안한 나라로 생각한다는 인식 조사 결과에 따라 스위스 연방정부는 외국 대학의 연구를 지원해 스위스 연방정부 시스템을 설명하고 알렸다(Pasquier, 2008). 이 방법으로 스위스 연방정부 제도를 설명하고 알림으로써 교수들과의 교류라는 개인경험이 가능했고 이를 통해 외국인 학생들과 교수들은 스위스 연방정부 시스템에 대해 가졌던 부정적인 인식을 바꿀 수 있었다.

복잡성 : 통제 불가능, 도시 농촌 분리, 다양성 관리

국가 브랜딩의 복잡한 특성은 국가 브랜드를 성공적으로 개발하려는 마케터들에게 커다란 장애 요인이다. 한 국가 브랜드의 복잡성은 제품, 서비스 또는 기업 브랜드가 가지고 있는 복잡성보다 훨씬 크다. 왜냐하면 국가 브랜드는 다면적 성격이 있고 이해관계자들의 관심과 이익을 고려해야만하기 때문이다.

다양성 관리는 국가 브랜드 구조에서 중요한 구성 요소다. 세계화가 가속화됨에 따라 국경을 넘어 더 많은 이주가 이뤄지고 있다. 많은 국가에서 이전보다 더 많은 혼혈이 생겨나고 있다. 문화적, 사회적 다양성은 국가가 일관된 메시지를 개발하고 브랜딩 할 때 문제가 되고 있다. 더구나 효율적인 협조를 얻고 중복된 업무로 인한 낭비를 피하기 위해 국가 브랜딩 활동에 참여하는 여러 조직은 관리에 어려움을 겪고 있다. 마지막으로, 다양한 목표공중에게 국가 브랜드를 알릴 때 다양성을 관리하는 것은 매우 힘든 과제다.

모든 국가들은 많은 외부인 뿐 아니라 내부의 다양한 이해관계자를 관리해야한다. 일반적으로 다민족 국가들은 다양성 관리에 커다란 어려움에 당면한다. 인도의 경우는 일부 중동 국가들 보다 더 오래 지속되어 온 대립 상태의 믿음이 다양하게 존재하지만 인도는 단합된 모습을 보이려고 애쓰고 있다. 다시 말해, 인도의 대통령은 국민들과 국가 브랜딩에 대해 논의하려고 애쓴다(Yan, 2008).

그림 6.4 복잡성 범주

통제 불가능은 다양성 관리와 밀접한 관계가 있다. 국가의 다양성이 커지면 커질수록 구성 요소의 통제는 더욱 어려워지며 일관성 있고 광범위하게 수용될 국가 브랜드를 개발하는 일은 더욱 힘

들다. 반면 경제 분야의 브랜드들은 예상치 못한 환경에 영향을 받는다. 그러나 국민 모두의 행동과 태도가 잠재적으로 국가 브랜드 인식에 기여하는 요인이 된다. 국가는 개별 제품, 서비스 또는 기업 브랜드보다 훨씬 광범위한 영역의 요인에 의해 영향을 받는다. 또한, 하루아침에 국가의 이미지를 심각하게 훼손시킬 수 있는 갑작스러운 사건이 발생할 수도 있다. 매일 수많은 사건들이 국가 브랜딩 활동에 영향을 줄 수 있고 통제 불가능 요인이 어디에나 수없이 존재한다. 예를 들어, 이집트의 <비지니스 이미지연합>은 부패, 통관 절차, 제품의 품질, 정치 경화증과 구조를 통제 불가능한 것으로 보았다(ZAD Group. 2008).

도시 농촌 분리는 한 국가의 도시와 농촌 사이의 차이를 말한다. 도시와 농촌이 가진 매력과 국가의 이미지가 서로 상반된 것이 아니라 보완적이라는 점을 말하며, 이런 차이 관리는 복잡하고 어려운 일이 될 수 있다. 국가 브랜딩을 관리하는 기구를 둠으로써 기업들이 투자하기에 바람직한 장소로서 그 국가를 포지셔닝 할 때 방해가 될 수 있는 관광 진흥단체들이 전통적인 농촌 이미지 내세워 국가 이미지가 농촌화되는 것을 어느 정도 막을 수 있다(국가에 더 적합한 이미지는 목가적인 농촌 이미지보다 현대적인 인프라와 최첨단 기술에 초점을 두는 것이 좋다).

다양성 관리와 통제 불가능 문제와 관련해 위에 제시된 문제에 대한 해결책은 국가 브랜드 전략을 개발함으로써 찾을 수 있다. 이와 같은 국가 브랜드전략은 마케팅 세분화로 해결할 수 있다. 국가를 브랜딩 함에 있어 있는 그대로의 획일적인 접근은 실패할 가능성이 있다. 왜냐하면, 명백히 구분된 각 분야가 갖는 특별한 요구와 필요를 파악할 수 있는 감각이 부족하기 때문이다. 국가 브랜딩에서 시장 세분화의 기본 원리는 다양하며 국가 브랜드 관리에 참여하는 마케터들의 발상에 의해 가능하다. 원산지 연구에서 밝혀진 가능한 세분화 요인에는 소비자 민족중심주의(Lantz & Leob, 1997), 성별(Heslop & Wall, 1985), 지정학적 노선보다 문화 노선에 의한 분할(Duany, 2000) 등이 있다. 어떤 세분화 요인이 선택되든지 국가 브랜드는 선택된 시장에 적합한 소구방법을 만드는 것이 중요하다. 이렇듯 중요한 고려 사항을 무시하면 자원을 효율적으로 사용할 수 없다.

❧ 문화 표현 : 유산, 경관, 예술

유산, 경관, 예술은 문화 표현 범주를 구성하는 요인들이다. 따라서 문화 표현 범주를 유산, 경관, 예술 세 가지 개념을 중심으로 설명하고자 한다.

그림 6.5 문화 표현 범주

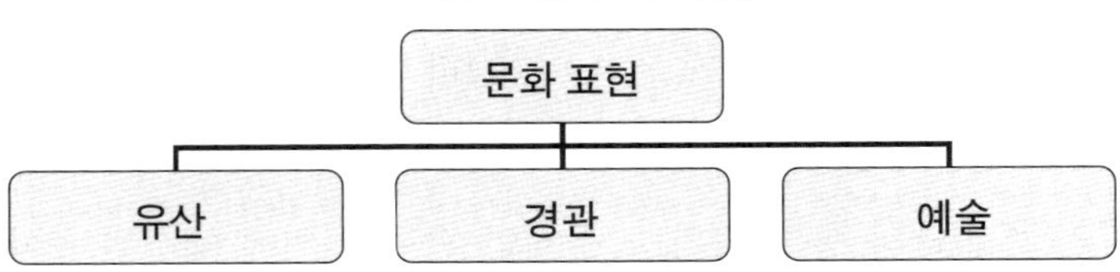

유산에는 한 국가의 역사, 전통, 그리고 건축과 같은 것들이 포함된다. 유산이 당면한 과제는 국가를 만든 오랜 유산을 지키면서 지

금의 목표공중의 공감을 얻어 현대적인 국가 브랜드를 만드는 일이다. '쿨 브리태니아' 캠페인 사례에서는 과거를보다는 지나치게 현재에 초점을 맞춤으로써 공동체 부문을 소외하는 오류를 범했다.

현재의 분석에서 경관은 단순한 물질로서의 존재보다는 하나의 개념으로 다루어진다. 왜냐하면 많은 사람들이 경관에 대해 매우 강한 정서적, 상징적 가치를 갖기 때문이다. 그레이(Grey, 1997)는 경관과 지리가 국가 정체성을 구성하는 결정적 역할을 한다고 주장했다. 전통적인 농촌의 이미지를 크게 부각시키지 않음으로써, 관광객을 끌어들일 만한 아름다운 자연 경관일 뿐 아니라, 매력적인 투자처로써 적합한 활기찬 현대 국가라는 것을 충분히 알릴 수 있어야 한다.

문화 표현 범주의 마지막 세 번째 개념은 예술이다. 문학, 음악, 그리고 문화 예술품 등은 국가 정체성을 구성하는데 있어 중요한 역할을 하는 예술이다. 또한, 문학과 음악은 문화 표현에 있어 가장 중요한 요소들이라고 할 수 있다. 그러나, 창의적 예술 분야에서 활동하는 사람들이 보통 가지고 있는 개인주의적이고 독창적인 기질은 잘 짜인 마케팅 활동과는 쉽사리 어울리지 못한다. 국가의 문화 대리인으로 활동을 강요당하는 작가나 음악가들은 노골적인 적대감을 나타낼 수 있다. 따라서, 국가 브랜드 전략 개발 담당자는 문학과 음악 같은 문화 표현을 어떻게 국가 브랜드 전략에 자연스럽게 통합시키도록 노력해야 한다. 일본의 국가 브랜딩 노력은 국가의 문화 자산 – 주로 음악, 영화, 음식 문화 – 이 어떻게 국가 이미지와 평판을 향상 전략의 일부로서 이용될 수 있는지를 보여주었다(Akutsu, 2008).

영국, 프랑스, 독일 같은 국가들은 영국위원회, 프랑스협회, 괴테협회와 같은 단체들로 자국의 문화 표현을 국가 브랜드 속에 통합시키려고 노력하였다. 이들 문화 단체들의 활동상은 표 6.1에 간단하게 나와 있다.

표 6.1 문화 표현물 매체

국가	예술 단체	활동
프랑스	프랑스협회	프랑스어 강의, 프랑스 영화 상영, 멀티미디어 도서관 운영, 프랑스 문화 인물과의 만남
독일	괴테협회	해외 독일어 연구 진흥과 세계 문화 교류 장려. 독일 문화와 사회, 정치에 관한 정보를 제공함으로써 독일에 관한 지식 함양
영국	영국위원회	세계인들과의 관계 지속을 위해, 영국의 창의적 사고와 배움의 기회를 제공함, 가르치고 공부하는데 필요한 영어의 중요성 강조

모든 국가들은 자국의 독특한 문화 표현이 있으며 국가 브랜드 관점에서 이런 문화 표현들은 결정권자가 국가 브랜드 전략 개발에 통합시켜야 하는 중요한 차별성이 된다. 따라서 예술인들을 국가 브랜드 대사로 내세우는 것보다 예술에 대해 국가 보조금을 늘리고 창의적인 예술 발전을 위해 환경을 조성함으로써 국가 브랜드가 가진 문화 표현들이 발전할 수 있도록 지원하는 것이 보다 효과적인 국가 브랜드 전략이 된다.

함축성 : 재정의, 브랜딩, 시대정신

함축성은 국가 브랜드 구조에서 중요한 요소다. 국가의 다면적 특성과 함께 국가의 다양성을 생각해 볼 때 목표공중에게 분명하고 일관된 소통을 가능하게 하는 브랜드 특성의 함축이 필요하다. 잘 준비된 의식적인 함축의 과정이 없을 경우 모순된 메시지로 뒤섞인 혼선을 국가 브랜드가 그대로 떠안게 된다.

그림 6.6 함축성 범주

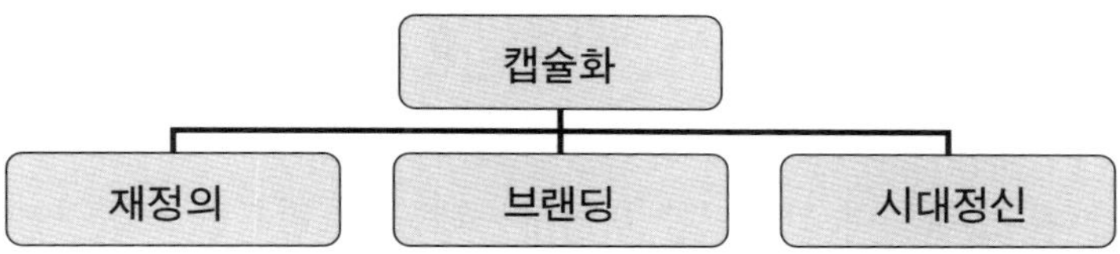

국가에 대한 재정의, 브랜딩과 통합, 시대정신에 대한 인식은 함축성 범주를 구성하는 개념들이다. 함축성 범주는 다양한 분야의 브랜드 가치를 압축하고 포함해 국가에 필요한 것에 초점을 맞춤과 동시에 이 범주를 강화하는 개념 중 하나인, 대표적인 시대정신과의 관계도 살펴본다. 우리는 하나의 국가 브랜드를 '독특하고 다면적인 요소의 혼합으로 목표공중에게 국가의 문화에 기초한 차별성과 관련성을 제공하는 것'으로 정의했다. 이 정의는 국가 브랜드의 다면적 성격을 볼 수 있고, 일관되고 차별화된 방식으로 함축하기 위해 노력하는 마케터들의 어려움을 예상할 수 있다.

함축성 범주를 보강하는 개념들 가운데 하나인 재정의는 국가가 내부와 외부 목표공중에게 자국을 어떻게 알릴까를 적극적으로 재정의하는데 필요한 노력을 말한다. 이 재정의는 국가가 안팎의 목표공중에게 알릴 가치가 무엇인가를 결정하고 그러한 자국의 가치를 의도적으로 재정의의 필요성을 강조하고 있다. 이것이 국가 브랜딩의 중심이 되는 주장이다. 다시 말해, 만약 한 국가가 자국을 적극적으로 정의하지 않으면, 부정적이고 경멸적인 고정 관념과 신화로 그 국가를 정의하게 된다(Papadopulos & Heslop, 2002).

재정의의 과정은 함축성 범주의 토대가 되는 두 번째 개념인 브랜딩으로 세상에 모습을 드러내야 한다. 브랜딩 과제가 일반적으로 국가의 가치를 함축하는 것이라는 주장이 있다. 그러나 국가는 풍부하고 다양한 주체에 이 같은 함축성을 적용할 경우 어려운 과제가 된다. 강력한 브랜드를 수립하는데 있어 필요한 긍정적인 속성들을 밝혀내는 과정은 중요한 첫 번째 단계다.

함축성 범주의 세 번째 개념은 시대정신으로 첫 번째 개념인 재정의와 밀접한 관계가 있다. 시대정신 개념 속에서 국가 브랜드 개발은 많은 제품, 서비스 또는 기업 브랜드의 경우처럼 사회적 트렌드를 발전시키고 시장 상황을 변화시키는 동시에 세계 경제의 발전과 정치 발전 등을 고려해야 한다. 시대정신의 개념은 함축성 범주를 구성하고 있는 세 번째 개념이다. 시대정신은 옥스퍼드 사전(1999)에서 '특별한 역사의 시기에 나타나는 결정적인 정신 또는 분위기'로 정의하였다. 그러나 이 시대정신은 분명하게 정의하기 어려운 개념이다. 국가 브랜딩은 아무것도 없는 진공 상태에서는 작동할 수 없기 때문에 이런 시대정신이 국가 브랜드 구조에 있어 중요한 개념이 된다. 국가 브랜드가 사회 내에서 공감을 얻고 타당성이 있게 되면 시대정신에 기여하는 사회적 트렌드와 현상들은 어떤 것인지 조사하고 이를 반영해야 한다.

어떤 국가들은 널리 퍼져 있는 시대정신을 활용함으로써 다른 국가들보다 더 좋게 알려질 수 있다. 예를 들어, 자연 유기농 식품과 음료를 선호하는 현재의 소비자 트렌드는 이 분야에서 경쟁력을 가진 국가의 원산지와 잘 맞게 된다. 이 경우 국가 브랜드 개발은 전체 국가 브랜드 속에 '자연'이라는 브랜드 가치를 통합시켜야 한다. 다시 말해 자연, 천연상품에 대한 트렌드 관점과 관련하여 국가 브랜드가 지배적인 시대정신으로부터 이를 최대한 이용할 수 있게 하는 것이다.

연대성 : 포용성과 전형

연대성 범주에 포함된 개념은 포용성과 전형, 그리고 투명성이다. 연대성은 국가 브랜딩의 중요한 근간이 되고 있다. 연대성이 없이는 국가 브랜딩의 기초가 마련될 수 없고 정책결정자들과 국가 브랜드 개발을 위해 채용된 제한된 마케팅과 브랜딩 전문가 집단을 제외한 보다 광범위한 사회 전역에서 국가 브랜드에 대한 공감을 얻지 못하게 된다.

포용성의 개념은 전 영역의 이해관계자들이 국가 브랜드에 어느 정도 참여할 것인지 그 기준을 마련할 필요가 있음을 말한다. 이 계약은 일부 이해관계자들이 국가 브랜드로부터 제외되었다고 느낄 경우에 성립되지 않는다. 그러나 여기에도 어려움이 발생한다. 왜냐하면, 국가 브랜드에 모든 이해관계자를 참여시키기 어렵기 때문이다. 또 브랜드가 자신들의 가치를 반영하지 않는다고 느끼는 이들로부터도 상당한 저항이 있다.

그림 6.7 연대성 범주

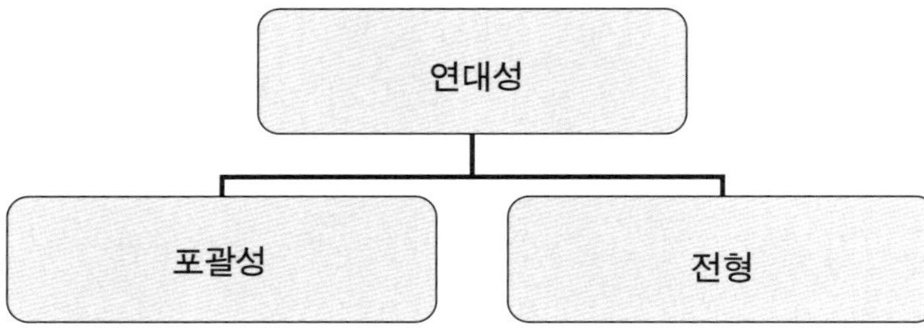

한 국가의 해외 이주민과 관련해서는 포괄성에 대한 깊이 있는 의미를 찾아볼 수 있다. 예를 들어, 그리스와 이태리는 미국과 호주처럼 지리적으로 멀리 떨어진 국가들에 많은 해외 이주민이 있다. 해외 이주민 네트워크에 속한 사람들은 상당한 거리에도 불구하고 보통은 아주 애국적인 경향이 있으며 조국의 경제 발전을 위해서도 기꺼이 헌신한다. 따라서, 국가 브랜드를 만들어나가는데 있어 기존의 해외 이주민 네트워크가 제공하는 이점은 국가의 긍정적인 평판관리에 상당한 도움이 된다. 다시 말해, 해외 이주민의 전략적 개발은 강력한 국가 브랜드를 수립에서 눈에 띄는 텔레비전 광고보다 더욱 효과적인 방법이 될 수 있다.

또한, 포괄성의 개념은 전체적인 포괄성이라는 이상적인 상태와 프로그램상의 특정한 포괄성이라는 실제 상태 간의 차이를 구별하기 위해 세분화되어야 한다. 이런 식의 중요한 구분법은 8장에서 논의한다.

연대성 카테고리의 두 번째 개념은 전형이다. 최상의 실천방법 또는, 성공담으로 이루어진 사례들과 관련된 전형은 냉담과 냉소주의 또는 적대감에 굴하지 않고 국가 브랜드와의 연대성을 확실히 하는 것이 중요하다. 공적자금으로 지원되는 국가 브랜딩 활동은 미디어로부터 집중적인 감시를 받는다. 따라서 브랜딩 활동으로부터 파생된 혜택 가운데 일부를 직접 보여주는 것이 중요하다. 또한, 특정 국가들은 신뢰도를 높이고 국가 브랜드에 대한 확신을 심어주기 위해 타당한 근거로부터 나온 성공 사례를 제시할 필요가 있다. 예를 들어, '새로운 프랑스' 캠페인은 프랑스에 대한 사람들의 인식을 투자에 적합한 나라로 향상시키는 데 있어, 페덱스, 도요타, 제록스, GE, 소니 같은 상위 글로벌 기업 임원들의 증언을 활용하였다(Favre, 2008).

투명성 문제는 포용성 개념과 밀접한 관계가 있다. 국가 브랜딩 과정에서 투명성의 필요와 관련해 전혀 다른 견해가 존재할 수 있다. 따라서 투명성 문제는 국가 브랜드를 개발할 때 중요한 사안이다. 만약, 국가 브랜드 개발에 관련된 정부나 대행사가 투명한 방식으로 일을 진행할 경우 국가 브랜드의 목적과 목표의 전달이 국가 브랜드 수용을 가능하게 만들 것인가? 아니면 반대의 결과를 초래해 요구를 앞세우는 불협화음을 쏟아놓게 만들 것인가? 하지만, 투명성이 부족할 경우에는 국가 브랜드 전략을 수용하려는 이해관계자들이 나오지 않을 수 있다. 한편, 국가 브랜드를 수립함에 있어 국가 브랜드 전략이 첫 번째 혜택을 내놓기도 전에 국가 브랜드 전략을 틀어지게 할 수도 있다는 반대의 목소리들을 피하기 위해 접근법을 공개하지 않는 전략을 선택할 수 있다.

☑ 학술적 관점

공공외교와 국가 브랜드/브랜딩

Nicholas J. Cull,
Professor of Public Diplomacy, University of Southern California

공공외교 - 외국의 공중을 연대함으로써 외교를 실행하는 - 의 개념이 저널 오브 플레이스 브랜딩(Journal of Place Branding)이 공공외교 분야를 포함하였다는 것을 보면 국가 브랜딩과 관계가 깊다는 것을 알 수 있다. 공공외교는 두 가지 방법으로 설명이 가능하다. 이탄 길보아(Eytan Gilboa, 2008)는 국가 브랜딩이 최근 몇 년 동안 15개국 중 하나 이상에서 공공외교의 표준기구가 만들어졌다고 주장했다. 한 국가는 전 세계에 자국의 이미지를 전달하기 위해 국제 방송이나 문화 외교, 해외 지원 프로그램에 투자한다. 또한 자국의 긍정적인 이미지와 포용성을 알리기 위해 커뮤니케이션 전문가와 다른 기구의 경력자를 채용해 브랜딩 캠페인을 시작했다. 이에 대한 분명한 사례는 많다. 현재의 스위스를 만든 스위스의 캠페인을 인용할 수 있다. 이스라엘의 국가 브랜딩은 길보아와 샤이(Gilboa and Shai, 2011)가 문서로 작성하였다.

공공외교에서 국가 브랜딩을 이해하는 두 번째 방법은 분석의 틀을 살펴보는 것이다. 이 방법은 국가를 브랜드 - 장소, 사람과 제품이 연결된 생각의 단위 - 로 보는 관점과 브랜딩(목표공중의 마음속에 장소의 의미를 재 포지셔닝 하는 정책의 차별성으로서)의 실행으로 보는 관점의 차이를 분석한다. 이 방법의 장점은 정부가 브랜드 전략을 채택하지 않았거나 개념이 통용되기 이전의 사례일 때 정부의 관심을 확실하게 반영하지 못하지만 연구자가 두 개념을 쉽게 적용할 수 있게 한다. 공공외교의 역사에서 브랜딩의 우수 사례로는 두 개의 범주가 있다. 1580년대 새로운 네덜란드의 윌리엄[1] 더 사일런트 프로젝션(감성적인 오렌지색으로 도색된 그의 호화로운 집이 움츠린 덕택으로 신분 확인에 크게 도움이 된 과업)과 20세기 초의 도이치 워크본드의 독일 기업 긍정적인 포용의 생산이 있다(Kunczik, 1997).

2차 세계대전 중에 미국 공중의 의견을 이끌어 낸 영국의 윈스턴 처칠의 연설이 미국의 참전을 유도한 낸 것은 매우 세련된 국가 브랜딩 캠페인이었다. 영국은 영화, 방문 연설, 라디오 방송, 언론보도 등 지속적인 메시지 전달을 위해 모든 미디어를 활용했다. 과거의 대영제국과 신분제도는 평등주의 원칙과 시민전쟁을 수행하는 새로운 영국으로 대체 되었다. 미국은 교전 중인 나라를 돕고 사랑의 이미지에 적합하게 되었다. 이 사례는 중요한 메시지를 갖는데, 영국 국민은 실제로 화재 시에 서로 구조하고 전쟁 중임에도 더 나은 영국을 건설하자는 정부의 이야기에 맞추었다(Cull, 1995). 많은 브랜드 담당자와 외교관은 '살아있는 브랜드'로서 약속의 이행이 필요했다. 국민들에게 실재감을 높이는 것이 모든 것이 바뀐 세계 목표공중을 확신시키는 전제조건은 아니다.

1) 네덜란드 왕자. 윌리엄은 고민을 털어놓는 대중들에게, 용기를 되찾아주고 꿈을 상기시켜주는 화법으로 크게 사랑받은 왕자였음. 그래서 붙인 별명이 '윌리엄 더 사일런트'. 소리 없는 내면의 용기를 되찾아준다는 뜻임(역자주).

참고문헌

Cull, N. J. (1995) Selling War: The British Campaign Against American Neutrality in the Second World War, New York: Oxford University Press.

Gilboa, E. (2008) 'Searching for a theory of public diplomacy,' The Annals of the American Academy of Political and Social Science, 616(1), 55-77.

Gilboa, E. and Shai, N. (2011) 'Rebuilding Public Diplomacy: The Case of Israel,' in Fisher, A. and Lucas, S.(eds), Trial of Engagement: The Future of US Public Diplomacy, Leiden: Martinus Nijhoff, 35-54.

Kunczik, M. (1997) Images of National and International Public Relations, Mahwah, NJ: Lawrence Erlbaum Associates.

공공외교와 기술

Eugenio G. Matos, PhD,
former Minister Counselor, Dominican Republic Embassy in The Hague

공공외교는 21세기 외교 현장에서 중요한 요인이다. 개인적인 경우 헤이그에서 도미니카공화국 대사관 근무 후 현재는 아르헨티나 부에노스아이레스의 영사로 있지만 업무의 75%는 공공외교를 담당한다. 네덜란드 헤이그에서 재직 시에는 외교업무의 일환으로 공공외교 프로그램을 활발하게 추진했다. 외교 프로그램은 전시, 콘서트 4회, 출판 4회, 사용자 편리성을 반영한 2개 국어로 만들어진 웹 사이트, 상공회의소와 무역 회의 개최 등이었다.

서로 다른 대사관에서 온 외교관 동료들은 2012년 6월 암스테르담의 거대한 트로펜 뮤지엄에서 성대하게 열린 인티 라이미(Inti Raymi)[2] 축제와 같은 공공외교 추진에 협력하였다. 사전에 볼리비아, 쿠바, 도미니카 공화국, 에콰도르, 페루, 베네수엘라의 대사들이 참석해 인티 라이미 준비를 위한 모임을 가졌다. 이 행사는 주 네덜란드 에콰도르 대사인 H. E. 미구엘 에두아도 칼라호라노가 주도한 초대형 문화 프로그램이었다.

공공외교는 대중문화를 활용한 좋은 수단이다. 해외 국가 브랜딩뿐만 아니라 한 나라의 브랜드 가치를 해외 해당 국가 국민들에게 소개한다. 공통점은 보편적인 언어로 소개되며 글로벌화 된 세계에서 휴머니즘의 공유

2) 페루 쿠스코에서 열리는 최대의 태양의 축제로 6월 24일 개최(역자주)

를 강조하는 우수한 장점이 있다.

[이 글은 외교잡지, 디플로마트 매거진에 처음 소개되었으며 해당 잡지의 허락을 받고 게재되었음. 기사의 내용은 저자 개인의 의견이며 해당 기관이나 출판사와는 관계가 없음]

☑ 사례

고잉 투 더 에지

Brain Sweeney,
Chairman, SweeneyVesty

국가 브랜딩은 전통적으로 정부의 무역, 관광, 외교 영역이 포함된다. 개인적으로 여행을 떠나서 다른 나라의 이야기 - 노래나 영화, 소설이나 건축 디자인, 사업의 계획 - 를 만날 때 어떤 일이 일어나는가? 한마디로 표현한다면? 다음은 개인적인 경험이다.

나는 뉴질랜드 사람이다. 영국을 '모국'으로 부르던 1960년대 농촌에서 자랐다. 흑백텔레비전을 보면서 청교도 운동과 반문화 혁명이 일고 있던 미국의 꿈을 꾸었다. 오스트레일리아는 '행운의 나라'로 알려졌었다. 당시 뉴질랜드는 '럭비, 레이싱, 맥주'가 유명했다. 농장은 섬처럼 떨어져 있었고 고립된 채로 살았다. 똑똑한 젊은이들은 해외의 삶(OE, overseas experience)을 꿈꾸며 외국으로 나갔다. 1970년대 중반 모든 것이 느슨해지면서 장발이 나타나고 국내 음악이 인기를 끌었으며 정치적으로 남태평양의 프랑스 핵실험을 반대하는 운동이 거세게 일어났다. 내가 살던 곳의 공동체를 위한 일을 찾았는데 고등학교와 대학의 신문제작이었다. 졸업할 때 전국학생예술단체의 리더로서 프로듀서의 일을 하며 토착민들의 목소리를 대신했다. 당시 남아프리카 공화국에서는 인종차별 정책에 반대하는 운동이 있었고 정부는 토지를 소유하며 보호주의 정책을 펼쳤다. 사회 정의는 뉴질랜드의 트레이드마크다. 1984년 새로 집권한 진보정부는 경제정책을 완화했고 뉴질랜드는 새로운 국면을 맞았다. 도전은 마침내 성공했고 뉴질랜드의 흑인들이 차별을 이겨낼 수 있었다.

예술과 예능, 정치운동에 참여하여 비유와 감동으로 가장 잘 표현될 수 있음을 알게 되었다. 국가주의가 아닌 목표와 목적, 전체를 구성하는 아이디어, 거대한 통일이론 등의 비유로 뉴질랜드의 정체성을 나타내는 언어로 관심을 끌었다. 1990년대에 이르러서 뉴질랜드의 통신서비스회사, 전자회사, 은행과 부동산 등 산업구조의 다양한 변화 속에서 주요 광고주의 PR을 담당하는 홍보회사의 공동 창업자로 현직에 있었다. 대부분의 광고주는 회사 이름에 '뉴질랜드'가 포함되어 있었으며 이로써 '뉴질랜드다움'을 표현하려했다. 다시 한 번 태그라인이나 기업의 이야기에서 시의 운율이나 정의대신 의미를 찾게 되었다. 이 과정에서 브랜드 환원주의의 완결편인 '한 단어의 형평법'을 소개할 수 있었다. 한 단어로 제품의 특징을 요약할 수 있다면 어떻게 표현할 수 있을까? 새로운 방법을 찾아보자. 뉴질랜드를 한 단어로 표현하면? 실행의 특이점은 공정한 시도, 청정과 녹색환경, 세계수준 등 다양한 언어로 성급하게 표현되지만 국가의 특징을 요약하는데 방해가 된다. 수사적 국가 브랜드 구축 - '비전 있는 것' - 은 정치지도자가 기업의 간편한 호의를 피하고 누군가 우연히 기회를 얻었을 때 키 큰 양귀비 증후군[3]을 경계해야 한다(이것은 더 나은 사회로 성장하는 의미 있는 변화다). 팀 뉴질랜드는 '배를 더 빨리 가게 하자!'는 동참을 요구하는 뉴질랜드의 대중적인 우승 목표와 가장 가깝다.

언어를 바르게 사용하는 이유는 1990년대 말 카라카라로 가는 길에 알게 되었다. 와이어드 편집인 케빈 켈리와 오클랜드로 운전하며 이동하는

---

3) 영국, 아일랜드, 호주, 뉴질랜드에 쓰는 경멸적인 용어, 한 단체에서 성공한 사람을 시기하고, 공격하며, 비난하는 사회현상(역자주)

중이었다. 일요일 오후 손님을 모시고 가는데 케빈은 세상을 흔들어 놓은 디지털 시대정신의 주요 리더였다. 그의 눈은 혁명적인 생물학이었다. 물리학은 디지털을 0과 1로 설명하지만 생물학은 빠른 적응, 연결성, 돌연변이, 분산과 같은 사회적 효과를 다룬다. 울퉁불퉁한 서부 해안을 달리면서 뉴질랜드의 커다란 질서에 대해 질문했다. 누가? 무엇을? 왜? 뉴질랜드가 세상을 바꾼 - 원자의 파편, 에베레스트 등정, 여성과 사회복지에 투표 도입, 전쟁 참전, 생필품 발명, 스포츠의 전설 - 불균형의 숫자를 살펴보았다. 여기에 원인과 결과를 알 수 없는 것들을 추가하였다. 함께 여행한 동반자는 '설명이 쉬운' 답을 스테판 제이 굴드의 단속평형이론으로 설명했다. 이 이론은 처음 가장자리에서 등장한 종족이 중앙을 차지하고 인구가 가장 많이 절약되고 새로운 삶의 형태가 융합 될 수 있는 곳으로 퍼져간다고 주장한다. 따라서 뉴질랜드는 세계의 가장자리로 대륙의 중심에서 가장 멀리 떨어져 있는 젊은 나라로 세상을 바꿀 역할을 한다는 것이다.

이것은 의미상의 유레카 순간이다. 차를 생각할 수 있는 공간으로 천천히 몰았다. 뉴질랜드를 한마디로 표현하면 세상의 '가장자리'다. 이는 지리적으로 먼 섬이 아니라 전 지구적 존재라는 의미다. 커뮤니케이션 개념이 아닌 과학과 풍부한 비유에서 유래한 진정한 발상이다. 스토리텔링 측면에서 가장자리는 빛과 그림자, 다양한 진입지점, 엄격한 언어, 좋은 / 행복이 아닌 도전과 제대로, 윤곽이 뚜렷한 이야기를 갖는다. 가장자리는 혁신(경쟁력, 앞선 장점, 최첨단과 위험, 개인과 국가의 잠재력 달성의 압박, 비효율과 전략 부재가 가장자리로 밀려나게 하는)이 강조된다. 1922년 케서린 맨스필드는 '어느 것도 위험하지 않다! 다른 사람의 생각을 더 이상 신경쓰지 말라. 가장 어려운 일을 하라. 스스로 행동하고 진실을 따르라.'라고 셨다.

만약 케빈 켈리가 산파였다면 또 다른 케빈, 광고회사 사치 & 사치의 회장 케빈 로버츠는 씨앗의 상인이자 협력자다. 케빈은 커다란 발상의 전환을 시도한 사람으로 뉴질랜드가 추구하는 가장자리를 강조해 변형된 '가장자리에서 세상을 뒤집자!'를 주장했다. 이것은 이부자리를 떨쳐나서게 하는 동기유발이다. 다른 쓸모없는 말들을 바꾼다. '세계 수준'의 목표는 – 패리티 경주 - '세계 변화'로 뒤집어졌다. 유도나 비교 대신에 특징 있는 나라의 자신감 있는 표현으로 새로운 스타일, 혁신의 의미와 방법을 포함한다. 두뇌 유출의 징벌적 사고는 커다란 해외 인구를 이주민 네트워크로 만듦으로써 그 생각을 열어 놓았다. 봉투 뒷면의 수신자는 뉴질랜드 국민의 1/4에 해당하는 백만 명의 해안가 거주자로 세상 어느 곳과 비교해도 밀집해 있다. 4백만을 넘어 5백만에 이르는 인구는 국가의 IQ와 GDP를 단순히 재구성해서 경제 규모를 쉽게 늘린다.

비즈니스 컨퍼런스 스피치 프로그램이나 대학의 강의를 듣게 될 때, nzedge.com 홈페이지 방문, 잡지와 공항 광고에서 '세상은 가장자리가 필요하다.'를 볼 때 생각에 사로잡힌다. 타임지는 뉴질랜드 특집의 제목을 '가장자리에 가다'로 하였다. 언론과 인터뷰가 진행되었고 학술지에 논문을 실었으며 공식적인 보고서, 글로벌 브랜드 담당자를 자문하고, 온라인 상점도 운영했다. 세상을 바꾼 50명의 뉴질랜드 국민을 심층인터뷰 하였고 그들을 전설이라고 불렀다.

왜 이런 일을 한 것일까? 개인차원에서 국가 브랜딩 캠페인을 시작할 어떤 자격을 가진 것일까? 직업상으로 아이디어와 커뮤니케이션 관련 일을 하므로 DNA 안에 절실함이 숨어있다. 재미있고 목적의식과 공감을 불러왔다. 온라인 목표공중은 이야기를 공급했고 전 세계 수천 개의 도시와 지역에 나눠 사는 뉴질랜드 사람 수백 명이 확인과 경험을 보냈고 수천 명이 뉴스레터 구독을 신청해왔다. 이와 더불어 뉴질랜드 관광 '100% 청정' 캠페인을 펼쳤다. 이 캠페인은 글로벌 마케팅의 성공 사례로 뉴질랜드인이 자국에 대해 느낀 것으로 탄소 배출 프로파일과 강과 호수 오염과 신문 헤드라인을 장식하는 사회적 역기능을 검토한 진정성 있는 주제다.

뉴질랜드의 가장자리는 슬로우 푸드와 비슷하다. 제한된 시간과 자원으로 우선순위에 따라 이야기를 지속적으로 스며들게 하고 최고의 순간이 올 때를 기다린다. 강조점은 기준이 있는 신념으로 이야기를 돋보이게 한다. 주요 활동은 글로벌 미디어의 표지에 소개되어 뉴질랜드는 물론 전 세계적으로 알려진다. 글로벌 미디어를 14년간 조사하여 1만 명의 영화관계자, 정책 결정자, 가수, 과학자의 1만 명의 이야기를 14년간 분석하였다. 영화감독 제인 캠피온과 피터 잭슨 경, 그래미 상 수상자인 뮤지컬 신동 로디와 골프 천재 리디아 고는 수천 명이 뉴질랜드인 중 본질적으로 세상을 변화시킨 절정의 인물이다.

가장자리 주제에 특별한 제언은 없다. 대부분의 뉴질랜드 사람은 프로젝트를 들어보지 않았지만 정상은 또 다른 목표가 필요 없다. 확산 효과의 가장 재미있는 부분은 아이디어, 밈(meme)이 생물학적 뒤바람과 영향력으로 빠져 들어간다는 점이다. 말콤 골드웰의 이론은 작은 수의 사람들이 정치 전체에 영향을 준다는 주장이다. 뉴질랜드 사람들이 뛰어난 몇 가지는 세계화된 관계, 대화와 교류 속의 첨단에 있다. 이제 해외 거주 뉴질랜드인을 포함하여 이주민과 조국 사이의 창의적이고 재정적인 흐름 가능하도록 필요하고 가장 혜택이 되는 지점을 찾아 지원해야 한다. 대표적인 조직인 Kea(부정적인 새와 키위추방협회의 머리글자)는 수십 년간 운영해 왔으며 전 세계적으로 높이 평가받고 수상한 뉴질랜드인의 성과를 알리는데 활발한 활동을 펼쳐왔다.

거시적으로 보면 뉴질랜드 경제의 강점은 가장 큰 도시이며 전 세계에서 가장 다인종 도시로 공동체 정신이 살아있는 오클랜드에 유입된 역동적인 이민자들의 역할 덕분이었다. 뉴질랜드의 산업은 글로벌에 초점이 맞춰져 있다. 대부분의 주요 산업과 혁신기업은 글로벌 마케팅 전략을 추진한다. 뉴질랜드는 창업과 수출이 과감하며 이상적인 위치에 있다. 성공 스토리가 많으며 농업에서부터 식품, 엔지니어링과 최고품질의 생산능력, 소프트웨어, 콘텐츠와 디자인, 다양한 형식의 취향을 만족시킨다.

다른 나라에 없는 뉴질랜드만의 브랜딩에 대한 신중한 생각을 다음과 같이 조언한다.

- 국가 브랜딩의 실행을 신뢰한다. 수익을 거두기 어려운 사업은 시 정부업무의 일부로 지방정부와 도시가 필요한 부분을 충족하는 경쟁력이 있다.
- 국가 브랜드의 제안을 선택하면 사실로 증명하고 목표공중의 행동으로 연결한다. 전문용어 러브마크는 사람들이 소유한 브랜드를 말한다. 언어와 이야기를 달콤하게 해서 쉽게 이해하도록 한다. 5단어를 사용한다('최고의 자동차'는 4단어, 그리고 34년 째 바꾸지 않고 지켜옴).
- 광고한다. 대부분의 국가 브랜딩은 혁신, 이벤트, 발표, 협약체결, 외교업무, 스포츠와 문화 행사를 뉴스와 취재 기사와 같은 '소프트 미디어'를 활용해 알린다. 광고는 통제 가능하고 직접 행동을 유발할 수 있는 메시지를 사용해 전달이 가능하다. 투자대비 수익은 기하급수적이다.

1950년대 인류학자인 마가렛 미드는 뉴질랜드의 역할이 세상을 움직일

영리한 젊은 남녀를 키워내는 것이라고 했다. 오늘날 말로 바꾸면 '세상을 이끌어가는 가장자리'이며 '사적인' 프로젝트가 기여의 정도를 측정할 수 없다면 행복한 스토리텔러가 될 것이다.

요약

비록 과거에 부분적으로 다뤄져 왔지만 원산지와 국가 정체성은 많은 공통점을 함께 공유한다. 이 구조는 국가 브랜딩의 개념과 실행에 영향을 준다. 원산지 연구가 '제조국' 라벨의 효과를 주로 살펴본 반면 국가 정체성은 국가의 핵심요인, 자국의 문화와 특징을 살펴보았다. 이 요인들은 국가의 실체를 구성하고 국가 브랜드의 토대를 이루었다. 범주유동성모델은 국가 브랜딩을 이해하는 개념적 구조를 제공하고 예측성, 복잡성, 함축성, 문화 표현, 연대성 범주와 연동된 토대를 마련한다.

논의할 점

1. 국가는 브랜드로 다루기에 너무 복잡하고 통제 불가능하다고 주장되어 왔다. 이 주장에 대해 찬성과 반대를 말해보자.
2. 성공적인 한 국가의 정체성을 적어보고 이를 다시 재정의 해보자. 어떻게 재정이 할 수 있으며, 이를 다른 나라에 적용할 수

있을까?

3. 어떤 나라는 자국의 문화를 알리는데(중국의 경우 공자재단) 투자를 많이 하는 반면 다른 나라는 해외 문화를 전하는 데 비용을 절감한다. 국가 브랜딩 차원에서 문화를 알리는데 비용을 사용하는 것이 정당한가?
4. 일부 전문가는 '고잉 투 더 에지(이 장의 사례연구 참조)' 캠페인이 정부 주도의 국가 브랜딩 전략보다 상상력이 풍부하고 효과적이라고 평가한다. 시민 주도 국가 브랜딩 프로젝트의 예를 들고 국가 주도 브랜딩 전략과 비교해 보자. 국가 브랜딩이 정치인이나 관료 주도보다 시민 주도로 하는 것이 옳은가?

참고문헌

Cull, NJ. (1995) *Selling War: The Britisih Campaign Against American Neutrality in the Second World War,* New York: Oxford University Press.

Gilboa, E. (2008) 'Searching for a theory of public diplomacy,' *The Annals of the American Academy of Political and Social Science,* 616 (1), 55-77.

Gilboa, E. and Shai, N. (2011) 'Rebuilding Public Diplomacy: The Case of Israel,' in Fisher, A. and Lucas, S. (eds), *Trials of Engagement: The Future of US Public Diplomacy,* Leiden: Martinus Nijhoff, 33-54.

Kunczik, M. (1997) *Images of Nations and International Public Relations,* Mahwah, NJ: Lawrence Erlbaum Associates.

Aaker, D.A. and Joachimsthaler, E. (2000) *Brand Leadership,* US: Free Press.

Aguirre, X.A. and Renjel, X.S.(2008) 'Using Nation Branding to Move Beyond 'Trickle-down Tourism'': The Case of Bolivia', in Dinnie, K., *Nation Branding - Concepts, Issues, Practice,* 1st edn, 165-168, London: Butterworth-Heinemann.

Akutsu, S. (2008) 'The Directions and the Key Elements of Branding Japan', in Dinnie, K., *Nation Branding - Concepts, Issues, Practice,* 1st edn, 211-219, London: Butterworth-Heinemann.

Barney, J.B. and Stewart, A.C.(2000) 'Organizational Identity as Moral Philosophy: Competitive Implications for Diversified Corporations', in Schultz, M., Hatch, MJ. and Larsen, M.H. (eds), *The Expressive Organization: Linking Identity, Reputation, and the Corporate Brand,* England: Oxford University Press.

Child, J. and Kieser, A. (1977) 'A Contrast in British and West German Management Practices: Are Recipes of Success Culture Bound?', paper presented atthe Conference on Cross-Cultural Studies on Organizational Functioning, Hawaii.

Concise Oxford Dictionary (1999) 10th edn, UK: Oxford University Press.

Danesi, M. and Perron, P. (1999) *Analyzing Cultures: An Introduction & Handbook,* US: Indiana University Press.

Duany, J. (2000) 'Nation on the move: The construction of cultural identities in Puerto Rico and the diaspora', *American Ethnologist,* 27 (1), 5-26.

Favre, P. (2008) 'The New France- Breaking Through the Perception Barrier', in Dinnie, K., *Nation Branding - Concepts, Issues/ Practice,* 1st edn, 239-242, London: Butterworth-Heinemann.

Goodenough, W.H. (1971) *Culture, Language and Society,* Addison-Wesley Modular Publications, 7, US: Reading, MA.

Gray, A. (1997) *Why Scots Should Rule Scotland,* Edinburgh: Canongate Books.

Handy, C. (1999) *Understanding Organizations,* UK: Penguin Books.
Heslop, L.A. and Wall, M. (1985) 'Differences Between Men and Women in the Country of Origin Product Images', Administrative Sciences of Canada Proceedings, Montreal, Canada, 148-158.
Kapferer, J.-N. (2004) *The New Strategic Brand Management: Creating and Sustaining Brand Equity Long Term,* UK: Kogan Page.
Keller, K.L. (2003) *Strategic Brand Management: Building, Measuring, and Managing Brand Equity,* 2nd edn, US: Prentice Hall.
Kotler, P. and Gertner, D. (2002) 'Country as brand, product, and beyond: A place marketing and brand management perspective', *Journal of Brand Management,* 9 (4-5), 249-261.
Kotler, P. and Keller, K.L. (2006) *Marketing Management,* 12th edn, US: Pearson Prentice Hall.
Lantz, G. and Loeb, S. (1996) 'Country-of-origin and ethnocentrism: An analysis of Canadian and American preferences using social identity theory。*Advances in Consumer Research,* 23, 374-378.
Papadopoulos, N. and Heslop, L.(2002) 'Country equity and country branding: Problems and prospects', *Journal of Brand Management,* 9 (4-5), 294-314.
Pasquier, M. (2008) 'The Image of Switzerland: Between Cliches and Realities',in Dinnie, K., *Nation Branding - Concepts, Issues, Practice,* 1st edn, 79-84, London: Butterworth-Heinemann.
Yan, J. (2008) 'Smaller Nations Enter the Global Dialogue Through Nation Branding', in Dinnie, K., *Nation Branding – Concepts, Issues, Practice,* 1st edn, 170-172, London: Butterworth-Heinemann.
ZAD Group (2008) 'Egypt-An Aspiring Modern State', in Dinnie, K., *Nation Branding - Concepts, Issues, Practice,* 1st edn, 37-41, London: Butterworth-Heinemann.

제3부

국가 브랜딩의 윤리적, 실무적 쟁점

제 7 장 국가 브랜딩의 윤리

제 8 장 국가 브랜딩 개념의 실무적 과제

제7장 국가 브랜딩의 윤리

Key Point

- 국가 브랜딩의 적합성 토의
- 정체성과 국가 브랜드 가치의 선택은 윤리 뿐 아니라 기능 차원이 있음
- 환경 스튜어드십에서 우수한 성과는 높은 윤리적 기준을 지킴으로써 한 국가의 평판을 높일 수 있음을 보여줌

개론

국가 브랜딩은 윤리적 쟁점을 꼭 다뤄야 한다. 국민들은 국가 브랜드의 이해관계자이며 당연히 국가 브랜드 활동에 영향을 받는다. 국가 브랜딩의 재원이 공적자금이라는 점에서 전략 실행은 높은 수준의 엄격한 감사가 뒤따라야 한다. 국가 브랜딩의 윤리적 쟁점은 브랜드 관리 기법을 단순히 제품 브랜드 수준에 두지 않고 국가 전반에 적용하는 것이 적합한지에 대한 판단, 국가 브랜드 가치를 판단하고 정체성을 결정할 사람을 정하는 일, 브랜드 전략이 국가의 지속 발전에 기여할 수 있는지에 대한 확신이 포함된다. 이 장

의 <학술적 관점>은 낙인찍힌 국가의 브랜딩을 살펴보고 <실무적 시사점>에서는 야심 찬 독립국가의 브랜드를 알아본다. 첫 번째 사례는 일본에서의 크로아티아 국가 브랜드이고 두 번째는 국가 브랜드를 구축하려는 네덜란드의 노력을 분석해 본다.

국가 브랜드 관리의 적합성

국가 브랜딩이 정부와 국민의 동의를 얻었다면 사회적으로 정치적으로 받아들일 수 있는 세부 실행계획이 만들어져야 한다. 먼저 확인해야 할 주요 윤리적 문제는 다음과 같다. 만약 한 국가를 브랜드로 다룬다면 브랜드 관리자는 누가 되어야 하는가? 국가 브랜드 관리자의 역할을 하도록 법을 통해 민주적으로 권한을 위임 받은 사람은 선출된 정부의 수반이다. 그러나 브랜드 관리 임무를 수행하는데 필요한 비즈니스와 마케팅 기술을 가진 정치인은 드물다. 반면 전문 마케터들과 브랜드 관리자들은(어느 정도는) 필요한 기술이 있다. 그러나 전문가들은 민주적인 절차로 위임받지 못했다.

적합성 문제의 해결책은 공공-민간 협력 분야의 조직과 프로그램들에서 찾아볼 수 있다. 이때 국민의 관심사는 선출된 정치인에 의해 제시되며, 상업적 관심사는 산업협회와 개인 기업들에 의해 드러난다. 이 협력 모델은 어느 개인도 실제로 '국가 브랜드 관리자'가 될 수 없다는 것을 말한다. 대신 무한히 넓은 영역의 국가 브랜딩 활동은 포괄적인 이해관계자 접근법을 통해서만 적절히 수행할 수 있다.

국가 브랜드 관리의 적합성을 논할 때 살펴봐야 할 다른 윤리적 의무는 모든 국민에게 영향을 주는 한 문제와 관련이 있다. 즉, 국가는 오래되고 부정확한, 쓸모없는 고정관념을 참아내야 하는가? 만약, 한 국가가 부정적인 고정관념을 불식시키는 어떤 노력과 행동도 취하지 않을 경우, 그 고정관념들이 만들어낼 부정적 결과를 막아낼 수 없다. 국가는 브랜드딩에 대한 선택권이 없다. 대신 국가는 다른 사람들로 하여금 부정적인 고정관념으로 자국을 브랜딩할지 아니면, 전 세계를 향해 사실적이고 정확하며 향상된 국가 이미지를 창출해 전달할지를 결정할 수 있다.

국가 브랜드 가치 파악과 선택

국가 브랜딩 캠페인은 알맞은 브랜드 가치가 무엇인지 먼저 파악하고 선택해야 한다. 한편, 브랜드 가치를 파악하고 국가 브랜드 전략의 기초로 사용할 것이 무엇인지를 결정할 권한은 누구에게 있을까? 브랜드 가치 측면에서 보면 국가는 빈 상태에서 출발하지는 않는다. 또한, 광고대행사나 브랜딩 컨설턴트들은 국가 전반에 퍼져 있는 문화적 기준과 기대에 어긋난 가치를 마음대로 선택할 수 없다. 따라서 국가 브랜드 가치를 파악하는 일은 질적, 양적으로 광범위한 조사가 선행되어야 한다. 이 같은 조사는 국가의 모든 이해관계자 집단에 포괄적으로 접근된다.

표 7.1 국가 모토

국가	모토
콜롬비아	'자유와 질서'
프랑스	'자유, 평등, 우애'
아르헨티나	'단합과 자유'
보츠와나	'비'
스코틀랜드	'나를 건드리면 가만히 있지 않겠다'
파키스탄	'단합, 규율, 신념'
튜니지아	'질서, 자유, 정의'
오스트레일리아	'오스트레일리아 박람회 발전'
쿠바	'조국이 아니면 죽음을'
그리스	'자유가 아니면 죽음을'
노르웨이	'노르웨이를 위해 모든 것을'
아르메니아	'하나의 국가, 하나의 문화'
세네갈	'하나의 국민, 하나의 목표, 하나의 신념'

국가 브랜드를 운용할 가치에 대한 확대된 전문가 회의가 없을 경우, 그 가치에서 도출된 이미지와 포지셔닝의 수용은 거의 이뤄지지 않을 것이다. 많은 국가들은 국가에 구현된 가치를 함축하려는 노력을 하고 있다. 이것은 국가 브랜드 가치를 파악하고 선택하는 일을 시작하는 국가에게 유용한 출발점이 된다. 몇몇 국가와 모토는 표 7.1에 요약되어 있다.

국가 브랜드 가치의 파악과 선택은 국가 브랜드에 대한 비전을 수립할 때 중요한 이해관계자를 참여시킴으로써 쉬워진다. 이때 델파이 브랜드 비저닝기법을 사용함으로써 이해관계자들과 비전을 공유할 수 있다(de Chernatony, 2008).

‘브랜드’는 수용될 수 있는가?

일부에서는 국가를 하나의 브랜드로 다루는 것에 반감을 느낀다. 국가를 브랜딩 한다는 것에 대한 반감은 ‘브랜드’라는 단어에 대한 거부감에서 유래한다. 예를 들어, ‘브랜드’라는 단어 대신 국가의 ‘평판’이라는 다른 용어를 사용하면 국가 브랜딩 개념에 대한 회의론은 어느 정도 사라질 것이다. 최근 세계 여러 곳에서 브랜드 관리에 윤리적인 요소를 포함시키려는 움직임이 있다. 즉, 많은 기업은 소비자들이 윤리적인 측면에 관심 커지자 차별화를 위해 윤리적인 면을 강조한 브랜딩으로 눈을 돌리게 되었다(Fan, 2005). 이와 함께 발전에 기여하는 브랜딩의 영향력이 더욱 강조되었다(Ind, 2003). 특히 국가 브랜딩과 관련해 ‘브랜딩은 지역 문화의 상품화가 아니고, 다양성을 보호하고 알리는 일이다.’라는 주장이 더욱 힘을 얻고 있다(Freire, 2005).

지속성과 국가 브랜딩

최근에 와서 환경오염, 온실 가스, 그리고 산업화에 따른 여러 가지 문제들로 인해 발생된 환경에 대한 무서운 위협과 관련한 전지구적 차원의 관심이 계속 증가하고 있다. 환경문제에 대한 인식은 자연보호 운동이라는 전통 영역에서 경제적, 정치적 문제로 확산되었다. 이런 맥락에서 기업의 사회적 책임(CSR, corporate social responsibility)은 공중의 관심을 영리조직의 윤리적 행동에 집중시켰고, 환경을 지키는 일에 대한 관심이 높아짐에 따라 국가들은 자국의 환경관리에 더욱 책임감을 갖게 되었다. 지구상에 환경 문제에 관심을 갖고 정책을 실행하는 국가에는 어떤 나라가 있으며, 세계의 지속가능한 개발 의무를 포기한 국가는 어떤 나라가 있는가?

다양한 기관들의 노력으로 현재 각국의 환경에 대한 책임 이행과 관련하여 등급을 매길 수 있는 다양한 '지속성지수'가 개발되었다. 이 지수 중 하나인 환경지속성지수(ESI, environmental sustainability index)를 좀 더 자세히 살펴보자. 이 지수들은 한 국가의 국가 브랜드 이미지에 좋은 영향을 미칠 수도 있고, 나쁜 영향을 미칠 수도 있다. 성과가 좋은 국가들은 강화된 국가 이미지로부터 긍정적인 효과를 거두는 반면에 성과가 부족한 국가들은 이미지에 손상을 입을 것이다. 만약 지속성지수가 국민들에게 소통되고, 미디어를 통해 널리 확산될 경우 정부의 정책결정자들은 정부의 지속가능한 개발 계획을 더욱 향상시켜 나갈 수 있다.

세계무대에서 중요한 역할을 하는 세계은행은 2005년 '국가의 부는 어디에 존재 하는가'라는 보고서를 발표해 최근 세계의 지속가능한 개발계획에 크게 기여하고 있다(World Bank, 2005). 이 보고서는 발전 계획에 따른 성과를 나타내는 현재의 지표, 즉 국민총생산(GDP, gross domestic product) 같은 숫자가 자원 고갈과 환경에 대한 해악을 무시하고 있다고 주장한다. 세계은행은 자연 자원과 사람이 지닌 기술과 능력을 포함한 전체적인 부를 다른 방법으로 판단할 것을 꾸준히 제안하고 있다. 이는 세계의 최빈국들 대다수가 지속가능한 개발에 동참하지 못하고 있음을 말해준다. 보고서는 결론적으로 많은 국가들이 전반적인 개발의 지속성이 부족하다는 것을 지적한다. 그러나 세계은행은 지속가능한 개발 원칙들을 지키며 성공적으로 발전하고 있는 국가의 예도 함께 소개하였다. 예를 들어 모리타니아는 어업 자원을 효율적으로 관리하여 지속가능한 개발을 모색하고 있으며, 보츠와나 역시 광물로 벌어들인 소득을 바로 소비하지 않고 투자함으로써 특별 비축자금을 만들 수 있었다. 다시 말해 이런 정책으로 보츠와나 정부는 미래를 위한 자금을 마련할 수 있으며, 다이아몬드 값 변동으로부터 위험에서 정부예산을 지킬 수 있었다. 모리타니아와 보츠와나가 이룬 성과를 전 세계에 알려야 한다. 그렇게 함으로써 두 나라의 국가 브랜드는 지속가능한 개발을 수행한 것에 합당한 평가를 받을 수 있다.

세계은행과 비슷한 성격의 유엔환경프로그램(UNEP)도 각 나라에 침식을 늦추는 계단식 농경지 조성과 같은 환경에 대한 올바른 투자를 유도해 지속가능한 개발을 이룰 수 있게 노력해왔다. 환경에 대해 올바른 투자를 하면 1달러 투자로 3달러 이상으로 성과를 거두게 된다(Economist, 2005). 좋은 환경에 대한 책임을 다루는 문제에서 윤리적인 주장보다는 경제와 관련된 주장이 국가 정책결정자의 주목을 받을 것이다. 국가 브랜딩은 개별 국가 - 신흥국가, 경제 선진국, 또는 개발도상국 - 가 지속가능한 개발 주제의 실행을 돕는 역할을 한다. 각 나라의 국가 환경 책무가 제대로 지켜진다면 국가 이미지가 긍정적으로 향상되는 효과를 얻게 된다.

❧ 환경지속성지수

국가의 지속가능한 개발을 평가하는데 가장 주목할 만한 국가 순위는 예일대학교와 콜롬비아대학교의 환경전문 연구팀이 만든 환경지속성지수(ESI, 2005)다. 환경지속성지수는 2005년 1월 27일 스위스 다보스에서 열린 세계경제포럼(WEF)에서 시작된 환경점수표다. 전체 보고서의 실행개요는 환경지속성지수가 지속성을 구성하는 다섯 가지 기본 요소로 국가별로 비교함으로써 미래의 환경을 보호하기 위한 국가들의 능력을 비교한다. 지속성을 구성하고 있는 다섯 가지 기본 요소는 다음과 같다.

- 환경 시스템 - 대기의 질, 생물 다양성, 토양, 수질, 수량
- 환경 스트레스 감소 - 대기오염 감소, 생태계 스트레스 감소, 인구 증가율 감소, 낭비와 소비압박 감소, 물 스트레스 감소, 자연자원 관리
- 인간 취약성 감소 - 환경 건강, 기본적 인간 생계, 환경과 관련한 자연재해 취약성 감소
- 사회, 제도적 능력 - 환경 관리, 생태 효율성, 민간 분야 민감도, 과학과 기술
- 세계적 책무 - 세계적 협력에 동참, 온실 가스 배출, 경계 없는 환경 압박 축소

환경 지속성 지수와 더불어 널리 쓰이는 또 다른 두 개의 지속성 지수는 생태발자국지수(EFI, Ecological Footprint Index)와 환경취

약성지수(EVI, Environmental Vulnerability Index)이며 두 지수의 비교는 표 7.2에 요약되어 있다.

표 7.2 지속성 지수

지속성 지수	출처	분야
환경 지속성 지수 (ESI)	예일대 환경법 정책 센터, 콜롬비아대 국제지구과학 정보센터, 스위스 제네바 세계경제포럼과 이태리 이스프라 유럽공동연구센터	ESI는 76개의 자료들-자연 자원, 과거와 현재의 오염도, 환경 관리 노력, 환경 개선 능력 등을-21개의 환경지속성 지수로 통합. 각국 정부의 정책 입안에 좋은 자료로 활용.
생태 발자국 지수 (EFI)	ESI와 동일	EFI는 한 국가의 전체 자원소비량을 등가의 생산 토지면적으로 환산한 다음 이것을 인구로 나눠 한 사람이 얼마만큼의 토지를 갖게 되는지 추산하는 방식. 자원소비수준이 높을 경우 국가는 오래 지속될 수 없음. 그러나, 작은 발자국을 가진 국가라도 경제 활동 부족과 만연된 빈곤으로 인해 발자국이 작은 것이라면 지속가능한 개발을 이룰 수 없음.
환경 취약성 지수 (EVI)	남태평양 응용지구과학 위원회와 유엔 환경프로그램 등	EVI는 물리적 총체(사람, 건물, 생태 시스템)와 경제, 복지에 역으로 영향을 미쳐 국가를 충격에 빠뜨릴 수도 있는 환경에 대한 자각을 돕도록 개발. 이것은 자연의 위험성, 해수면 상승, 자연 자원 고갈, 생태 시스템 붕괴, 지리적 소외 등을 포함. 높은 환경 취약성은, 지속가능한 개발에 많은 방해.

출처 : 2005년 환경지속성지수(2005)를 수정함.

환경지속성지수를 분석해보면 국가의 환경 책임과 관련하여 몇 가지 결론을 얻을 수 있다. 이 보고서는 완전하게 지속가능한 개발의 선상에 있는 국가는 없고 일부 국가들이 다른 국가들보다 환경 문제들을 다루는데 있어 좀 더 나은 편이라고 소개한다. 또한 엄격한 규정 집행과 세계 정책에 대한 협조 등에 대한 평가는 환경에서의 전반적인 성공 여부에 달려있다. 환경 지속성의 미래와 관련하여 중요한 정치적 의미를 담고 있는 중요한 결론은 환경 보호가 경쟁적일 필요는 없다는 것이다. 환경지속성지수(2005)를 만든 학자인 예일대의 다니엘 C. 에스티 교수 이렇게 말했다.

> "환경지속성지수는 소중한 정책 도구다. 또한 이것은 국가별, 사안별로 환경 업무를 효율적으로 해나갈 수 있도록 돕는다. 각국 정부는 부담이 될 수 있지만 환경지속성지수가 환경의 리더와 낙오자를 공개함으로써 세계의 환경을 개선을 위한 노력을 압박할 수 있다."

이런 노력과 함께 환경 개선에 대한 압박이 커지면 글로벌 수준의 지속가능한 개발계획은 탄력을 받게 된다. 에스티 교수가 지적한 것처럼 환경의 리더들은 환경에 대한 책임과 실천이 국가 브랜드에 안겨주는 긍정적 후광효과를 극대화하는 반면 낙오자들은 낮은 평가에 따른 부정적인 결과로 자국의 국가 브랜드 하락을 피하기 위해 환경업무에 더욱 박차를 가해야 한다. 이런 맥락에서 환경지속성지수에 나타난 상위 20개국을 앤홀트의 GMI 국가브랜드지수(GMI Poll Press Release, 2005) 상위 20개국과 비교해 보면 흥미로울 것이다. 이 비교로 환경지속성이 국가 브랜딩에 통합될 수 있는지를 분석할 수 있다.

약소국, 저개발국, 신흥국의 관점에서 보면 환경지속성지수에서 상위에 랭크되는 것이 국가브랜드지수에서보다 더 큰 성과를 올릴 수 있다. 볼리비아의 경우 국가브랜드지수에 영향을 미칠만한 인식 수준을 얻지 못했다. 이런 국가들은 환경지속성지수에서 자국의 순위를 부각시킴으로써 다른 국가들보다 많은 긍정적인 효과를 거둘 수 있다. 윤리적인 소비자가 등장하고 있는 이 시대에 볼리비아 같은 국가들은 국가 이미지를 강화하기 위해서 환경지속성지수를 이용하고 있다. 이것은 환경문제에 눈을 뜬 소비자의 관광을 증진시킬 수 있으며, 나아가 윤리적인 소비자가 되고자 하는 사람들에게 볼리비아 제품에 대한 선호도를 증가시킬 수 있다. 환경지속성에 큰 관심을 갖고 잘 수행해 나가면 국가브랜드의 긍정적인 후광효과에 큰 도움이 된다. 국가 이미지 광고에 많은 예산을 투입할 재정이 없는 저개발국과 신흥국은 지속가능한 개발계획을 수행하고 이 과정을 전 세계에 알림으로써 강력한 국가 브랜드를 수립할 기회를 얻을 수 있다.

시장으로부터 멀리 떨어져 있는 국가들은 큰 시장으로의 접근이 불가능하지만 이를 극복하는 수단으로 환경지속성을 이용할 수 있다. 예를 들어 아르메니아의 경우 환경지속성 정책으로 결과를 얻었다. 아르메니아의 제품이 '환경적으로 차별화되고 생태학적으로 뛰어난 제품으로 검증되어, 활발하게 마케팅되면, 세계 시장에서 성공할 기회는 훨씬 더 커진다'(Pant, 2005).

표 7.3 환경지속성지수와 국가브랜드지수 상위 20개국

상위 20개국 순위	환경지속성지수	국가브랜드지수
1	핀란드	호주
2	노르웨이	캐나다
3	우루과이	스위스
4	스웨덴	영국
5	아이슬란드	스웨덴
6	캐나다	이태리
7	스위스	독일
8	가이아나	네덜란드
9	아르헨티나	프랑스
10	오스트리아	뉴질랜드
11	브라질	미국
12	가봉	스페인
13	호주	아일랜드
14	뉴질랜드	일본
15	라트비아	브라질
16	페루	멕시코
17	파라과이	이집트
18	코스타리카	인도
19	크로아티아	폴란드
20	볼리비아	한국

출처 : 환경지속성지수(2005)와 GMI 집계 결과(2005)를 수정함.

국가브랜드 관리와 인간개발에서 윤리적 기준

국가브랜드 관리와 인간개발에서의 좋은 성과는 존경받는 국가브랜드를 만든다. 국가브랜드 관리의 질을 평가하는 지표로 IIAG(Ibrahim Index of African Governance)가 있다. IIAG는 더 나은 국가브랜드 관리를 위해서 아프리카 국가의 안전과 준법, 참여와 인권, 지속가능한 경제적 기회와 인간개발을 평가한다. 2014년 지표에서 상위 5개 국가는 모리셔스, 카보 베르데, 보츠와나, 남아프리카공화국, 세이셜이었다(Ibrahim Index of African Governance, 2014).

또 다른 국가의 윤리적 관리 평가지표로는 유엔개발계획(UNDP)의 인간개발지수가 있다. 인간개발지수는 기대수명, 재학기간, 예상학년, 1인당 국민총소득 등을 평가한 수치다. 2013년의 상위 5개국은 노르웨이, 오스트레일리아, 스위스, 네덜란드, 미국이었다(UNDP, 2014).

낙인찍힌 국가 브랜드는?

Bernad L. Simoin,
Professor of Marketing and International Business at The Fletcher School of Lae and Diplomacy, Tufts University.

국가 브랜딩에는 비평이 따른다. 대부분은 국가주의의 수단으로 제품의 결함을 숨기는 '판매중심'이며 예산을 마구 사용한다는 지적이다. 낙인찍힌 국가 브랜드의 경우는 논쟁의 여지가 없다. 억압적인 통치, 독재정부, 족벌세습, 부정부패로 알려진 국가는 어떻게 될까? 실패했거나 실패할 가능성이 높은 경우는 어떠한가? 논의를 확장해서 낙인찍힌 국가가 브랜드 리뉴얼에 성공하려면 무엇을 기초로 시작해야 하는가?

낙인은 문화와 시간을 초월해 강력한 사회적 구조를 만든다. 낙인은 개인, 사회적 목적, 보편성에서 출발한 차별적인 특징을 기초로 한 브랜드에 가치를 준다. 낙인은 결함, 버릇없음, 위험에 처하고 가치 없음을 의미한다. 국가 브랜드는 고정관념뿐만 아니라 낙인찍기의 경향이 있다. 낙인찍힌 동안은 편견과 부정적인 태도의 목표공중을 상대해야 한다. 부정, 폭력, 부정, 질병, 테러, 황폐, 빈곤, 독재 같은 단어는 낙인찍힌 국가의 국민들과 연상된다. 낙인찍힌 국가는 부정적인 사건의 불균형 언론보도, 확증적 편향, 주파수 부족 같은 부정적인 요인들의 과도한 평가로 고통 받는다. 부정적인 요인은 긍정적인 속성까지도 무시하게 된다. 결국 낙인은 회피와 거부를 불러온다.

효과적인 리브랜딩을 위해서 실재에 기초한 신뢰할만한 목표를 설정한다.

포지셔닝 전략은 맥락의 냉정한 평가를 토대로 타당하고 달성 가능한 욕망을 반영해야 한다. 광고에서 말하는 원칙의 진실 없이 브랜드 약속을 지키는 목표가 가장 중요하다. 이런 원칙하에 전략과 전술을 선택해야 한다.

대결 vs. 낙인 회피

낙인에 대해 무시하거나 무지, 또는 불신하면 무대응이나 부정하는 전술로 일관하게 된다. 브랜딩 전략에서 낙인을 제거하지 않거나 지나치게 걱정만 하면 문제를 놓치게 된다. 국가 브랜드에 영향을 주는 낙인의 원천과 유형을 많지만 모두 똑같이 심각하지 않다. 따라서 일정한 경향이 있다면 원인에 따라 낙인을 해결하는 방법은 다양하다. 정책을 수정하기 위한 방법은 탄탄한 기초를 만드는 것에서 구조의 문제의 수정까지 다양하다. 가치 없는 기본 전략은 이름을 바꾸는 것이다.

역사를 뒤돌아보면 이름을 바꾼 나라들이 있었다(예를 들면, 1520년 테라 디 산타 크루즈가 브라질로, 1972년 실론이 스리랑카로, 1997년 자이레가 콩고민주공화국으로). 식민시대의 흔적을 지우고 독립국으로 인정받으려는 개명도 있었다(1945년 네덜란드 동인도가 인도네시아로, 1973년 영국령 온두라스가 벨리즈로). 버마와 미얀마 중 어떤 나라와 거래하고 싶은가? 국가의 이름과 사용은 중요한 정치적 분리와 외교적 의미가 있다. 미얀마의 경우 민주화 운동을 지지하고 군부독재를 거부하는 의미로 1989년 개명하였다.

카자크 엘리보다는 카자흐스탄을 여행하는 것이 나은가(예: 카자국)? 나자르바예프 카자흐스탄 대통령은 이름 뒤에 붙은 '스탄'이 낙인으로 관광객과 투자자에게 부정적으로 인식된다는 점을 지적하며 나라의 이름을 바꿀 것을 제안했다. '스탄'이 우즈베키스탄, 키르기즈스탄, 타지키스탄처럼 차별화가 되지 않아 좋지 않다는 것이다. 일부에서는 카자흐스탄이 이웃 나라들과 거리를 두고 파키스탄과 아프카니스탄처럼 '스탄'이란 하나의 이름으로 묶이는 것을 피하는 시도를 지지했다. 다른 한 편에서는 카자흐스탄이 직면한 쟁점에 초점을 맞추었다.

재구성 전략

브랜드의 의미와 연상은 일생동안의 커뮤니케이션, 직접 경험과 간접 이미지로 생긴다. 커뮤니케이션 관점에서 브랜드 포지션의 재구성과 강력한 이야기, 잘 알려진 낙인은 계몽적이고 효과적이다. 예를 들면, 콜롬비아(낙인: 마약사건과 게릴라 활동)와 남아프리카공화국(낙인: 인종차별 정책의 역사와 에이즈의 창궐)은 다음의 태그라인에 직접 재구성전략을 압축하였다. '콜롬비아의 위험은 머물고 싶은 것 뿐', 그리고 '남아프리카공화국, 가능성이 살아있는 남아프리카공화국' 우수한 점은 전략적 통찰력과 영리한 실행력이다. 분명하게 다른 요인도 역할을 했다. 커뮤니케이션에 의해 나타난 긍정적인 발전, 단기간의 성과, 과제의 의미 있는 개선은 티핑포인트에 이르게 되었다. 낙인찍힌 국가의 의미 있는 리브랜딩은 조건을 벗어나 브랜드의 확장성이 예측되었다.

재구성 전략은 현명한 브랜드 연상으로 조절될 수 있다. 여기저기에서 적절한 맞춤과 신뢰성을 갖춘 브랜드 유형을 선택할 수 있다. 기관 브랜드(사기업, 공공과 비영리 부문)와 유명한 공적인물과 브랜드 대사(예: 남아프리카의 넬슨 만델라), 세계적인 이벤트의 스폰서십(예: 올림픽, 세계엑스포), 또는 인기 있는 프로스포츠(예: 스페인 축구팀 아텔레티코 드 마드리드의 파트너 '불의 땅' 아제르바이젠), 지리적 브랜드 연합(예: 카라비안 공동체와 공동 시장, 유럽연합이나 나토, 국가 지역 도시브랜드 연합).

국가 브랜드의 연합은 부정과 긍정적인 태도가 교차된다. 예를 들면 아프리카연합은 50주년과 '아프리카의 지속적인 발전, 평판과 경쟁력을 일깨우자'는 '브랜드 아프리카'의 비전을 축하했지만 단합과 연대감은 부족했다. 일부 국가는 메타 브랜드의 성과를 부정했고 연합으로 인한 낙인이 강화되었다고 했다. 2014년 에볼라 바이러스의 강력한 위기는 서아프리카 또는 아프리카 같은 브랜드와 아프리카 모든 나라, 국민, 이주민 공동체에 오명이 되었다. 동시에 메타브랜드는 재구성에 도움이 되지 못했지만 하위 브랜드에는 효과적이었다. 지구의 일부에서는 미국 국가 브랜드가 오점을 남겼지만 50개 주의 경우는 그렇지 않았다. 대안적인 재구성 플랫폼을 제공한다. 낙인과 가치 포지션의 강요를 받지 않는 지역이나 도시에서도 이와 같이 재구성 전략의 바람직한 토대가 된다.

예방 전략

원하는 바를 얻으려면 조심해야 한다. 오점을 남기지 않아야 한다. 이와 함께, 오해를 사거나 편협한 포지셔닝 전략은 낙인찍힐 수 있다. 스코틀랜드의 슬로건 '세상에서 가장 작은 나라'는 2007년 기존의 '스코틀랜드에 오신 것을 환영합니다.'를 대신해서 만들어졌다. 작다는 것은 바람직하지 않다. 최고를 목표로 할 때 제한적이며 잘못된 기준으로 인식된다. 2005년 칠레도 새로운 슬로건 '모든 길이 놀라운 칠레'를 선보였다. 이 슬로건은 언어적 유희를 의도했지만 사람들은 무모하고 철자법이 틀린 것으로 이해했다.

국가는 과장되지 않도록 조심해야 한다. 낙인의 자료가 될 수 있다. 예를 들면 아이티는 미디어에서 '서반구 최빈국', 또는 'NGO 공화국'로 만성적이며 자연재해를 입는 나라로 묘사된다. 구조적으로 왜곡된 국가 브랜드를 고정하려면 협업이 필요하다. 차별화된 유형의 문제가 한 지역에서 크게 성공한 국가 브랜드에 존재한다. 이 문제는 다른 요인에 해로운 점이 될 수 있다. 판에 박힌 말과 고정관념은 성공적인 특성화에서 낙인으로 후퇴시킨다. 균형 잡힌 국가 브랜드와 포지셔닝 플랫폼은 부문을 넘어 개조되는가?

낙인의 다양한 자료와 특성에 따라 낙인과 성흔(STIMA)이 있다. 복잡성과 까다로운 주제로 낙인찍힌 국가를 리브랜딩 한다. 낙인찍힌 국가 브랜드의 경우 리브랜딩이 국내 정치, 안보, 정의와 경제 부문의 개선할 수는 없다. 기대를 불만족 시키지 않고 확실하게 연결된 브랜드 약속의 토대 위에 기대가 조성된다. 낙인찍힌 국가에서 성공적인 이야기는 오랜 시간 측정되고 쓰이며 리브랜딩은 구세주(deus ex machina)가 아니다.

☑ 실무적 관점

독립된 상태를 지향하는 국가 브랜딩

Bernad L. Simoin,
Robert Govers, Independent Advisor, Scholar, Author and Speak

이 책에서는 이미 세계화의 결과로 공공 정책에서 장소 브랜딩이 지위를 얻었다는 점을 강조했다. 권력 구조의 이동에서도 같은 과정이 일어났다. 국가의 상태가 천천히 관련성을 잃고 다양한 조직, 도시, 그리고 힘을 가진 사적 영역으로 권력이 이동함에 따라 다수의 리더와 시민은 국가브랜드의 하위 상태에 놓이게 되었고, 지역과 국가는 독립성을 강조하기에 이르렀다. 예를 들면, 잘 조직된 카탈루니아, 스코틀랜드, 플로렌스 지방정부는 유럽연합 시스템 아래에서 독립을 막는 문제를 제기한다. 시민을 확신시키는 내부 PR 과정과 분리 독립의 정치적 투쟁은 20세기 말에 기회를 마련하였다. 그러나 2014년 유럽의 국민투표와 엄격한 선거로 새로운 양상을 맞게 되었다.

독립을 희망하는 많은 지역의 생각은 쉽게 받아드릴 수 있는 타당한 역사적, 정치적, 사회문화적, 경제적 독립의 이유가 있다. 브랜드로서 장소는 흥미로운 토론 주제를 제공한다. 예를 들면, 카탈루니아, 스코틀랜드, 플로렌스의 경우 동일한 주장과 성공 가능성이 있지만 브랜드 관점에서는 플로렌스의 경우 카탈루니아나 스코틀랜드보다 잠재적으로 독립 가능성이 불리해 보인다. 카탈루니아와 스코틀랜드는 다른 주요 도시들과 같이 세계적으로 지명의 인지도와 평판이 높다(Anholt, 2009). 플로렌스는 낮은 대중적 인지도와 역설적으로 강력한 실재감이 있는 브뤼셀과 맞서야 한다. 따라서 문제는 해결되지 않아 보인다. 브뤼셀은 벨기에 북부지역 플래미시도 아니고 왈로니언도 아니다. '유럽의 수도'로 인종의 도가니이고 플랜더스의 주도이며, 벨기에 불어권 공동체의 서울일 뿐만 아니라 벨기에 왕국의 수도이다. 따라서 바르셀로나와 에딘버그가 카탈루니아인과 스코틀랜드의 정신을 뒷받침하지만 브뤼셀은 잘 알려져 있지 않다.

독립에 대한 브랜드 관점의 중요성은 성공요인으로 기여한다. 독립을 열망하는 정치력과 자원은 대부분 내부 공공외교와 지역 내의 정치적 대결과 국가 수준에서 사용된다. 가끔은 다른 나라와 외교 관계와 국가를 초월한 기관의 수준에 주목한다. 중요한 요인은 일반적으로 외부 공공외교를 과대평가한다는 점이다. 2014년 유럽의 선거에서 유럽 전반에 유럽감각이상증(Euroscepticism)이 나타났다. 유럽인들은 유로화의 가치와 브뤼셀의 관료를 걱정했다. 이것은 EU 확장의 쟁점을 크게 하였고 사람들은 '유럽연합의 참여국을 늘릴 필요가 있는가?'라고 묻게 되었다. 카탈루니아와 스코틀랜드는 강력한 장소 브랜드로 관광객, 해외 투자자, 국내 학생과 이주노동자에게 오랫동안 관심을 끌었다. 이 지역이 목표공중에게 매력적이면 독립이 가능한가? 그렇지 않다. 많은 문제가 있다. 내 투자가 안전할까? 유로화만 가지고 여행이 가능할까? 학점을 인정받고 공부할 수 있을까? 고용허가를 받을 수 있을까?

따라서 브랜드 관점에서 독립을 희망하는 주는 무엇을 어떻게 기여할 수 있는지를, 그리고 미래 독립된 상태에서의 브랜드 자산 구축과 관리를 국가를 초월한 연합체에게 빠르게 보여줘야 한다. 이러한 노력은 오랜 친구와 이웃뿐만 아니라 새로운 목표공중, 예를 들면 국가의 이해관계를 같이 하는 시민에게도 전달되어야 한다. 이것은 이해 관점에서 미래 과정을 위한 정당화이며 분리주의자는 어떻게 협력하고 미래에 함께할 것인지를 설명해야 한다. 이 부분에 대한 더 많은 연구가 남아있다.

참고문헌

Anholt, S (2009) City Brands Index, accessed on 24 March 2013 via www.simonanholt.com/research/cities-index.aspx.

☑ 사례

일본에서의 크로아티아 캠페인

Drago Stambuk, PhD,
Ambassador of Croatia to Brazil and former Ambassador of Croatia to Japan

'국가를 브랜딩 하기' 대신에 '국가를 이해하기'라는 표현을 더 좋아한다. 국가를 사랑함으로써 국가를 이해할 수 있다. 사랑이란 표현은 사랑을 공유하면서 시작된다. 타인에게 사랑의 문을 여는 것으로 사랑 전해진다.

적극적인 전달과정 없이 어떻게 한 국가를 사랑할 수 있을까? 자국을 어떻게 알리고, 어떻게 외교과정에 담을 수 있으며, 목표공중의 주목을 쉽게 얻고 정교한 시도 없이 역설적으로 전달할 수 있을까? 전 일본 주재 크로아티아 대사로서 이러한 과제를 적극적으로 풀어가야 했다.

크로아티아는 천혜의 아름다움과 놀라움을 가진 나라다. 아름다움을 나서서 자랑할 필요가 없다. 립리백합 없이 가장 여유롭고 진정한 방법으로 이미 가지고 있는 개성과 정체성을 강조하면 된다.

브랜딩이 윤리적이고 성실하면 자기 말을 하면 된다. 크로아티아의 말, 어머니의 말을 들어보자, 크로아티아의 사랑스런 주인, 심부름하는 소년으로 수확은 했지만 아직 넉넉한, 가장 값진 물건으로, 크로아티아를 신이나 카미(神, 영적 존재)로 대하자.

대사의 업무로서 크로아티아를 조도(일본불교에서 말하는 '극락정토')로 알리고 반투명한 아드리아 해와 지구상의 가장 깨끗한 물이 흐르는 강과 호수, 생태적으로 우수하고 매력적인 땅을 소개하였다. 최선을 다해 사람들의 열망, 기원, 집착을 이해하려고 노력했고 크로아티아의 소중한 보물을 다른 지역과 배경의 사람들에게 잘 알릴 수 있도록 강조했다.

크로아티아의 세계적인 가치에 눈을 뜨도록 하고 이로써 사랑받게 될 수 있을 것으로 기대했다. 먼저 서부 지역민을 목표공중으로 하여 전통적인 시민의 감수성에 소구하였다. 아랍세계는 물과 푸른 목초지에 대한 동경과 갈망이 있다. 일본에서는 2005년부터 2010년까지 대사로 근무했던 일본은 특별한 나라다. 나중에 크로아티아의 강력하고 풍부한 카미에 일본인들이 공감한다는 점에 알았다. 앞에서 언급한 조도는 순수함의 정도와 전반적인 청결함을 의미한다. 또한 동물에 대한 일본인의 감성을 고려해 '하치코 달마시안을 만나다.' 프로젝트를 추진했다. 대사관은 수도권 전철 시부야역 근처에 있는데, 시부야역 앞에는 충견 하치코의 동상이 세워져 있다. 이 동상은 도쿄 사람들이 주로 만나는 장소다. 이 프로젝트로 아이들과 어른들처럼 사회의 취약 계층과 연계하려고 했다. 달마시안은 크로아티아가 본산인 장난기 많은 강아지로 아이들과 잘 어울리는 반면 하치코는 아키타 종으로 노인들이 사육하기 좋다.

2002 월드컵 기간 중에 서로의 상호 이해와 친교를 증진하고자 하였다. 토카마치는 월드컵 경기가 열리는 도시로 크로아티아 팀의 베이스캠프다. 여기서 활동이 시작되었고 다보 수카 레스토랑이 문을 열었고, 벨라티오 호텔 안에 크로아티아 코너가 만들어졌다. 2006년 크로아티안 컬러드 이모션 행사가 개최되었을 때 시장에게 '일본-크로아티아 우정의 집' 건설을 제안했다. 프로이드가 말한 인간심리의 3가지 요인, 이드(id)를 기초로 하여 땀과 흙 위에서 펼쳐지는 축구경기를 운동장 옆에 재현하였다. 자아(ego)는 문화와 사회적 행사가 열리는 상호작용 공간으로 만들어졌다. 초자아(super ego)는 상징적으로 우정의 영원한 빛을 담았다. 일본의 등과

크로아티아의 전등을 조화롭게 구성했다. 2011년 완성된 프로젝트에서 크로아티아에게 토카마치는 우정의 수도가 되었다.

브랜딩과 상대국의 이해를 위해 다양한 전략이 활용될 수 있지만 역사와 개인을 연결하는 것도 방법이 된다. 예를 들면, 미국에서는 크로아티아에서 태어나 새로운 세계에서 가장 높이칭송 받는 사람 중 한 명인 니콜라 테슬라가 있다.

오스트리아 헝가리 제국 시기에 크로아티아를 지배한 정치인 총독 이반 에르도디의 성명서에서는 'Regnum regno non prescribit legs(왕의 규칙이 왕의 법이다)'라고 하였다. 두보르니크 공화국의 모토는 'Obliti privatorum publica curate(그들의 공공 및 민간관리)'로 자랑스런 깃발에 자유의 단어였다. 또 다른 자랑스러운 모토는 'Non bene pro toto libertas venditur auro(전체를 위해 금 판매의 자유는 허락되지 않는다)'는 다양한 상황에서 크로아티아를 나타내는 말이었다. 베네수엘라 혁명의 리더로 첫 번째로 독립연설을 한 프란시스코 디 미란다는 두보르니크 정부를 라틴 아메리카의 새로운 전형으로 소개했다. 내가 출생한 섬 브락의 석재는 워싱턴 DC의 백악관을 짓는데 사용되었다. 이처럼 다양한 상황에 연결하여 소개할 수 있다.

우선 무엇보다도 국가의 특징, 역사, 국민성, 유산(자연, 전통, 문화), 역사적 중복(수 세기 동안 오스트리아 헝가리 국가로 살아왔고 크로아티아의 역사인식은 기독교를 지킨 군인과 수호자로, 기독교 요새로...) 등 자국에 대해서 알아야 한다.

상황은 다양하고 상황은 만들기 – 외교적 민간성이 요구되는 - 위해 선택되어 좋고 나쁜 중복과 선택은 말썽을 일으킨다. 만국과 지속되는 가치 사이에서 개별 국가의 가치는 인류에 기여하지만 선택은 분명하지 않다.
브랜딩을 확실하게 끝맺을 수 없는 프로젝트로 보는 것은 중요하다. 따라서 변화하고 바뀔 수 있다. 곧 이름이 지워질 트렌드, 정체성과 중요성을 예상하지만 아직은 단서를 알 수 없다.
새로운 물건의 이름 짓기와 현상을 현재화하지만 그렇지 못하면 시각화할 수 없기 때문에 국가의 이름이나 특성은 매우 중요하다. 일본 국회에서 처음 연설을 들을 때 벚꽃 축제와 꽃, 사쿠라에 대한 내용이었다. 내 고향 섬 브락의 아몬드 나무의 꽃의 아름다움과 향기로 벌들이 모이고 마루 위에 꽃잎이 깔려 환상적인 장면을 만들었다. 그러나 크로아티아에서는 중요한 가치와 사실을 브랜딩으로 담지 못해 축제의 이름이 없었다. 일본에서 배운 것은 현상에 대한 특별한 인식과 감수성이었다. 이케바나(꽃꽂이), 반자이(만세), 사쿠라(벚꽃), 하이쿠(짧은 시)처럼 사실을 묘사하고 중요한 것에 이름을 달았다.
작은 나라는 많은 인적 자산과 프레젠테이션을 준비할 시간이 부족하다. 외교는 정제된 작업과 압축된 단어 뿐 아니라 주어진 환경에서 세련되고 감각적으로 자국을 알리고 가능한 한 시너지 효과를 낼 수 있도록 해야 한다.
- 이 글의 관점과 의견은 저자 개인의 생각이며 기관의 의견은 아님을 밝힘. 또한 다른 참여자나 출판인의 의견도 아님.

☑ 사례

네덜란드 국가 브랜드의 모색

Gert-Jan Hospers, Professor,
University of Twente/Radbound University Ninegen, The Netherlands

국가브랜드지수에 따르면 '네덜란드는 성공적이고 균형 잡힌 이미지(Politiek, 2010)'였다. 이는 흥미로운 관찰이다. 첫째, 네덜란드왕국 브랜드가 전 세계적으로 네덜란드 보다 홀랜드로 알려졌다는 점이다. 공식적으로 '홀랜드'는 국토의 서쪽에 위치한 북 홀랜드와 남 홀랜드 지방을 일컫는다. 말할 것도 없이, 국가 브랜드 담당자는 '홀랜드'를 사용하기로 결정했다. 홀랜드는 쉽고 접근 가능하며 17세기 홀랜드 역사의 위대한 대항해시대의 이름이다. 강조할 것은 또 많은 네덜란드(Dutch) - 또 다른 혼란스런 개념 – 은 엄격히 말하면 홀랜드 시대를 살지 않았지만 네덜란드의 다른 지역을 말한다. 둘째, 흥미로운 점은 국가가 외형적으로 균형 잡힌 이미지라는 점이다. 사실상 네덜란드는 두 가지 평판이 있다. 오랫동안 네덜란드는 잘 알려진 튤립, 나막신, 풍차의 고정관념에 사로잡혀 있었다. 그러나 서유럽의 작고 평평한 나라의 고전적인 상징은 '문화', '환상적인', '관용'같은 현대적인 이미지로 보완되어야 한다. 의심할 여지없이 글로벌 미디어 노출되는 네덜란드의 모습과 관련이 있다. 또한 국가 브랜딩은 균형 잡힌 이미지로 추진되어야 한다.

조각보의 종류

첫눈에 네덜란드 국가 브랜딩은 수정처럼 깨끗해 보인다. '홀랜드' 용어의 지속적인 사용과 오렌지색 튤립 – 오렌지는 네덜란드 국왕가의 색이다 - 의 정형화된 로고타입과 모든 브랜딩 메시지는 통일성을 제시한다. 좀 더 살펴보면, 브랜드 우산 아래 하위 브랜드와 브랜딩 조직이 있다. 네덜란드 브랜딩을 담당하는 핵심 조직은 네덜란드 관광컨벤션위원회(NBTC, Netherlands Board of Tourism and Convention)다. 이 위원회는 국내외 해외에서 네덜란드 브랜드를 판촉하며 관광 뿐 아니라 비즈니스 여행과 컨퍼런스도 담당한다. 반면, 네덜란드 기업해외투자청(NFIA)는 국제 교역에서 국가 브랜딩을 담당한다. 또한 네덜란드고등교육세계화기구(NUFFIC)는 네덜란드를 세계 학생들에게 공부하기 좋은 곳을 알리는데 힘쓴다. 마지막으로 외교부, 교육부, 문화과학부, 그리고 주재한 나라의 대사관은 국제 문화정책의 현장에서 국가 브랜딩에 힘쓴다. 예를 들면, 해외 진출을 희망하는 네덜란드 예술가를 위한 모금, 상대국과 공공외교를 위한 문화원이 있다. 브랜딩 활동의 다양성 때문에 디 베스트(de Best, 2010)는 '네덜란드 최고의 국가 브랜딩은 조각보와 같다.'는 주장이 옳았다.

네덜란드 : 열린 국가

네덜란드 브랜드와 오렌지 튤립 로고 소유자로서 NBTC는 네덜란드 국가 브랜드의 주무 기관이다. 비영리기구로서 경제부의 부분적인 지원을 받는다. NBTC는 또 네덜란드 시장에서 합작 프로젝트를 추진하고 이벤트를 구성하며 조사를 진행해 기업에 우호적인 환경을 조성하는 파트너로 재정을 충당한다. 2013년 이후 NBTC는 네덜란드 브랜드를 '열린 국가'로 브랜딩하고 있다. 이 국가 브랜드의 선택은 국내외 이해관계자의 인터뷰와 이미지 조사를 토대로 만들어졌다. 관광과 컨퍼런스 영역에서 '열린 국가'는 4가지 특별한 브랜드 가치를 갖는다.

1. 환영 : 네덜란드는 방문이 쉽고 누가 방문하더라도 집에 온 것처럼 편안한 나라다.
2. 다채로움 : 네덜란드는 매우 다양한 경치와 사람들이 함께하는 환경을 가진 나라다.
3. 독창성 : 네덜란드는 혁신으로 이끄는 필요성이 있는 나라다(예: 수질 관리).
4. 진취성 : 네덜란드는 17세기 뿐 아니라 지금도 경제적 개척자의 나라다.

NBTC는 해외 특정 목표 집단의 관심을 불러일으킬 4가지 브랜드 가치에 맞는 '브랜드 경험'을 일반적인 브랜드 가치에 포함하였다. 중국 관광시장에서는 '네덜란드 하이라이트(튤립, 치즈와 자전거 같은 네덜란드 전통)'를 홍보했다. 이런 전통적인 상징과 친근한 영국의 관광객에게는 '창의적 도시(암스테르담의 분위기와 다른 트렌디한 네덜란드 도심지역)'의 경험을 알렸다. 이런 접근방법으로 NBTC는 네덜란드 국가 브랜드를 전 세계 관광 시장에서 차별화했다.

네덜란드 : 해외 비즈니스의 선구자

마케팅에서 네덜란드의 오렌지 로고를 사용한다. 네덜란드 기업청 – 경제부의 본부 기관 – 이 네덜란드 회사와 해외 파트너 사이의 교역과 협력을 돕는다. 이로써 네덜란드 회사가 교역과 무역전시를 조직하는 적극적으로 활동할 수 있다. 기업청의 특별한 서비스는 네덜란드 기업을 해외 파트너와 연결하는 '소개'로 대부분 특수한 경제 영역, 예를 들면 원예, 수질 기술이나 창의 산업 등이다. 따라서 네덜란드 기업청은 국가 브랜드를 '열린 국가'라는 말없이도 믿을 만한 교역과 비즈니스 파트너로 소개한다. 이와 함께, 경제부의 예하 기관인 NFIA는 해외 기업을 도와 네덜란드에 투자를 유치한다. '네덜란드: 해외 비즈니스의 선구자'라는 슬로건으로 해외 직접투자기관은 매력적인 기업환경 조성을 돕는다. 투자자의 증언에 따르면, 특별하게 네덜란드의 전략적 위치와 경쟁력 있는 재정환경, 인프라와 삶의 질이 잘 알려졌다. 그러나 '열린 마음'은 빠져있었다. 네덜란드 기업청과 NFIA는 각각 별도의 업무를 추진한다. 실무에서는 교역, 협력과 투자는 연결된다. 글로벌 비즈니스 고객의 혼선을 피하기 위해서 네덜란드 경제부는 웹 사이트를 만들어 브랜딩 하였다. 방문자는 '교역', '투자', '규정과 규제', '네덜란드'를 누르면 해당 기관으로 연결된다(www.hollandtraeandinvest.com).

네덜란드 디자인, 패션과 건축

국가 브랜딩의 구조는 앞서 논의하였다. 네덜란드 정부는 네덜란드의 다른 측면을 강조했다. 예를 들면 2009년 경제부, 외교부, 교육과학부는 1,200만 유로의 예산으로 4년간 '네덜란드 디자인, 패션, 건축(2009-2012)' 프로그램을 추진했다. 이 프로그램의 목표는 네덜란드 디자인, 패션, 건축(DFA) 부문을 세계적인 파트너로 발전시키는 것이었다. 이런 목표 아래, 전시, 교환, 디자인 프로젝트, 교역이 추진되었고 중국, 인도, 터키, 독일이 주요 대상국이었다(www.dutchdfa.com).

2011년 NBTC는 '네덜란드 DNA'를 주제로 '네덜란드에 의한 홀랜드의 독특성'을 디자인, 패션, 건축 분야에서 강조했다. 2013년 외교부는 경쟁적인 이점이 있는 부문과 네덜란드 브랜딩에 윌리엄 알렉산더 국왕의 취임을 활용했다(www.hollandtrade.com). 우선 선진 교역국가('DNA에 있는 잠재되어 있는 네덜란드 교역')로 발돋움하기 위해서 강한 농업 경쟁력, 화학, 전기와 창의 산업을 강조하였다. 다음으로 네덜란드는 음식, 환경변화, 홍수 조절과 같은 글로벌 문제의 창의적 해결방안을 가진 국가 브랜드로 가져갔다. 여기서 수자원 관리('글로벌 수자원 관리의 가디언')에서 윌리엄 알렉산더 왕의 관심분야로 강조할 뿐 아니라 UN의 전년도 세계 물의 날을 유치한 사실을 강조했다. 흥미롭게 새로운 국가 브랜드('열린 국가')와 연결은 없었다.

명확한 국가 브랜드?

홀랜드와 오렌지 튤립의 이면에는 또 다른 브랜딩 메시지가 있다. 네덜란드의 브랜딩이 오랜 시간동안 성과를 거두었는지 의문이다. 또 NBTC의 다양한 메시지가 공중의 마음에 혼란은 주지 않았는지 걱정스럽다. 따라서 조직은 확실한 국가 브랜드를 선택하고 긴급하게 강화된 국제 경쟁력을 강조해야 한다. '홀랜드: 열린 국가'를 런칭한지 1년 만에 NBTC는 새로운 비전 2020을 선보였다(NBTC, 2014). 여기서는 미래의 네덜란드 브랜딩의 3가지 가치, '생동감', '수익성', '사랑스러움'를 강조했다. 여기서 4가지 하위브랜드는 제거되었다. 네덜란드 브랜드는 '홀랜드 시티' 같은 하나의 광역도시를 대상으로한 혁신적인 아이디어였다. 이런 맥락에서 네덜란드 지역과 지역의 매력성은 란드슈타트나 암스테르담의 교외로 포지셔닝 될 수 있다. 확실히 대도시로 구성된 작은 국가 브랜드의 새로움이 될 수 있다. 동시에 찾기 어려웠던 네덜란드 국가 브랜드의 명확한 설명이 된다. 만약 네덜란드가 '성공적이고 균형 잡힌 이미지'를 원한다면 2011년 국가브랜드지수에서 강조한 것처럼, 장기간의 전략으로 지속해 나가야 한다.

참고문헌

de Best, M. (2010) 'Who Shaped the Image of the Netherlands?' (master thesis), Erasmus university Rotterdam, Rotterdam, 51.

NBTC (2013) Holland Brand Guide, NBTC, The Hague.

NBTC (2014) Holland Branding and Marketing Strategie 2020 (in Dutch), NBTC, The Hague

Poitiekm, M. (2014) The Anholt-G라 Roper Nation Brand Index 2011: Key Results for Holland, Netherlands Board ofTourism and Conventions, The Hague, 14.

요약

이 장에서는 국가 브랜딩과 관련된 중요한 윤리적 쟁점을 다루었다. 한편, 국가 브랜딩의 개념은 전 세계적으로 받아들여지지 못한 실정이다. 일부 사람들은 하나의 국가를 브랜드로 취급할 수 있는지, 또 취급되어야 하는지 여전히 회의적이다. 따라서 국가 브랜딩의 적합성 여부는 국가 브랜딩의 개념과 실천이 널리 수용되고, 광범위한 영역의 이해관계자들로부터 수용될 때 비로소 판가름 난다.

논의할 점

1. 국가 브랜드전략에 국민을 참여시킨 국가의 사례를 찾아보자. 국가 브랜드 관리의 적합성을 확대하는가? 아니면 겉치레에 머무는가?
2. 이 장의 학술적 관점 낙인찍힌 국가의 브랜딩 내용을 토대로 국가 브랜딩을 개선할 때 무엇을 확대해야 하는가?
3. 이 장에서 소개한 일본에서의 크로아티아가 제시한 사례 '새로운 물건의 이름 짓기와 현상을 현재화하지만 그렇지 못하면 시각화 할 수 없기 때문에 국가의 이름이나 특성은 매우 중요하다.'는 많은 나라의 국가 브랜딩에서 살펴봐야할 요인이다.
4. 네덜란드 국가 브랜딩 전략의 장점과 약점을 논해 보자(이 장의 사례, 네덜란드 국가 브랜드의 모색 참조).

참고 문헌

Anholt, S. (2009) *City Brands Index,* accessed on 24 March 2013 viawww.simonanholt.com/Research/cities-index.aspx.

de Best, M. (2010) 'Who Shapes the Image of the Netherlands?' (master thesis), Erasmus University Rotterdam, Rotterdam, 51.

NBTC (2013) Holland Brand Guide, NBTC, The Hague.

NBTC (2014) Holland Branding and Marketing Strategic 2020 (in Dutch), NBTC, The Hague.

Politiek, M. (2012) The Anholt-GfK Roper Nation Brands Index 2011: Key Results for Holland, Netherlands Board of Tourism and Conventions, The Hague, 14.

de Chernatony, L. (2008) 'Adapting Brand Theory to the Context of Nation Branding', 16-17, in Dinnie, K., *Nation Branding – Concepts, Issues, Practice,* UK: Butterworth-Heinemann.

The Economist (2005) 'Greening the Books', 17 September, 96.

Environmental Sustainability Index (2005) www.yale.edu/esi.

Esty, D.C. (2005) 'Finland Tops Environmental Scorecard at World Economic Forum in Davos', Yale News Release, www.yale.edu/opa/news, 26 January.

Fan, Y. (2005) 'Ethical branding and corporate reputation', *Corporate Communications,* 10 (4), 341-350.

Freire, J.R. (2005) 'Geo-branding, are we talking nonsense? A theoretical reflection on brands applied to places', *Place Branding,* 1 (4), 347-362.

GMI Poll Press Release (2005) 'Australia Is the World's Favorite Nation Brand', www.gmi-mr.com/gmipoll/release, 1 August.

Ibrahim Index of African Governance (2014) www.moibrahim foundation.org/interact(accessed 27 December 2014).

Ind, N. (2003) 'A Brand of Enlightenment', inInd, N., Macrae, C., Gad, T. and Caswell, J. (eds), *Beyond Branding,* UK: Kogan Page.

Pant, D. (2005) 'A place brand strategy for the Republic of Armenia: "Quality of context" and "sustainability" as competitive advantage', *Place Branding,* 1 (3), 273-282.

United Nations Development Programme(2014) Human Development Index and its components, http://hdr.undp.org/en/content/table-1-human-development-index (accessed 27 December (2014).

World Bank (2005) 'Where is the Wealth of Nations?', www.web.worldbank.org, 15 September.

제8장 국가 브랜딩 개념의 실무적 과제

Key Point

- 이해관계자의 참여를 늘리는 것은 국가 브랜드 전략의 개발과 실행에서 주요 과제
- 무수히 많은 국가와 다양한 접촉 포인트를 고려할 때 국가 브랜드 접점 마련은 힘든 과제
- 국가 브랜딩은 고도의 정치적 행위

개론

관리적인 관점에서 국가 브랜딩 개념에는 몇 가지 실무적인 과제가 있다. 이 중에서 이해관계자의 참여를 늘리는 일은 역시 과제다. 또 다른 과제로는 국가 브랜드의 접점 마련, 일관된 국가 브랜드 구축, 고도의 정치적인 국가 브랜딩의 성격 등이 있다. 이 장의 학술적 관점은 관광 맥락에서 소비자행동과 장소 브랜딩을 살펴본다. 실무자 시사점은 성공적인 장소 브랜딩에서 협업의 중요성을 강조한다. 사례연구에서는 영국정부의 '그레이트' 캠페인의 시사점을 제공한다.

누가 참여해야 하나?

국가 브랜딩의 광범위한 특징은 국가 브랜드 전략 구축과 실행에 많은 관계자들의 참여가 필요하다. 포괄성의 원칙에 따라 모든 관련 이해관계자가 전략 개발에 참여해야 한다. 그러나 포괄성의 개념은 개별 국가의 환경이라는 독특한 요인에 의해 조정될 수 있다. 따라서 두 형식의 포용성을 구별하는 것은 도움이 된다. 첫째는 이상적 상태 또는 완전히 포괄적인 접근법이다. 둘째는 실제적 상태 또는 프로그램으로 구체화된 포괄성이다.

❧ 이해관계자 이론

장소 브랜드 맥락에서 이해관계자 이론은 대부분의 프로젝트의 계획과 실행에 많은 이해관계자가 관련 있다고 설명한다(Currie et al., 2009; Murphy and Murphy, 2004; Sautter and Leisen, 1999; Simpson, 2001). 공공의 참여는 단순히 이름만 올리는 게 아닌 협력하는 파트너로 참여해야 한다(Lane, 2005). 디니와 폴라(Dinnie and Fola, 2009)의 사이프러스 국가 브랜딩 연구에서는 목적지로서 국가 브랜딩의 수준에서 이해관계자 정체성과 차별성의 개념적 구조를 제시했다. 협력적인 이해관계 접근방법의 이점은 지역 목적지 마케팅을 위해 인접국가와 파트너십의 형성을 주장한 네이폴 등(Naipaul et al., 2009)도 강조하였다.

☙ 이상적 상태 : 완전한 포괄적 접근

전략의 포괄적 접근이 가진 이점은 구성원에게 동기부여하고 구매와 참여를 이끌어내며, 창의력을 자극해 하나의 비전 아래 이해관계자를 모을 수 있다는 점이다. 이와 관련된 문제로는 내부와 고용주 브랜딩 문헌에 체계적으로 잘 나와 있다(Ind, 2003; Barrow and Mosley, 2005). 국가 브랜드와 관련한 주요 이해관계자는 정부, 기업, 비영리 조직, 미디어와 시민사회단체다.

완전히 포괄적인 이해관계자 접근방법으로 포괄성의 원칙을 국가 브랜딩에 적용함으로써 국가 브랜드에 있어 그림 8.1과 같이 잠재적인 이해관계자 영역을 보여주는 구조가 만들어진다. 이 구조는 모든 개별 국가가 자국의 특별한 이해관계자 영역을 가질 수 있기 때문에 완전하지 않다. 그러나 이 구조는 국가 브랜드 개발에 있어 논의되어야 할 다양한 이해관계자를 분석하는 근거가 되고 있다.

완전히 포괄적인 이해관계자 접근은 국가 브랜딩 전략을 수립에서 이해관계자 포괄 수준을 고려해 볼 때 실제의 상태보다는 이상적 상태를 나타나는 것을 보여준다. 실제로 국가는 갑작스런 전쟁과 같은 외부의 위협에 대응할 때 하나로 일치된다. 그리고 이런 위협이 사라지면 국가는 정치적, 사회적 분열 상태로 되돌아간다. 따라서 모든 이해관계자가 국가의 브랜드 전략을 지원하는데 똑같은 헌신을 기대하는 것은 불가능하다.

완전한 포괄적 이해관계자 접근법에서 정부는 국가의 주요한 관계자 중 하나로 전 영역의 이해관계자들을 아우르며 국가 브랜드

그림 8.1 완전한 포괄적 이해관계자 접근법

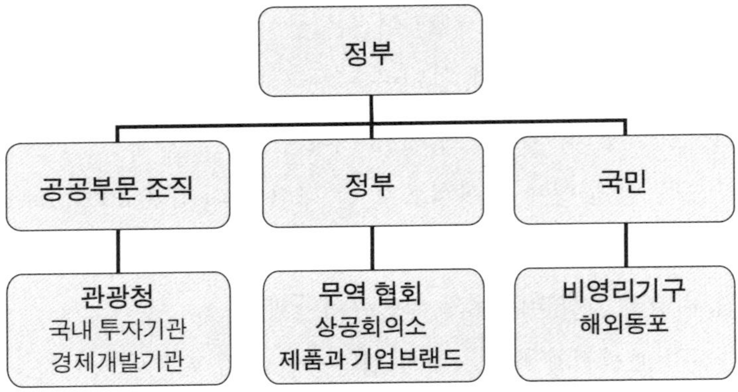

활동을 관리해 나간다. 다양한 이해관계자의 활동 중복과 분열을 피하기 위해 관리기관을 만드는 일은 매우 중요하다. 정부가 관리기관을 만들지만 관리기관이 일정한 정치적 독립성을 유지함으로써 장기적인 임무인 국가 브랜드 전략이 장관의 교체와 관계없이 방향을 바꾸도록 않아야 한다. 국가 브랜딩은 고도의 정치적 활동으로 개별 정치인의 성공과 실패에 따라 국가 브랜딩 활동이 혼란을 겪지 않도록 주의를 기울여야 한다.

공공부문 조직은 완전한 포괄적 이해관계자 접근법에서 주요 구성원이다. 관광청과 국내 투자 기관, 경제개발기관은 자체적인 계획과 목표를 가지고 있으며 많은 국가들은 중요한 경제 목표를 성취하기 위해 이런 기관들의 활동을 성공적으로 관리하고 있다.

공공부문 조직은 종종 민간부문의 조직과 긴밀히 협력하여 일을 추진한다. 예를 들어, 수출 증진기관은 국가의 주요 수출 기업과 가까운 관계를 유지하게 된다. 그러나 시민사회단체가 국가 브랜딩 활동에 참여하는 경우는 거의 찾아보기 어렵다. 국가 브랜딩 활동에 소요되는 많은 재원이 납세자인 국민들로부터 나오는 것이라고 보면 정부는 국민들이 국가 브랜드 전략 개발에 참여할 방법을 찾아야 한다.

실제적 상태 : 프로그램으로 구체화된 포괄성

완전한 포괄성이라는 이상적 상태는 심각한 경제 위기에 직면한 국가나 세계무대에 처음으로 발을 딛는 국가, 또는 세계무대에서 이미지를 바꾸고자 노력하는 국가에 의해 수행될 수 있다. 이것은 다양한 국가에 의해 이미 성취되었다. 따라서 프로그램으로 구체화된 포괄성을 '이상적' 상태보다는 '실제적' 상태로 부른다. 물론 이것은 모든 국가들이 실제적 상태의 프로그램으로 구체화된 포괄성을 성취한 것으로 의미하지 않는다. 반면 많은 국가들의 국가 브랜딩 노력은 정치적 부패, 권력 투쟁 또는 국가를 통치하는 엘리트들의 전략적 비전 부족 등으로 실패할 수 있다. 국가는 이런 부정적인 환경에서도 프로그램으로 구체화된 포괄성을 실현할 국가 브랜딩 활동을 주도해 나가야 한다.

프로그램으로 구체화된 포괄성의 개념을 보여주는 세 캠페인을 '브라질 IT', '자연 그대로 아이슬란드', 그리고 '새로운 프랑스'를 살펴보자. 이 세 가지 캠페인에 참여한 이해관계자들은 표 8.1에 요약되어 있다.

브라질, 아이슬란드, 그리고 프랑스는 서로 다른 환경을 가진 국가들로 국가 브랜딩에 있어서도 각기 다른 어려움들에 직면하고 있다. 그러나 표 8.1에 제시된 세 캠페인은 세계경제에서 각 국가가 어느 경제발전 단계에 와 있는지, 또 국가의 규모와 관계없이 프로그램으로 구체화된 포괄성을 키워나가는 것이 매우 중요하다는 것을 보여준다. 캠페인 목표와 관련하여 '브라질 IT'와 '새로운 프랑스' 두 캠페인은 명백히 정의된 전략이 한 국가의 부족한 이미지를 보완할 수 있음을 보여주었다. '브라질 IT'의 사례를 살펴보면 이 캠페인이 시작되기 전에는 브라질을 IT 서비스와 IT 제품 공급자로 생각하고 인정하는 국가들은 거의 없었다. 브라질은 축구, 음악을 비롯해 많은 쾌락적 볼거리 등과 같이 긍정적인 요소들로부터 많은 이점을 누려왔다. 그러나 이런 요소들이 브라질 IT 산업에 원산지 효과로 연결하지 못했다. 또 다른 유형의 국가 이미지 개선 사례는 '새로운 프랑스' 캠페인에서 찾아볼 수 있다. 이 캠페인의 주요 목표는 새로운 기업을 유치하고, 내부 투자를 증진하기 위해 프랑스에 대한 외국인 투자를 향상시키는 것이었다. 캠페인 이전에 프랑스가 지닌 이미지는 매력적인 관광지, 훌륭한 음식과 음료가 있는 나라로서 아주 긍정적인 평가들로 채워져 있었다. 그러나 프랑스를 비즈니스 장소로 생각하는 것은 다소 무리였기 때문에 부족한 국가 이미지를 개선하기 위해 프랑스는 '새로운 프랑스' 캠페인을 시작하였다. 한편 '자연 그대로 아이슬란드' 캠페인은 '브라질 IT'나 '새로운 프랑스' 캠페인과는 분명히 달랐다. 당시 아이슬란드가 당면한 어려움은 기존의 평판을 극복하는 것이 아니라, 아이슬란드에 대한 인지도를 효과적으로 높일 프로그램을 개발해 목표 시장에서 아이슬란드의 제품들과 순수와 자연이라는 아이슬란드의 이미지를 하나로 묶는 것이었다.

표 8.1 국가 브랜딩 캠페인에 참여한 이해 관계자들

캠페인	브라질 IT	자연 그대로 아이슬란드	새로운 프랑스
주요 목표	세계 최대 IT 제품 소비국인 미국 등에서 브라질 IT산업이 우수한 서비스와 제품생산자임을 알림.	북미 시장에서, 아이슬란드 제품에 대한 수요 증진. 아이슬란드 제품의 순수성 홍보. 아이슬란드로의 여행 장려.	미국, 영국, 독일, 일본, 중국 5개 주요 투자국에서 프랑스의 경제 위상을 높임. 장기적 대화를 위해, 외국 투자자들과의 공고한 관계 수립. 장기적 대화를 위해, 외국 투자자들과의 탄탄한 관계 수립.
참여 이해 관계자	브라질 정부를 통한 브라질 수출증진위원회, APEX. 브라질 IT 산학연 기업군. 개별 IT 회사. 미국 소비자들과 오피니언리더에게 브라질을 알리기 위한 미국 내 비영리 무역 기구인 브라질 정보센터.	정부기관으로 외교부와 커뮤니케이션부. 아이슬란드 외교국 (해외 비즈니스국). 아이슬란드 관광청. 8개의 주요 아이슬란드 기업과 협회: 아이슬란드 그룹 plc, 아이슬란드에어, 아이슬란드 농업, 아이슬란드 온천 천연수, 레이퍼 에이릭슨 공항터미널, 북위 66도, 블루 라군, 글리트니 은행.	투자부문의 캠페인을 개발하고 운영하는 정부조직으로서 프랑스 기구. 세계 비즈니스 개발 기관인 UBI. 국립 관광사무국인 '메종 드 라 프랑스. 정보부. 외무부. 프랑스 경제 사절. 농업 마케팅 커뮤니케이션 컨설턴트인 소펙사. 교육 진흥국인 EDU 프랑스. 재무 이사회. 프랑스 국가 위원회. 광고사 하바스 전 사장이며, 커뮤니케이션 전문가인 피에르 다우지 에르.

출처: 6장, 8장, 10장 국가 사례연구.

이 세 캠페인 모두 시장 세분화와 목표공중, 포지셔닝이라는 마케팅 원칙을 충실히 지켰다. 먼저 '브라질 IT'는 미국 시장을 대상으로 정했으며 '자연 그대로 아이슬란드'는 유럽시장으로 범위를 확대하기 전에 북미 시장을 대상으로 했다. 반면 '새로운 프랑스', 미국, 영국, 독일, 일본, 중국 5개의 주요 투자국들을 대상으로 했다. 각 캠페인의 분명한 전략은 광범위한 영역에서 이해관계자의 참여를 중요한 목표로 삼았다.

캠페인 목표 달성을 위해 각국의 정부가 세 캠페인에 관여한 것은 모든 이해관계자들의 참여를 지속시키기 위해 반드시 필요한 조치였다. 그러나 정부의 참여 수준은 각 캠페인의 성격이 어떤 것이며, 어느 단계에 있는가에 달려있다. 한편 정부의 참여는 초기 단계에 가장 활발하다. 이는 캠페인을 시작하고, 이해관계자의 참여를 활성화하기 위한 것이다. 이후, 민간 분야 기업이 캠페인에 적극적으로 참여하면 정부의 참여는 줄어든다. '브라질 IT', '자연 그대로 아이슬란드', '새로운 프랑스' 캠페인은 특정 캠페인들에 참여할 수 있는 다양한 형태의 공공 부문 조직을 보여주고 있다. 또한, 이들 캠페인은 국가 브랜딩 캠페인을 위한 엄밀한 청사진은 없다는 것을 말하는데 국가 브랜딩 캠페인이 가지는 다양성이 손쉬운 분류 작업을 허용하지 않기 때문이다. 다시 말해, 국가 브랜딩 캠페인에 참가하는 이해관계자의 적절한 참여 범위는 각 캠페인이 지닌 특정한 전략 목표에 따라 달라질 수 있다.

국가들은 특정 캠페인에 참여하는 이해관계자와 관련하여 누적효과로 이익을 얻어야 한다. 또한 캠페인에 참여함으로써 사회적 네트워크를 구성한다. 이 사회적 네트워크는 캠페인의 기간에 상관없이 지속될 수 있으며, 미래 캠페인에 도움을 준다. 기업 입장에서 사회적 네트워크 이론은 국가 브랜딩 캠페인에 참여한 이들에게 흥미로운 관점을 제공한다. 다시 말해 이 이론에서 기업들은 전략을 단순한 시장의 기능이나 내부적으로 발생한 힘으로서 받아들이기보다는 자신들의 전략을 차별화하기 위한 독특한 사회적 관계 네트워크로 이용한다. 이에 따라 관리자들은 '자원이 풍부하고', '흉내 낼 수 없을 만큼 독특한' 네트워크를 개발하고 찾아내야 한다(Hung, 2002). 국가 브랜딩 캠페인에 있어 네트워크는 세 캠페인에 적극적으로 참여하는 이해관계자들 영역에서 구체화되고 있다. 국가가 다룰 수 있는 또 하나의 네트워크는 해외동포로 각국 정부는 강력한 국가 브랜드를 개발하는데 있어 해외 동포 네트워크와 협력함으로써 얻게 될 이익들에 크게 주목하고 있다.

국가 브랜드 접점 관리

브랜드 접점은 이해관계자와 목표공중이 브랜드를 경험하는 시간과 공간에 존재한다. 또한 브랜드 접점은 소비 이전과 소비 이후에도 존재하지만 다양한 방식과 상황으로 브랜드를 소비하는 과정에서 명확하게 발생한다. 접점은 광고, 판촉, PR, 고객 서비스 등과 같이 계획되고 감독할 수 있는 브랜드 수립 활동과 더불어 블로그, 온라인 토론방, 브랜드와 관련된 개인행동 등과 같이 브랜드 관리자가 통제할 수 없는 접점들로 이루어진다. 제품, 서비스 또는 기업 브랜드에 있어서도 다양한 브랜드 접점이 존재한다. 복잡하고 다면적인 국가 브랜드는 넓은 영역의 국내외 이해관계자와 목표공중이 있어 브랜드 접점은 거의 무한하다. 브랜드 접점이 중요한 이유는 목표공중의 마음속에 일어나는 긍정적 또는 부정적인 인식과 관련해 브랜드 접점 경험에 대한 만족도 평가가 브랜드 자산에 기여하거나 브랜드 자산을 손상시킬 수 있기 때문이다. 브랜드 접점 전체를 통제할 수는 없지만, 브랜드 접점이 발생하는 순간에 파악하고 평가하는 조사방법으로 관리가 가능하다. 브랜드 전문가 이안 라이더는, '브랜드 접점이 어디에 있는지 알아야 한다. 그러면 브랜드 수용과 관리의 차별화가 가능하다.'고 주장했다(Brand Strategy, 2007). 국가 브랜드 접점은 고래잡이를 재개함으로써 아이슬란드의 국가 이미지에 미친 나쁜 영향에서부터 이집트를 비즈니스 장소로 생각할 정도로 긍정적으로 향상된 인식에 이르기까지 매우 다양하다. 에스토니아 브랜드의 경우 컨설팅회사 인터브랜드는 '하나의 새로운 브랜드가 접해야 하는 보다 명백한 커뮤니케이션 포인트와 더불어 공공 인프라와 공공 서비스는 방문객들과 그 국가에 일하러 오는 사람들에게 있어 가장 눈에 띄고 기억될 만한 국가의 상징물이다.'라고 했다(Interbrand, 2008).

여러 측면에서 기업 브랜딩과 국가 브랜딩 사이에 비슷한 점이 많다. 또한, 두 브랜딩 모두 제품 브랜드보다 훨씬 더 복잡하다. 기업 브랜딩과 국가 브랜딩이 지닌 복잡한 성격은 브랜드가 소유한 광범위한 이해관계자와 목표공중에게 이르는 다양한 커뮤니케이션 방식, 기업 또는 국가라는 다면적 종합체를 하나의 브랜드로 농축, 캡슐화 하는 어려움, 브랜드 인지에 영향을 미칠 수 있는 통제 불가능한 무한한 요인 때문이다.

한킨슨(Hankinson, 2007)은 기업 브랜딩 이론에 따라 목적지 브랜드 관리의 다섯 가지 원칙들을 제안했다. 목적지 브랜드가 하나의 마을, 도시, 리조트 또는 비교적 제한된 장소가 될 수 있지만 전체 국가가 될 수도 있어 많은 목적지 브랜딩 캠페인이 국가 차원에서 운영된다. 한킨슨의 다섯 가지 원칙은 국가 브랜딩 차원에도 적용이 가능하다. 한킨슨의 다섯 가지 원칙은 첫째, 강력하고 통찰력을 갖춘 지도력, 둘째, 브랜드 지향의 조직 문화, 셋째, 부문별 관리와 과정 정렬, 넷째, 광범위한 영역의 이해관계자를 대상으로 하는 일관된 커뮤니케이션, 다섯째, 강력하고 조화로운 파트너십이다. 한킨슨이 언급한 광범위한 영역의 이해 관계자들을 향한 일관된 커뮤니케이션의 필요성은 남아프리카 공화국의 사례에서 찾아볼 수 있다. 잘못된 인식으로 인해 어려움을 겪고 있었던 남아프리카는 남아프리카와 관련된 그릇된 메시지의 확산으로, 어려움이 더욱 가중되고 있었다. 즉, '세계무대를 떠도는 많은 이야기들이 남아프리카의 상황을 더 나쁘게 만들었으며, 다양한 이야기들은 남아프리카에 대한 기존의 인식을 바꾸지 못했다. 남아프리카 주변의 이런 상황은 남아프리카가 직면한 어려움을 가중시킬 뿐이다' (Johnston, 2008).

국가 브랜드의 다양한 목표공중을 설명하려면 통합마케팅커뮤니케이션(IMC) 원리를 적용해야 한다. 통합마케팅커뮤니케이션은 디지털 시대에 새로운 미디어 채널이 확산으로 이전에는 개성이 없는 대중이라는 '블록'이 세분화된 그룹으로 분열됨으로써 그 모습을 드러내게 되었다. 통합마케팅뮤니케이션은 '목표공중에게 기업 목표를 홍보하는 일관되고 설득력 있는 메시지를 전달하기 위해 광고에서 포장까지 가용한 모든 마케팅 커뮤니케이션 도구들을 통합하는 것'으로 규정되고 있다(Burnett and Moriarty, 1998). 브랜드에 사용되는 마케팅 커뮤니케이션 도구는 TV, 라디오, 신문, 잡지 같은 전통적 미디어광고와 온라인 광고, 이벤트 마케팅, 언론보도, 무역잡지 광고, 컨퍼런스와 박람회 등이 있다. 국가 브랜드는 제품, 서비스 또는 기업 브랜드가 하는 것과 같은 방식으로 목표달성을 위해 마케팅 커뮤니케이션 도구들을 이용한다. 예를 들어, 국가 브랜딩에 있어 통합마케팅커뮤니케이션 사례로는 '새로운 프랑스' 캠페인이 있다. 이 캠페인은 다음과 같은 커뮤니케이션 도구들을 사용했다. 파이낸셜타임즈, 월스트리트저널, 독일의 한델스블라트, 일본경제신문 같은 유명한 경제신문 광고, 미국, 영국, 일본, 중국, 프랑스 주요공항의 옥외광고, 영상광고, 5개 국어로 된 책('France means business'를 제작하여 60개 나라에 1만부 배포), 프랑스에서의 사업 정보를 담은 마이크로사이트(www.thenewfrance.com), 다보스 세계경제포럼, 포브스 CEO총회, 비즈니스위크 리더십포럼, 포춘 이노베이션 포럼 같은 중요 행사들에서 경제지도자들과 잠재적 투자자들을 직접 만남(Favre, 2008).

아이슬란드와 브라질의 국가 브랜딩 활동, 목표공중에게 일관되고 설득력 있는 메시지를 전달하기 위해 다양한 마케팅 커뮤니케이션 도구를 통합하는 통합마케팅커뮤니케이션을 실행하고 있다. 예를 들어, '자연 그대로 아이슬란드' 프로그램은 캠페인 로고를 제작하고 이벤트, 여행·라이프스타일 잡지광고, 웹 사이트, 월간지, 경품, 기타 판촉기법 등을 포함한 다양한 마케팅 도구를 활용했다(Palsdottir, 2008). '브라질 IT' 캠페인에서도 로고를 제작했으며, 미국에 상표등록을 마친 다음 비디오, 웹 사이트(www.brazil-it.com), 전통적 인쇄광고, 무역쇼 참가 등과 같이 다양한 커뮤니케이션 도구를 이용했다(Sanches and Sekles, 2008).

국가 브랜드 접점의 시각적 관리는 모든 국가 브랜드가 가진 통제 불가능한 많은 접점들 관리와 비교해 볼 때 비교적 간단하다. 예를 들어, 뉴질랜드는 수년 동안 스포츠, 교육, 무역, 관광 홍보의 시각적 상징을 은색 고사리 로고 하나로 사용해 왔다. 그런데, '고사리같이 원산지를 말해주는 상징물은 그 나라의 국민, 문화, 전통, 긍지와 민족 유산 등과 깊은 유대감을 가질 수 있다'는 것이 밝혀졌다(Dooley and Bowie, 2005).

국가 브랜드 접점 관리는 복잡하고 어렵지만 반드시 필요하다. 예를 들어, 라트비아 브랜드 개발에 대한 옥스퍼드 사이드 비즈니스 스쿨(Oxford Said Business School)의 보고서는 국가 브랜드에 있어 관리 역할은 브랜드 자산 관리인가 맡아야 하는데 그의 활동은 브랜드 관리만이 아니라 국가 브랜드를 위해 일하는 다양한 그룹에게 '국가 공동의 비전을 공유하면서, 다른 무대에서 활동하는 이들의 노력과 잘 조화를 이루고 있다는 확신을 주어야 한다'(Frasher et al., 2003).

국가 브랜드 체계

국가 브랜딩에 있어 더욱 실무적인 어려움은 어떤 것이 알맞은 국가 브랜드 체계인가를 결정하는 일이다. 브랜드 체계는 브랜드 이론에서 핵심개념이다. 브랜드 체계는 '브랜드와 다양한 제품-시장 브랜드 상황에 있어 브랜드의 역할과 관계를 규정하는 브랜드 포트폴리오의 구조'로 정의되고 있다(Aaker and Joachimsthaler, 2000). 템포랄(Temporal, 2002) 브랜드 체계는 브랜드 관리에 있어 가장 어려운 분야이다. 단순한 법칙이 없기 때문에, 수없이 많은 변화를 시도해 봐야 한다. 어떤 변화 작업은 제대로 쓰일 수 있고, 다른 것들은 쓸모없는 것이 된다. 남아프리카 공화국 국제 마케팅 위원회 의장 이본느 존스턴은 남아프리카가 어떤 식으로 모 브랜드와 다양한 하위 브랜드들 간의 관계를 규명하는 브랜드 체계를 개발해냈는지 설명했다(Johnston, 2008). 다찌라 마십과 폴루찌(Datzira-Masip and Poluzzi, 2008)은 국가보다는 지역 수준에서 브랜드 체계의 개념이 카탈루니아의 4개 지역 관광 목적지에 적용된 사례를 분석하였다.

올린스(Olins, 1989)는 브랜드 체계와 관련하여 가장 명백하고 가장 유용한 표현 하나를 제시하고 있다. 올린스는 세 개의 기본 브랜드 포트폴리오 구조를 구분하였다. 즉, 단일 구조, 보증 구조, 브랜드화 된 구조가 그것이다. 단일 구조는 단 하나의 지배적인 통합 상부 브랜드(umbrella brand)가 존재한다. 보증 구조에 있어 개별 브랜드는 자신만의 브랜드 이름과 정체성을 소유하고 있으나, 모 브랜드에 의해 명백히 보증을 받고 있는 상태다. 마지막으로, 브랜드화 된 구조에서 각각의 브랜드는 자신의 정체성을 가지고 독립하며, 모 브랜드는 보이지 않는다. 단일 브랜드 구조의 예는 캐논(여기서 상부 브랜드는 프린터, 팩스기, 카메라 등을 포함한다.), 또는 미쯔비시(금융 서비스, 자동차, 가전제품) 같은 기업에서 찾아볼 수 있다. 한편, 보증 브랜드 구조는, 제너럴 모터스(시보레, 뷰익 등)이 사용하고 있다. 마지막으로 브랜드화 된 구조는, 조니 워커 레드 라벨이 사용하고 있는데, 모 브랜드(디아지오)는 소비자에게 드러나지 않으며, 개별 브랜드는 독립해 있다. 이 세 개의 기본 구조들에는, 변화와 치환이 끊임 없이 생긴다. 그러나 올린스의 단일-보증-브랜드화 된 구조에 대한 시각은 브랜드 체계 분석과 개발에 있어 여전히 튼튼한 이론적 배경으로 남아있다.

기업들은 왜 각기 다른 브랜드 체계를 사용하며 자사만의 독특한 브랜드 포트폴리오와 시장에 가장 적합한 브랜드 체계를 설정할 때 어떤 식으로 결정하는가? 단일 브랜드 구조에 대한 이론적 근거는 각기 다른 시장에서 단일화로 강력하며 일관성 있는 이미지를 창출하는 단일 브랜드로부터 나온다. 야마하 같은 기업 브랜드는 오토바이와 기타, 다른 많은 제품 카테고리만큼이나 공통점이 없는 분야로 진입할 수 있을 정도로 아주 강력하다. 그러나 단일 구조가 가지는 위험성은 하위 브랜드 하나가 인해 평판이 나쁘거나 시원치 않을 때 포트폴리오 안의 다른 브랜드에게 나쁜 영향을 미칠 수 있다.

보증 브랜드 구조에 대한 이론적 근거는 보증 브랜드가 자신만의 개별적 브랜드 정체성을 확립하고 모 브랜드 또는 상부 브랜드의 영향력으로 혜택을 받음으로써 두 세계의 좋은 점들을 모두 누릴 수 있다는 것이다. 보증 브랜드 구조의 약점은 목표시장에 포지셔닝 할 때 하위 브랜드는 모 브랜드의 포지셔닝에 따라야 함으로써 자유가 제한될 수 있다.

브랜드화 된 구조에 대한 이론적 근거는 모 브랜드와 제휴하지 않고도 독자적으로 자리를 잡고 발전해 나갈 수 있을 만큼 확실히 차별화된 브랜드를 개발할 수 있는 극대화된 잠재력을 갖추고 있다는 것이다. 브랜드화 된 구조는 보통 주류분야에서 많이 사용되고 있다. 이 분야에는 기발하면서 전통에 초점을 맞춘 브랜드 또는 다른 방식으로 아주 독특한 브랜드가 많이 존재하는데 이들이 정체불명의 다국적 기업들과 제휴되었을 경우에는 혜택을 받지 못할 뿐 아니라 브랜드 자산을 거의 잃을 수도 있다. 따라서 브랜드화 된 구조의 약점은 강력한 모 브랜드가 지닌 긍정적인 영향력으로부터 나오는 혜택을 받지 못할 수도 있다.

더글라드 등(Douglas er al, 2001)은 기업의 글로벌 마케팅전략은 기업이 강력한 브랜드로 다른 시장들에서 지렛대(leverage)로 활용하고 시장에 사용되는 전략을 통합하는 구조를 제공하기 때문에 알맞은 글로벌 브랜드 구조 수립은 기업의 글로벌 마케팅전략에서 중요한 요소라고 주장한다. 둘리와 보위(Dooley and Bowie, 2005)는 브랜드 구조의 개념을 남아프리카 국가 브랜딩 사례에 적용할 때 남아프리카가 기업의 상부 브랜드처럼 각각의 하위 브랜드를 서로 연결하는 목적을 가진 '국가 상부 브랜드'를 어떻게 개발하는지 보여주고 있다. 여기서 '하위 브랜드'란, 지역, 도시와 더불어, 관광, 수출, 외국인 직접 투자 같은 산업 분야들을 말한다.

브랜드 구조 결정에 확실한 규칙은 없지만 초보단계의 담당자는 현재의 시장과 진입을 희망하는 시장에서 자사의 포트폴리오의 하위 브랜드 자산을 분석해야 한다. 브랜드 자산은 통합 상부 브랜드와 하위 브랜드 관점에서 평가하며 현재의 기여와 미래 시장에서의 잠재력을 살펴봐야 한다. 국가 브랜드 관점에서 기업 브랜드와 상부 브랜드는 모두 국가 브랜드에 포함된다. 국가 브랜드의 하위에는 도시, 지역, 랜드마크, 다양한 부문의 제품과 기업 브랜드, 관광, FDI와 수출증진기관, 스포츠 국가대표와 클럽 팀, 문화계와 정계의 인물 등이 포함된다. 브랜드 구조 개념의 목적은 무엇보다 중요한 국가 브랜드를 발전시키고, 시너지 효과를 얻기 위해 있다. 그림 8.2에 제시된 국가 브랜드 체계(NBAR) 모델은 국가가 하위 브랜드에게 전략적 협력과 방향을 알려주고 있다. 국가 브랜드 체계 모델에서 국가 브랜드는 '상부 브랜드'를 나타내며, 다음 아래 단계에는 국가의 관광, 수출, 국내 투자, 인재 유치, 스포츠 같은 '보증 브랜드'가 자리하고 세 번째 단계에는 '보증 브랜드'와 '독립 브랜드'가 함께 있다.

국가브랜드 체계모델의 전략적 목적은 장기간에 걸쳐 최대한의 시너지를 얻기 위해 상부 국가브랜드와 국가의 모든 '하위 브랜드'를 활용하는 것이다. 많은 대기업을 괴롭히는 굴뚝형 사고방식을 극복하기 위해서 창의적이고 일치된 노력이 필요하다. 또한 기업은 마케팅과 연구 개발, 경영, 재무 등 다차원의 협력을 강화하고 국가

그림 8.1 완전한 포괄적 이해관계자 접근법

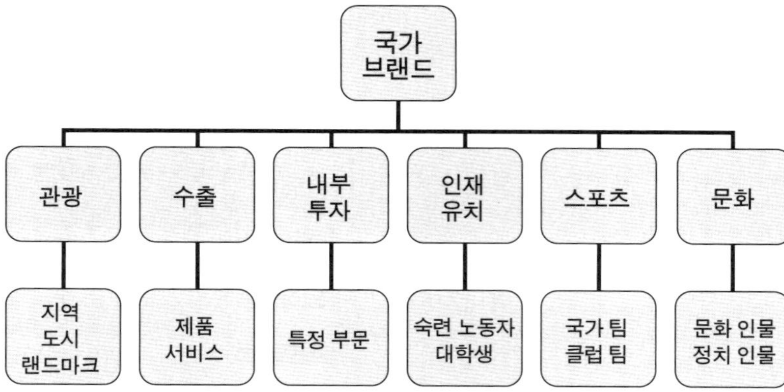

는 관광청, 국내 투자기관, 서비스 부문의 교육공급자, 수출 증진기관 등과 같은 조직들 간의 협력을 장려해야 한다.

국가브랜드 체계모델은 상부구조와 보증구조, 독립구조를 포함하는 하나의 브랜드 체계를 제안하고 있다. 이 모델은 예를 들어 관광과 인재 유치, 또는 수출과 스포츠 같이 각기 다른 하위 브랜드들이 서로 연계하여 시너지를 창출할 수 있도록 돕는다.

또한 이 모델은 목표공중에게 혼란을 줄 수 있고 잠재적 시너지를 감소시킬 수 있는 중구난방식의 시각적 브랜딩 시스템들이 늘어나는 것을 막기 위해 만들어졌다. 상부 국가브랜드 아래 자리한 보증 브랜드 구조는, 주요 기관들, 분야들, 또 관광, 수출, 국내 투자, 인재 유치, 스포츠, 문화·정치 인물과 같은 국가 브랜드의 다양한 측면들을 다루고 있다. 그러나 이 보증 브랜드 구조에는 중요한 경고가 있다. 즉, 상부 브랜드에서 받은 보증의 시각적 표현 방식은 뉴질랜드의 상징인 고사리처럼 하나의 로고마크로 표현되는 국가 브랜드의 상징이어야 한다. 한편, 한 국가의 본질을 한 줄의 슬로건으로 집약한다는 것이 어쩌면 무의미한 일일지도 모른다. 다시 말해, 이런 슬로건은 너무나 광범위하고 포괄적이어서 실제로는 공허하고 무의미할 수 있다. 한편, 하위 브랜드가 특정한 자신만의 목표시장에 적합한 슬로건을 만들어야 하는 것처럼 보증 브랜드도 이 일을 해야 한다.

특정 영역의 브랜딩을 위해서는 다른 포지셔닝 전략이 필요하다. 예를 들면, 2011년 6월 오스트레일리아 정부는 오스트레일리아 교육의 글로벌 판촉을 위해 새로운 브랜드 '퓨터 언리미티드(Future Unlimited)'를 런칭했다. 오스트레일리아 국가 브랜드의 친근한 라이프 스타일과 관광의 아이콘 대신에 오스트레일리아 학교와 교육 프로그램의 질을 강조하였다. 이런 접근은 상부 브랜드와 교육과 부문 브랜드의 적절한 균형을 이룬 브랜드 체계의 새로운 접근 방법을 보여주었다.

국가 브랜딩은 고도로 정치화된 활동

국가 브랜딩은 고도로 정치화된 활동이다. 정부는 한 국가의 국민들을 대표하기 때문에 국가 브랜딩 전략에서 중요한 역할을 해야 한다. 민간 분야는 단독으로 국가 브랜딩 전략을 이끌어나갈 법적 근거가 없다. 얀(Yan, 2008)은 '정부는 아주 짧은 기간 동안 투표로 위임되며, 브랜딩 캠페인이 필요로 기간 보다 더 짧은 기간 권한을 행사한다. 게다가, 정부가 국가 홍보를 늘 멋지게 해지 못한다.'고 강조했다.

학술적 관점

관광에서 소비자 행동과 장소 브랜딩

Joao Ricardo Freire, PhD,
Director of Research, IPAM – The Marketing School, Lisbon, Portugal

브랜딩은 제품과 서비스를 중심으로 연구되어 왔다. 이 연구의 결론과 함의는 주로 소비자행동 연구에 뿌리를 둔다. 말할 것도 없이 목적지 브랜드 연구에서는 다른 접근방법의 선택이 강조되었다. 결론은 여행 소비행동이 일반적인 소비자 행동과 다른 특징이 있다는 가정에 기초한 것이다(Moutinho, 1987; van Raalj and Francken, 1984; Mansfeld, 1992). 예를 들면 관광은 실용적인 욕구(Caldwell and Freire, 2004)보다 감성적인 필요의 만족이 목표다. 그리고 감성적인 환기에 의해 주로 소비된다(Hyde, 2000). 또한 관광은 생활의 한 차원이며 중요한 욕구가 되었다(Gnoth et al., 2000).

언제, 어디로, 어떻게 갈 것인가의 결정은 집단의 영향을 받는데, 가족은 여행 소비에 영향을 받는 가장 작은 단위의 집단이다(Mansfeld, 1992). 구매의 최종 결정은 하나의 요인으로 결정되지는 않고 집단의 모든 요인과 관련 있다. 집단의 최종 결정까지 민주적이며 대화 과정을 거친다(van Raalj and Francken, 1984). 이런 결정과정이 시간과 상당한 인지적 노력이 소요되지만 즐거운 과정으로 이해된다(Munro and Richards, 2011). 또 제품과 서비스 브랜드로부터 차별화된 관광과 목적지 브랜드의 주된 관점은 적극적인 소비자가 다양한 관광 참여자의 정보 수용, 언론보도와 다른 마케팅 자료를 어떻게 수용하는가의 문제다. 사실상 잠재 소비자는 목적지와 대화를 원한다는 것을 발견했다(Munro and Richards, 2011).

소비자가 관광제품을 구매할 때, 일반적인 제품과는 차별화된 다양한 경험을 원한다. 마운티노(Mountinho, 1987)는 관광의 경험의 전반적으로 갈망단계(여행 전), 소비단계(여행 동안), 추억단계(여행 이후)를 거친다고 주장했다. 목적지 브랜드는 특별한 사용과 관련된 제품과 서비스와 반대되는 다양한 소비 동기에 영향을 받는다(Kim and Prideaux, 2005). 목적지 브랜드에서 장소는 특정한 욕구만족을 위한 보통의 소비재와 반대로 차별화된 욕구를 만족시킨다. 예를 들면 개인은 6월에 친구와 골프를 하러 포르투갈 알가르베 여행을 계획한다. 지금은 가족들과 바닷가에서 휴가 중이며 7월에 돌아올 예정이다. 관광에서 소비자는 여행의 동기에 따라서 다른 성격과 다른 유형으로 구분할 수 있다.

여행의 욕구는 물리적, 또는 심리적 피로의 상태를 느낀 마음에서 시작된다. 인식이나 포용과 같은 사회적 욕구는 여행을 떠나게 하는 자극이 될 수 있다(Gnoth et al., 2000). 이러한 심리적 욕구는 일정한 경험에 의한 단순한 호기심으로 시작되기도 한다(Krippendorf, 1987). 또한 마케팅 활동, 다른 조직의 판촉, 휴가의 욕구 자극과 영향을 주는 여러 이벤트 때문일 수도 있다. 따라서 관광 소비를 자극하는 동기는 강력한 영향력이 된다. 자극은 물리적, 사회적 환경에서 유입된다(Iso-Ahola, 1982). 예를 들면, 해가 쨍쨍한 날(물리적 환경에서 유입된 자극)은 이비자(Ibiza)에서의 좋았던 기억을 떠올리게 한다. 개인 차원에서 자극은 일정한 욕구를 만족하고 동기화된 소비의 과정을 자극하는 잠재적인 활동의 인식을 만든다.

관광객의 동기는 푸시와 풀 요인이 개념으로 연구되고 분석되었다(Cromptom, 1979; Dann, 1977). 푸시 요인은 사회심리적인 동기로 개인을 미리 여행하게 만든다. 푸시 요인은 주로 대인 소비자와 주로 관련이 있다. 다른 한편, 풀 요인은 특정 목적지에 관심 있는 개인이다. 물리적 환경에서 잠재적인 활동은 장소 – 목적지의 의미를 말하는 – 의 매력을 좌우하는 차원 대한 개념이나 인식에 따라 참여가 결정된다(Pearce et al., 1996).

크롬프톤(Crompton, 1979)과 단스(Dann's, 1977)의 연구에 따르면 여행의 9가지 동기 중에서 7은 푸시, 2는 풀로 분류된다. 푸시 요인은 지각된 세상의 환경으로부터의 탈출, 자아의 평가, 휴식, 품격, 회복, 가족관계의 강화, 사회적 상호작용의 촉진으로 정의된다. 풀의 동기는 고상함과 교육이다. 이 분류는 마넬과 아이소 아홀라(Mannell and Iso-Ahola, 1987)의 여행 동기의 구조와 비슷하다. 마넬과 아이소 아홀라는 사람들이 자기의 환경에서 탈출하고 개인적, 또는 대인 차원의 보상을 얻으려고 동기화된다고 주장했다. 개인차원의 보상은 자기 결정, 자신감, 도전, 학습, 탐험과 휴식이다. 대인 차원의 보상은 사회적 상호작용으로 생긴다.

관광 맥락에서 소비자행동의 진행된 논의는 소비를 촉진하는 목적지 브랜드 안의 차원이 있다. 따라서 목적지 브랜드 담당자의 중요한 역할은 이런 차원을 이해하고 소비자의 욕구를 충족시키는 것이다.

참고문헌

Caldwell, N. and Freire, J.R.(2004) 'The differences between branding a country, a region and a city: Applying the Brand Box Model', *Journal of Brand Management,* 12 (1), 50-61.

Crompton, J. (1979) 'Motivations for pleasure vacation', *Annals of Tourism Research,* 6 (4), 408-424.

Dann, G.M.S. (1977) 'Anomie, ego-enhancement and tourism', *Annals of Tourism Research,* 4 (4), 184-194.

Gnoth, J, Zins, A., Lengmueller, R. and Boshoff, C. (2000) 'The Relationship Between Emotions, Mood and Motivation to Travel: Towards a Cross Cultural Measurement of Flow',in Woodside, A., Grouch, G., Mazanec, J., Oppermann, M. and Sakai, M. (eds), *Consumer Psychology of Tourism, Hospitality and Leisure,* UK: CABI Publishing.

Hyde, K. (2000) 'A Hedonic Perspective on Independent Vacation Planning, Decision-Making and Behaviour', in Woodside, A., Grouch, G., Mazanec, J., Oppermann, M. and Sakai, M. (eds), *Consumer Psychology of Tourism, Hospitality and Leisure,* UK: CABI Publishing.

Iso-Ahola, S.E. (1982) 'Toward a social psychological theory of tourism motivation: A rejoinder', *Annals of Tourism Research,* 9 (2), 256-262.

Kim, S.S., and Prideaux, B. (2005) 'Marketing implications arising from a comparative study of international pleasure tourist motivations and other travel- related characteristics of visitors to Korea', *Tourism Management,* 26 (3), 347-357.

Krippendorf, J. (1987) *The Holiday Makers: Understanding the Impact of Leisure and Travel,* London: Heinemann.

Mannell, R.C. and Iso-Ahola, S.E. (1987) 'Psychological nature of leisure and tourism experience', *Annals of Tourism Research,* 14 (3), 314-331.

Mansfeid, Y. (1992) 'From motivation to actual travel', *Annals of Tourism Research,* 19 (3), 399-419.

Moutinho, L. (1987) 'Consumer behaviour in tourism', *European Journal of Marketing, 21* (10), 5-44.

Munro, J. and Richards, B. (2011) 'The Digital Challenge', in

Morgan, N., Pritchard, A. and Pride, R. (eds), *Destination Brands: Managing Place Reputation,* 3rd edn, 141-154, Oxford: Butterworth-Heinemann.

Pearce, P.L., Moscardo, G. and Ross, G.F. (1996) *Tourism Community Relation-Ships,* Oxford: Pergamon.

van Raaij, W.F. and Francken, D.A. (1984) 'Vacation decisions, activities, and satisfactions', *Annals of Tourism Research,* 11 (1), 101-112.

☑ 실무적 관점

성공적인 장소 브랜딩의 핵심은 효과적인 협업

Edward Burghard,
CEO and Manager, The Burghard Group

브랜드는 약속이다. 이 약속은 목표공중이 기대하는 경험에 맞춰진다. 브랜딩은 브랜드의 약속을 이행하는 설득력과 경쟁력, 진정성이 있는 과정이다. 또한 정확한 판매와 마케팅 목표공중에게 브랜드의 약속을 소통한다. 브랜딩은 현재의 이미지에서 바람직한 제품 개발의 정체성으로 바꾸는 전략의 개발과 실행을 포함한다. 브랜드 약속은 자산의 생성, 투자의 구조, 공공정책의 선택의 가이드라인을 제공한다.

장소 브랜딩은 브랜드 약속을 소통하는 활동을 계획할 때 다음의 문제가 생긴다. 전략적 목표를 누가 말할 것인가?(전략적 목표 정의), 무엇이라고 할 것인가?(브랜드 약속 정의), 언제 말할 것인가?(접촉점 우선순위), 어디서 말할 것인가?(커뮤니케이션 믹스 선택) 브랜드 약속을 전달하는 전략적 계획을 수립할 때 과제는 리더십의 문제가 된다.

기업 환경에서 브랜드 약속을 지원하도록 교차되는 역할을 정렬하기는 어렵다. 공공영역에서는 더욱 기하급수적으로 어려운 문제를 만나게 된다. 사적 영역에서 협력을 강화하기 위해 체계적인 상명하복 구조를 활용할 수 있다. 공공영역에서 효율적인 장소 브랜딩은 협업과 비전을 공유한 집단의 효과적인 네트워킹으로 가능하다.

다음의 5가지는 공공영역과 사적 영역 리더의 성공을 위한 핵심적인 요인이다.

리더십

장소 브랜딩에서 리더십은 a) 브랜드 약속은 이를 확실히 이해하고 공공과 사적 영역의 지역 리더십을 갖추고, b) 전략적 계획을 장소 개발과 공공정책의 재구성이 협조적이어야 한다.

지역주민 삶의 질 향상에 초점

장소 브랜딩 실행은 관광이나 경제 개발 목표로 시작된다. 관광객이나 비즈니스의 경험을 강화하는데 초점이 있다. 어찌되었든 관광이나 비즈니스 모두 지역의 경제적 활성화에 있다. 최종적으로 이익을 보는 사람은 지역주민이다. 따라서 최우선적으로 고려되어야 한다. 장소 브랜딩의 전략적 결정은 지역주민의 삶과 지역의 경제활동을 향상해야 한다. '지역주민이 최고'라고 생각하면 공공영역과 사적 영역 조직이 비전을 공유하는데 쉬워진다.

배송의 정열

대부분의 전략적인 계획은 단계를 설정할 때 실패한다. 실행 계획은 실행 과정의 평가 툴의 개발과 측정이 중요하기 때문이다. 또한 이 과정은 결과에 대한 책임을 담보해야 한다.

역할과 책임의 확실한 정의

실행의 책임이 누구에게 있는가 보다 실행의 결과가 무엇인가를 결정하는 것이 쉬워 보인다. 효율적인 협업은 과업의 완성에 책임자가 누구인지, 자원은 어디에서 얻는지가 명확하다.

과정의 소통

협업의 실체 중 하나는 누구나 이전의 상황과 자원 분배의 임무와 관련이 있다는 것이다. 매일 직면하는 도전의 부담 때문에 협업으로 얻는 예상된 혜택, 그리고 개인과 조직 임무의 달성 여부를 쉽게 잊는다. 지속되는 목표와 달성을 위해서 커뮤니케이션 과정과 참여의 이유 재확인은 중요하다.

효과적인 장소 브랜딩을 위해서 네트워킹 비즈니스, 정부, 공동체 개발과 사회적 서비스 조직은 중요한 임무다. 네트워크의 요구하는 작업을 수행하고 관리한다. 그러나 성과가 좋을 때 현재의 이미지와 바람직한 정체성 사이의 차이를 쉽게 극복할 수 있다. 지역주민이 달성하고자 하는 삶의 질과 지역에서의 일자리는 더욱 중요하다.

☑ 사례

영국의 HM 정부 '그레이트(GREAT)' 캠페인

Andrew Stevens,
Senior Research fellow, University Collegr London

배경

국가 마케팅은 관점에 따라서 긍정적일 수도, 부정적일 수도 있다. 영국을 세계에 소개하기에 왕실, 주요 발명과 이론, 인기 스포츠, 문화 아이콘 등이 너무 많아서 요약하기 어렵다.

2012년 올림픽을 유치하는 과정에서 '일생에 한 번' 기회를 강조하면서 세계인의 주목을 끄는 마케팅 전략과 영국의 글로벌 포지셔닝을 새롭게 하였다. 여왕 즉위와 결혼 60주년의 '후광효과'를 목표로 '그레이트' 캠페인은 최초에 일회성으로 기획되었고 초기 정부의 지출을 최소화하고 경제적 기회를 극대화하려는 의도를 반복했다(관광 관련 기구의 '영국방문의 해' 예산은 2010년 이전보다 34% 삭감되었다).

전문가에 따르면 2000년의 고비용으로 치룬 '뉴밀레니엄 경험'(또는 1960년대 말의 '브리튼으로 회귀' 캠페인)의 붕괴를 말할 필요 없이 헤럴드 윌슨 수상의, 1990년대 말 비웃음을 받은 토니 블레어의 '쿨 브리타니아'를 토대로 정부의 브랜딩 실무에 '쿨한' 영국의 문화를 활용하려는 시도가 있었다고 평가되었다. 이와 반대로 영국항공은 1997년 '세계적 이미지' 디자인을 좇아 기체의 꼬리날개에 유니언 잭 표식을 버리는 결정을 했다. 그러나 2001년에는 영국 국기 디자인을 다시 소개했다. 2010년 새롭게 선출된 데이비드 카메론이 이끄는 연합 정부는 미숙한 브랜딩을 시도했고, 특히 영국을 국내는 물론 세계적으로 유머와 냉소로 왜곡된 나라로 보이게 했다. 뿐만 아니라 일부 목표공중은 '호전적 애국주의'와 '불쾌한' 프로모션을 오랫동안 혐오하게 되었다.

영국의 풀 네임인 '그레이트 브리테인과 북 아일랜드'의 '그레이트'를 활용한 2011년의 그레이트 캠페인은 예술, 스포츠, 유산, 잠재시장, 기술에서의 대영제국의 자산과 성과를 강조하려는 의도였다(예를 들면, '전원이 그레이트'). 불행하게도 언론은 영국 문화부 장관 제러미 헌트의 '"그레이트"를 브리테인으로 연결한다.'는 발표를 폄하했고 이듬해 올림픽을 개최를 예정한 영국 사회의 글로벌 이미지를 훼손한 폭동이 이어졌다. 결국, 당황스러움과 일부 언론의 반발 속에 '리브랜딩'은 비난을 받았고 정부 스스로 주장을 철회했다.

데이비드 카메론 정부 출범 이후 더 큰 위기는 뉴욕에서 생겼다. 빨리 제거되기는 했지만 지하철에 부착된 포스터에서 웰시 브리콘 비콘스 산이 '브리콘 비콘스'로 잘못 소개되었고 소셜미디어로 순식간에 전파되어 초기의 부정적 평가가 뒤따랐다(캠페인이 포탈의 검색어 상위에 올랐다).

문화부 장관이 위원장인 그레이트 캠페인 프로그램 위원회는 영국정부(HMG, 여왕의 정부) 의 외국 및 영연방 사무소(FCO)의 한 부서를 대신했다. 부처 간의 협력으로 영국 경제를 위한 일자리와 성장의 '번영 주제'뿐 아니라 공공외교에서 폭넓은 '소프트 파워'의 목표에 초점을 맞췄다(당시의 영국위원회와 BBC 월드 서비스 같은 주요 기관의 재정 삭감의 규모가 꽤 컸다).

문화언론체육부(DCMS)는 수상을 위한 캠페인 개발의 책임이 있었다. 외교부와 비즈니스 혁신기술부(BIS)뿐 아니라 영국위원회의 주요 기관으로서 영국무역투자(UKTI)와 영국방문위원회(게다가 영국 정부의 대행사 '런던 앤드 파트너스')가 있다. 1999년 이래 문화언론체육부의 성장 중심의 국가 관광전략 캠페인을 처음 선보인 해였다. 비록 영국의 경우 드문 상황이지만 부처간 관심을 고립을 막아 2012년 전체 정부의 웹 사이트 GOV.UK를 선보였고 수많은 온라인 플랫폼을 대신했다. 2014년에 와서 통합된 정부 소통 서비스의 도입이 완성되어 경험과 효과적인 구조를 대신했다.

비록 광고인의 '독창적인 생각'이 정부의 자문역 스티브 힐튼의 생각으로 바뀔 수 있지만, 캠페인 그 자체는 런던의 광고회사가 맡았다.

세계의 눈 - 런던 2012

런던은 영국을 대신하지 않으며 그레이트 캠페인이 빨간색 런던버스(실제 그레이트 2층 버스는 캠페인의 일부로 글로벌 도시들을 돌아다녔다)나 타워브리지 같은 '상징적' 이미지에 의존하지만 런던은 글로벌 목표공중에게 수도로 알려져 있다. 실제로 올림픽 이전에 런던은 개최도시임에도 조직위원회와 정부는 스트레스에 민감했다. 올림픽은 국가적인 행사로 영국 전역에 혜택과 마케팅의 기회를 제공했다.

그레이트는 브랜드 네임으로 그레이트 브리튼과 북 아이랜드 올림픽팀을 포함한 영국 대표팀과 연계한 이점을 가지며 올림픽 기간 중 1908년 런던 올림픽 이후 홈경기로, 가장 많은 금메달을 획득했다.

2012~2013년, 캠페인의 2년 차에 영국 방문객 통계에 따르면 캠페인의 결과는 대략 다음과 같다.

• 목표를 25% 초과한 192만 명의 해외 방문자

• 목표를 25% 초과한 9억 6천 파운드 지출
• 목표를 25% 초과한 2만 4천명의 새로운 일자리 창출
• 4년간 목표의 600%인 6.9억 파운드의 PR효과
• 4년간 목표의 50%인 2천 6백만 파운드 가치의 활동을 지원
• 그레이트 이미지 캠페인으로 영국 방문과 유발효과는 2억 25만 파운드와 42만 2천명 방문, 투자대비 수익 8배의 성과
• 목표도시의 시민 72%는 그레이트 캠페인을 보았다고 답변
• 캠페인을 기억한 사람의 23%는 내년에 방문할 예정이나 11%는 사람은 캠페인을 기억하지 못함
• 그레이트 브리테인 캠페인 첫 해의 분석결과 목표도시에서 전달되어 42만 2천 명이 방문함
• 그레이트 캠페인의 관광 요인이 거둔 방문 결과는 투자대비 8배의 효과를 거둠
• 전체 설문응답 도시의 시민은 런던 이외의 장소를 홍보 활동을 간절히 원함

더 그레이트 캠페인

요약하면 캠페인은 영국을 목적지로 투자와 공부, 문화, 유적과 전원 뿐 아니라 쇼핑, 음식, 스포츠, 탐험과 음악이 있는 장소로 보일 수 있는 주요 계기를 활용했다. 2011년 첫 번째 캠페인은 미국, 브라질, 러시아, 인도, 중국과 같은 핵심국가를 대상으로 투자대비 효과를 거둘 수 있는 마케팅에 집중했다. 현재 60개국 250개 도시에서 '영국이 세상에서 가장 창의적인 나라임을 알리는 것'을 목표로 한다. 2012년 500개의 그레이트 캠페인 행

사가 140개 나라에서 열렸는데, 말레이시아의 쇼핑주간과 중국의 건강 세미나, 콜롬비아의 그레이트 브랜드 버스의 운행까지 다양하다.

'본드는 그레이트 브리테인'

문화언론체육부와 영국방문위원회는 그레이트 캠페인의 파트너로 관광과 영국의 영화산업의 우수성을 알리는데 제임스 본드를 활용하고자 하였다. 영국방문위원회는 최근의 007 시리즈 스카이폴의 필름을 소유한 소니픽처스와 이온 프로덕션과 파트너십을 맺었다. 이전의 본드 필름을 30초 광고로 재편집해서 '븐드는 그레이트 브리테인'과 '초대받은 당신'편을 만들었다.

20개 이상의 대사관과 위원회에서 본드를 주제로 영국을 세계적인 관광지로 지역 공중에게 영향을 주고 영국 영화산업의 강점과 더불어 영국에서 만든 뉴 재규어와 같은 제품과 연결하여 알리도록 리셉션과 시사회를 개최했다. '본드는 그레이트 브리테인' 글로벌 캠페인은 영국방문위원회의 커다란 영화와 관광 캠페인으로 21개 목표시장에서 소개되는 PR효과를 거두었다(3천 6백만 파운드의 가치). 캠페인을 기억하는 사람의 16%는 영국 여행을 예약했고 35%는 향후 3년 이내에 영국을 방문할 의향이 있다고 긍정적인 결과를 도출했다. 또한 스카이폴이 촬영된 스코틀랜드의 글랜코에 방문자가 늘어났다. 2013년 스코티시 내추럴 허리티지는 2012년 대비 5441.7%의 방문자가 늘었다고 밝혔다(출처: 외국 및 영연방 사무실).

단순히 '그레이트 브리테인'을 강조하기보다 캠페인에서는 문화, 유산, 전원 뿐 아니라 쇼핑, 음식, 스포츠, 어드벤처, 음악까지를 주제로 다루었다.

적어도 영국의 국가 브랜드는 자국의 실체보다는 강력하다. 따라서 캠페인은 영국이 위대한 것이 아니라 피부에 와 닿을 수 있도록 국가 브랜드의 주요 자산이 각각 위대함을 강조하였다(이전에 단순한 무역 진흥뿐 아니라 국기를 썼던 영국 외교관들은 대사관 기능에서 그레이트 캠페인의 전시를 사용하는 데 열정적인 것으로 보고되었다).

모니터링, 평가, ROI 관점은 그레이트 캠페인 실행의 핵심 원칙이었다. 외교 및 영연방 사무실, 영국 이사회, UKTI, 영국방문위원회와 다른 부서는 영국정부를 위한 새로운 경험으로서 단일한 브랜드의 실재와 목표 아래 협력했다. 2013년 영국 정부의 장관은 HMG가 장기 캠페인을 시작해 2014~2015년과 2015~2016년에 50%의 예산을 증액할 것이라고 했다(매해 4천 5백만 라운드). 이것은 영국 재무부의 외부 평가에 따른 성공 사례이므로 주목할 만하다.

캠페인 효과의 더 많은 증거는 영국항공, 버진, HSBC, PWC, 그리고 BBC에서 멀버리, 미니, 맥라렌과 재규어 랜드로버 등 그레이트 엄브렐러 브랜드와 가깝게 연결된 가시적인(상징적인) 브랜드에 대한 호감도로 알 수 있다. 캠페인은 2013~2015년 데이비드 베컴을 필두로 루이스 해밀턴, 젠슨 버튼, 앤디 머레이, 리차드 브란손, 폴 스미스, 비비엔느 웨스트우드가 무료 모델로 참여했다.

학술적 논문뿐 아니라 해외 정부의 연구를 살펴보면 그레이트 캠페인은 국내외의 수상과 영국에 대한 전 세계인의 인식에 긍정적인 영향을 준 것을 알 수 있다. 브랜드 자산을 비롯한 영국의 국제적인 평가는 전 세계에서 4번째에 위치했다(2012년 5위에서 일본을 제치고). 그레이트 캠페인 브랜딩은 국가 브랜드의 글로벌 표준으로 빠르게 인식되었다(1억 파운드의 가치로 5~7년 동안 17.6억 파운드의 투자를 유치했다).

주요 시사점

그레이트 캠페인의 책임자 콘라드 버드는 캠페인의 시사점을 아래와 같이 요약했다(Civil Service Quarterly blog, https://quartly.blog.gov.uk/2014/01/30/biritain-is-great).

• 실수와 불일치로 생기는 평판의 위기와 같은 구체적인 실행에 주목
• 공무원 사이의 비전 공유와 결과의 배분과 같은 관리가 중요
• 정부와 기업이 각각의 역할을 수행하는 파트너십이 관건
• 작은 조직도 올바른 각오로 커다란 성과가 가능하므로 적은 비용으로 더 많은 것을 성취
• 정기적인 평가가 항상 뒤따라야 함

요약

이 장에서는 국가 브랜딩 개념의 실무적 과제를 살펴보았다. 포괄적 관점으로 국가 브랜드는 모든 이해관계자들이 국가 브랜딩 전략에 참여하는 완전한 포괄적 접근법을 원한다. 또한 '브라질 IT'나, '새로운 프랑스' 같은 캠페인들의 경우처럼 프로그램으로 구체화된 방법을 시도하기도 한다. 브랜드 체계의 개념이 국가 브랜드와 연관되어 논의되었다. 또한, 국가 브랜딩은 필연적으로 고도로 정치화된 활동이며 국가브랜드의 목표를 달성하기 위해서 정부의

적극적인 실행이 요구된다.

논의할 점

1. 국가브랜딩에서 완전히 포용적인 접근이 가능한가? 자국의 국가브랜드 전략에서 포용적인 접근을 시도한 나라를 정의하고 이런 방법의 효과를 논해보자.
2. 국가가 브랜드 체계의 개념에 얼마나 주의를 기울여야 하는가? 예를 들어 설명해 보자.
3. 새로운 정부가 집권하면 기존의 국가브랜드 전략의 효용성은 무시되고 폐지되어 새로운 전략으로 대체된다. 정부가 바뀌어도 국가브랜드 전략이 살아나기 위한 방법은 무엇일까?

참고 문헌

Aker, D.A. and Joachimsthaler, E. (2000) *Brand Leadership,* New York: The Free Press.

Barrow, S. and Mosley, R. (2005) *The Employer Brand: Bringing the Best of Brand Management to People at Work,* UK: John Wiley & Sons.

Brand Strategy (2007) 'Roundtable: Russian reputation', February, 44-47.

Burnett, J. and Moriarty, S.(1998) *Introduction to Marketing Communications: An Integrated Approach,* US: Prentice Hall.

Currie, R.R., Seaton, S. and Wesley, F. (2009) 'Determining stakeholders for feasibility analysis', *Annals of Tourism Research,*

36 (1), 41-63.

Datzira-Masip, J. and Poluzzi, A. (2014) 'Brand architecture management: The case of four tourist destinations in Catalonia', *Journal of Destination Marketing & Management,* 3, 48-58.

Dinnie, K. and Fola, M. (2009) 'Branding Cyprus - A Stakeholder Identification Perspective', 7th International Conference on Marketing, Athens Institute for Education and Research (ATINER), Athens, Greece,6-9 July 2009.

Dooley, G. and Bowie, D. (2005) 'Place brand architecture: Strategic management of the brand portfolio', *Place Branding,* 1 (4), 402-419.

Douglas, S.P., Craig, C.S. and Nijssen, E.J. (2001) 'Integrating branding strategy across markets: Building international brand architecture', *Journal of International Marketing,* 9 (2), 97-114.

Favre, P. (2008) 'The New France- Breaking Through the Perception Barrier', in Dinnie, K., *Nation Branding - Concepts, Issues, Practice,* 1st edn, 239-242, London: Butterworth-Heinemann.

Frasher, S., Hall, M., Hildreth, J. and Sorgi, M. (2003) 'A Brand for the Nation of Latvia',Oxford Said Business School, available at www.politika.lv.

Hankinson, G. (2007) 'The management of destination brands: Five guiding principles based on recent developments in corporate branding theory', *Journal of Brand Management,* 14 (3), 240-254.

Hung, S.-C. (2002) 'Mobilising networks to achieve strategic difference', *Long Range Planning,* 35 (6), 591-613.

Ind, N. (2003) *Living The Brand: How to Transform Every Member of Your Organization into a Brand Champion,* 2nd edn, UK: Kogan Page.

Interbrand (2008) 'Country Case Insight - Estonia', in Dinnie, K., *Nation Branding - Concepts, Issues, Practice,* 1st edn, 230-5,

London: Butterworth-Heinemann.

Johnston, Y. (2008) 'Developing Brand South Africa', in Dinnie, K., *Nation Branding - Concepts, Issues, Practice,* 1st edn, 5-13, London: Butterworth-Heinemann.

Lane, M.L. (2005) 'Public participationin planning: An intellectual history', *Australian Geographer,* 36 (3), 283-299.

Murphy, P. and Murphy, A. (2004)*Strategic Management for Tourism Communities: Bridging the Gaps,* Clevedon, UK: Channel View Publications.

Naipaul, S., Wang, Y. and Okumus, F. (2009) 'Regional destination marketing: A collaborative approach', *Journal of Travel & Tourism Marketing,* 26 (5), 462-481.

Olins, W.(1989) *Corporate Identity,* UK: Thames and Hudson.

Palsdottir, I.H. (2008) 'The Case of "Iceland Naturally" - Establishing an Umbrella Brand to Increase Country Image Impact and Coherence', in Dinnie, K., *Nation Branding - Concepts, Issues, Practice,* 1st edn, 183-186, London: Butterworth-Heinemann.

Sanches, R. and Sekles, F. (2008) 'Brazil IT: Taking Brazil's Successful Domestic IT Industry Abroad', in Dinnie, K., *Nation Branding - Concepts, Issues, Practice,* 1st edn, 133-6, London: Butterworth-Heinemann.

Sautter, E. and Leisen, B. (1999) 'Managing stakeholders: A tourism planning model', *Annals of Tourism Research,* 26 (2), 312-328.

Simpson, K. (2001) 'Strategic planning and community involvement as contributors to sustainable tourism development', *Current Issues in Tourism,* 4 (1), 3-41.

Temporal, P. (2002) *Advanced Brand Management: From Vision to Valuation,* Asia: John Wiley & Sons.

Yan J. (2008) 'Smaller Nations Enter the Global Dialogue Through Nation Branding', in Dinnie, K., *Nation Branding - Concepts,*

Issues, Practice, 1st edn, 170-172, London: Butterworth-Heinemann.

제4부

국가 브랜딩의 현황과 과제

제 9 장 국가 브랜딩 전략의 요인

제 10 장 국가 브랜딩의 미래

제9장 국가 브랜딩 전략의 요인

Key Point

- 국가 브랜딩의 전략적 계획은 내부분석과 외부 분석을 토대로 함
- 국가 브랜딩 전략의 요인은 광고, PR, 소셜미디어, 브랜드 홍보대사, 해외이주민 활용과 국경일이 있음
- 국가 브랜딩 전략의 효과는 현재의 고정관념을 재평가할 필요성이 있음

개론

국가 브랜딩 전략의 보편적인 양식은 없다. 이 장에서는 국가 브랜딩 맥락과 관련된 전략의 몇 가지 기본 원칙을 다룬다. 예를 들면 내부분석과 외부 분석은 전략의 공식을 만드는 중요한 토대가 된다. 이점을 고려해 이 장에서는 기술과 쟁점을 대략 살펴본다. 광고, 고객과 시민 관계관리, 해외이주민 활용 등과 함께 국가 브랜딩 전략의 특별한 요인도 다룬다. 이 장의 학술적 관점은 슬로베니아 국가 브랜드의 개발과정을, 실무자 시사점은 외교에서 소셜미디어의 잠재력과 작은 나라의 국가 브랜딩을 설명하였다. 이 장에서 다룬

첫 번째 사례연구로는 최근 한국 국가 브랜딩의 성공사례를 살펴보고 두 번째로는 말레이시아 브랜딩의 시사점을 알아본다.

전략의 원칙

전략의 기본 원칙은 기업 또는 국가의 중요한 세 가지 질문에 초점을 맞추었다. 첫째, 우리는 현재 어디에 있는가? 둘째, 우리는 어디로 가고자 하는가? 셋째, 어떻게 그곳에 도달할 것인가? 전략 수립과 실행은 복잡한 과제이지만, 가이드라인이 되는 이 세 가지 질문으로 전략이 개발될 수 있다. 전략은 '오랫동안 한 조직의 방향과 의도로 이해관계자의 기대 충족이라는 목표를 가지며 자원과 능력을 통합함으로써 변화하는 환경 속에서 이점을 얻는 것'(Johnson et al., 2005)으로 정의되었다. 기업과 마찬가지로 국가도 장기적 방향과 의도를 결정해야 한다. 다시 말해 국가는 외국인 직접 투자, 수출 증진, 관광, 인재 유치 등의 분야에서 목표 달성을 위해 자원과 능력을 통합하는 전략적 결정을 한다. 국가는 경쟁이 심한 모든 영역에서 뛰어날 수는 없기 때문에 국가 브랜드의 방향을 고려해서 전략적인 결정을 내려야 한다.

❧ 우리는 현재 어디에 있는가? 전략 분석

국가 브랜드의 현재 경쟁력을 평가하려면 내부 분석과 외부 분석이 필요하다. 내부 분석의 핵심은 국가 브랜드의 능력을 분야별 지표로 평가한다. 외부 분석은 국가 브랜드의 경쟁자와 국가 브랜드 활동에 영향을 주는 다양한 환경의 영향에 초점을 맞추었다.

❧ 내부 분석

국가 브랜드에 대한 내부 분석은 국가 브랜드가 경쟁하고 있는 다양한 무대에서 국가의 능력이 어느 정도인가를 평가한다. 내부 분석은 기존의 능력을 파악하고 이 능력이 가진 힘을 평가한 후 국가 브랜드 능력 분석에 기초하여 적합한 가이드라인을 도출하기 위해서는 분야별로 시행되어야 한다. 국가 브랜드가 경쟁하고 있는 주요 분야는 관광, 외국인 직접 투자, 수출 증진, 인재 유치 등이다. 이 분야에서 경쟁하는 국가 브랜드의 내부 분석은 아래와 같다.

관광 : 많은 국가들이 관광에 크게 의존하고 있다. 특히 산으로 둘러싸여 외부 세계와 동떨어져 있는 국가들은 다른 국가들과 경쟁하기 어려운 상황이다. 따라서 그런 국가들은 경제 발전을 위해 관광에 눈을 돌린다. 또한 좋은 기후와 경관이 있으나 다른 자원이 부족한 국가들 역시, 관광에 주력해 재정을 늘리고 있다. 완전하지 않지만 관광 분야에서 국가 브랜드가 수행할 주요 성공 요인이 표 9.1에 나와 있다.

표 9.1의 주요 성공 요인은 국가 관광기관의 통제 밖에 있지만 관광 당국은 고객 서비스의 전반적인 수준을 개선하고 향상시키기 위한 조치를 취한다. 또 다른 중요한 성공 요인 중에 안전, 법과 질서의 합리적인 수준은 관광객 유치를 위해 필수적이다. 그리고 돈의 가치

는 중요한 속성이다. 반면 매력적인 국가에서도 접근성은 큰 장애물이다. 예를 들어 호주와 뉴질랜드는 영국인들에게 관광지로서 긍정적으로 인식되지만, 멀리 떨어져 있는 거리는 커다란 장애다. 아이슬란드와 북유럽 국가들의 지리적 소외는 실제보다 더 크게 인식된다. 이 경우 효과적인 국가 브랜딩으로 오해를 해소할 수 있다.

표 9.1 국가 브랜드 내부 분석 : 관광

주요 성공 요인	국가 브랜드 능력									
고객 서비스 수준	1	2	3	4	5	6	7	8	9	10
안전	1	2	3	4	5	6	7	8	9	10
돈의 가치	1	2	3	4	5	6	7	8	9	10
접근성	1	2	3	4	5	6	7	8	9	10

외국인 직접 투자 : 세계화로 내부 투자를 유치하는 국가들 사이의 경쟁이 심화되었다. 이에 따라 국가들은 외국인 직접 투자유치로 국가경제에 기여하도록 장기 전략을 실행해야 한다. 외국인 직접 투자 유치의 성공 요인은 표 9.2에 나와 있다.

표 9.1 국가 브랜드 내부 분석 : 외국인 직접 투자

주요 성공 요인	국가 브랜드 능력									
안정된 경제와 정치 환경	1	2	3	4	5	6	7	8	9	10
숙련된 노동력	1	2	3	4	5	6	7	8	9	10
간소화된 행정절차	1	2	3	4	5	6	7	8	9	10
인프라	1	2	3	4	5	6	7	8	9	10

안정적인 경제 환경과 정치 환경을 갖추지 못하면 외국인 직접 투자를 유치할 가능성은 거의 없다. 외국에 장기투자를 하는 기업은 불안정한 정치상황이나 잘못된 경제로 인해 투자를 연기할 수 있다. 한편, 기업에게 숙련된 노동력은 외국에서 근로자를 훈련시키기 위해 회사의 지불 비용을 최소화하고 더 높은 생산성을 기대할 수 있어 매력적이다. 일부 국가의 행정 절차는 아주 복잡하고 관료적이며 더디다. 이 경우 기업은 사업 허가를 기다리며 불안정한 상태로 몇 달을 보내기보다 다른 나라를 알아볼 것이다. 이런 국가의 사업 환경은 불편한 행정 절차로 굳어 있는 경우가 많다. 마지막으로 국가들이 아주 인기가 있는 외국인 직접 투자를 놓고 효과적으로 경쟁하려면 효율적이고 현대적인 인프라에 투자해야 한다.

수출 증진 : 국가 브랜딩 전략의 주요 목표는 국가의 수출을 높이는 것이다. 4장의 실무적 관점에서 다룬 '메이드 인 러시아' 프로젝트는 러시아의 수출을 어떻게 늘일 수 있었는지를 잘 보여주고 있다. 수출 증진을 위해 필요한 중요한 성공 요인은 고품질의 브랜드 구축, 철저한 국가 이미지 관리를 통한 효과적인 원산지 포지셔닝, 목표 시장의 전략적 개발, 과감한 수준의 혁신 등이 포함되어 있다.

표 9.3 국가 브랜드 내부 분석 : 수출 증진

주요 성공 요인	국가 브랜드 능력									
고품질 브랜드	1	2	3	4	5	6	7	8	9	10
효과적인 원산지 포지셔닝	1	2	3	4	5	6	7	8	9	10
목표시장의 전략적 개발	1	2	3	4	5	6	7	8	9	10
혁신	1	2	3	4	5	6	7	8	9	10

인재 유치

인재 유치의 중요한 두 가지 목표는 숙련된 인력을 유치하는 것과 외국 학생들이 진학하여 높은 수준의 교육을 받게 하는 것이다. 인재 유치의 주요한 성공 요인이 표 9.4에 나와 있다.

적당한 수의 숙련된 인력을 유치하는 일은 호의적인 비자 발급과 거주 규정, 경력 향상의 기회, 매력적인 라이프스타일 등을 다양한 조건에 달려 있다. 잠재적인 학생들에게 그 국가가 지닌 높은 수준의 교육에 대한 평판은 중요하다. 석사나 MBA 학생들을 유치하는 데 있어 경쟁이 심한 시장들에서 좋은 평판은 더욱 큰 영향력을 발휘한다.

표 9.4 국가 브랜드 내부 분석 : 인재 유치

주요 성공 요인	국가 브랜드 능력									
호의적인 교육 여건(비자, 여권)	1	2	3	4	5	6	7	8	9	10
매력적인 라이프스타일	1	2	3	4	5	6	7	8	9	10
경력 향상의 기회	1	2	3	4	5	6	7	8	9	10
수준 높은 교육에 대한 평판	1	2	3	4	5	6	7	8	9	10

외부 분석

외부 분석은 경쟁 분석과 환경 분석 두 가지 주요 형식을 가진다.

경쟁 분석은 다음과 같은 여러 종류의 질문에 초점을 맞추고 있다. 즉, 경쟁 상대는 누구인가? 그들의 강점과 약점은 무엇인가? 그들의 전략적 목표와 배경은 무엇인가? 그들의 전략은 무엇인가? 그들의 대응책은 어떤 것들인가?(Jobber, 2004). 국가 브랜드는 각 경

표 9.5 국가 브랜드 경쟁 분석 매트릭스

	강점	약점	전략 목표	현재 전략
관광				
국가 A	고객 서비스	주요 시장과 거리		
국가 B				
외국인 직접 투자				
국가 C	매우 발달한 인프라			
국가 D				
수출 증진				
국가 E				'제조국' 라벨의 판촉
국가 F				
인재 유치				
국가 G	교육에 대한 호평	비자 발급		
국가 H				

쟁 상황에서 이와 같은 형식의 경쟁 분석을 해야 한다. 이것은 관광, 외국인 직접 투자, 수출 증진, 인재 유치와 더불어 보다 발전된 국가 브랜딩 범위까지 포함한다. 경쟁자들은 분석 대상인 경쟁 무대에 따라 달라질 수 있다. 예를 들어, 관광 분야의 경쟁 국가는 외국인 직접 투자에서 경쟁자가 될 경우는 거의 없다. 국가브랜드 경쟁분석 매트릭스는 관광, 외국인 직접 투자, 수출 증진, 인재 유치 같은 주요 국가브랜딩 활동과 관련하여 국가 브랜드의 경쟁을 분석할 수 있다(표 9.5).

국가 브랜드 경쟁 분석 매트릭스는 다양하고 복잡한 변인들 가운데 몇 가지만 간략히 제시한 것이다. 이것은 국가 브랜드의 주요 경쟁자들을 분석할 때 뿐만 아니라, 전략 개발의 기본 자료로도 사용된다.

❧ 우리는 어디로 가길 원하는가? 전략적 계획

전략적 계획은 구체적이고 측정 가능한 목표와 목표공중 정하기를 포함하고 있다. 그런데, '단일 목표를 추구하는 기업은 거의 없다. 그 대신 기업들은 수익성, 판매 성장, 시장 점유율 향상, 위험 회피, 혁신…등을 포함한 복잡한 목표를 가진다.'(Wilson and Gilligan, 2005)는 것이 일반적인 견해다. 이처럼 국가들은 다양한 목표를 추구하고 있다. 이런 목표들은 또한 전략 구성을 보강할 수 있어야 한다. 전략적 계획 수립에 있어 가장 널리 쓰이는 방법들 가운데 하나는, 앤소프의 매트릭스(Ansoff's matrix)다. 이것은 기존 또는 새로운 제품과 기존 또는 새로운 시장을 토대로 전략 개발의 잠재적 방향을 파악하는 것이다(Asoff, 1988). 국가 브랜딩 맥락에서 앤소프의 매트릭스는 국가 브랜드 활동의 전 영역에서 전략 방향을 알아내는데 사용될 수 있다.

❧ 어떻게 그곳에 도달할 것인가? 전략 수행

분석과 전략적 계획 수립의 선행 단계를 거친 후 마지막으로 중요한 단계는 선택한 전략을 수행하는 일이다. 전략 수행에 있어 큰 어려움은 관리 감독, 지식 관리, 변화 대처, 알맞은 구조와 과정 고안, 내부와 외부 관계 관리 등이다(Johnson et al., 2005). 국가 브랜드 이해관계자들이 하나의 상업 조직 내의 다양한 비즈니스 단위로 구성되어 관리되지 않을 경우, 국가 전략 수행단계에서 가장 큰 난관에 부딪히게 된다. 스위스는 이 같은 전략 수행의 어려움을 깨닫고 '프레즌스 스위스'라는 감독기구를 만들었는데, 이 사례는 전략 수행이 얼마나 어려운지를 알려준다. 프레즌스 스위스는 위에 설명한 많은 전략, 예를 들어 지식 관리, 변화 대처, 내부와 외부 관계 관리 등을 수행하고 있다(Pasquier, 2008).

지금까지는 전략 분석, 계획 수립, 수행에 있어 중요한 문제들을 전체적으로 살펴보았고, 이제부터는 국가 브랜딩 전략에 포함되어 있는 구체적인 요인들에 초점을 맞춰보자.

국가 브랜드 광고

국가 브랜딩은 단순히 광고 캠페인으로 만들어지는 게 아니다. 광고는 강력한 도구가 될 수 있지만 국가 브랜드 전체 전략에서 하나의 요소에 불과하다. 실제로 국가가 극히 한정된 재원만 있다면 광고 캠페인에 기대하는 것보다 해외 이주민을 활용하는 것이 훨씬 더 좋은 방법이 다. 그러나 사용할 재원이 있으면 광고는 구체적이고 명백한 목표를 달성하는 통합된 전략의 하나로 사용될 수 있다.

광고는 브랜드에 많은 이점을 준다. 광고는 브랜드에 새로운 시장의 기회를 주고 쇠퇴하는 브랜드를 재활성화 시키며, 소비자 행동을 바꾸고, 판매량을 빠르게 증가시킨다(IPA Effectiveness Awards,

1998). 그러나 국가 브랜드가 광고회사에 업무를 넘기기 전에 미리 알아야 할 광고와 관련된 실수가 있다. 이 실수들은 소비자 지식에 대한 잘못된 평가, 광고 혼잡을 피하지 못함, 부주의, 크리에이티브만 지나치게 강조된 광고, 브랜드가 강조되지 않은 광고, 미디어 전략의 실패, 캠페인의 잦은 교체, 광고의 내용 대신 광고 빈도만 강조함으로써 발생되고 있다(Keller, 2003).

광고가 한 국가의 전체 국가 브랜드 전략의 일환으로 사용될 예정이라면, 광고에 관련된 사람들은 최소한 광고 산업과 광고회사가 일하는 방식에 대해 기본 지식이 있어야 한다. 광고에 대한 기본 지식이 없을 경우, 캠페인 제작을 위해 선정된 광고사회와 상호적인 관계를 수립하는데 실패함으로써, 귀중한 자원이 낭비될 수 있다. 국가 브랜드 조직에 속한 개인은 광고주 브리프, 크리에이티브 팀, 브랜드 포지셔닝 개념 등의 의미를 알아야 한다. 마케팅에 있어 배경이나 자격을 갖춘 사람들은 잘 알겠지만, 마케팅의 배경을 모르는 사람들과 정부 관리들, 또는 국가 브랜드 조직의 또 다른 이해관계자들은, 이 분야와 관련된 지식을 모두 안다고 할 수 없다. 브랜드 포지셔닝에 대해서는 앞서 살펴보았다(2장 참조). 이제부터는 광고와 관련된 또 다른 중요한 쟁점을 살펴볼 것이다.

광고주 브리프는 광고주가 광고를 맡게 될 광고회사에 전달하는 양식으로 광고주의 요구 사항을 자세히 나열한 문서다. 광고회사가 선정되면 광고주와 광고회사 사이에 명확한 커뮤니케이션과 업무의 범위를 정하기 위해 일반적으로 지시 사항을 보완된다(Hackley, 2005). 광고회사 내부의 크리에이티브 팀은 목표공중의 시선을 끌고 캠페인의 구체적인 목표를 달성하기 위해 크리에이티브 작업을 담당할 아트 디렉터와 카피라이터가 있다. 아트 디렉터는 광고의 비주얼을 책임지고, 카피라이터는 광고에 사용될 광고 문안을 만든다.

광고주는 광고회사의 크리에이티브팀과 매일 접촉하지는 않는다. 그 대신 광고회사는 지속적인 계획 수립과 실행 과정에서 광고주와 광고회사의 소통은 기획(AE)팀장이 담당한다. 광고회사가 제작한 광고의 질은 광고사 자체의 크리에이티브 뿐 아니라, 광고주의 요구 사항을 광고회사가 얼마나 정확히 이해했느냐에 달려 있다. 다시 말해, 광고주는 광고회사에 대한 초기 지시 사항에서 '방향 설정'을 함으로써, 또 광고 계획 수립 과정에서 광고회사와 회의하면서, 또 캠페인에 대한 전략적 방안 마련을 위해 광고회사가 광고주 최고 경영진을 만날 수 있게 하는 '자원 할당'을 함으로써, 또 이전에 수행한 소비자 연구 자료를 이용하게 함으로써, 광고사의 크리에이티브에 영향을 미칠 수 있다(Koslow, et al,. 2006).

광고주 브리프는 광고로 성취할 전략 목표를 담고 있다. 그러나 광고주는 광고가 누구에게 무엇을 말할 것이며, 또 어떤 어조를 사용할 것인지를 자세하게 다룬 '크리에이티브 브리프(creative brief)'를 작성해야 한다. 광고 메시지에는 적절한 어조를 사용하는 것이 중요하다. 만약 적절하지 못한 어조가 사용될 경우, 대중은 거리감을 느끼거나 심지어 기분이 상할 수도 있다. '도대체 당신은 어디 있는 거요?'라는 슬로건을 사용해 호주의 관광 산업을 증진시키려는 광고 캠페인은 그 슬로건이 무례하고 공격적이라고 생각하는 사람들에게는 기분 나쁠 수 있다. 관광객보다는 외국인 직접 투자를 유치하기 위한 또 다른 형식의 국가 브랜딩 광고의 사례는 '새로운 프랑스' 캠페인이다. 2004년에 시작된 이 캠페인은 2005년 19개의 간행물에 77개의 광고를 등장시킬 정도로 꾸준히 이어졌다. 이 캠페인의 효과는 목표공중 즉, 4개의 목표 국가 기업경영자에 대한 조사를 바탕으로 수립되었으며, 조사 결과를 고려해 목표 국가들 중 하나의 광고 접근법은 금융전문지보다는 분야별 잡지에 초점을 맞추었다(Fvre, 2008). 이 사례는 광고 캠페인의 효과를 평가한 후 그 평가 결과에 근거해 캠페인에 반영하는 일이 중요함을 보여주고 있다.

종합광고회사는 광고주를 위한 광고 제작 뿐 아니라 광고를 내보낼 미디어도 구매한다. 그러나 광고 제작사와는 무관하게 운영되는 전문적인 미디어 광고회사들도 많다. 어떤 경우에는 전문적인 미디어 광고회사의 서비스를 이용하는 것이 비용측면에서 효율적이다. 한 광고 캠페인에 사용될 다양한 미디어의 채널과 비히클을 평가하는 일은 어렵고 복잡하다. 미디어 채널에는 TV, 신문, 잡지, 인터넷, 라디오, 옥외광고 등이 있다. 미디어 비히클은 각 미디어에 존재하는 다양한 선택이 가능하다. 예를 들어 미디어 채널로서의 신문 안에서 사용 가능한 비히클은 '파이낸셜 타임즈', '월스트리트 저널' 등과 같이 개별 신문 브랜드다. 종합광고회사나 전문적인 미디어 광고회사는 캠페인이 정한 목표를 달성하기 위해 최적의 광고 미디어믹스를 결정하는 미디어 플래닝 프로그램을 사용한다. 미디어 플래닝 프로그램은 다음과 같이 운용된다. 첫째, 사용자가 사용 가능한 비히클과 각각의 등급, 비용에 대한 자료를 만든다. 둘째, 사용자가 도달률과 빈도 같은 스케줄 최적화를 위한 기준을 선택한다. 셋째, 사용자가 미디어 플래닝 기간, 예산 규모 같은 제약 조건들을 입력한다. 그리고 마지막으로, 프로그램 알고리즘이 구체화된 목표와 제약 조건에 따라 최적의 미디어 스케줄을 도출한다(Shimp, 2003).

광고 산업의 구조는 최근 수년 동안 끊임없이 변화를 겪어왔다. 이제 광고주는 종합광고회사, 전문적인 크리에이티브 광고회사, 미디어 광고회사를 두고 선택을 고민하게 되었다. 이와 관련하여 세계적 광고회사 WPP 미디어 네트워크의 선두 마인드쉐어는 미디어 광고회사가 한 브랜드의 커뮤니케이션 노력을 가장 잘 뒷받침할 수 있다고 주장했다(Marquis, 2007).

PR

정부가 일반 공중 뿐 아니라 정책 결정자와 언론인과 같은 목표 공중의 국내 여론을 관리하기 위해서 PR회사를 선정한다. PR의 쟁점은 공공정책(rasmussen and Merkelsen, 2012; Yun and Toth, 2009)과 국가 브랜딩(Szondi, 2010)의 맥락에서 연구되어 왔다. 국가 브랜딩 전략에서 PR은 단순히 위기관리 수단의 역할을 넘어 전략의 다른 요인과 통합되어 실행되어야 한다.

온라인 브랜딩, 소셜미디어와 모바일 어플

온라인 브랜딩은 디지털 시대의 비즈니스에서 필수적이다. 인터넷은 크기에 관계없이 모든 브랜드가 웹 사이트를 가짐으로써 글로벌 브랜드가 될 수 있도록 한다. <와이어드(Wired)> 잡지의 전 편집장이며 <롱테일 법칙(Anderson, 2006)>의 저자인 크리스 앤드슨(Chris Anderson)은 인터넷이 어떻게 구전만 활용하는 니치 브랜드를 이전의 어떤 수단보다 강력하게 커다란 브랜드나 블록버스터 브랜드로 성장시킬 수 있는지를 설명하였다(Mortimer, 2006). 이 말은 작은 나라나 신흥국, 저개발 국가가 국가 브랜딩에 충분한 재원을 가진 글로벌 경제대국에 현실적으로 대응할 수 있는 방법을 제시한다. 온라인 브랜딩은 약소국에게 광고처럼 전통적인 방법을 통하지 않고도 니치 브랜드로 자리매김할 기회를 제공한다. 예를 들면 그 비용은 많은 부유한 나라들의 예산을 넘어서고 있다. 온라인 브랜딩은 샘플링 마케팅, 바이럴 광고, 브랜드 옹호 프로그램과 인플런서 홍보 같은 기법으로 긍정적인 구전을 전파한다(Kirby and Marsden, 2005).

장소 브랜딩에서 소셜미디어를 사용하는 목적은 한 나라에서 다른 나라로 널리 전파하는 실험단계에 있다(Hays et. al., 2012).

세컨드 라이프(Second Life) 같은 가상세계에서 몇몇 국가들이 존재한다. 스웨덴은 2007년 세컨드 라이프에 가상 대사관을 개설해 스웨덴의 외무부장관 칼 빌트의 아바타를 취임시켰다(Bengtsson, 2011). 소셜미디어의 특성인 공개와 참여는 미국 매스미디어에서 터키의 부정적인 보도의 개선을 목표로 4개 기업이 연합하여 만든 소셜네트워킹, 터케이프(Turkayfe.org) 같은 시민주도형 국가 브랜드를 탄생시켰다(Sevin and White, 2011).

페이스북, 트위터, 유튜브같이 잘 알려진 소셜미디어는 국가브랜드 전략에 한 부분으로 활용된다. 멕시코와 브라질은 페이스북으로 확신한 브랜드 개성을 커뮤니케이션하는 전략을 실행했고(de Moya and Jain, 2013), 스웨덴은 트위터 계정 @Sweden project(스웨덴의 큐레이터로 알려진)를 활용해 국가 브랜드를 구축해 나갔다. 이 국가 공식계정은 매주 다른 시민이 담당한다(Christensen, 2013). 현재는 많은 나라의 외교관들이 트위터를 사용한다. 트위터로 해외 공중에게 알리는 것에 그쳐서는 안 된다. 트위터 피드에 팔로워 없이 일방적으로 글을 올리는 것을 피하고, 목소리를 들어야 한다(Cull, 2012).

모바일 앱은 특히 UCC 관점에서 국가 브랜딩에 중요한 역할을 한다. 캐나다 관광청은 공공의 구성원의 의견을 청취해서 '캐나다를 국내여행처럼(ECLAL)'이라는 앱을 개발했다. 이 앱으로 예술과 문화, 도시 휴식 공간, 먹거리, 명품과 야외활동 영역을 검색할 수 있다. 2012년 덴마크무역투자장관 피아 올슨 다이어는 국제 언론에 특별하게 맞춘 세계 최초의 스마트폰 국가 브랜딩 앱, 덴마크 스테이 튠드(Denmark Stay Tuned)를 선보였다. 이 앱은 북유럽의 음식과 녹색성장 뿐 아니라 덴마크 건축, 패션과 디자인, 언론인이 기사에 활용할 수 있는 콘텐츠, 이미지와 동영상 영역에 초점을 맞추었다.

고객과 국민 관계 관리

비즈니스 세계에서 CRM은 잘 만들어진 실행전략으로 '고객관계관리(customer relationship management)'의 머리글자를 따온 것이다. CRM 개념을 국가 브랜딩에 적용한 것은 최근의 일로 이제는 '국민관계관리'라는 용어가 사용되고 있다(Sheth, 2006). 국민관계관리의 개념은 기업이 고객에게 하는 것과 같이 정부가 국민과 관계를 맺고 대응해 나가야 한다는 것을 의미한다. 국민의 요구를 이해하고 적당한 빈도와 방식으로 국민과 소통하는 것은 국가 브랜딩 전략이 유용하게 사용할 수 있는 CRM의 원리다. '고객과의 상호 작용과 거래를 도와, 조직이 고객 포트폴리오 전체에 그들에 대한 보상을 최적화할 수 있게 하는 기법'(Buttle, 2008)인 CRM은 관광, 외국인 직접 투자, 수출 증진, 인재 유치 등과 같이 다양한 분야의 고객 포트폴리오를 가진 국가 브랜드에 직접 적용될 수 있다.

국민관계관리는 러시아의 '교회 외교' 프로젝트와 사회 프로젝트를 비롯해(Lebedenko, 2008), 에스토니아의 국가 브랜딩 노력에서도 찾아볼 수 있다. 세계적 인지도 향상을 목표로 한 에스토니아 국가 브랜드는 에스토니아 국민들에게 동기를 부여할 수 있을 것이다(Interbrand, 2008).

국가 브랜드 홍보대사

많은 분야의 기업이 자사의 활동에 한 인물의 얼굴을 내세워 브랜드 홍보대사를 활용하고 있다. 예를 들어, 외국환 거래회사 트레벨렉스는 영국 럭비선수인 조니 윌킨슨과 2년간 브랜드 홍보대사 계약을 맺었다. 트레벨렉스는 2003년에도, 호주 크리켓 선수인 애덤 길크리스트를 브랜드 홍보대사로 임명한바 있다(barrand, 2005). 이 브랜드 홍보대사는 그 회사를 잘 이해한 매우 열정적인 사람으로 목표공중에게 기업의 브랜드 가치를 효과적으로 전달할 수 있다.

국가들은 전통적으로 보다 신중하게 홍보대사를 선택하는데 이 신중함이 지나쳐 외교라는 테두리 밖의 사람들의 존재를 제대로 알지 못하고 있는 실정이다. 반면 유명한 스포츠 스타나 문화 인물들은 계획과 각본 없이도 국가 브랜드 홍보대사의 역할을 훌륭히 수행한다. 실제로는 자신들 국가에서 공식적으로 소개되거나 국가의 홍보대사로 임명된 적이 없다. 마찬가지로 외국에 머무는 각 사람들의 행동은 모국을 대표하는 사람으로서 해석된다. 1980년대 영국 축구 난동의 사례처럼 행동이 나쁜 것일 경우 국가 전체의 이미지를 훼손할 수 있다. 수백만 인구 한 명 한 명이 국가 브랜드 홍보대사로 행동하는 것은 비현실적이다. 그러나 브랜드 홍보대사의 자격을 갖추고 그 역할을 해내는 사람들을 찾아낼 수 있다. 장소 브랜딩에 영향을 주는 홍보대사 네트워크의 힘은 정책입안자와 연구자에게 주목받고 있다(Andersson and Ekman, 2009).

❧ 내부 브랜드 관리

내부 브랜딩은 국가 브랜딩 전략의 다른 측면과 비교하여 정부가 참여를 늦춰왔다. 내부 국가 브랜딩의 중요성은 국가 전략의 성공적인 실행을 위해 필요한 행동이 개별 문제에 대해 제시하는 약속 수준에서 기인한다는 것을 깨닫는 것이다. 국가 브랜딩에서 내부 브랜딩의 두 공중은 이해관계자 조직과 국가 브랜딩 전략개발과 수행에 관계된 개인이며, 다른 한 편으로 국내 거주민과 국민 전체이다. 버만과 제플린(2005)은 기업에서 브랜드 실행을 추진하는 3개 주요 지렛대를 브랜드 중심의 인사(HR), 브랜드 커뮤니케이션, 브랜드 리더십으로 설명하였다. 국가 브랜드 환경에서 이러한 세 가지 핵심 요소에 대한 책임은 특정 개인이나 기관에 할당되어야하며, 그 정체는 국가 브랜드가 개발된 구체적인 구조에 따라 달라진다. 야후와 같은 회사가 사용하는 효과적인 단계는 내부 국가 브랜딩에 적용된다. 예를 들면 사일로에서 일하지 말고 마케터처럼 생각하며 브랜드 약성에 내재된 강력한 키워드를 사용하라는 것이다(Sartain, 2005).

❧ 해외 이주민 운용

해외 이주민 네트워크 활성화 전략을 갖추지 못한 국가들은 특별하고 소중한 자원을 낭비한 것이다. 전 세계에 퍼져있는 해외 이주민 네트워크는 해외 이주민들이 보내는 송금 뿐 아니라, 세계적 기업들에 속한 고위 경영진의 개입으로 외국인 직접 투자 촉진 관련해서 국가에 엄청난 자산이 된다. 나아가 해외 이주민 네트워크의 이미지 구축 능력은 국가 브랜드를 강화할 또 다른 중요한 기회가 된다.

일부 학자들은 이주민들이 보내는 송금이 빈곤을 완화하는데 중요한 역할을 하고 있다는 것을 인정하지만 한 국가의 발전에 주는 커다란 영향에는 확신이 없다(Kuzenesov and Sabel, 2006). 해외 이주민의 중요한 역할은 송금이라는 본래의 자금 흐름보다 그들의 지식과 제도 구축이라는 주장이 있다(Kapur and McHalem 2005). 쿠즈넷소프(2006)는 성공적인 해외 이주민 네트워크가 세 가지 중요한 특징들을 지니고 있다고 말했다. 첫째, 해외 이주민 네트워크는 강력하고 본질적인 동기로 사람들을 모은다. 둘째, 해외 이주민 네트워크의 회원들은 직접적인 역할(모국의 프로젝트 수행)과 간접적인 역할(모국의 프로젝트 개발을 위한 안테나와 다리 역할 수행)을 모두 수행한다. 셋째, 모국과 연결될 방법에 대한 토론에서부터 유형의 결과물인 보고서에 이르기까지 성공적인 활동이 이루어진다. 다양한 국가들의 해외 이주민이 미친 영향은 각기 아주 다른 모습을 띠고 있다. 예를 들어, 중국과 인도의 해외 이주민이 그들 모국에 아주 긍정적인 영향을 미친 반면, 아르메니아는 그의 부유한 해외 이주민으로부터 별다른 혜택을 얻지 못했다(Kuzenesov and Sabel, 2006). 이것은 전체적인 국가 브랜드 전략에 해외 이주민 네트워크를 포함시켜야 한다는 것을 강조하는 것이다.

해외 이주민 네트워크는 획일적이거나 동질적이지 않다. 예를 들어 회원들이 각자의 전문 분야에서 발전할 수 있도록 돕는 전문협회 형식의 많은 해외 이주민 네트워크가 있다. 그런 네트워크에는 미국 내 아르메니아 출신 의사협회, 라틴 아메리카 출신 엔지니어 협회, 또는 인도 기업인 협회 등이 있다(Kuzenesov and Sabel, 2006). 한편, 남아프리카는 두 종류의 해외 이주민 네트워크가 있다. 하나는 과학과 기술 분야에 종사하는 남아프리카 출신 학자와 연구인, 전문가들을 연결해주는 해외 남아프리카 기술인 네트워크이고, 또 다른 하나는 남아프리카 기업들과 영국에 전략적으로 배치된 개인들 간의 네트워크로 지식과 정보, 기업 연결에 초점을 맞춘 남아프리카의 해외 이주민 네트워크이다(Marks, 2006). 이 네트워크에 대한 정부의 지원은 다양한 해외 이주민 네트워크들 간의 시너지를 창출함과 동시에 네트워크에 의한 노력과 활동의 중복을 피하는데 초점을 맞추어야 한다.

국경일

국경일 행사는 국가 브랜드 전략의 또 다른 잠재적 요인이다. 즉, 국경일 행사는 국내적으로는 국민의 관심과 긍지를 높이고, 대외적으로는 국가 브랜드를 알릴 행사를 마련함으로써 관심을 집중시킬 수 있다. 해외에서 이런 국경일 행사를 열기에 적절한 곳은 해외 이주민이 많이 거주하는 장소다. 예를 들어 아일랜드와 스코틀랜드는 아일랜드 이주민과 스코틀랜드 이주민이 많이 거주하는 뉴욕에서 각각의 국경일 행사를 개최했다. 아일랜드의 국경일 행사는 성 패트릭 축일에 열렸고 '타탄의 날'로 시작된 스코틀랜드의 국경일 행사는 '타탄 주간'으로 확대되어 개최되었다. 사람들은 '두 행사 모두 어느 정도는 전통을 조작한 것인지만, 타탄의 날 행사는 비교적 최근의 것으로 정치적으로 만들어진 반면, 성 패트릭 축일은 "진짜" 전통으로 여겨질 수 있는 수 세기의 역사를 가지고 있다'고 주장한다(Nunam, 2005). 여기서 "진짜" 전통이란 어떤 것인가 하는 문제는 국가 정체성 분야에서 광범위하게 다루었던, '만들어진 전통'이라는 개념과 맞닿아 있다(5장 참조).

국가 브랜드 명명

아이슬란드의 사례 연구(Palsdottir, 2008)는 이름이 국가 이미지에 주는 영향을 잘 보여준다. 국가는 자국의 이름을 함부로 고치지 않는다. 그러나 식민 지배에서 벗어나 자유를 얻은 국가는 독립기념일과 같이 상징적 사건을 세상에 알리고자 할 때, 일반적으로 자국의 이름을 새롭게 바꾼다. 다수의 아프리카 국가들 사례에서 찾아볼 수 있다. 예를 들어 '가나'는 영국으로부터 독립한 후 '골드 코스트'라는 이름을 버리고 현재의 '가나'로 이름을 바꿨다. 때로는 한 국가의 이름에 대한 오해가 널리 퍼져 있을 수 있다. 예를 들어, 많은 사람들이 여전히 구소련을 '러시아'로 생각하는 경우다(Lebedenko, 2008). 또한, UK와 영국을 서로 바꿔 쓸 수 있는 것으로 오해하고 있는 사람도 많다. 국가 브랜드 명명과 관련된 더 큰 문제는 일부 국가들이 서로 다른 두 개의 이름을 사용하고 있다는 것이다. 즉, 그리스는 헬라스와 같이 쓰이고, 네덜란드는 홀란드와 병용되고 있다. 혼란을 피하기 위해서는 국가 브랜드 체계를 개발할 때(8장 참조), 어떤 이름을 '엄브렐러 브랜드(umbrella brand)'로 사용할지를 전략적으로 결정해야 한다.

❧ 성과 측정

국가 브랜딩 전략의 효과 측정은 현재의 브랜딩을 중심으로 평가되어야 한다. 이와 관련하여 다양한 종류의 추적 조사가 가능하다. 국가 브랜드 성과는 여러 측면으로 평가하는데 사용되는 지수도 다양하다. 국가 브랜딩 분야에서 널리 알려진 조사 방법은 앤홀트 GMI 국가브랜드지수이다. 이는 연 4회 전 세계 국가브랜드를 분석하여 등급을 매긴다. 원래 국가브랜딩을 염두에 두지 않았지만, 국가브랜드 수행의 유용한 지표가 될 만한 다른 지수도 있다. 따라서 국가가 이런 지수들을 잘 활용하면 자국의 이미지를 강화하는데 도움을 받을 수 있다. 이런 지수들 가운데 하나는 국가의 환경관리능력을 평가하는 환경지속성지수다(7장 참조). 또 다른 지수는 세계경제포럼의 세계경쟁지수로 제도와 인프라, 거시 경제, 건강과 초등교육, 고등 교육, 시장 효율성, 기술력, 비즈니스 환경, 혁신의 관점에서 국가의 경쟁력을 평가한다. 따라서 이런 기준과 관련하여 높은 점수를 받은 국가는 외국인 직접 투자나 인재 유치 등과 같은 전략적 목표를 달성하기 위해 긍정적인 수행과 성과를 세계를 향해 부각시키고 알려야 한다.

❧ 국가 브랜딩 관련 기관

최근 몇 년 간 국가 브랜딩 분야에 대한 관심이 커짐에 따라 각 국가들은 자국의 브랜드 전략을 담당할 다양한 기관을 설립했다. 예를 들면, 오만은 국가 브랜드의 실행을 담당할 오만 국가브랜드 위원회를 만들었다. 스웨덴은 스웨덴과 스웨덴의 뉴스를 전 세계에 알리는 스웨덴위원회를 출범했다. 스웨덴위원회는 스톡홀름, 비스바이, 파리에 있으며 140명의 직원이 근무 중이다. 남아프리카공화국에는 관광, 수출, 문화유산, 투자를 담당하는 국제마케팅위원회가 있다. 이와 유사하게 아이슬란드를 알리는 아이슬란드 프로모션에서는 공공과 민간의 파트너십으로 수출, 관광 목적지 판촉, 해외 아이슬란드문화 전파, 매력적인 투자처로 해외 직접 투자유도로 경제 성장을 목표로 한다.

☑ 학술적 관점

공동체 기반의 국가 브랜드 : "아이 필 슬로베니아"

Maja Konecnik Ruzzier,
Associate Professor of Marketing, Faculty of Economics,
University of Ljuljana, Slovenia

2007년 시작된 '아이 필 슬로베니아'는 국가의 중요한 모든 영역(관광, 경제, 스포츠, 문화, 과학 등)을 아우른 첫 번째 체계적인 국가브랜딩 캠페인이었다. 전 과정은 앞서 소개된 장소 브랜드 정체성모델(Konecnik Ruzzier and de Chernatony, 2013)의 제안에 따라 비전, 미션, 가치, 개성, 혜택과 뛰어난 차별점과 연결하여 진행되었다. 이런 상호작용으로 장소 브랜드의 기능과 감성적 가치가 체험적인 약속이 되었다. 이 모델은 장기간의 관계와 영향력 있는 이해관계자 사이의 독립이 가능한 공동체 기반의 브랜딩을 강조한다. 브랜드의 주된 개념은 국가 브랜드를 구성하는 다양한 이해관계자의 의견을 청취하였다. 동시에 이들은 자기 나라에 살면서 약속을 수행하는 사람들이다.

슬로베니아 브랜드는 장소 브랜드(Konecnik and Ruzzier, 2009)에 접근하는 외부 브랜드 공중의 의견(Konecnik and Garter, 2007)과 브랜드 정체성 개발의 의미 있는 협력인 두 영역을 살펴보았다.

이해관계자의 대부분은 국가 브랜드 정체성의 핵심인 슬로베니아의 자연의 중요성을 강조했다. 슬로건 '자연과 앞으로'에 담긴 슬로베니아 미션의 토대를 이룬 자연을 지속적으로 이야기한다. 슬로베니아 자연의 중요성은 틈새 경제와 기술적 진보로 지속 가능한 개발을 이루고자 한 비전과 맥을 같이하였다. 핵심가치는 가족과 건강, 지역 환경 보호와 인간과 공존하는 환경에 대한 책임을 기반으로 하였다. 브랜드의 개성은 성과로 찬사를 받는 슬로베니아인의 인정, 인내, 활약과 근면을 반영하였다. 차별점은 때 묻지 않은 자연, 특별히 작은 공간에서 다양한 자연과 문화적 영향의 혼재, 안전이다. 이런 차별점은 혜택, 삶의 질의 증거, 자극, 활동성과 공헌에 대한 기대의 배경이 된다.

브랜드 정체성 요인의 결과는 슬로베니아 브랜드의 약속을 이루고 색깔 뿐 아니라 슬로베니아에서 즐길 수 있는 전체 경험을 말하는 슬로베니아 그린의 높은 수준의 경험적 약속이 된다. 브랜드의 스토리는 슬로건 '아이 필 슬로베니아'로 시각화되며 로고 디자인과 조화를 이룬다. 브랜드의 시각적 부분은 브랜드 스토리와 밀접한 관련이 있다. 로고의 그린색은 브랜드 '아이 필 슬로베니아'의 경험을 떠올리게 한다. 동시에 슬로베니아의 지속가능한 방향을 강조하기 때문에 더 깊은 의미가 있다.

브랜드는 슬로베니아 국민과 해외 공중에게 잘 인식되었다. 본격적인 사용은 관광분야에서 시작되었다. 관광 이해관계자의 2/3 이상이 브랜드 런칭 5년 이내에 체계적인 활용하였다. 관광의 핵심을 담은 책자 '슬로베니아 관광개발전략' 2012~2016년에 주요 내용이 소개되었다. 지속가능성 주제의 핵심은 '그린, 활력, 건강'의 나라로 슬로베니아를 포지셔닝하여 소개와 연계되었다.

슬로베니아 역사에서 처음으로 시각적 요소 뿐 아니라 전략적인 툴로 브랜드는 현재와 미래 관광 개발과 국가 마케팅을 이끌었다.

참고문헌

Konecnik, M. and Gartner, W.C.(2007) 'Customer-based brand equity for a destination', *Annals of Tourism Research,* 34 (2), 400-421.

Konecnik Ruzzier, M. and Ruzzier, M. (2009) 'A Two-dimensional Approach to Branding: Integrating Identity and Equity', in Cai, L.A. Gartner, W.C. and Munar, A.M. (eds), *Tourism Branding: Communities in Action,* UK: Emerald Group Publising Limited, 65-73.

Konecnik Ruzzier, M. and de Chernatony, L. (2013) 'Developing and applying a place brand identity model: The case of Slovenia', *Journal of Business Research,* 66 (1), 45-52.

☑ 실무적 관점

외교와 약소국 브랜딩을 위한 소셜미디어의 잠재력

Nikos Panayiotou,
Cypriot diplomat

저자는 트위터를 1년 6개월째 사용 중인데 트위터를 하면서 생각과 업무를 추진하는 방법이 바뀌었다. 특히 작은 나라의 국가 브랜딩 가치와 역할을 보는 통찰력이 생겼다.

전 세계의 공중에게 작은 나라는 몇 가지 눈에 띄는 이유로 인상을 남긴다. 키프러스의 경우, 상쾌한 푸른 하늘 아래 휴가, 긴 역사를 보여주는 광경, 최근의 경제 위기 등 피할 수 없는 '키프러스 의문'이 있다. 이 모든 것은 사실이지만 일부는 왜곡되고 부분적인 내용이다. 트위터는 나이지리아 소설가 키마만다 엔고지 아디치가 표현한 '단순한 이야기의 위험함'을 피하는 전통적인 '셀링 포인트' 강조하는 새롭고 신나는 소셜미디어이다. 달리 말하면, 국가 브랜드를 단번에 특징적으로 제시할 기회를 준다.

커다란 나라에 비해서 작은 나라는 비교적 제한된 예산으로 세계적인 언론과 공공의 여론에 도달하려고 노력한다. 소셜미디어는 작지만 의미 있는 방법으로 불균형을 바로잡을 수 있다. 트위터와 같은 무료 미디어는 인터넷만 연결되면 전 세계 어디에서나 실시간으로 잠재적인 다수의 목표 공중에게 메시지를 전달할 수 있다. 전통 미디어에 비해 트위터와 같은 소셜미디어의 효과는 비용은 줄이면서 능력과 창의성은 높일 수 있다. 전달하기 어려운 정책이나 여론 선도자에게 도달할 수 있는 수단이 된다. 국가 이미지를 어떻게 이해하는지를 알려주는 유용한 방법으로 재방문을 유도한 브랜드 전략과 방법이다.

그러나 소셜미디어가 선택된 폭넓은 맥락의 실체를 벗어나기는 어렵다. 예를 들면, 커다란 나라는 작은 나라보다 자국의 브랜드를 효과적으로 알릴 수 있는 도달 가능한 목표공중을 쉽게 찾을 수 있다. 고정관념을 없애줄 다양한 국가 브랜드의 모습을 보여준다. 키프러스처럼 작은 나라가 메시지를 전달하기 위해 목표공중과 만날 수 있는 곳은 어디인가?

어떻게 작은 나라가 위기 상황에서 자국의 강점을 전통미디어에 알릴 수 있을까?

소셜미디어를 사용해 본 경험에서 배운 것은 소셜미디어가 어려움을 줄이고 강점을 강화할 수 있는 방법이라는 것이다. 처음 시작하면서 반드시 기억해야 할 것은 이 새로운 미디어가 만나는 다양한 도전은 인간 상호작용의 시간을 초월한 특성이라는 점이다. 항상 중요한 것은 '말하기'가 아니라 '듣기'가 필요하며 폭넓게 쟁점에 참여하고 정직해야 한다. 게다가 장소를 잘 모를 때는 효과적으로 선택할 수 있는 편안하고 놀라운 요인을 제공할 공간을 찾아야 한다.

부정적인 보도는 오스카 와일드가 한 말 '세상에는 이야기되는 것보다 더 나쁜 한 가지가 있는데, 그것은 언급되지 않는 것이다.'를 떠올려 볼 수 있다. 소셜미디어를 통하면 약간 부정적인 이야기도 자산으로 바뀔 수 있다. 예를 들면, 키프러스 경제가 직면한 어려움과 관련한 언론보도는 관계를 유도한다. 언론에서는 신뢰성의 의문을 갖지만 국가 안의 새로운 이해관계가 만들어진다. 위기가 고조 되었을 때 구글에서 수백 만 번 '키프러스가 국가인가?'가 검색된다면 시작에 불과하다. 새로운 이해관계는 전례 없는 경제회복의 신호뿐 아니라 키프러스의 긍정적인 많은 부분의 가능성을 보여준다.

솔직하게 시간을 갖고 태도를 만드는 노력을 지속해야 한다. 소셜미디어가 주로 즉각적인 커뮤니케이션과 관련된 반면 국가 브랜드에 기여는 장기적인 투자다. 투자는 분명한 성과를 거둔다.

[이 글에서 강조된 관점과 견해는 저자 개인의 의견이며 저자가 속한 해당 기관이나 다른 투고자, 출판사와는 관계가 없음]

☑ 사례

브랜딩 코리아

You Kyung Kim, Professor,
Department of communication and information,
Hankuk University of Foreign Studies, Seoul, South Korea.

오늘날 한국은 전쟁의 잿더미와 빈곤에서 산업화와 민주화를 성공한 유일한 나라다. 그러나 그동안 짧은 현대화의 과정에서 국가 이미지에 투자할 시간이 없었다. 결국 국가 이미지는 국가의 빠른 경제적 성장을 따라잡지 못했다.

따라서 한국의 국가 브랜드는 미국과 일본의 국가 브랜드가 각각 GDP의 143%, 224%의 가치를 가질 때 30%에 불과했다. 이러한 평가절하는 한국산 제품의 가격에 영향을 주고 코리아 디스카운트 효과를 냈다. 동일한 미국 제품에 비해 66~67%의 가격만 인정받게 되었다. '코리아 디스카운트 효과'를 제거하기 위해서 각 부처별로 산재한 국가 브랜드 관련 업무를 한 곳으로 집중해 관리할 필요성이 제기되었다.

첫 번째 정부가 주도한 한국 국가 이미지 제고를 위한 다양한 활동이 슬로건 '다이내믹 코리아(Dynamic Korea)'를 슬로건으로 추진되었다. 2002년 한일월드컵 개최 이전에 김대중 정부는 '다이내믹 코리아'를 중심으로 대대적인 이미지 제고 노력을 기울였으며 한국을 열정과 역동적인 이미지로 캠페인 하였다. 모든 PR활동은 2002년 새로운 슬로건에 초점을 맞추어 PR회사와 매스미디어에 집중하였다.

캠페인의 긍정적인 반응에 고무되어 한국 정부는 2002년 7월 국무총리

아래에 국가이미지개발위원회라는 자문기구를 설립했다. 이 위원회는 한국이 분단국이라는 부정적인 이미지 대신 체계적이고 지속적으로 국가 이미지를 제고하기 위해 민간 파트너와 협업을 하였다. 그러나 제한된 예산과 담당부처의 한계로 국가의 이미지 전반의 주제를 다루기에는 어려움이 있었다. 이 당시에는 국가 브랜드 관리의 개념이 정확히 이해되지 않았다. 결과적으로 국가이미지개발위원회는 일부 가시적인 성과만 남기고 종료되었다.

부진한 결과가 있었지만 한국 정부는 국가 이미지를 높이는 노력을 계속 추진했다. 2003년 노무현 대통령은 세계 5대 '문화 강국'의 입지를 다질 것을 주문했다. 해외에서의 국가 이미지를 높이는 방안으로 국무총리 산하에 임시기구로 국가이미지위원회를 설립했다. 또한 새로운 관광 슬로건으로 '다이내믹 코리아'를 대체하는 슬로건 '코리아 스파클링(Korea Sparkling)'을 만들었다. 이 새로운 슬로건은 듣는 사람들이 탄산수 브랜드처럼 오인할 수 있다는 비판에 직면하기도 했다.

이런 정부의 노력에도 불구하고 한국 국가 브랜드지수는 실망스런 수준에 머물렀다. 안홀트-GfK 국가 브랜드지수(NBI) 연간조사 결과에 따르면 한국의 순위는 2005년 25위에서 2007년 33위로 지속적으로 하락했다. 한국 브랜드가치의 낮은 평가에 자극받은 이명박 대통령은 국가 브랜드를 주요 정책으로 삼아 추진하였다.

이 대통령은 2008년 8월 15일 광복절에 한국과 관련된 부정적인 이미지에 아쉬움을 표하면서 재임 중 모든 노력을 기울여 국가 브랜드를 다른 선진국 수준으로 올리겠다고 다짐했다. 대통령의 의지는 해외에서 국가 이미지를 향상시키도록 모든 국가 브랜딩의 노력을 기울이는 컨트롤 타워를 정부 안에 설치하도록 했다.

대통령이 조직 구성안을 밝힘에 따라 2009년 국가브랜드위원회(PCNB)가 만들어지고 대통령 직속 기구가 되었다. 위원회는 정부 관료, 시민 전문가의 참여로 정부와 민간의 강력한 협력이 가능하도록 47명의 위원으로 구성되었다. 국가브랜드위원회는 국가 브랜드를 '바람직하고 신뢰할 수 있는 정치, 경제, 문화 뿐 아니라 비전과 가치를 포함한 국가의 개념'으로 정의했다. '사랑받는 국가 브랜드'의 비전을 가진 새로운 기구 아래 국가브랜드지수 2009년 31위에서 2013년 15위의 야심 찬 목표를 세웠다.

국가브랜드위원회의 활동은 첫째, 국가 브랜드의 본질을 향상. 둘째, 브랜드 이미지 제고. 셋째, 관리 시스템의 조직화 3개의 축을 중심으로 브랜드 전략을 개발했다. 또한 한국 브랜드 구축 전략의 세부 내용은 아래 6개 유형으로 구체화 되었다. 첫째, 국제 사회에 강력한 기여. 둘째, 글로벌 시민 의식과 문화적 포용성의 증진. 셋째, 선지 기술과 제품의 판촉. 넷째, 글로벌 커뮤니케이션의 강화. 다섯째, 국가 브랜딩을 위한 관리와 평가시스템 구축. 여섯째, 문화적 자산 인식.

첫째, 그동안 부족했던 개발도상국 지원을 늘리고 기후 변화와 세계 평화와 같은 세계적인 쟁점에 기여할 글로벌 참여를 높일 것을 고려했다. 국제 공동체의 책임감 있는 일원으로 인식되기 위해서 글로벌 활동에서 긍정적인 참여는 반드시 필요했고 개인적인 참여를 확대하고 개발 분야에서 협력을 강화해야 했다.

이런 맥락에서 한국 정부는 국가 이미지를 높이는 '세계인의 친구 한국(WFK)'의 엄브렐러 브랜드로 해외 자원봉사 활동을 통합했다. 미국의 평화봉사단의 파트너로 한국은 매년 개발도상국에 3천명 이상의 봉사자를 파견하기 시작했다. 이로써 미국에 이어서 가장 많은 봉사자를 해외로 보내는 나라가 되었다. 국가브랜드위원회는 '한류(Korean Wave)' 프로그램으로 개발도상국에게 경제적인 발전의 경험을 나누고 한류를 전파하고자 하였다.

둘째, 국가브랜드위원회는 '글로벌 시민정신'을 강조하여 국민들의 글로벌 사고와 마인드를 갖도록 노력했다. 한국인이 외국인과 만날 때 스스로 글로벌 시민으로서 한국의 매력을 높여 국가 이미지에 기여할 수 있게 하였다. 앞선 예절로 사회를 이끌 수 있도록 위원회는 글로벌 에티켓을 익힘으로써 글로벌 시민의식을 젊은 층에게 심어줄 수 있는 환경을 만들었다.

이런 노력은 한국이 더욱 외국인에게 친근하고 친절한 사람들이 되도록 국가적인 캠페인과 함께 추진되었다. 해외 관광분야에서는 '스마일 캠페인'과 같은 노력이 예절, 청결, 질서의 문화를 널리 알렸다. 전국적인 참여가 강조되었고 캠페인에 시민의 자발적 참여와 협력이 요구되었다.

셋째, 국가브랜드위원회는 세계 시장에서 국산 제품에 '앞선 품질과 디자인(AT & D코리아)'으로 세계적인 수준의 품질을 보증하는 '코리아 프리미엄'으로 만들고자 세계시장에 알렸다. 정부의 원래 의도는 삼성, LG, 현대처럼 성공적인 기업 브랜드의 고품질 제품과 연계하려고 하였으나 '코리아 디스카운트' 때문에 어려움을 겪게 된 것을 알게 되었다.

넷째, 위원회는 국가 단위에서 문화교류 프로그램을 추진하였고 국민들의 참여를 유도했다. 국가브랜드위원회는 '한국 주간'이란 이름 아래 문화 전시, 공연과 리셉션 같은 해외국가에서의 문화 교류 프로그램을 기획했다. 해외특파원, 기업인, 외교관 등 한국에 거주하는 외국인에게 한국 문화, 역사, 최신 주제를 알렸다. 이런 활동이 공중에게 환영을 받았지만 예산, 시간, 공간과 참여의 한계가 있었다.

외국인 학생을 포함한 젊은 세대를 대상으로 웹 사이트를 구축하여 글로벌 커뮤니케이션을 강화했다. 또한 '브랜드 서포터즈', '콘텐츠 리포터스', '유학생협회(World Students in Korea)', '브랜드 커뮤니케이터스', '뉴 씽킹 뉴 월드', '파워 블로거' 같은 조직과 함께 콘텐츠를 만들어 한국어와 각 나라의 언어로 전달했다.

다섯째, 현재의 국가브랜드지수가 제대로 국가 브랜드를 평가하지 못한다고 보고 2009년 7월 삼성경제연구소(SERI)와 함께 새로운 국가브랜드지수를 만들었다. 기존의 지수와 비교해 볼 때 SERI-PCNB지수는 경제, 과학과 기술, 인프라, 교육기관, 유산, 문화, 시민, 유명인 8가지 분야로 지수를 산정했다. 또한 실제보다 평가 절하된 한국의 상황을 고려해 새로운 모델은 실제 전국적인 조사와 다양한 통계를 분석하여 신뢰성 있는 지수를 만들고자 하였다.

비록 새로운 SERI-PCNB 모델이 제 평가 받지 못하는 한국의 국가브랜드를 새롭게 평가하고자 만들었다는 비판이 있지만 나름의 의미가 있었다. OECD 가입국가 중에서 처음으로 한국이 국가브랜드지수를 만들었으며 OECD 가입국 평균 이상의 국가브랜드 파워라는 목표를 달성할 수 있었다는 점이 인정되었다.

여섯째, 국가브랜드위원회는 국제 공동체에서 한국의 문화자산을 알리는 다양한 노력을 펼쳤다. 문화와 역사적 가치를 토대로 매력적인 문화 콘텐츠를 전파하여 한국의 소프트 파워를 높이는 문화적 자산의 확산을 목표로 하였다. 특히 세종학당을 전 세계에 건설하여 한국어를 널리 알리는 데 역점을 두었다. 많은 해외 한국어 프로그램과 대사관 시설, 기관을 세종학당으로 통합하여 교육 콘텐츠와 서비스의 질을 높이고 시설과 공간을 나가고 있다.

한국의 전통문화가 전 세계에 잘 알려지지 않았다고 보고 위원회는 서원(조선시대 만들어진 사립교육기관)과 전통적인 사찰을 유네스코 세계문화유산에 등재하는 핵심적인 역할을 했다. 국가브랜드위원회가 구성한 추진위원회는 사찰의 선정과 다양한 이해관계자의 요구를 수용하는 등 세계문화유산 등재에 필요한 과정을 진행하였다. 또한 위원회는 한국문화의 국가브랜드에 초점을 둔 컨벤션을 열어 국제적인 행사를 열어 문화콘텐츠를 젊은 세대에게 제공하였다. 이로써 한국의 문화적 이미지를 높일 수 있었다.

앞에서 논의한 모든 국가브랜딩 활동에서 다음의 결론은 도출할 수 있다.

첫째로는 한국 정부의 역할이 중요했다. 국가브랜드위원회는 국가브랜드를 높이는 전 국가적인 컨트롤 타워로서 공공과 민간의 조직의 협력을 이끌었다. 국가브랜드 관리의 기본 계획을 수립하고 점검과 측정을 위한 국가브랜드지수와 이에 따른 역할을 정의했다. 모든 노력이 체계적이고 지속적으로 관리하여 목표의 혼선, 정책과 실행의 중복을 피할 수 있도록 했다. 아울러 전체 한국 사회가 정부가 주도한 국가 브랜드의 중요성을 이해할 수 있도록 하였다.

둘째로는 위원회가 정부주도의 국가브랜드 관리의 한계를 넘어서 다양한 방법으로 개인과 기업의 참여를 유도하였다. 개인과 기업, 정부의 협력으로 국가의 역량을 집중하는 다양한 방법을 기획하였다. 개인과 기업은 국가브랜드를 높이는 활동에 참여할 수 있는 기회를 갖게 되었다. 다양한 브랜드 차별화 전략을 토대로 지역의 요구를 반영하고 정부는 공중의 창의성을 끌어내는 최적화된 정책을 수행할 수 있었다.

셋째로는 국가 브랜드의 에센스를 규명하는 과정에서 국가 정체성을 구축하였다. 국가 브랜드 정체성에 대한 전 국민 대상의 설문조사로 차별화된 브랜드 에센스로서 브랜드 정체성의 이해와 재해석이 가능했다. 초점은 한국의 정신적, 맥락에 맞는 정체성을 만들고 이에 따라 위엄 있는 국가 브랜드를 구축하는 것이었다.

마지막으로 현재 국가브랜드의 주제에 대한 이해를 토대로 새로운 비전으로 국가 이미지를 관리할 수 있었다. 한국 정부는 국가브랜드의 목표를 다른 나라와의 경쟁으로 보지 않고 공유, 배려, 조화, 존경과 같은 전통의 가치를 강조함에 따라 문화 중심의 노력에 초점을 두었다.

한국은 자국의 대중문화의 세계적인 인기와 성숙한 민주주의를 자랑한다. 한국 기업은 앞선 기술력으로 세계 시장을 선도하고 있다. 따라서 한국은 자국의 문화, 기술, 경제와 민주화의 성공, 산업화의 성공 경험을 세계와 함께 하기를 기대한다. 한국이 국제적인 협력과 화합을 토대로 국가 이미지 개선 노력을 지속하면서 '코리아 디스카운트'와 같은 부정적인 이미지는 머지않아 '코리아 프리미엄'으로 개선될 것이다.

☑ 사례

말레이시아의 국가 브랜딩

Marcus Osborne,
Managing Director, FusionBrand, Kuala Lumpur, Malaysia

말레이시아는 대륙과 섬으로 나누어진 특이한 국가다. 태국에서 뻗어 내려온 말레이시아 반도는 동남아시아의 중앙에 위치하였다. 말레이시아에서 동북부 쪽으로 수천 킬로미터 떨어진 곳, 보루네오 섬의 서부 해안까지를 국토로 한다.

전 국토는 다양한 천혜의 자연으로 축복 받았다. 긴 해안선을 따라서 야자수 나무가 줄지어 있고 파란 하늘 아래 남중국해의 따뜻한 해류가 만든 그림엽서 같은 해변을 보여준다(서부 해안은 말라카 해협에 있다). 말레이시아는 왕국, 전쟁, 영웅, 식민시대, 독립의 역사가 있다. 말레이시아는 문화와 인종의 용광로이며 다양한 문화와 인종이 관용과 통합으로 뒤섞여 놀라운 여행의 스토리를 제공한다.

상업적으로 말레이시아는 해외 직접 투자자에게 경쟁력 있는 인센티브를 제공하고 중산층이 급증하는 동남아시아의 전략적인 심장부라는 매력적인 국가다. 경쟁국에 뒤처진 국가는 노동력의 기술을 향상하고 정부는 이를 위해 노력을 기울인다.

말레이시아가 1957년 영국으로부터 독립한 후 1963년 현재의 국가 형태를 갖추게 되었다. 이후 매년 GDP 성장률은 평균 6.5%였다. 2010년 국가가 천연자원과 해외 노동자 수입에 의존한다는 점을 인식하고 다툭 세리 나지브 툰 라작 수상은 2020년까지 잘 사는 나라를 만들 말레이시아 경제개혁을 선언했다. 수상은 단순히 경제적인 수익뿐 아니라 경제구조의 수준을 높이고자 했다. 석유, 가스, 팜오일 이외의 다양한 경제 분야로 확대하고 숙련되고 교육받은 노동력 육성을 목표로 하였다. 야심 찬 계획은 2020년까지 4,440억 달러 투자를 계획하면서 민간 영역에서의 92% 기여를 희망했다. 2010년에서 2014년까지 초기 성과로 15%의 성장과 700억 달러의 투자를 거두었다.

페무다, 탈렌트코프 말레이시아, 인베스트KL과 같은 특별한 회사는 세계적인 다국적 기업과 국제적인 인재의 말레이시아에 대한 관심과 참여를 유도하였다. 월드 인베스트 리포트에 따르면 말레이시아의 해외투자유치는 2013년 22% 성장하였고 싱가포르, 인도네시아, 태국과 함께 동남아시아의 매력적인 투자처로 성장했다. 2010년 이후 40개의 다국적 기업이 지역 본부를 말레이시아에 설립했고 말레이시아 정부는 생산과 비스를 함께 지원하여 지속가능한 성장이 가능한 투자가 이뤄지도록 '에코시스템 접근'으로 이를 유도했다.

말레이시아는 전국적으로 특별한 5개 경제구역과 종주지형을 만들었다. 가장 성공적인 사례는 조호르의 남부주에 있는 이스칸다르와 재생에너지의 사라왁 코리도(SCORE)다. 2006년 이후 이 두 곳의 종주지형에 500억 달러가 투자되었다.

말레이시아는 3천만 명의 관광객을 유치하였고 2014년 상반기 전년대비 10%의 성장을 이뤘다. 비록 2014년 상반기 1,610만 명 중 1,230만 명이 싱가포르, 태국, 브루나이, 인도네시아 등 인접국가에서 왔지만 매년 180억 달러의 관광수입을 올리고 있다.

표면적으로 말레이시아는 국가 브랜드에 성공적이다. 그러나 일부 전문가는 2014년 국적항공기인 MH370가 추적되지 않은 상태로 사라져버린 미스터리한 사고로 말레이시아 국가브랜드가 절하되었다. MH17이 우크라이나에서 미사일로 격추, 폭동의 혼란, 복잡한 말레이시아 연방의 취약성을 위협하는 우익집단의 세력 확장, 대중의 지지를 받지 못하는 세금, 생활비의 증가와 임금의 격차는 낮은 국민의 의욕의 불만족 사회를 만들었다. 국민의 지지는 성공적인 국가 브랜딩의 핵심이며 출발점이 되고 앞에서 논의한 쟁점의 결과로 말레이시아 국민의 만족도는 매우 낮았다.

최근에 말레이시아는 매스미디어를 활용한 겉만 번드르르한 마케팅을 활용한 전통적인 방법을 토대로한 국가브랜드 개발을 추진했다. 그러나 항상 그런 것은 아니었다. 2000년대 중반 국가브랜딩의 테스크포스는 국가브랜드의 계획을 수립했다. 이 사무국에는 창의적인 산업, 관광, 생산과 소비자와 직접 관련이 있는 다른 기관이 함께 모였다.

2008년 관광브랜딩 자문회사인 퓨전보드는 기존의 내부 관점에서 벗어나 새롭게 이해하기 쉬운 말레이시아 브랜드를 만들 기관으로 선정되었다. 같은 해 국가브랜드를 담당할 사무국을 만드는 데 참여한 수상과 장관들은 사임하고 계획은 보류되었다. 2009년 이후 정부는 '국민이 우선, 성과는 지금'을 슬로건으로 하였다. 또한 '1말레이시아(하나의 말레이시아)'를 선언하여 공무원이 효율적으로 인종의 화합과 국가의 단합을 이루도록 독려했다. 비판하는 사람들은 '1이스라엘' 캠페인과 비교하면서 깎아내렸지만 슬로건은 남았다.

1말레이시아재단과 1말레이시아청소년펀드 같은 정부 주도의 비영리기구는 '1말레이시아'를 알리고 국민이 1말레이시아의 개념을 이해하고 국가의 강력한 단합을 유도할 프로젝트의 개발을 유도했다. 국가 커뮤니케이션 캠페인이 시작되었고 국가시민청은 공무원들에게 1말레이시아를 교육하였다. 진료 당 0.30 달러를 지불하는 50개의 병원이 경미한 질병의 위협을 막기 위해 설립되었다. 국부 펀드인 1말레이시아개발 버하드(1MDB)는 부동산, 관광과 에너지 부문의 계획과 개발 프로젝트 만들었다. 2011년 1말레이사아 국민식료품점이 문을 열었고 저렴한 식료품을 판매했다.

이러는 사이에 1말레이시아의 로고는 어디서나 볼 수 있게 되었고 포용, 정직, 능력주의, 진실과 같은 가치를 전달하였다. 여전히 말레이시아 국민들 사이에 1말레이시아를 어떻게 인식하고, 이를 삶에 적용할 것인지, 결과의 측정방식과 어떤 혜택이 있는지에 대한 이해가 부족했다.

2010년 새로운 슬로건 '변화의 생성'이 만들어졌고 2011년에는 '성공적인 변화, 국민의 번영', 2012년에는 '약속의 이행', 2013년에는 '국민이 첫째 제품'으로 이어졌다.

이 기간 동안 정부는 수상이 등장한 공격적인 국내 캠페인에 상당한 재원을 투입해 인지도를 높였고 전통적인 글로벌 미디어에 관광 캠페인을 내보냈다.

2013년 1월 초 말레이시아 수상의 결재를 받은 글로벌 기업이 연구를 확장하여 새로운 슬로건 '끝없는 가능성'을 선보였다. 2013년 다보스에 열린 세계경제포럼에서 소통을 강화하는 새 슬로건은 다보스의 중심 거리에 5층 높이의 옥외광고판과 수상의 TV등장화면의 배경, 세계적인 비즈니스 잡지에 광고로 소개되었다. 말레이시아 국민들은 1990년대 중반의 전 수상인 툰 Dr 마하티르 모하마드가 만든 슬로건 '말레이시아는 할 수 있다.'와 이전에 발표된 '1말레이시아: 국민이 우선, 성과는 지금'의 확장으로 이해했다. 상징적으로 공식적인 시작은 2014년 9월 17일, 말레이시아 독립기념일 다음 날이었다.

다보스 포럼 동안 새로운 캠페인과 슬로건에 대한 비판이 시작되었다. 슬로건이 이스라엘에서 이미 사용했고 필리핀의 몽골리아와 사가다 뿐만 아니라 인도의 영국 홈스토어, 영국의 변화경영기업, 미국의 중고할인매장 이름과 같다는 것이다. 비록 말레이시아 정부가 빠르게 이스라엘보다 먼저 사용한 것을 밝혔지만 부정적인 영향은 컸고 슬로건은 빠르게 사라졌다.

말레이시아는 국가 브랜드 개발에서 많은 슬로건을 만들고 이를 광고와 정부주도의 기업 커뮤니케이션에 이를 적용하는 것이 어렵다는 교훈을 얻었다. 1960년대부터 1990년대까지 국가 브랜드 구축에 사용된 창의성이 강조된 브랜딩이 사용되었지만 이때는 소비자들이 메시지를 신뢰하고 국가와 광고회사가 메시지를 통제할 수 있어 목표한 것 이상의 결과를 거둘 수 있었다.

세상이 더 유동적이고 협력적인 환경으로 바뀌었지만 창의성 중심의 전술적인 접근의 브랜드 전략은 여전히 평범하다. 이것은 무의미한 고비용의 실행전략이 아니다. 말레이시아와 같은 개발도상국은 예측가능하고 지식을 갖출 수 있고, 더 요구가 많은 국민들이 늘어간다. 국민들은 가치 있는 자원을 낭비하지 않으며 국가가 전달하는 캠페인을 쉽게 잊어버린다. 대신 모든 이해관계자에게 경제적, 경험적, 감성적으로 확대되는 사회적 가치의 순환과 새로운 국가 브랜딩의 실체를 이해한다.

말레이시아가 브랜드 전략에 적확하게 맞는 실행을 하지만 통합, 활력, 지속과 주인의식이 부족하다. 시민이 주도하는 앵커 프로젝트는 통합과 지렛대 효과가 있다. 또한 잘 계획되고 준비된 협력적인 지리적 초점, 세분화된 소셜미디어 실행 프로그램은 매스미디어보다 참여를 늘리고 영향력과 이야기 전파의 힘이 있다. 마지막으로 현재의 제안은 고립되고 개별 전술은 이해관계자 조사와 장기 전략의 일부로서 명확하게 정의된 가치보다 공중에게 알리는 것을 목표로 하였다.

말레이시아 국가 브랜딩 프로젝트의 성공을 만들거나 실패한 이유는 무엇이며, 국민들이 지지하고 긍정적인 인식을 갖게 하는 것, 그리고 오늘날의 경제 상황에서 더 이상 국가가 메시지를 통제할 수 없음을 이해해야 한다. 말레이시아 팀은 말레이시아인 중 특히 자부심을 키우고 방향을 몰라 방황하거나 분노한 젊은 말레이시아인에 성공을 포함한 앵커 프로젝트의 정체성을 확립해야 한다.

다음으로는 말레이시아 국가브랜드의 성공에 대한 비판적이어야 한다. 말레이시아는 국가 브랜드 패널이나 태스크 포스를 구성해야 한다. 패널은 창의적인 업무를 담당한 사람이 이끌어서는 안 된다. 패널은 창의적인 일이 아니기 때문이다. 브랜드에 대한 전문적인 식견이 있어야 한다. 패널은 무당파로 투명하고 내부와 외부 목표공중에 고정관념이 없어야 한다. 가치에 대한 이해관계자의 요구를 파악하기 위해 국내와 해외를 연구할 뿐 아니라 말레이시아가 제공하는 가치와 목표 시장의 구체적인 부분을 알아야 한다. 조사 자료가 모아지고 분석되면 태스크포스는 국가브랜드의 청사진을 개발하고 향후 3년, 5년, 10년의 이후를 대비해야 한다.

청사진에서 내부 브랜딩 요인은 반드시 체계적으로 국가브랜드가 국가의 핵심 산업과 연결되어야 한다. 기존 브랜드와 중소기업(SME)의 브랜드는 대략 5개 앵커 프로젝트로 공동체의 지지를 얻고 실제 측정 가능하고 성취 가능한 목표를 제시해야 한다. 5개 프로젝트는 국가브랜드와 함께 끈

끈하게 연결된다. 체계적이고 전반적인 과정으로 구축되어야 하며 국내외 해외 이해관계자의 요구를 수용해야 한다. 과정에서는 말레이시아 국가브랜드를 효과적으로 최적화할 뿐 아니라 국가의 제한된 자원을 최적화해야 한다.

실행이 시작되면 프로젝트는 오늘날 커뮤니케이션의 역동적인 환경을 수용할 유연한 팀이 필요하다. 이벤트는 계획에 영향을 주고 팀은 사전에 결정된 콘텐츠로 이벤트와 기회를 활용해야 한다. 이러한 유연성은 포럼을 열고 논의와 경험이 소셜미디어에서 공유된다. 지역 공동체를 무시할 수 없으며 전통적인 방법으로 접근해야 한다. 커뮤니케이션이 아닌 물리적인 참여가 있어야 한다.

최근의 평평하고 작은 역동적인 세상에서 각 나라는 유연하고 재빨리 적응해야 앞서갈 수 있다. 말레이시아는 몇 가지 실수를 범했지만 전반적으로 존경받는 브랜드다. 향후 5년간은 도전을 받겠지만 말레이시아는 이 도전을 극복해 나갈 것이다.

요약

국가브랜딩 전략은 매우 복잡한 과제다. 국가브랜딩 전략의 세부적인 요인은 영리조직이 당면한 요인과 상당히 다르지만 전략적 분석과 계획 수립, 실행의 원칙은 기업에 적용되는 것과 같이 국가에도 적용될 수 있다. 국가 브랜드는 현재의 경쟁력을 평가하기 위해 내부와 외부 분석을 수행해야 한다. 이로써 국가 브랜드는 바람직한 방향으로 전략을 구상하고 실행할 수 있다. 9장의 일본과 에스토니아에 관한 국가 사례연구는 이 두 국가가 어떤 식으로 국가 브랜딩 전략을 개발해 왔는지를 보여준다.

논의할 점

1. 내부와 외부 분석을 자국에 적용해보고 분석을 바탕으로 적합한 국가브랜드전략을 제안해 보자.
2. 한 국가의 해외 이주민이 국가브랜딩의 목적을 수행할 수 있는가? 국가브랜딩의 목적을 위해 해외 이주민을 성공적으로 참여시킨 사례를 소개해 보자.
3. 국가브랜딩전략을 위한 성과측정시스템을 만들어보자.
4. 이 장의 2번째 사례인 말레이시아 국가브랜딩의 함의에 동의하기 위한 제언은 무엇인가? 의견과 이유를 말해보자.

참고문헌

Anderson, C. (2006) *The Long Tail: How Endless Choice Is Creating Unlimited Demand*, UK: Random House Business Books.

Andersson, M. and Ekman, P. (2009)'Ambassador networks and place branding', *Journal of Place Management and Development*, 2 (1), 41-51.

Ansoff, H. (1988) *Corporate Strategy*, UK: Penguin.

Barrand, D. (2005) 'Travelex secures Jonny Wilkinson as ambassador',

Marketing, May 18, 4.

Bengtsson, S. (2011) 'Virtual nation branding: The Swedish embassy in Second Life', *Journal of Virtual Worlds Research,* 4 (1).

Burmann, C. and Zeplin, S. (2005)'Building brand commitment: A behavioural approach to internal brand management', *Journal of Brand Management,* 12 (4), 279-300.

Buttle, F. (2008) 'A CRM Perspectiveon Nation Branding', in Dinnie, K., *Nation Branding - Concepts, Issues, Practice,* 1st edn, 66-67, London: Butterworth-Heinemann.

Christensen, C. (2013) '@Sweden: Curating a nation on Twitter', *Popular Communication: The International Journal of Media and Culture,* 11 (1), 30-46.

Cull, N.J. (2012) 'Listening for the hoof beats: Implications of the rise of soft power and public diplomacy', *Global Asia,* 7 (3), 8-12.

Favre, P. (2008) 'The New France - Breaking Through the Perception Barrier', in Dinnie, K., *Nation Branding - Concepts, Issues, Practice,* 1st edn, 239-242, London: Butterworth-Heinemann.

Hackley, C. (2005) *Advertising and Promotion: Communicating Brands,* UK: Sage Publications.

Hays, S., Page, S.J. and Buhalis, D. (2012) 'Social media as a destination marketing tool: Its use by national tourism organisations', *Current Issues in Tourism,* 16 (3), 211-239.

Interbrand (2008) 'Country CaseInsight - Estonia', in Dinnie, K., *Nation Branding - Concepts, Issues, Practice,* 1st edn, 230-235, London: Butterworth-Heinemann.

IPA Effectiveness Awards (1998), www.ipa.co.uk.

Jobber, D. (2004) *Principles and Practice of Marketing,* 4th edn, UK: McGraw - Hill.

Johnson, G., Scholes, K. and Whittington, R. (2005) *Exploring Corporate Strategy: Text and Cases,* 7th edn, UK: FT Prentice

Hall.

Kapur, D. and McHale, J. (2005) *Give Us Your Best and Brightest. The Global Hunt for Talent and Its Impact on the Developing World,* Center for Global Development, Washington, D.C.

Keller, K.L. (2003) *Strategic Brand Management: Building, Measuring, and Managing Brand Equity,* 2nd edn, US: Prentice Hall.

Kirby, J. and Marsden, P. (eds) (2005) *Connected Marketing: The Viral, Buzz and Word of Mouth Revolution,* UK: Butterworth-Heinemann.

Koslow, S., Sasser, S.L. and Riordan, E.A. (2006) 'Do marketers get the advertising they need or the advertising they deserve?', *Journal of Advertising,* 35 (3), 81- 101.

Kuznetsov, Y. (2006) 'Leveraging Diasporas of Talent: Towards a New Policy Agenda', in Kuznetsov, Y. (ed), *Diaspora Networks and the International Migration of Skills: How Countries Can Draw on Their Talent Abroad,* 221-237, Washington, DC: WBI Development Studies.

Kuznetsov, Y. and Sabel, C. (2006)'International Migration of Talent, Diaspora Networks, and Development: Overview of Main Issues', in Kuznetsov, Y. (ed), *Diaspora Networks and the International Migration of Skills: How Countries Can Draw on Their Talent Abroad,* 3-19, Washington, DC: WBI Development Studies.

Lebedenko, V. (2008) 'On NationalIdentity and the Building of Russia's Image', in Dinnie, K., *Nation Branding – Concepts, Issues, Practice,* 1st edn, 107-111, London: Butterworth-Heinemann.

Marks, J. (2006) 'South Africa: Evolving Diaspora, Promising Initiatives', in Kuznetsov, Y. (ed), *Diaspora Networks and the International Migration of Skills: How Countries Can Draw on Their Talent Abroad,* 171-186, WBI Development Studies.

Marquis, S. (2007) 'Buyers storm the creatives' citadel', *The Guardian,* MediaGuardian, 23 April, 10.

Mortimer, R. (2006) 'Chris Andersonon smashing hits', *Brand Strategy,* 17 March, de Moya, M. and Jain, R. (2013) 'When tourists are your "friends": Exploring the brand personality of Mexico and Brazil on Facebook', *Public Relations Review, 39, 23-29.*

Nunan, D. (2005) 'Marketing to Diasporas: A Comparison of Nation Branding Strategies Employed by Scotland and Ireland', unpublished MSc Dissertation, University of Strathclyde.

Palsdottir, I.H. (2008) 'The Case of "Iceland Naturally" - Establishing an Umbrella Brand to Increase Country Image Impact and Coherence', in Dinnie, K., *Nation Branding - Concepts, Issues, Practice,* 1st edn, 183-186, London: Butterworth-Heinemann.

Pasquier, M. (2008) 'The Image of Switzerland: Between Cliches and Realities', in Dinnie, K., *Nation Branding - Concepts, Issues, Practice,* 1st edn, 79-84, London: Butterworth-Heinemann.

Rasmussen, R.K. and Merkelsen, H. (2012) 'The new PR of states: How nation branding practices affect the security function of public diplomacy', *Public Relations Review,* 38, 810-818.

Sartain, L. (2005) 'Branding from the inside out at Yahoo!: HR's role as brand builder', *Human Resource Management,* 44 (1), 89-93.

Sevin, E. and White, G.S. (2011) 'Turkayfe.org: Share your Turksperience', *Journal of Place Management and Development,* 4 (1), 80-92.

Sheth, J. (2006) keynote speech, Academy of Marketing 2006 Annual Conference, 4-6 July, Middlesex University Business School, London.

Shimp, T.A. (2003) *Advertising, Promotion, and Supplemental Aspects of Integrated Marketing Communications,* 6th edn, US: Thomson

South-Western.

Szondi, G. (2010) ‘From image management to relationship building: A public relations approach to nation branding’, *Place Branding and Public Diplomacy,* 6 (4), 333-343.

Wilson, R.M.S. and Gilligan,C. (2005) *Strategic Marketing Management: Planning, Implementation and Control,* 3rd edn, UK: Elsevier Butterworth-Heinemann.

Yun, S.-H. and Toth, E.L. (2009)'Future sociological public diplomacy and the role of public relations: Evolution of public diplomacy’, *American Behavioral Scientist,*53 (4), 493-503.

제10장 국가 브랜딩의 미래

Key Point

- 국가 브랜딩의 미래는 국가중심의 사고로부터 벗어나서 국가 브랜딩 전략의 협력을 강화하고 시민창출미디어의 영향을 높이는 것을 포함
- 국가 브랜딩의 대안 개념이 늘어나 마케팅과 비즈니스 영역에서 멀어짐
- 국가 브랜드의 아이콘(ICON) 모델은 통합하고 조직적이며 새로움 국가 브랜딩에 접근하는 과정

개론

이 장에서는 국가 브랜드의 미래를 살펴보고 향후 수년간 국가브랜딩의 특징적인 트랜드를 규명해 보고자 한다. 이 트랜드는 시민주도형 미디어의 커가는 영향력으로부터 지속 개발을 위한 계기로서 국가브랜딩 실행의 잠재력까지를 살펴본다. 학술적 관점은 공공외교, 국가브랜딩, 그리고 소프트 파워의 관계를 알아본다. 첫 번째 사례로는 핀란드 국가브랜딩 로드맵, 두 번째 사례는 아프리카 대륙에서 기업과 국가브랜드에 적용된 아프리칸 디자인의 영향을 설명하였다.

국가중심의 사고에서 벗어남

21세기가 시작되면서 브릭스(BRICs) 국가들이 글로벌 경제의 슈퍼 파워로 등장하였고 국제무대에서 눈에 띄는 장소로 주목을 끌게 되었다. 현재의 국가 주도 브랜드 관리 패러다임에서 새로운 세계질서를 반영한 새로운 패러다임의 전환을 기대하게 되었다. 실제로 새로운 패러다임의 정확한 실체가 드러나지는 않았다. 얀은 '21세기의 전반까지 인도는 서방 국가들이 배워야 할 국가브랜드의 모범이 될 것이다.'라고 주장했다(Yan, 2008). 안홀트는 주로 브랜드를 중심으로 경쟁력 있는 정체성의 원칙에서 국가의 고위 정책결정자의 참여와 교육이 필요하다고 강조했다(Anholt, 2008). 국가 브랜드의 넓은 범위를 가지며 세계 경제에서 효과적으로 완수해야 할 국가는 근본적으로 서구에 기반한 브랜드 관리의 패러다임에서 벗어나 새로운 접근방법을 택하게 된다. 새로운 관점은 국가가 원형을 찾고 당면한 과제를 해결할 방안을 도출할 것으로 기대된다.

국가 브랜딩 전략의 협력 강화

국가 브랜딩의 개념과 관련된 쟁점을 지식으로 이해하는 것은 어렵지 않다. 도전과제는 국가브랜드전략이 포괄해야하는 활동영역을 묘사하는 것이며, 전체전략의 구성요소와 관련된 다양한 조직과 개인의 적절한 조정이 이루어지도록 보장하는 것이다. 이 과제는 일본의 국가브랜딩 맥락에서 아쿠츠가 주장했다(Akutsu, 2008).

브랜드 관리 기법 선택의 증가

장기적으로 보면 브랜드 관리 패러다임에 대한 대안적 패러다임의 등장을 예견할 수 있지만, 중단기적으로 보면 세계경제 속에서 자국의 경쟁력 향상보다 브랜드 관리기법과 도구 사용 관련하여 각 국가는 더욱 똑똑해질 것이다.

브랜드 정체성, 브랜드 이미지, 브랜드 포지셔닝과 같이 잘 알려진 개념은 국가브랜드 전략의 토대를 강화하고 일관성 있는 캠페인의 개발과 수행에 유용하다. 한편 국가가 사용할 다른 브랜딩 개념은 공동 브랜딩(co-branding)이다. 공동 브랜딩은 각기 다른 기업이 소유한 두 개 브랜드가 기존의 브랜드 자산으로부터 이점을 얻기 위해 협력하는 것이다. 국가 브랜딩 영역에서 공동 브랜딩 노력은 두 국가가 유명한 스포츠경기를 공동 개최하는 것에 찾아 볼 수 있다. 예를 들면 오스트리아와 스위스의 '2008 유럽축구 챔피언십' 공동개최 등이 그것이다. 국가 브랜드 전략의 요소로 실천하는 공동 브랜딩의 다른 예는 '말레이시아, 진정한 아시아' 캠페인의 일부인 잡지광고가 있다. 이 캠페인에 참가한 '브랜드'는 '2007 말레이시아 방문의 해', '말레이시아 관광', '말레이시아항공'과 '맨체스터 유나이티드 FC'가 있다.

기본적인 마케팅 지식인 시장세분화와 목표시장 선정이라는 마케팅 원칙은 자원이 필요 없는 활동과 커뮤니케이션에 낭비되지 않도록 하는 유용하고 이해하기 쉬운 방법이다. 국가 브랜딩 전략에 관계된 정치인, 정부관리, 공무원은 브랜딩이 원칙에 대한 최소한의 기본 교육을 받아야 한다. 그렇게 함으로써 국가 브랜딩 목표를 성취할 수 있는 효율적인 업무 수행 뿐 아니라 무능하거나 불성실한 광고회사와 브랜딩 컨설팅 회사의 고용에서 공적자금을 제대로 활용할 수 있다.

국가 브랜딩에 관계된 정부와 공공기관이 투자에 대한 마케팅 결과 측정이 가능한 마케팅 계량지표(Marketing metrics)에 대해 일정한 지식을 갖는 것은 도움이 된다. 런던 비즈니스스쿨의 교수 팀 앰블러는 '분명한 목표와 계량지표는 아마추어와 프로를 구분한다.' 라고 주장했다. 또한 기업이 마케팅을 수행할 때 다음의 10가지 질문을 스스로에게 물어야 한다고 했다(Ambler, 2006).

1. 경영진이 정기적으로 형식에 맞춰 마케팅 업무를 평가하는가?
2. 경영진이 '고객 가치'라는 용어를 어떻게 이해하는가?
3. 경영진이 얼마나 많은 시간을 마케팅 문제에 투여하는가?
4. 비즈니스와 마케팅 계획이 비재무적 기업목표를 보여주며 시장목표와 연결하고 있는가?
5. 계획이 경쟁자, 또는 전반적인 시장과 마케팅 업무 수행을 비교해 보여주는가?
6. 주요 마케팅 자산은 무엇인가?
7. 경영진의 업무 수행 조사에 주된 마케팅 자산에 대한 양적 조사

가 포함되었는가?

8. 경영진이 '성공'에 대해 5년 또는 10년과 같이 가시적으로 일정을 표시했는가?
9. 전략은 성공을 위해 진행과정을 나타낼 이정표를 설정하였는가?
10. 경영진의 마케팅 수행지표가 이정표에 따라 추진해 나갈 수 있는가?

위에 언급된 계량지표가 기업세계의 경영진을 위해 고안된 것이지만 국가 브랜딩 캠페인을 위해 수행된 마케팅 활동에 적용될 수 있다. 이런 계량지표를 사용하지 않으면 국가 브랜드 전략에서 마케팅 관련 요소에 대한 효과적인 평가가 불가능해 책임 있게 진행할 수 없다.

기초적인 수준이지만 마케팅과 브랜딩 기법에 익숙해짐으로써 국가 브랜딩 활동에 관계된 이들의 개인 효율성과 팀 효율성 모두 향상시킬 수단과 통찰력을 갖게 된다. 그러나 이와 같은 마케팅과 브랜딩 기법은 비윤리적 행위를 감추는 수단이 되어서는 안 된다.

국가 브랜딩의 본질은 국가 전체에 이득이 될 목표를 추구해 나가면서 국가의 중요한 이해관계자들을 관리·감독해야 한다. 이것은 국가의 사회, 무역, 정치, 군사적 과오를 지나치는 PR활동은 아니다. 국가 브랜딩은 외국인 직접투자, 관광, 수출증진을 활성화함으로써 국가에 많은 혜택을 돌아갈 수 있게 하는 국가의 이미지와 평판을 강화하려는 목적을 갖는다. 국가의 행동이 존경받을만하고 소통이 잘 이루어질 때 가능하다. 넓은 의미에서 보면 '좋은 평판은 존경 받을 만한 행동을 하고 그것을 효과적으로 표현하며 주의 깊게 경청했을 때 자연스럽게 따라온다'(Stewart, 2006).

시민창출미디어 증가의 영향

디지털 시대를 대변하는 하나의 중요한 현상은 시민 제작미디어의 출현이다. 브랜드 소유자는 커뮤니케이션에서 독점권을 자니 이전 시대와 비교해 인터넷이 가진 자유와 평등이라는 특성으로 소비자에게 힘이 부여되어 자신의 목소리를 내고 이를 다른 사람에게 전달한다. 소비자와 기업 사이의 독백은 브랜드와 소비자 상호작용으로 브랜드 가치를 공동으로 만드는 대화가 되었다. 브랜드에 대한 통제권을 줄이고 브랜드 소유자에게 의해 자발적으로 생겨났다. 이로써 브랜드 소유자는 소비자를 초대함으로써 미래 광고캠페인을 위한 창의적인 주제와 실행을 제안하도록 했다. 브랜드 소유자 대신 소비자에게 초점을 두고 브랜드 영향력의 철저한 배분을 고려한 국가는 없다. 그러나 국가 브랜드에 상품, 서비스, 또는 기업 브랜드가 사용하는 브랜드 가치 공동 제작전략에 필적할 잠재적 전략이 존재한다. 아직까지는 국가 브랜드가 현재 제품 및 공동 브랜드에 사용되는 브랜드 가치 공동 창작 전략을 모방 할 가능성이 있다. 트위터에서 @sweden 프로젝트는 그와 같은 예다.

기업들은 '블로그스피어'에 대한 관심이 증가하고 있으며, 국가 브랜드는 블로거의 관심을 끌기 위한 전략을 고안하여 많은 사람들이 국가 브랜드에 영향을 미치는 이슈에 관해 글을 쓰고 있다. 가장 확실한 예는 다양한 국가를 방문하는 관광객으로서의 경험을 블로그에 게시하는 개인이다.

음향 국가 브랜딩

음향 브랜딩은 브랜드 관리자가 비교적 최근에 사용하기 시작한 기법이다. 음향 브랜딩에는 목소리, 음악, 음향효과 세 가지 구성요소가 있다(Jacksonm, 2003). 음향 브랜딩은 하나의 브랜드를 위해 모든 광고에서 사용될 음향로고의 형식을 취하거나 혼다와 인텔, 이지젯 같은 기업이 실천하는 것처럼 비즈니스 측면에 음향과 음악을 꾸준히 사용함으로써 보다 넓은 범위에 적용된다(Motimer, 2005). 예를 들어 지멘스는 브랜드의 기본적인 요소 가운데 로고와 선전문구, 서체, 색상, 레이아웃, 스타일을 결합한 현재의 사운드와 같이 브랜딩의 일곱 번째 요소를 추가했다. 지멘스는 오디오 조표, 또는 음향 로고, 일부 효과음 제작에 음향을 사용한다(Arnold, 2005).

비교적 최근에 와서 기업이 브랜딩에 음향을 전략적으로 사용하지만 소비자 행동에 영향을 주는 음악의 힘은 서비스, 특히 소매점과 음식점 분야에서 수년간 광범위하게 연구되었다(Alpert and Alpert, 1990; Herrington and Capella, 1996). 일부 연구는 음악의 빠르기가 소비 행동에 영향을 줄 수 있다고 주장했다. 예를 들면 슈퍼마켓 쇼핑객이 빠른 템포의 음악보다는 느린 음악이 나올 때 물건을 더 많이 구입하는 것으로 나타났다(Milliam, 1982). 한편 빠른 음악은 식사속도를 증가시켰고(Roballey et al., 1985), 빠른 피아노곡 연주는 느린 연주와 비교할 때 음주속도를 증가시킨 것을 알 수 있었다(McElrea and Standing, 1992). 이 연구는 특정한 소비자 행동 측면에 영향을 주는 음악의 힘을 보여주었다. 국가 브랜딩과 좀 더 직접적으로 관련된 것은 마케팅에서 음악사용에 따른 효과를 연구한 '와인통로 실험(wine-aisle experiment)' 연구에서 찾아 볼 수 있다.

'와인통로 실험'(North et al., 1999)은 2주간 실시되었는데 이 기간 동안 슈퍼마켓의 와인 판매대는 프랑스 스타일의 음악과 독일 스타일의 음악을 하루 단위로 바꾸어 들려주었다. 연구결과 어떤 음악이 연주되는지 모르는 상태에서 프랑스 음악이 연주될 때 프랑스 와인이 독일 와인보다 많이 팔리며, 독일 음악이 연주될 때는 독일 와인이 프랑스 와인보다 많이 팔리는 것으로 나타났다. 수출증진 기관과 출처 브랜드(provenance brands)는 이런 연구가 의미하는 바를 잘 이해하여 제품홍보에 적절히 음악을 사용하는 브랜딩 전략을 개발해야 한다. 국가는 오랜 세월동안 음악유산을 가지고 있어 충분한 능력이 있다. '와인통로 실험'은 원산지 효과가 교묘하게, 그러나 효과적으로 마케팅 커뮤니케이션으로 통합될 수 있음을 보여주었다. 최근 수년 동안 다양한 국가들이 실시한 국가 차원의 와인 홍보 캠페인 가운데 아주 극소수만 음향 브랜딩을 사용했다. 이 방식을 채택한 미래 캠페인은 선점 우위 효과를 거둘 것이다.

국가 브랜딩을 대체할 개념은?

사람들은 '브랜드'와 '브랜딩'이란 단어에 대해 다양하게 반응한다. 사람들은 이 단어가 영리부분의 구성요소와 실행을 나타내는 것으로 이해한다. 다른 이들은 이 단어가 조작, 속임수, 천박함을 나타낸다고 생각한다. 그러나 국가 브랜딩은 모든 국가에게 도움을 줄 수 있는 자비로운 힘이며, 특히 약소국과 가난한 나라, 또는 애쓰고 있는 나라들이 세계무대에서 더 강력한 경쟁국과 경쟁할 수 있도록 돕는다. '국가 브랜딩'은 불완전한 용어다. 국가 브랜딩에 포함된 활동이 일상용품에 대한 단순한 마케팅 광고에서 보는 브랜딩에 대한 전통 관점에서 벗어나 있기 때문이다. 다시 말해 해외 이주민 네트워크 활성화, 다양한 정부기관 관리감독, 국가 정체성에 대한 토론회 등이 국가 브랜딩의 일부지만 전통적인 관점의 브랜딩 영역에서 멀다. 미래의 어느 시점에서 '국가 브랜딩'이라는 용어를 대신할 용어로는 '평판관리', '경쟁력 있는 정체서', '공공외교' 등이 있다.

지속적인 발전의 동인으로서 국가 브랜딩

디팍 팬트(Pant, 2008) 교수는 2장 학술적 관점에서 지리적으로 소외되어 어려움을 겪거나 해외시장에 접근할 방법이 여의치 않은 국가는 지속가능한 개발계획이 국가 브랜드 전략의 기초가 된다는 것을 보여주었다. 환경지속성지수(ESI)와 같은 환경자산 관리에 대한 실천을 강조함으로써 국가는 광대한 영역의 지속성 계량지수에 높은 수준의 실천으로 국가 브랜드를 강화할 수 있다. 국가 브랜딩을 실천함으로써 경쟁국이 지닌 좋은 위치나 자원을 소유하지 않은 국가들도 동등한 경쟁력을 얻게 되었다.

국가 브랜딩의 아이콘 모델

그림 10. 1의 아이콘(ICON) 모델은 이 책에서 논의한 주요 쟁점과 관심을 반영한 국가 브랜드 전략의 수립과 추진의 틀을 보여준다. 모델은 국가 브랜딩에서 통합되고, 맥락을 반영하여 유기적이며 새로운 접근방법으로 특화된 국가 브랜딩의 실행을 제안하였다.

국가 브랜딩의 통합된 접근은 기구 사이의 높은 수준의 협력 뿐 아니라 공공과 민간 영역의 협업과 관련이 있다. 기구 사이의 협력을 응원할 자연스러운 환경은 해외 대사관 네트워크에 달렸다. 대사관은 국가의 대표(무역과 투자, 관광, 문화, 안전 등)의 역할을 수행하고 해당 국가의 목표 공중과 밀접한 관계로 국가 브랜딩 활동을 통합하고 이끌어 간다. 이런 점에서 대사관이 보여주는 노력의 정도는 다양하며 '제도화된' 협력의 위험에 대한 일부의 경계심이 있다(Dinnie et. al., 2010).

국가 브랜딩은 반드시 이미 만들어진 템플릿이 아닌 맥락 속에서 실행되어야 한다. 전략은 이해관계자의 욕구와 능력에 부응해야 하

그림 10. 1 국가 브랜딩의 아이콘 모델

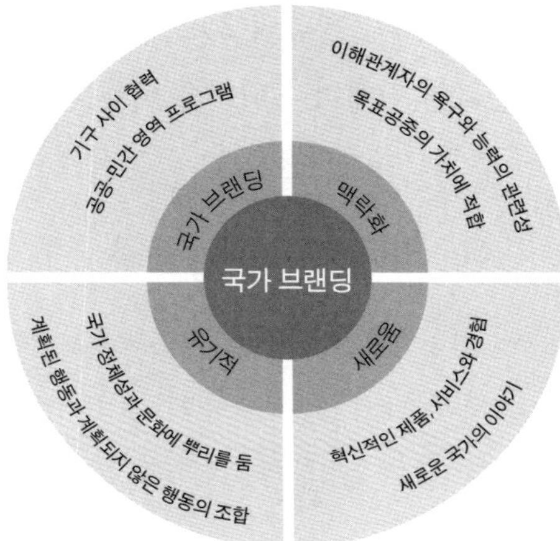

며 목표공중의 가치에 맞아야 한다. 해외에서 국가 브랜드가 지역민과 목표공중의 가치에 적절하게 맞도록 외교와 무역, 투자 관계 공직 전문가의 논리적인 권한 나눔을 의미한다.

정책 결정자는 디지털 시민 시대의 브랜딩 형식에 맞는 국가 브랜딩를 알아야 한다. 디지털 시민의 권력은 정부의 힘으로 좌우할 수 없다. 국가 브랜딩에 유기적 영역이 있다. 유기적 영역은 반대보다는 환영받아야 한다. 국가 브랜드는 빈틈없이 통제된 마스터플랜보다는 계획되거나 계획되지 않은 활동과 사건의 증가에 종속된다. 계획되지 않은 많은 요인들이 한 나라의 인식에 영향을 주는 책, 영화, 스포츠 성과, 음악과 예술 형식의 국가 정체성과 문화로부터 유기적으로 생겨난다.

국내외 해외 목표공중에게 주목할 만하고 흥미롭게도 국가 브랜드는 반드시 새로움을 전해야 한다. 새로움은 혁신적인 제품, 서비스, 경험, 또는 더 추상적인 수준으로 새로운 국가 이야기의 생산 형식이다. 반금욕 시리자 정당의 2015년 1월 선거 승리의 경우는 최근 몇 년 간 전국의 지배적 미디어를 뒤덮은 경제적 사회적 이야기를 대신하는 국가의 이야기를 돕는 긍정적인 기회를 그리스에 제공했다.

☑ 학술적 관점

외교, 국가 브랜딩과 소프트 파워

Craig Hayden PhD,
Assistant Professor, School of International Service,
American University, Washington, D.C.

공공 외교는 국가를 해외 공중에게 알리고, 교육하거나 설득하며 전략적 가치의 관계를 증진하고 행동을 동원하는 수단을 의미한다. 공공 외교는 교육과 문화 교류, 국제 방송과 유사한 경우의 실행으로 자주 소개된다. 국가 브랜딩의 개념은 공공 외교의 정의를 포함해 설명된다. 국가 브랜딩과 공공 외교는 국가의 정치적 목적을 중심으로서 공중(국가가 아닌)에 초점을 둔 전략적인 틀 안에서 실행되는 커뮤니케이션을 반영한다. 따라서 국가 브랜딩과 공공 외교는 정책 결과의 결정적인 메커니즘으로서 설득, 정체성 또는 다른 형태의 상징적 호소가 기대하는 효능에 의존한다.

쉽게 말하면 국가 브랜딩과 공공 외교의 차이점은 수단(커뮤니케이션 미디어, 수사적 전략, 실용적 차이점)과 정책 목표의 표명이다. 공공 외교는 이전에 행해진 선전의 실행에 조직적으로 연결로 인한 다른 일반적인 과제를 수반한다. 국가 브랜드와 공공 외교 둘 다 국제적인 활동에 의해 신뢰성 또는 합법성 있는 커뮤니케이션 자원이 배양되고 관리 될 수 있다는 일반적인 의미로 입증된다. 국가 브랜딩과 공공 외교는 소프트 파워의 절대적인 감각으로 정당화된다.

일부 학자들이 공공 외교의 목적이 국가 브랜딩 보다 분명하거나 중요하지 않다고 주장하지만 실제 차이점은 실행과 맥락에서 발견된다. 국가 브랜딩과 공공 외교는 기본적인 개념적 가정을 공유한다. 첫째, 커뮤니케이션 실행으로 국가가 정치적 목적을 달성할 수 있다는 인식에 기초한다. 다른 길로는 국가 브랜딩과 공공 외교는 국정운영의 중재를 반영한다. 둘째, 국가 브랜딩과 공공 외교는 개념의 환경이 된다. 둘째, 국가 브랜딩과 공공 외교는 지각의 환경 형성, 신념을 이끌어내는 정보의 내용과 일상의 신념(국제적 활동에 대한 사람들의 인지적이며 감성적인 지름길)을 관리하는 것에 관한 것이다. 국가 브랜딩과 공공 외교는 상징적 자본과 행동을 유발하는 작업, 이의 제기나 행동의 정당성을 명백히 하는 설득의 가능성에 의존한다.

단순하게 보면 국가 브랜딩과 공공 외교는 (a) 신뢰 구축, (b) 주목(주목의 경쟁적 경제 안에서) 획득과 (c) 판단의 서사적 자원의 관리(스토리를 만드는 사람이 장소와 국가를 이해하는데 사용)이다. 국가 브랜딩은 가상의 중재자(브랜드)의 한 유형으로 이 과정을 대신한다. 반면 공공 외교는 문화 이벤트, 프로그램 교환과 해외 언론으로 주목, 관계와 경험에 의존한다. 브랜딩은 상징으로서 영향력의 과제를 준다. 공공 외교는 영향을 주는 길의 다양성과 폭넓게 통합된다.

국가 브랜딩과 공공 외교의 함의는 두 개념이 더 특징적이라는 점을 제안한다. 국가 브랜딩은 특별한(경제적이거나 개발과 관련된) 목적에 중요하다고 강조되어 왔다. 국가 브랜딩은 차별화의 실행을 의미한다. 국가의 품격을 구별하고 신념을 만들고 경쟁적인 주목 경제를 이끈다. 공공 외교는 반대로, 폭넓은 개념으로 프로그램 교환으로 관계를 발전할 국제 방송의 즉시성을 담보한다. 그러나 국가 브랜딩과 공공 외교는 삭막한 개념적 차이보다 역사적 유산과 특별한 기구의 재정비의 궁극적인 수단이다. 공공

외교는 분명히 냉전시기의 선전과 역사적으로 연결되었다. 국가 브랜딩은 여전히 다른 의미에서 국제 정치의 형식으로 중요하다.

☑ 사례

핀란드의 국가 브랜딩을 위한 로드맵

Teemu Molianen, PhD,
Principal Lecturer, Haaga-Helia,
University of Applied Sciences, Helsinki, Finland

핀란드는 2007년 자국의 브랜딩 과정을 시작했다. 외무부와 핀란드관광위원회는 2명의 컨설턴트를 고용해 '핀란드 국가 브랜드 개발'을 제목으로 한 로드맵의 초안을 마련했다(Moilanen and Rainisto, 2008).

제안된 5단계 실행계획의 시작에서는 이해관계자의 넓은 범위, 확장된 커뮤니케이션, 과정에서 이해관계자의 의지 확대 등의 참여의 중요성을 강조하고 있다. 로드맵에서는 고위 정책결정자와 비즈니스리더 뿐만 아니라 핀란드의 과학, 예술, 스포츠, 문화를 대표하는 유명인들로부터의 관심과 의지 확보의 필요성을 강조했다.

계획의 수립 이후 2008년 말까지 외무부장관 알렉산더 슈투브는 핀란드 국가 브랜드 개발을 담당한 국가브랜드대표단(CBD)의 단장에 임명되었다. 국가브랜드대표단 회장에는 핀란드의 가장 영향력 있는 비즈니스 리더인 로얄 더치 쉘 픽과 노키아의 요르마 올릴라 회장으로 영입했다. 대표단의 주된 역할은 핀란드의 국제 경쟁력을 높일 수 있는 국가이미지를 정의하여 핀란드 국가 브랜드 정체성을 만드는 것이었다. 정부의 계획에 따라 주요목표는 앞서 말한 핀란드 이미지를 강력하게 할 대표단이 구성되었다. 대표단에는 문화, 비즈니스, 국제적 홍보와 PR부문의 개인적인 역량과 경험이 있는 22명의 전문가들이 참여했다. 주요 인사로는 5명의 CEO,

2명의 학자, 2명의 문화계, 2명의 언론계, 2명의 정치인, 2명의 관련 부처, 1명의 문예술인, 1명의 체육인이 포함되었다. 대표단은 외교부로부터 파견된 공무원, 장소 브랜딩과 마케팅 커뮤니케이션 전문가로 구성된 사무국의 도움을 받았다.

대표단의 임기는 2008년 9월부터 2010년 12월까지였다. 대표단의 업무와 함께 많은 활동가들이 실행에 참여했다. 이런 활동의 목표는 공중의 인식과 과정의 투명성을 높이고 참여를 증진하는데 있었다. 주요 활동은 다양한 이해 집단의 토론, 소셜미디어 토론 포럼, 어린이 경진대회, 마케팅 전문가에서 10대에 이르는 청중을 대상으로 한 토론회, 패널회의, 예술 공연, 그리고 핀란드 주요 텔레비전 채널의 프로그램 등이 있었다.

핀란드를 대표하는 국가브랜드대표단

대표단은 2010년 말, 최종 보고서 '핀란드를 위한 미션'이 발표했고 200개 미디어의 취재 경쟁이 있었다. 최종 보고서는 핀란드의 중요한 강점은 솔루션 중심의 접근 방법이라고 결론지었다. 여기서 대표단은 핀란드의 이미지를 강화하는데 사용되는 3가지 영역을 정했다. 이 3가지 영역은 기능성, 특성과 교육이다. 올릴라 회장은 이 주제는 핀란드와 가까우며 논리적인 사고의 결과라고 주장했다. 핀란드의 이미지는 실제, 존재하는 강점에 기초해야 한다. 창의적인 방법으로 강점을 개발함으로써 핀란드의 친근감을 높이고 전 세계에 소개할 수 있다. 또한 대표단은 핀란드의 국가 브랜드를 구축할 수 없다고 강조하면서 핀란드의 글로벌 경쟁력의 강점 측정을 제안할 뿐 이라고 했다. '핀란드의 이미지는 캠페인으로만 만들어지지 않으며 실제 행동으로 구축된다. 전 세계를 더 나은 곳으로 만드는데 노력함

으로써 핀란드를 살기 좋은 곳으로 만들 수 있다.'

최종 보고서에 정의된 미션은 기계적으로 이해하기 쉬운 실천 방안이 아니고 사례의 목록이었다. 대표단의 보고서는 100개의 구체적인 과제를 제시했고, 브랜드가 광고 캠페인으로 만들어지지 않고 일반적인 핀란드 국민에 의해 만들어진다는 점에 초점을 맞추었다. 정책 당국, 비즈니스와 조직, 그리고 일반인, 핀란드 시민을 목표로 하였다. 보고서는 모니터링 메커니즘을 구체화하지 않았다.

보고서는 수신했지만

보고서는 핀란드의 브랜드 정체성을 정의했을 뿐만 아니라 목표공중의 지지를 받았다. 2011년 봄에 제출한 제안 내용은 좋은 기회를 얻었다. 대표단에 따르면 국가 브랜드의 개발은 반드시 커다란 구조적 재구성을 포함해야 한다. 국제무대에서 대사와 다른 공공 분야 조직의 활동은 '핀란드의 집' 컨셉트로 더욱 논리적으로 재구성되어야 한다. 협업은 핀란드의 메시지를 반복하여 지속적으로 만들어 낼 수 있다. '핀란드의 미션' 보고서는 미래 국가 브랜딩의 조직적인 구조를 명확하게 정의하지 않았다. 그러나 3개의 부서는 '핀란드의 집' 컨셉트를 더 개발해야 한다고 주장했다. 국가 브랜딩은 새로운 정부의 행동계획에 반드시 포함되어야 한다.

그 후 도전이 등장했다. 2011년 4월 국회의원 선거는 특히 어렵게 진행되었고 정부의 구성 논의가 연장되었다. 이것은 국가 브랜드의 새로운 계획이 가진 정치적 지원의 일부를 침범하는 결과를 낳았다.

국회의원 선거는 과정의 어려운 상황에서 진행되었다. 국가 브랜딩 계획은 자체 예산이나 헌신적인 스텝, 지속되는 경제 불황과 공공부문 조직의 구조조정, 국가 브랜딩 과정이 늦어지는 복잡한 상황을 맞았다.

계획에 참여하는 주요 공무원은 선거와 계획의 기회를 마련하려는 시도 때문에 만들어지는 문제를 명확히 했다. 결과물 중 하나는 '핀란드 국가 브랜드의 워크북'이었다. 워크북은 핀란드 국가 브랜드와 국가 브랜딩 커뮤니케이션의 주제의 강점을 요약했다. 따라서 자원과 협력을 이어갈 헌신적인 스텝의 부족은 2012년 봄 현재 부분적으로 손실이었다.

당면 과제에는 이해 관계자의 다양한 배경과 브랜드와 커뮤니케이션의 원칙에 대한 사전 지식의 노출 차이가 있었다. 이로 인해 개념적 모호성 및 목표에 대한 다양한 이해차이를 준수 할 수 있는 잠재적 수단이 생겨났다. 이 단계에서 '국가 브랜드'라는 개념은 부분적으로 '국가 이미지'로 대체되었다.

국가 브랜딩 계획은 새로운 정부의 국정과제에 포함되어 계속 추진되었다.

팀 핀란드

2011년 가을 민간영역에서 높은 성과를 거둔 또 다른 실행조직이 정부에 의해서 구성되고 핀란드의 외부 경제관계의 대략적인 계획이 만들어졌다. 알라후타(Alahuhta)그룹의 핵심적인 결론은 현재의 접근방법의 수정이라고 부른 핀란드의 대외 경제관계와 재정의 문제를 효과적으로 해결하는 방안이었다. 실행방안은 전략적이고 장기적인 관점이 필요했다. 네트워크는 지속적이고 고객 중심으로 목표를 달성하도록 구성되었다. 참여한 워킹 그룹은 새로운 팀 핀란드 네트워크 안에서 외부 경제관계가 만들어져야 한다고 주장했다. 핵심적인 아이디어는 국내외 해외에서 네트워킹이 작동하고 현재 갖고 있는 자원을 개발하고 집중하여 만들어졌다. 수상의 지휘아래 공유된 전략으로 네트워크가 만들어졌다.

비록 알라후타 워킹그룹이 외부 경제관계에 초점을 두었지만 CBD의 폭넓은 국가 브랜딩 접근과 반대로 팀 핀란드 네트워크 모델은 국가 이미지를 높이는 과제의 책임을 맡았다.

새로운 팀 핀란드의 개념이 시작되자 이 조직은 놀랍게도 민간영역의 커다란 관심을 받게 되었다. 2012년 9월 1,500명의 민간영역 대표가 참여한 행사에서는 민간영역 이해관계자가 인지한 국가 브랜딩 전략의 가치를 보여주었다. 팀 핀란드 네트워크의 활동과 서비스는 다음의 4가지 주제와 같다.

- 핀란드의 국가 브랜드 진흥
- 비즈니스의 세계화를 지원
- 외부 환경에 긍정적인 영향
- 핀란드에 외자 유치

팀 핀란드는 새로운 조직도 아니고 새로운 관료조직도 아니다. 단지 현재의 공기관 활동을 단순하게 통합한 것이다. 팀 핀란드 네트워크의 핵심은 고용경제부, 외교부, 교육문화부 3개 부처로 공공기관과 함께 해외 핀란드 주재 기관(핀란드 외교 대표부, 핀프로 사무소와 TEKES, 국가문화과학기구)의 모든 작업이 지휘에 따라 진행된 것이다. 팀 핀란드의 위원은 전체 민간영역의 책임자와 수상의 책임 하에 구성되었다. 상무부의 조정 그룹은 팀 핀란드 네트워크의 운영과 운영 그룹이 정한 특성의 구현을 담당했다. 네트워킹 그룹은 상무부로 구성되었다.

말에서 행동으로

2013년에는 정식으로 팀 핀란드의 일원이며 국가 브랜딩을 책임지고 있는 이전 협력 조직인 핀란드진흥위원회가 재구성되었다. 이사회의 새로운 임무는 국가 브랜드 전략을 수립하고 연간 행동 계획을 이행하는 것이다. 이사회 활동의 목표는 핀란드 국가 브랜드 활동의 일관성과 장기적인 관점을 보장하는 것이다. 새 이사회에는 핀란드 (핀란드의 국가 트레이드, 국제화 및 투자 개발기구), 핀란드 관광청, 핀팩츠(Finnfacts), 핀란드 투자, 클린 테크 핀란드, 헬싱키시 등 4개 부처대표가 있다.

진흥위원회의 첫 번째 업무로 인터넷에서 국제적으로 가시성을 높이도록 협력을 시작했다. 2008년 초 공공-민간 파트너십으로 불린 로드맵은 공공과 민간 양쪽의 많은 이해관계자의 활동의 협업 능력을 높여 국가 브랜딩 계획의 성공을 강조했다. 2013년 여름에는 공적자금을 지원받으며 핀란드를 전 세계에 알리는 기관 사이의 협력을 목적으로 한 프로젝트가 추진되었다. 관련 기관으로는 외교부, 교육부, 통상산업부, 핀란드 투자청, 핀란드관광공사, 핀펙트, CIMO(유럽연합 교육국가위원회, 교육과 청년프로그램, 유럽연합의 창의시민유럽 핀란드지부), 크린텍 피난드, 핀프로, 핀란드미래교육, 그레이터 헬싱키 프로모션, 헬싱키관광공사, 핀란드 음악, 핀란드 혁신기금 SITRA, 혁신 TEKES를 위한 핀란드기금위원회가 있다. 이 프로젝트의 2013년 말까지의 각 기구의 실행계획에 함께 포함되어 추진되었고 자원과 조직의 필요를 재정의하였다.

당면한 과제

핀란드 국가 브랜드의 개발과정에서 몇 가지 과제가 나타났다. 그 중 하나는 '개념적 모호성'이다. 개념적 모호성은 사실에서 파생한 브랜딩의 개념적 이해로서, 마케팅과 커뮤니케이션은 이해관계자 사이에서 매우 다양하다. 많은 경우 브랜딩은 로고, 슬로건, 판촉을 위한 커뮤니케이션 수단과 관련이 있다. 브랜드 관리, 전략적 마케팅과 커뮤니케이션 원칙에 대한 사전 노출과 이해의 수준은 목표에 도달하는 방법에 대한 의미 있는 대화를 예고한다. 브랜딩에 대한 단순화 된 인식은 외부 커뮤니케이션(다른 브랜딩 관련 활동에 반대되는)을 지나치게 강조하고 국가 브랜드를 단순한 커뮤니케이션 캠페인으로 간소화해야한다는 압박을 가중시킨다.

또 다른 과제는 관리와 자원의 관점에서부터 나타나는 '참여자의 지속적인 교체'이다.

핀란드의 국가 브랜드 과정은 명확한 구조와 헌신적인 자원의 부족으로 어려움을 겪었다. 서로 다른 이해 당사자 조직이 명시적으로 지정된 업무와 자원의 기여 없이 공동의 국가 브랜드 이니셔티브에 자발적으로 기여함으로써 공유 재원 조달의 원칙이 실제로 어려움이 입증되었다.

이러한 문제를 해결하는데 시간이 걸렸으며 그 진전은 느렸다. 2010년 대표단의 작업과 2012년 팀 핀란드의 출범은 이해관계자들 사이에 엄청난 기대를 불러일으켰다. 여전히 자체 예산이나 전담 직원이 없는 새로 만든 팀 핀란드 네트워크 조직은 일부 이해 관계자가 원하는 만큼 신속하게 이러한 기대치를 충족시킬 수 없었었다. 지속적인 개념적 모호성 및 계획의 불명확한 역할과 목표로 인해 이해 관계자로부터 약속을 확보하는 것이 어려웠다. 진행 중인 글로벌 경기침체로 인해 브랜딩 이니셔티브에 도전장이 생겼다. 예산 삭감의 한가운데에, 어떤 조직도 열심히 새로운 작업을 수행하지 않는다.

교훈

몇 가지 교훈을 얻었다. 국가 브랜딩 계획은 정치적 책임 가능성과 되도록 빠른 위임이 필요하다. 정치적 책임은 정당을 초월해야 하며, 국회의원선거의 영향과 정치권력의 이동에 둔감해야 한다.

브랜딩의 컨셉트는 많은 이해관계자 조직에 새로울 수 있으며 국가 브랜딩 계획은 반드시 장소 브랜딩과 커뮤니케이션 전문가로부터 충분한 도움을 받아야 한다. 주요 컨셉트와 정의, 의미, 목표는 처음부터 사람들의 변화를 반복해서 업데이트하며 모든 이해관계자에게 명확히 알려야 한다.

국가 브랜딩 과정은 초기와 접점을 관리하는 강력한 리더십으로부터 명확한 조직적 구조를 갖춰야 한다. 만족스러운 공중, 장기간 믿을 만한 기초는 시작 단계에 필요하다. 과정이 추진된 후 민간 영역의 이해관계자로부터 기금모금은 늘어난다. 기금의 규모는 반드시 헌신적인 스텝을 지원하기에 충분하고 목표에 상응해야 한다. 그러나 진정하게 중요한 것은 협업과 이해관계자의 활동과 자원으로 이어지는 헌신적인 스텝의 영향이 토대가 되는 것이다.

전망

핀란드의 국가 브랜딩 계획의 미래는 밝아 보였다. 2014년 봄 정부는 2014-2015년 팀 핀란드의 새로운 계획에 100만 유로의 예산을 세웠다. 이 결정과 함께 국가 브랜드 계획의 가장 중요한 도전, 예를 들면 자원과 활동가 네트워크의 협력을 위한 스텝들의 헌신 부족은 첫 번째 해결과제였다. 팀 핀란드의 구조는 자기 스스로 만들어져 생존하였는데 차기 국회의원 선거의 결과에 달렸다. 조직의 세밀한 전략은 실행 단계에 맞춰 계획되어 옮겨졌다. 브랜드 플랫폼은 수많은 협력, 브랜드 핀란드 관련 훈련, 몇 가지 이벤트는 2014년 계속될 것이다.

참고문헌

Moilanen, T. and Rainisto, S. (2008) Suomen Maabrandin rakentaminen.

☑ 사례

대륙 전역의 기업과 국가 브랜드에 대한 아프리카 디자인의 영향

Terry Behanm Creative thinker,
social entrepreneur, author and brand builder

아프리카대륙 전체의 경제성장은 아프리카 사람들의 수입 증가로 이어졌고 문화적 자신감을 회복하고 진보적이고 독특한 아프리카만의 유산을 재해석하는 힘이 되었다. 재능 있는 디자이너들이 아프리카와 전 세계에서 판매되는, 독특하고 멋진 제품을 만드는 다양성의 바탕이 되었다.

남아프리카, 케냐, 세네갈, 말리, 가나, 나이지리아, 에티오피아, 스와질랜드에서 온 신진 디자이너와 현역 디자이너들은 런던, 두바이, 마이애미에서 최고의 쇼를 연출했다. 디자이너들의 집단 재능은 아프리카의 유산과 역사를 연결하는 능력과 새롭게 하고 진정한 패션의 재해석에 의존하였다.

아프리카는 세계에서 가장 빠른 성장을 보이는 10대 경제권 중에 7위로 2050년까지 GDP 29조 달러로 성장할 것으로 예상된다. 이러한 성장은 이전에 보지 못한 강점과 신뢰를 가져왔다. 다시 관심을 갖게 된 자신감은 중요하며 조심스럽게 고려되어야 한다. 경제 개발과 문화적 자부심의 전수만이 아니라 어떻게 만들어 나갈 것인가가 더 중요하다.

봉고 드럼의 몰락

아프리카 디자인은 벼룩시장과 에티오피아 아디스 아바바에서 나이지리아 아부자까지의 선물가게에서 지역민과 여행자에게 판매되는 조악한 선물의 이미지를 바꾸고자 하였다. 아프리카의 대부분 공항에는 오래된 나무 조각과 봉고 드럼이 면세점의 판매대에 정열 되어있다. 아프리카 '사파리'에서 돌아온 외국 여행객은 조각이 갖는 문화적 의미에 기뻐할 것이다. 이와 마찬가지로 이탈리아나 독일 여행에서 돌아온 여행객이 디자이너가 만든 신발과 바우하우스의 예술 소품의 포장을 열게 된다. 집에 돌아온 여행객은 관광지에 대한 감상뿐 아니라 기념품의 원산지를 소리 높여 이야기한다. 이탈리아 여행에서 디자이너의 신발 사온 여행객이라면 이탈리아를 세련되고 패션 감각이 뛰어난 곳으로 이야기한다. 아프리카에서 나무 조각상을 가져온 관광객은 조셉 콘래드의 소설 <Heart of Darkness>를 연상할 것이다.

감사하게도 이들 <Heart of Darkness>시대는 아직 잘 알려져 있지 않으며 아프리카의 디자인 재능은 아름답게 꽃피우고 세계적으로 알려질 것이다.

아프리카 디자이너의 서구화가 아닌 현대화

디자이너가 아프리카 대륙 전체에 걸쳐 새롭고 신선한 방법으로 자문화의 재해석을 보여준다. 개발과정의 핵심은 어떻게 아프리카 디자이너가 제품의 서구화가 아닌 현대화를 이루는가이다. 현대적인 방법과 과거 기술의 재미있는 혼합은 디자인 세계, 상업적인 메시지, 빠르게 아프리카 디자인의 개념을 지원할 이미지의 범위를 만든다. 아프리카 디자인의 대부로 알려진 체이크 디알로(Cheick Diallo)의 사례를 보면, 그의 독창적인 가구는 과거의 지혜와 현대의 감수성을 혼합한 아프리카의 보편적 디자인 개념에 도전을 목표로 제작되었다. 프랑스와 말리에서 건축가와 디자이너로 교육받은 디알로는 고향 바마코(Bamako)에 스튜디오를 열었다. 그가 감독으로 장인들로 구성된 팀은 가구 제품을 밀라노, 두바이, 뉴욕, 마이애미 등 해외에서 전시하였다.

아프리카 서부의 공화국, 브루키나 파소의 하마드 콰타라를 포함한 다른 아프리카의 대표적인 디자이너들은 아프리카의 낮은 수출품의 품질 향상을 개인적인 미션으로 삼고 전 아프리카 대륙 디자이너에 의해 준비된 표준과 품질을 개발했다.

돈을 좇는 패션, 패션을 좇는 돈

아프리카 패션 디자이너는 세계 패션무대에서 자신만의 쇼를 진행하고 세계인을 사로잡았다. 많은 성공 사례가 이어졌다. 디자이너 니사 폴라위요는 뉴욕, 런던, 파리에서 자신의 보석 브랜드 리사 라벨을 선보였고 보그, 하퍼스 바자, 뉴욕 타임스 같은 언론에 소개되었다. 세네갈 출신의 다카 패션 위크의 설립자 아담 은디야는 10년 이상 아프리카 패션 무대를 열어왔다. 아프리카 브랜드 라니르 다 실바 아야이는 밀라노의 컨셉 스토어인 돌체 앤 가바나에서 스피가2(Spiga2)를 판매했다. 재능과 능력이 있는 남아프리카 공화국의 다비드 틀라리는 말할 것도 없이 파리에서 쇼와 헤드라인을 장식하며 알려졌다.

지역 브랜드의 선방

아프리카 소비자 시장에 대한 최근의 보고서(McKinsey, 2012)에 따르면 나이지리아 국민 11%와 남아프리카 공화국 국민 12%가 지역브랜드 보다 국제적인 브랜드를 선호한 것으로 나타났다. 뉴욕과 런던에서 인기를 끈

브랜드였지만 똑똑한 아프리카 소비자는 이 브랜드들 대부분이 중국에서 제조된 제품이고 지역 제품 수준과 차이가 없다는 것을 알고 있었다. 따라서 젊은 트랜드세터들 사이에 홈스 브로스, 로시온 클카와 같은 도시, 길거리 브랜드가 세계적인 브랜드보다 선호되는 것은 놀라운 일이 아니다. 이런 경향이 지속적으로 늘어나고 지역 브랜드가 성장함에 따라 아프리카 내부의 교역과 젊은 층의 소비를 자극하였다.

문화적 자부심의 혜택

문화적 자신감과 현대화의 경향은 야심적인 목표공중과 브랜드가 소통할 때 특히 관련성이 있다. 이 소비자들은 문화적 현대화의 기수가 된다. 브랜드는 아프리카 중심으로 포지셔닝 해 나가야 하며 현대 패션에서 전 아프리카 대륙의 많은 재능 있는 디자이너의 협업으로 트랜드를 확산할 수 있다.

문화적 역사의 새로운 인식의 최고점과 문화적 현대화를 풍성하게 하기 위해 필요한 조건을 만드는 경제적 성장이 국가의 자존심 개발을 지원하였다 브랜드는 목표공중과 감성적으로 연결하여 정체성, 스폰서십, 제품 디자인과 패키지 디자인 협력의 가시적인 영역에서 아프로-시크 미학적 개발뿐 아니라 메시지의 톤과 전반적인 커뮤니케이션의 스타일에 지렛대 효과를 거둘 수 있다. 이 과정은 각 영역에서 몇몇 대표 브랜드가 이끌어 각 브랜드의 개성과 정체성을 새롭게 할 때 디자인이 혁신된다. 아프리카 디자인에서 강조된 문화적 자신감은 브랜드에 이와 유사한 경제적 자신감을 준다. 따라서 남아프리카 항공과 GT은행이 사용한 디자인의 미학같이 아프리카의 대형 브랜드는 감각적이면서 현대적인 포지셔닝을 보여주었다. 이러한 단순한 변화는 브랜드의 시각적 정체성으로 발전되어 브랜드 핵심의 변화를 만들었다. 따라서 선도자의 이점이 있으며 아프로-시크 디자인 스타일을 사용함으로써 브랜드를 차별화 할 수 있었다. 많은 브랜드가 이 선례를 따를 것으로 기대된다.

추가하여 '고 보츠와나' 같이 시장에서 거래되는 브랜드는 자사 브랜드의 정체성에 이런 사고를 깊숙이 반영하였다. 에코 게임 관광을 판매하는 '또 다른' 아프리카 국가의 이미지와 상업적으로나 문화적으로 자신감 있는 현대 국가에 대한 호기심이 적은 이미지, 그리고 미래로 나아가는 야심 찬 나라로 이미지화하여 보다 현대적인 디자인 과정으로, 외국인 직접투자의 선호 대상으로 자리 잡았다.

아프리카 대륙의 국가 브랜드를 아프리카 현대주의와 문화적 커뮤니케이션이 신선하고 혁신적인 양상으로 빠르게 발전하지 않는다면 경제적으로, 사회적으로 진보적인 이미지로 보기 어렵다. 이 디자인 언어는 다양한 형식으로 변형되어 아프리카 대륙이 떠오르는 이미지를 새롭게 만드는 상당한 발전을 이루었다. 현대적인 아프리카 디자인 결과물은 영향력 있는 세계적인 언론의 첫 페이지를 장식했다. 이러한 변화를 활용하면 국가 브랜드를 발전적이고 독특한 대륙의 변화와 함께 새롭게 정렬하는데 도움이 될 것이다.

미래의 전망은?

일부 예외가 있지만 아프리카는 최고급 정밀 제품 생산에서 대량 생산과 표준화에 미치지 못했다. 에티오피아, 이집트, 모리셔스, 남아프리카 공화국 같은 나라에서 탁월함의 중심이 부족하다. 만약 지원이 이어진다면 아프리카는 새로운 능력을 갖고 아프리카와 세계 시장의 중산층을 대상으로 한 적합한 디자인을 생산하는 허브로 탈바꿈 할 것이다.

이런 요구는 이미 아프리카 디자인의 최고 중에 최고로 알려진 '남부 조합'과 '디자인 네트워크 아프리카' 같은 국제적인 조직에 의해 만들어졌다. 기업은 시장에 제품을 공급할 수 있는 생산 영역과 파트너십 관계가 필요하다. 이런 맥락에서 유명 건축가 데이비드 아자예는 라고스에 지역 시장에 최고의 아프리카 제품을 판매하는 알라라(ALARA)라는 소매점을 디자인했다.

아프리카 디자인은 진정한 아프리카를 보여주고 아직 완전히 경험하지 못한 아프리카를 세계에 알리기 때문에 인기를 얻었다. 세상은 반복해서 더 새로운 것을 희망한다.

발전의 모습

북미에서 아트 데코(Art Deco, 대담한 윤곽선)는 한 세대로 정의되었다. 북유럽은 여전히 바우하우스의 유산 속에 산다. 디자인의 새 시대의 창조기에 있으며 더 나은 개념으로 아프로 치크(Afro-chic)라고 부른다. 더구나 이 새로운 순간을 현대와 아프리카가 같은 시간으로 맞는다. 이 독특한 아프리카 디자인 운동은 세계가 아프리카를 보는 렌즈가 될 것이다. 예술과 디자인을 맥락의 개념으로 전 세계에 활발하게 알릴 필요가 있다. 위대한 예술가가 자국에서 빛나는 것도 의미가 있지만 아프리카 전체에서 운동이 추진되는 것이 더 중요하다. 만약 격려와 육성이 이어진다면 전 세계적으로 아프리카에 대한 인식을 바꾸는데 커다란 기여를 할 것이다.

참고문헌

McKinsey (2012) 'The Rise of the African Consumer: A Report from McKinsey's Africa Consumer Insights Center'.

요약

국가 브랜딩의 기술을 도입할수록 국가 브랜딩은 학술적, 실무적, 정책적 함의를 알게 되고 국가 브랜딩의 중요한 결과로 새로운 접근방법, 전략과 전술이 확산된다. 국가 정책결정자는 국정의 목표 달성을 위해 브랜딩의 힘을 알아야 한다. 또한 수동적으로 부정적이고 굴욕적인 평가와 시대에 뒤처진 국가에 대한 고정관념을 대신할 국가 평판관리의 필요성을 이해해야 한다. 꼭 기억해야할 핵심적인 교훈은 자국 국가 브랜딩의 다양한 협업이 필요하다는 점이다. 이러한 협업이 없으면 국가 브랜딩 전략은 정체되고 국가 브랜드 이미지는 방향을 잃고 부정적인 국가 브랜드가 될 것이다.

논의할 점

1. 자국 국가 브랜드 전략에서 높은 협력의 수준을 보여준 나라를 찾아보자. 협력의 특징과 영향을 말해보자.
2. 자국 국가 브랜드 전략의 핵심요인으로 시민 주도 미디어를 가장 활발하게 활용한 나라는 어디인가? 국가 브랜딩 전략에 시

민 주도 미디어를 활용한 사례를 논해 보자.

3. 이 장에서 논의한 국가 브랜드에 대한 미래의 관점에 더하여 향후 몇 년 동안 국가 브랜드 분야에서 어떤 다른 발전이 잠재적으로 발생할 수 있을까?
4. 해당 국가의 국가 브랜드에 대한 새로운 방향을 식별할 수 있도록 선택한 국가에 국가 브랜드 아이콘 모델을 적용해보자.

참고문헌

Akutsu, S. (2008) 'The Directions is and the Key Elements of Branding Japan', in Dinnie, K., *Nation Branding - Concepts, Issue, Practice,* 1st edn, 211-219, London: Butterworth-Heinemann.

Alpert, J.I. and AIpert, M.I. (1990) 'Music influences on mood and purchase intentions', *Psychology and Marketing,* 7 (2), 109-133.

Ambler, T. (2006) 'Mastering the metrics',*The Marketer,* 24 (May), 22-23.

Andehn, M., Kazeminia, A., Lucarelli, A. and Sevin, E. (2014) 'User-generated place brand equity on Twitter: The dynamics of brand associations in social media', *Place Branding and Public Diplomacy,* 10, 132-144.

Anholt, S. (2008) 'From Nation Branding to Competitive Identity – the Role of Brand Managementas a Component of National Policy', in Dinnie, K., *Nation Branding - Concepts, Issues, Practice,* 1st edn, 22-23, London: Butterworth-Heinemann.

Arnold, S. (2005) 'That jingle is part ofyour brand', *Broadcasting & Cable,* 24 January, 78.

Dinnie, K., Melewar, T.C., Seidenfuss, K.-U. and Musa, G. (2010) 'Nation branding and integrated marketing communications -

an ASEAN perspective', *International Marketing Review,* 27 (4), 388-403.

Herrington, J.D. and Capella, L.M. (1996) 'Effects of music in service environments: A field study', *Journal of Services Marketing,* 10 (2), 26-41.

Insch, A, (2011) 'Conceptualization and anatomy of green destination brands', *Inter- national, Journal of Culture, Tourism and Hospitality Research,* 5 (3), 282-290.

Jackson, D.M. (2003) *Sonic Branding: An Introduction,* UK: Palgrave Macmillan McElrea, H. and Standing, L. (1992) 'Fast music causes fast drinking', *Perceptual and Motor Skills,* 75 (2), 362.

Maheshwari, V., Vandewalle, I. and Bamber, D. (2011) 'Place branding's role in sustainable development', *Journal of Place Management and Development,* 4 (2) 198-213.

Milliman, R.E. (1982) 'Using background music to affect the behaviour of supermarket shoppers', *Journal of Marketing,* 46 (Summer), 86-91.

Mortimer, R. (2005) 'Sonic branding: Branding the perfect pitch', *Brand Strategy,* February, 24.

North, A.C., Hargreaves, D.J. and McKendrick, J. (1999) 'The influence of in-store music on wine selections', *Journal of Applied Psychology,* 84 (2), 271-276.

Pant, D. (2008) 'Re-positioning Nepal in Global Public Opinion and Markets: Place- branding for Sustainable Economic Development', in Dinnie, K., *Nation Branding - Concepts, Issues, Practice,* 1st edn, 50-51, London: Butterworth-Heinemann.

Roballey, T.C., McGreevy, C.,Rongo, R.R., Schwantes, M.L., Steger, P.J., Wininger, M.A. and Gardner, E.B. (1985) 'The effect of music on eating behaviour', *Bulletin of the Psychonomic Society,* 23 (3), 221-222.

Stewart, G. (2006) 'Can reputations be "managed"?', *The Geneva Papers,* 31, 480-499.

Treasure, J. (2007) 'Sound: the uncharted territory', *Brand Strategy,* March, 32-33.

Yan J. (2008) 'Smaller Nations Enter the Global Dialogue Through Nation Branding', in Dinnie, K., *Nation Branding - Concepts, Issues, Practice,* 1st edn, 170-172, London: Butterworth-Heinemann.

저자 소개
옮긴이 소개

저자 소개

키스 디니

키스 디니는 국가 브랜딩의 세계적 학자다. 이미 수많은 논문과 연구실적들을 출판해 세계적 학자로서의 명성을 다져왔다.

International Marketing Review를 비롯하여, Journal of Brand Management, Place Branding and Public Diplomacy, Corporate Reputation Review, Journal of Consumer Marketing and Journal of Service Marketing. 등 우수한 저널에 이름을 올리고 있다. 영국, 미국, 프랑스, 독일 네덜란드, 러시아, 아이슬란드, 포르투갈, 그리스, 남아프리카, 말레이시아, 중국, 한국, 일본 등 전 세계를 두루 다니며 각종 세미나와 컨퍼런스에 초청되어 강연자로 활동해 왔다. 한때 도쿄 소재, 일본 템플대(TUJ) 비즈니스 스쿨에서 후진을 양성한 디니 교수는 그밖에도 네덜란드 Zwolle 소재 Windeseheim 응용과학대학의 국제 비즈니스 학과의 부교수를 역임했다. 현재는 런던의 Middlesex 대학에서 교수로 활동 중이며 Brand Horizon (www.brandhorizons.com)의 설립자다.

옮긴이 소개

김유경

미국 시라큐스대학교 매스커뮤니케이션 박사, 하와이대학교 마노아에서 석사, 한국외국어대학교 신문방송학과를 졸업했다. 현재 한국외대국어대학교 미디어커뮤니케이션학부 교수, 공공 브랜드 연구센터장, 서울시 브랜드위원회 위원장으로 있다. 한국외국어대학교 대외부총장, 대통령직속 국가브랜드위원회 위원, 한국광고학회 회장, 한국광고학회 《광고학연구》 편집장, 《한국광고홍보학연구》 편집위원장, 안전행정부 지방브랜드 세계화 사업 추진단 위원, 행정자치부 혁신브랜드 대상 심사위원 등을 역임했다. 기업브랜드, 국가브랜드, 공공브랜드, 도시 브랜드 분야의 저서, 역서 및 다수의 논문이 있다. 《Journal of Place Branding and Public Diplomacy》의 Regional Editor이며 해외공저로 《Nation branding, City

Branding》과 국내저서로 《디지털시대의 브랜드이해》, 《브랜드 관리》, 《공공브랜드의 전략적 관리》 등이 있고, 역서로는 《글로벌 시대의 해외브랜드전략》, 《글로벌 브랜드 커뮤니케이션》, 《국제광고론, 도시 브랜드 전략적 관리》, 《포지셔닝》, 《장소브랜드》 등이 있다. 《Corporate Reputation Review》, 《언론학보》, 《방송학보》, 《광고학연구》, 《광고홍보학연구》, 《광고PR실학연구》 등에 다수의 논문을 게재해왔다. 기업브랜드, 브랜드가치평가, 국가브랜드, 도시브랜드, 공공브랜드 등에 다수의 강연과 컨설팅을 수행하고 있다. 한국경제와 KLBCI(한국지방브랜드경쟁력평가지수)를 개발하여 발표해왔다.

ykkim@hufs.ac.kr / ykkims@daum.net

이희복

경주대학교 교수를 거쳐 지금은 상지대학교 미디어영상광고학부 광고홍보 전공교수로 있다. 한국광고PR실학회 《광고PR실학연구》 편집위원장과 한국광고홍보학회 편집이사, 한국광고학회 편집위원을 역임하였다. 현재 대한적십자사 홍보 자문교수, 한국광고자율심의기구 심의위원, 행정안전부 자문위원, 한국건강기능식품협회 자문위원, 보건복지부 혈액증진위원, KT 스카이라이프 시청자위원으로 있다. 캘리포니아주립대 풀러턴에 방문교수, 한국광고PR실학회 회장, 공익광고위원회 위원, 대한민국 대학생광고대상 집행위원, 대한민국광고대상 심사위원장(TV영상)을 역임하며 인턴십과 공모전 등 광고홍보의 현장과 학교를 잇는데 힘을 보태왔다.

한국외국어대학교에서 신문방송학 학사와 석사를, 경희대학교에서 광고PR을 전공하여 언론학 박사학위를 받았다. 주요 연구 분야로는 광고산업과 정책, 광고 크리에이티브(카피, 슬로건), 도시 브랜드, 광고활용교육 등이며 《광고학연구》, 《광고연구》, 《광고홍보학보》, 《커뮤니케이션학연구》 등의 저널에 논문을 발표해 왔다. 저술과 역서로는 《광고론(3판)》, 《슬로건》, 《비주얼 해머》, 《100개의 키워드로 읽는 광고와 PR》, 《설득의 수사학 슬로건》, 《도시 브랜드 슬로건전략》, 《광고활용교육》, 《소셜미디어 시대의 광고》, 《브랜드 포지셔닝 3.0》, 《브랜딩 텔레비전》, 《미디어 스마트》 등이 있다. 광고는 창의력으로 문제를 해결하는 설득이라는 믿음이 있다.

boccaccio@hanmail.net / www.facebook.com/leeheebok

글로벌 시대의
국가 브랜드 전략

초판 인쇄 2018년 11월 23일
초판 발행 2018년 11월 30일

지은이 키스 디니
옮긴이 김유경 · 이희복
발행인 김인철
총괄 · 기획 가정준 Director, University Knowledge Press
편집장 신선호 Executive Knowledge Contents Creator
도서편집 박현정 Contents Creator
전자책편집 이리나 e-Contents Creator
재무관리 문수진 Managing Creator
사전 · 출판 정준희 Contents Creator
마케팅 파트장 백승이 Chief Marketing Creator
마케팅 이현진 Marketing Creator
발행처 한국외국어대학교 지식출판콘텐츠원
02450 서울특별시 동대문구 이문로 107
전화 02)2173-2493~7
팩스 02)2173-3363
홈페이지 http://press.hufs.ac.kr
전자우편 press@hufs.ac.kr
출판등록 제6-6호(1969. 4. 30)
디자인 · 편집 (주)이환디앤비 02)2254-4301
인쇄 · 제본 네오프린텍 02)718-3111

ISBN 979-11-5901-429-1 93300 정가 25,000원

*잘못된 책은 교환하여 드립니다.

HUINE은 한국외국어대학교 지식출판콘텐츠원의 어학도서, 사회과학도서, 지역학도서 Sub Brand이다. 한국외대의 영문명인 HUFS, 현명한 국제전문가 양성(International +Intelligent)의 의미를 담고 있으며, 휴인(携引)의 뜻인 '이끌다, 끌고 나가다'라는 의미처럼 출판계를 이끄는 리더로서, 혁신의 이미지를 담고 있다.